THEUNISSEN
PÄDAGOGIK BEI GEISTIGER BEHINDERUNG UND VERHALTENSAUFFÄLLIGKEITEN

PRÄVENTION – INTEGRATION – REHABILITATION
Eine Studienbuchreihe zur Heil- und Sonderpädagogik

Herausgegeben von
Harry Bergeest, Konrad Bundschuh, Ulrich Heimlich,
Wolfgang Mutzeck und Georg Theunissen

Die Heil- und Sonderpädagogik befindet sich in einer Umbruchsituation, in der sich eine Öffnung hin zur Gemeinsamen Erziehung, zum Gemeinsamen Unterricht und zur gemeindeintegrierten Behindertenarbeit vollzieht. Gleichzeitig verändern sich ihre systemischen Strukturen im Sinne einer größeren Flexibilisierung der Organisationsformen. Heil- und sonderpädagogische Förderung findet an vielen Orten statt – über die Sondereinrichtung hinaus im gesamten Bildungs- und Erziehungssystem. Auch das Verhältnis zwischen den pädagogisch Tätigen und den von Behinderungen Betroffenen wird unter der Maxime „Selbstbestimmung" immer nachhaltiger umgestaltet. Dabei hat sich eine ökosystemische Sichtweise von Behinderungen als notwendig erwiesen, um die Defizitsichtweise der traditionellen Sonderpädagogik zu überwinden und eine stärkere Kompetenzorientierung zu erreichen. Innerhalb der Studienbuchreihe „Heil- und Sonderpädagogik" soll diese neue Aufgabenstellung aufgegriffen werden, um so einen Beitrag zur notwendigen Modernisierung der Disziplin zu leisten.

In dieser Reihe sind lieferbar:
Harry Bergeest: Körperbehindertenpädagogik. Studium und Praxis. 2., vollständig überarbeitete und erweiterte Auflage. Bad Heilbrunn 2002.
Wolfgang Mutzeck: Verhaltensgestörtenpädagogik und Erziehungshilfe. Bad Heilbrunn 2000.

PÄDAGOGIK BEI GEISTIGER BEHINDERUNG UND VERHALTENSAUFFÄLLIGKEITEN
Ein Kompendium für die Praxis

von
Georg Theunissen

4., neu bearbeitete und stark erweiterte Auflage

VERLAG
JULIUS KLINKHARDT
BAD HEILBRUNN • 2005

Die Deutsche Bibliothek – Cip-Einheitsaufnahme
Ein Titelsatz für diese Publikation ist bei Der Deutschen Bibliothek erhältlich.

2005.1.Ii. © by Julius Klinkhardt.

Druck und Bindung: Friedrich Pustet, Regensburg.
Printed in Germany 2005.
Gedruckt auf chlorfrei gebleichtem alterungsbeständigem Papier.

ISBN 3-7815-1355-6

INHALTSVERZEICHNIS

Vorwort zur vierten neu bearbeiteten und stark erweiterten Auflage

Das vorliegende Buch zählt heute zu einem Standardwerk der Heilpädagogik in der Arbeit mit geistig behinderten Menschen.

Wenngleich die dritte erweiterte Auflage erst vor wenigen Jahren erschienen war, hielt ich es für notwendig, eine grundlegende Überarbeitung und sorgfältige Aktualisierung des Textes vorzunehmen. Dazu haben mich zwei zentrale Gründe veranlasst: der fortwährende Boom von Publikationen auf dem Gebiete der Sozialen Arbeit, Pädagogik und Therapie bei Menschen mit geistiger Behinderung, Verhaltensauffälligkeiten und psychischen Störungen sowie weiterführende Erfahrungen und Erkenntnisse aus der einschlägigen Praxis. So wurden neue relevante Entwicklungen und tragfähige Konzepte (u. a. aus dem angloamerikanischen Sprachraum) aufgegriffen und eingearbeitet, einige Teile gänzlich umgeschrieben und wesentlich erweitert: zum Beispiel die Definition „geistige Behinderung" durch international bedeutsame Begriffsbestimmungen und die Diagnostik durch das funktionale Assessment. Ferner wurde wiederum der synoptische Überblick der pädagogisch-therapeutischen Verfahren überarbeitet und durch drei wichtige Angebote, den TEACCH-Ansatz, das Problemlösungstraining und die Mediation, erweitert. Zudem bin ich dem Wunsch von Leserinnen und Lesern gefolgt, indem das von mir favorisierte Handlungskonzept durch zwei Beispiele aus der Praxis angereichert wurde. Trotz all dieser Veränderungen konnte durch eine Straffung mancher Textpassagen der Umfang des Buches in Grenzen gehalten werden.

Bedanken möchte ich mich bei allen, die mich bei der Überarbeitung unterstützt haben, insbesondere bei Albert Lingg für seine wertvollen Anmerkungen, bei Melitta Stichling für die Mitarbeit und kritische Durchsicht der Texte und bei Frau Dörte Fiedler für ihre Anregungen und den Praxisbeitrag.

Der Einfachheit halber wurde wiederum die männliche Schreibweise (Pädagoge, Erzieher...) benutzt, gemeint sind hiermit auch Personen weiblichen Geschlechts.

Georg Theunissen   Freiburg i. B. und Halle/Saale, September 2004

1| Geistige Behinderung – Begriff und Theorieentwicklung

1.1 Einleitende Bemerkungen

Gegen Ende der 50er Jahre wurde von der Elternvereinigung „Lebenshilfe" der Begriff *geistige Behinderung* in die fachliche Diskussion eingebracht. Zwei Aspekte standen dabei im Vordergrund: Zum einen wollte man Anschluss finden an die Terminologie im angloamerikanischen Sprachraum (mental handicap; mental retardation), zum anderen sollten Begriffe abgelöst werden, die bis dahin als ausgesprochen negative Stigmata geläufig waren, z. B. „Schwachsinn", „Blödsinn", „Idiotie" und „Oligophrenie". Seitdem hat der Begriff „geistige Behinderung" nicht nur in pädagogisch orientierten Fachkreisen, sondern auch in anderen Disziplinen und Bereichen (z. B. Sozialgesetzgebung; Behindertenpolitik) weite Verbreitung gefunden.

Trotz dieser Entwicklung gibt es aber bis heute keine einheitliche Beschreibung oder Kennzeichnung des als geistig behindert definierten Personenkreises (Greving & Gröschke 2000). Im Gegenteil: es ist festzustellen, dass sich Auffassungen über geistige Behinderung zum Teil erheblich unterscheiden und dass es ein breites Spektrum verschiedener Definitionen, Theorien und Ansätze gibt, die eine begriffliche Interpretation und Konsensfindung erschweren, ja teilweise verunmöglichen. Schon das Adjektiv „geistig" weist auf Verständigungsschwierigkeiten und semantische Probleme hin (Thalhammer 1977, 36f.; Speck 1999a, 39). Betrachten wir „Geist" als die dem menschlichen Denken zugrunde liegende Kraft (Buchner 1973, 539), so kann dieser eigentlich nichtbehindert sein. Setzen wir dagegen „Geist" mit Intelligenz, intellektuellen Leistungen oder kognitiven Funktionen weitgehend gleich (Dörner & Plog 1994, 70), so kann allzu leicht die Komplexität von geistiger Behinderung aus dem Blick geraten.

Problematisch ist der Begriff „Behinderung" allein aus der Wortbedeutungslehre heraus: „Der etymologische Befund zeigt: Behinderung ist das Einschränken des individuellen Bewegungsraumes eines Menschen durch das Einwirken anderer

(z. B. am Vorwärtsgehen hindern, durch Festhalten, Hindernisse o. ä. jemanden den Weg versperren, G. T.) und – das ist besonders bedeutsam – gegen den Willen des betroffenen Menschen" (Klein 1994, 82).

Behinderung als Wertbegriff misst sich stets an dem, was als „normal" wahrgenommen und beschrieben wird: Tritt eine Person mit einem oder mehreren Merkmalen in der Kommunikation oder Interaktion so in Erscheinung, dass sie in den Augen eines anderen Menschen seinen und/oder gesellschaftlichen Normvorstellungen nicht entspricht, wird sie, wenn es sich um körperliche oder intellektuelle Funktionseinschränkungen oder Auffälligkeiten handelt, als behindert definiert. Daraus können sich ausgesprochen negative Konsequenzen für den Betroffenen ergeben: „Ein Mensch, der erwarteten Normen nicht entspricht, wird [allzu leicht, G. T.] durch eine bequeme Eliminierungspraxis in seinem Entfaltungs-, Handlungs- und Bewegungsspielraum eingeengt und ins gesellschaftliche Ghetto gedrängt" (ebd., 82). Insofern ist der Begriff „geistige Behinderung" kein objektiver Tatbestand (auch Mercer 1973, 22f.); vielmehr handelt es sich hierbei um ein *soziales Zuschreibungskriterium*, um ein subjektives Werturteil, weswegen es präzise(r) wäre, nicht (wie häufig der Einfachheit halber) von geistig behinderten Menschen zu sprechen, sondern von Kindern, Jugendlichen oder Erwachsenen, die als geistig behindert *bezeichnet* (etikettiert) werden. Auch die modern anmutende Bezeichnung „Menschen mit geistiger Behinderung" kann in diesem Sinne kritisiert werden, suggeriert sie doch womöglich auf subtile Weise die Vorstellung, dass Behinderung einem Menschen anhafte. Hinzu kommt der stigmatisierende Charakter des Begriffs (dazu Speck 2003, 222ff.), was zur Frage führt, ob geistige Behinderung als Leitterminus überhaupt Sinn macht. Einige Fachleute (z. B. Feuser 1996) wie auch viele Betroffene, d. h. Menschen, die als behindert bezeichnet werden (Saal 1992), halten derlei Begriffe grundsätzlich für überflüssig, da sie in der augenfälligen Gefahr stehen, Segregation, Aussonderung, Besonderung und Isolation zu befördern und damit den Betroffenen womöglich mehr schaden als nutzen. Entsprechende Initiativen gegen stigmatisierende Bezeichnungen und Logos sind im westlichen Ausland (z. B. USA, Kanada, Großbritannien, Holland, Schweden, Dänemark) schon seit Anfang der 70er Jahre zu beobachten; deutlichen Ausdruck finden sie in der *People-First-Bewegung* von Menschen, die als lern- oder geistig behindert gelten (Theunissen & Plaute 2002, 52ff.). Es ist ein Zeichen dieser Bewegung (repräsentiert durch Selbstvertretungsgruppen), „dass sie erreicht hat, ein Label abzuschaffen, das viele Betroffene als stigmatisierend und mit einer bestimmten Vergangenheit und Unterdrückung verbinden. Aufgrund jahrelanger, zäher landesweiter Aktivitäten ist die Bezeichnung ‚mentally handicapped' zugunsten der von den Betroffenen favorisierten Bezeichnung ‚people with learning difficulties' bzw. ‚people with learning disabilities' verändert worden" (Knust-Potter 1994, 206;

auch Oliver 1996; Lacey & Ouvry 1998; Gray & Jackson 2000; Ramcharan et al. 2002a).

Inzwischen haben diese neuen Leitbegriffe (dazu zählen auch die Bezeichnungen „people with intellectual disabilities" oder „people with cognitive disabilities") nicht nur in der internationalen Fachwelt (Schalock et al. 2002, 457; Goodley et al. 2003, 160; O'Brien 2003), sondern auch hierzulande Resonanz gefunden (z. B. Weber 1997; Theunissen 2002a; 2003a), wenngleich gesehen werden muss, dass ein „Etikettenwechsel" allein noch kein Garant für eine Nicht-Aussonderung betroffener Menschen ist (Speck 1999a, 40f.). Erfahrungen aus der Geschichte zeigen, dass „euphemistische Austauschversuche von Bezeichnungen [...] nur – zeitlich – begrenzte Chancen" (Speck 1997a, 255; Fujiura 2003, 422) haben, denn letztendlich sind nicht sie es, „die diskreditieren, sondern deren Benutzer und deren Einstellungen und latente Bewertungen!" (ebd. 255). Zurzeit bestehen in der Fachwissenschaft (*Anmerkung* 1) erhebliche Unsicherheiten in Bezug auf eine Übernahme der neuen Terminologie. Große Teile der Fachwelt halten nach wie vor am Begriff der geistigen Behinderung fest. So unbefriedigend dieser Begriff auch ist, so wichtig sei er „letztlich als Hilfsetikette für eine halbwegs praktikable Verständigung" (Speck 1999a, 42), um nicht nur in fachlicher Hinsicht, sondern vor allem auch auf bildungs- und sozialpolitischem Gebiete weiterhin Fortschritte im Interesse geistig behinderter Menschen zu erzielen.

Vertreter des Netzwerks People-First Deutschland favorisieren dagegen die aus dem anglo-amerikanischen Sprachraum importierte Bezeichnung „Menschen mit Lernschwierigkeiten" (Göthling 2001; auch Goodley et al. 2003). Sollte es in den kommenden Jahren zu einem entsprechenden Wechsel bezüglich der Leitterminologie kommen, können allerdings neue Verständigungsschwierigkeiten auftreten, die sich auf die Frage nach dem Verhältnis von Lernschwierigkeiten, Lernbeeinträchtigungen, Lernproblemen und Lernbehinderung beziehen (vorausgesetzt, die Fachwelt würde weiterhin an diesen Begriffen festhalten; hierzu die Kritik von Eggert [1997, 99ff.]). Alle vier Begriffe sind nämlich ähnlich gelagert; und sie bleiben unscharf sowie letztlich austauschbar, wenn sie nicht präzise definiert und voneinander abgegrenzt werden. Vor dem Hintergrund der damit verknüpften Schwierigkeiten schlägt Baroff (1999) vor, zwischen bestimmten „Störungsbildern" zu differenzieren: so gebe es zum Beispiel (partielle) Lernstörungen oder Lernschwierigkeiten beim Erwerb von Kulturtechniken (betroffen seien davon vor allem „lernbehinderte" Schüler nach herkömmlichem Verständnis); Lernblockaden, Lernhemmungen im Sinne eines verzögerten Lernens (sog. „slow learner"); soziale Anpassungsprobleme (z. B. bei Menschen mit geistiger Behinderung „im engeren Sinne"); partielle Lernprobleme bei Kindern und Jugendlichen mit Wahrnehmungsstörungen, einem „Aufmerksamkeitsdefizitsyndrom" oder einer MCD [minimal cerebral dysfunction] (zu entsprechenden

Klassifikationsfragen auch Siegel 1999, 305f.). In ähnlichen Bahnen bewegt sich ein richtungsweisender Beitrag von Fujiura (2003), der zwischen „persons with specific learning disabilities" und „persons with intellectual disabilities" unterscheidet. Während zu der ersten Gruppe Personen mit eng umschriebenen Störungen zählen (partiellen Lernausfällen o. ä.), werden unter der zweiten einerseits Personen mit „mild intellectual disabilities" gefasst, die allgemeine Lernschwächen und soziale Anpassungsprobleme bzw. Schwierigkeiten bei Verrichtungen des alltäglichen Lebens an den Tag legen, und andererseits Personen, die bisher üblicherweise als „mentally retarded" (geistig behindert „im engeren Sinne") bezeichnet wurden. Nach dieser Differenzierung bietet es sich an, auf den hierzulande geläufigen (und umstrittenen) Begriff der „Lernbehinderung" entweder gänzlich zu verzichten, oder ihn als „specific learning disability" (Altshuler & Kopels 2003, 321) im Hinblick Personen mit *speziellen* Lern- oder Entwicklungsstörungen (z. B. Legasthenie; Wahrnehmungsstörungen...) zu präzisieren. Dort, wo (allgemeine) Lernschwierigkeiten in Verbindung mit sozialen und lebenspraktischen Problemen zu beobachten sind, wird dagegen von „intellektuellen Beeinträchtigungen" (intellectual disabilities; dazu *Anmerkung* 32) gesprochen. Dies betrifft nach neuesten Untersuchungen in den USA über alle Altersstufen hinweg eine Auftretenshäufigkeit von 1.27% (ebd., 424; auch *Anmerkung* 2). Dieser Wert liegt weit höher als die für Deutschland in Bezug auf Menschen mit geistiger Behinderung *geschätzte* Prävalenzrate von 0.5–0.6 (dazu Thimm 1999; Speck 1999a, 54f.). Das hängt damit zusammen, dass hierzulande im Unterschied zum angloamerikanischen Sprachraum der Begriff „geistige Behinderung" in Abgrenzung zu „Lernbehinderung" enger ausgelegt wird (dazu später).

Alles in allem haben wir es somit auf internationaler Ebene mit unterschiedlichen Begriffsauslegungen und sozialen Konstruktionen zu tun. Dabei wird der Begriff der geistigen Behinderung eher „breiter" als hierzulande ausgelegt, und es zeichnet sich insbesondere im fortschrittlichen Lager der Fachwelt eine Tendenz ab, ihn durch „learning difficulties" oder „intellectual disabilities" zu ersetzen. Wer diesem Schritt folgt, sollte auf jeden Fall die Frage nach der Komplexität einer geistigen Behinderung im Sinne einer mehrfachen Behinderung (dazu Speck 1999a, 55f.) beachten. Denn nicht wenige Autoren, die geistige Behinderung als Orientierungsbegriff (weiterhin) verwenden, stellen dabei (wie schon eingangs angedeutet) ein komplexes Phänomen heraus, das nicht allein durch „Schwierigkeiten" beim Lernen abgedeckt werden kann. Und tatsächlich sind sehr viele Menschen mit geistiger Behinderung in mehrfacher Hinsicht beeinträchtigt (Sprachauffälligkeiten, Sehschädigungen, sensorische und motorische Auffälligkeiten, Anfallsgefährdung). Insofern verlangt jeder Leitbegriff (ob alt oder neu) im Hinblick auf seine Reichweite und potenzielle Problematik (z. B. stigmatisierende Wirkung) stets eine kritische Reflexion.

An dieser Stelle setzt nun unser Beitrag an, der im Anschluss an eine Auseinandersetzung mit „problematischen Begriffsbestimmungen" die Suche nach einem wegweisenden Verständnis von „geistiger Behinderung" zu befördern versucht. Dabei ist es uns nicht um die Präsentation einer weiteren Definition oder gar neuen Theorie zu tun, unsere Absicht besteht lediglich in dem Bemühen, auf vernachlässigte Zusammenhänge, Widersprüche und einseitige Begriffsauslegungen und deren Konsequenzen aufmerksam zu machen, um Perspektiven einer subjektzentrierten und kontextorientierten Betrachtung des Phänomens der „geistigen Behinderung" aufzuzeigen. Insofern haben unsere Überlegungen vorläufigen und skizzenhaften Charakter, die zum Nachdenken sowie zur Weiterarbeit einladen sollen.

1.2 Definitionsansätze, Beschreibungsversuche und Sichtweisen

Im Folgenden haben wir einige der wichtigsten Betrachtungsweisen und Theorien geistiger Behinderung herausgegriffen, die in den letzten Jahrzehnten handlungsbestimmend waren, die bis heute noch wirksam sind oder die die gegenwärtige Diskussion maßgeblich bestimmen:

• Zur psychiatrisch-nihilistischen Sichtweise
Dem historisch ältesten Definitionsansatz begegnen wir in der (deutschsprachigen) Psychiatrie. Bereits 1803 wurde von Reil eine „Dreiteilung des Blödsinns" vorgenommen, an deren Struktur bis heute weitgehend festgehalten wird: „Der *erste Grad* ist am schwersten zu bestimmen, weil er eine Demarkationslinie zwischen gesundem Menschenverstand und anfangendem Blödsinn voraussetzt ... Der *mittlere Grad* ist von beiden Endpunkten gleich weit entfernt. Der Kranke ist nicht ganz sinnlos, sondern fasst noch die einfachsten Begriffe, doch er ist zu den gemeinsten Geschäften unfähig, wenn sie nicht ganz mechanisch abzumachen sind ... In dem *äußersten Grade* des Blödsinns ... fehlen alle Wahrnehmungen der Sinne ... Der Kranke hört ein wildes Geräusch, aber überall keinen verständlichen Ton ... Seine Seele ähnelt einem Spiegel, in welchem sich ein totes Bild der Welt abprägt. Er ist ohne Begriffe, Urteile, Gefühle, Leidenschaften, also auch ohne Triebe und Willen ... Der Kranke bewegt sich entweder äußerst träge oder gar nicht... Kurz, er lebt zwar, weil er vegetiert, aber außer dieser ganz allgemeinen Funktion des Organismus ... ist weiter kein Charakter der Tierheit vorhanden" (413ff.).
An anderer Stelle haben wir dazu kritisch Stellung genommen (Theunissen 2000, 47ff.). Hier sei nur erwähnt, dass führende Lehrbücher der Psychiatrie heute

noch ähnlich argumentieren, wenn sie Oligophrenie (Schwachsinn) als (psychiatrische) Krankheit definieren und auf der Grundlage eines IQ-bezogenen Klassifikationssystems zwischen *Debilität* als leichteste Form geistiger Behinderung, *Imbezillität* als mittlerer Grad geistiger Behinderung und *Idiotie* als eine sehr schwere geistige Behinderung unterscheiden (Weitbrecht & Glatzel 1979, 151; Naske 1987, 85; Haring 1996, 216, 211; Frank 1993, 188; Möller 1994, 366; Vetter 1995, 50ff.; Huber 1999, 556; Gleixner, Müller & Wirth 1999, 338f.). Uns interessieren an dieser Stelle vor allem die Aussagen über „Idiotie", weil hier ein ausgesprochen nihilistisches und statisches Bild über Menschen mit geistiger Behinderung verbreitet wird. Stellvertretend für die o. g. Schriften behauptet z. B. Huber (1999, 556), dass bei schweren Oligophrenien „völlige Bildungsunfähigkeit sowie Pflege- und/-oder Anstaltsbedürftigkeit" bestehe. „Bis zu einem IQ von 50" – so Haring (1989, 211) – „können partielle Begabungen durch Schule und Ausbildung noch gefördert werden. Unterhalb dieser Grenze ist die organische Schädigung bestimmend, die Störung lässt sich durch pädagogische und medizinische Maßnahmen nicht mehr beeinflussen. Es bleibt nur noch die Pflege der Kranken ... Etwa 1 % aller schulpflichtigen Kinder können wegen Oligophrenie nicht eingeschult werden". Derlei Aussagen entbehren jeglicher wissenschaftlichen Dignität, da sie vor dem Hintergrund praktischer Erfahrungen und theoretischer Einsichten eindeutig widerlegt worden sind. Überdies wurde (schon) vor über 20 Jahren in der alten Bundesrepublik die Schulpflicht für *alle* weitgehend eingeführt. Anscheinend ist dies nur von wenigen eher sozialpsychiatrisch oder pädiatrisch orientierten Fachleuten aus dem Lager der Medizin zur Kenntnis genommen worden. Welche Folgen die psychiatrisch-nihilistische Position für die Praxis und Sozialpolitik haben kann, zeigen die Diskussionen um Enthospitalisierung und gesellschaftliche Integration geistig schwer und mehrfach behinderter Menschen aus psychiatrischen oder klinisch orientierten Anstalten sowie der Streit um die Pflegeversicherung im Zusammenhang mit dem Recht auf Eingliederungshilfe. Einige Kostenträger haben anscheinend (wieder) den geistig schwer behinderten Menschen als „Pflegefall" entdeckt (Theunissen 2000, 69ff.) – finden sie doch hierzu zur Genüge „wissenschaftliche" Belege (Bestätigung) in bekannten Lehrbüchern der Psychiatrie. Ebenso betroffen macht uns darüber hinaus die Tatsache, dass dieses dominant nihilistische Menschenbild nicht nur im Medizinstudium, sondern auch in der Ausbildung von Heil-Hilfsberufen (Krankenpflege; Beschäftigungstherapie) als wissenschaftliche Lehrmeinung dargestellt und propagiert wird (besonders bezeichnend ist hierzu das Buch von Vetter 1995).
Auch im Bereich der schulischen Bildung und Erziehung geistig behinderter Kinder und Jugendlicher lassen sich schwerwiegende Folgen ausmachen. Obwohl sich die Schule für geistig Behinderte unabhängig von der Schwere der Behinde-

rung (oder der Pflegebedürftigkeit) der Kinder und Jugendlichen für alle geöffnet hat, werden immer noch geistig schwerstbehinderte (sog. intensivbehinderte) Kinder vom Schulbesuch „vorübergehend befreit" oder ganz ausgeschlossen, weil Ärzte ihnen „Schulbildungsunfähigkeit" bescheinigt haben.

• Zur heilpädagogisch-defizitorientierten Sichtweise

Sprachlichen Entwertungsprozessen, negativen Beschreibungen und defizitorientierten Aussagen über Menschen mit geistiger Behinderung begegnen wir aber nicht nur innerhalb der Psychiatrie, sondern sehr wohl auch in der Heilpädagogik, vor allem in der älteren Fachliteratur. Auch wenn sich die Heilpädagogik auf weiten Strecken im Schlepptau der Psychiatrie befand, wurde von einigen Fachvertretern die psychiatrische Position in Bezug auf Aussagen über Menschenbild und Behandlungsmöglichkeiten (therapeutischer Nihilismus) geistig behinderter Menschen aber nicht uneingeschränkt übernommen. So begegnen wir zum Beispiel bei Hanselmann (1976, 111f.) schon einer differenzierteren Betrachtung, wenn er einerseits den „Idioten" Bildungsunfähigkeit „im engeren Sinne" attestiert, andererseits aber einräumt, dass „im Verlaufe einer besonders aufmerksamen Pflege auf dem Wege der Dressur selbst bei solch dürftigem Seelenleben eine gewisse Entwicklung wahrzunehmen (ist, G. T.); ohne diese Pflege gehen derartige Kinder hingegen sehr oft zugrunde". Deswegen sei der Begriff der „Bildungsunfähigkeit" sowohl praktisch als auch theoretisch „falsch".

Ein „heilpädagogisches" Lehrbuch (v. Oy & Sagi 2001), welches vor allem in der Ausbildung zum Heilerziehungspfleger oder Heilpädagogen auf Fachschul- oder Fachhochschulebene verbreitet ist, knüpft heute noch an dieser Traditionslinie an. Nach wie vor werden Menschen mit geistiger Behinderung in dieser Schrift nur vom Nicht-Können her beschrieben:

„Der Personenkreis lässt sich am leichtesten schulisch beschreiben: Geistig behindert sind Kinder, die nicht mehr fähig sind, die Sonderschule für Lernbehinderte sinnvoll zu besuchen. ... Der geistig Behinderte ist unfähig, sein Leben selbstständig zu gestalten, er ist dauerhaft auf die Hilfe anderer angewiesen. Sein auffälligstes Symptom ist die verminderte intellektuelle Leistungsfähigkeit, verbunden mit einem gestörten Sozialverhalten. ... Der geistig Behinderte ist mehr oder weniger unfähig,
– Zusammenhänge logisch zu erfassen und in ein altersgerechtes, für ihn durchschaubares System einzuordnen,
– Erfahrungen auf ähnliche Situationen zu übertragen (Transfer), zwischen logischem und chronologischem Zusammenhang sicher zu unterscheiden,
– langfristig, manchmal auch kurzfristig zu planen.
Die Welt des geistig Behinderten ist gleichsam zerrissen; sie wird punktuell erfasst, die Zusammenhänge sind nicht sachlich einsichtig, vielfach werden magische Verbindungen vermutet. ... Der geistig Behinderte schwankt in der sozialen Anpassung zwischen ängstlicher Unansprechbarkeit und Distanzlosigkeit... Der geistig Behinderte kann Sinnesein-

drücke oft inadäquat, mangelhaft oder verlangsamt in gezielte, koordinierte Bewegungen umsetzen. ... Er kann selbst seine grundsätzlich vorhandenen Anlagen ohne fremde Hilfe nicht entwickeln; er ist, gleichsam im Sinne einer ,zweiten Behinderung', ständig auf die Hilfe Anderer angewiesen" (v. Oy & Sagi 2001, 15ff.).

Der hier anskizzierte Katalog einer negativen Merkmalsbeschreibung, der allein auf Grund von Absolutaussagen (*„ist* unfähig", *„die* Unfähigkeit zum sinnvollen Besuch der Sonderschule für Lernbehinderte" u. a. m.) in aller Entschiedenheit zurückgewiesen werden muss, ließe sich lange fortschreiben; er entspricht weitgehend dem, was auch andere „heilpädagogisch" orientierte Autoren (z. B. Vetter 1972) in den 60er und 70er Jahren über geistige Behinderung ausgesagt haben. Für Thalhammer (1977, 26f.) handelt es sich hierbei um Schriften, die jegliches Verständnis für eine Bildsamkeit, für Ausdrucks-, Verhaltens- und Erlebensweisen geistig schwer oder schwerstbehinderter Menschen vermissen lassen. In der Tat zeichnet sich Vetters Beschreibung sog. „pflegebedürftiger Schwachsinnsformen" (1972, 29) „durch eine Ausschließlichkeit aus, die nicht mehr überbietbar erscheint" (Thalhammer 1977, 26). Vetters Aussagen „lassen vermuten, dass auch nicht die geringste *Spur* menschlicher Stellungnahme zu erwarten ist: ... *Ausschließlichkeit der Argumentation (,*der *völlige* Mangel', *,ohne* Gedächtnisspuren', *,keine* Erfahrungen', *,totale* Unfähigkeit' u. a.) und bedenkliche *Einseitigkeiten der Beschreibung* (... ,torpide *Stumpfheit* ohne Aktivitätsmerkmale' u. a.) sind nun in der Tat kein Instrumentarium, den Menschen, in welcher conditio humana auch immer, zu beschreiben, und diese seine Situation zu definieren" (ebd., 27).

Eine schulische Bildung und Erziehung, die sich an derartigen Beschreibungen orientieren würde, setzt von vornherein Begrenzungen für die Persönlichkeitsentwicklung der geistig behinderten Schüler, weil sie in einer „schädigungsadäquaten" Lernprozessgestaltung stecken bleibt. Wer heute noch ein statisches Bild vom Menschen mit geistiger Behinderung schreibt, hat den intensiven Auseinandersetzungsprozess der Heilpädagogik (synonym für Sonder-, Behinderten-, Rehabilitations- oder spezielle Pädagogik [special education]) um die Überwindung des defizitorientierten Denkens nicht zur Kenntnis genommen. Einschlägigen Berichten zur Folge (dazu Goll 1994) dürfen wir annehmen, dass das defizitorientierte Denken bis zum gegenwärtigen Zeitpunkt in einer heilpädagogischen Praxis, die sich als klinisch orientierte Therapie auszugeben und zu profilieren versucht, wirksam ist. Die damit verknüpften Gefahren liegen auf der Hand: Ein ausgesprochen schiefgewichtiges Bild vom geistig behinderten Menschen, indem Schwächen, Inkompetenz, Defizite wie auch Verhaltensauffälligkeiten oder Störungen als „wesensbedingt" betrachtet werden; eine Reduktion des „vollen Menschseins" (Portmann) auf ausschließlich negative Merkmale, so dass eine einseitig ausgerichtete Praxis die Folge ist (Segregation; unreflektier-

tes Festhalten am Sonderschulsystem; Besonderung; Verdinglichung; funktionsorientierte Dressur; Ignoranz positiver Merkmale u. a. m.). Eine vorwiegend „auf
die ‚Reparatur eines Defekts' hin orientierte Sichtweise reduziert den Menschen
auf einen winzigen Teilaspekt seiner Gesamtpersönlichkeit. Dies widerspricht der
humanistischen Grundüberzeugung vom Menschen als unteilbarer Einheit"
(Hansen 1994, 31). Überdies erscheinen geistig behinderte Menschen im Lichte
dieses Nicht-Könnens als hilfebedürftige „Mängelwesen", denen die Fähigkeit zu
Autonomie und Selbstständigkeit weitgehend abgesprochen wird, denen nichts
zugetraut wird und die auf eine „unendliche Kindheit" fixiert werden. Daher ist
es ebenso bedauerlich, dass vereinzelt noch juristische Kreise, die sich explizit mit
rechtlichen Fragen im Zusammenhang mit geistiger Behinderung befassen, nach
wie vor an den fragwürdigen Aussagen des Lehrbuches der „heilpädagogischen
Übungsbehandlung" und darüber hinaus an der veralteten psychiatrischen Terminologie (Schwachsinn, Debilität...) festhalten (Quambusch 2001, 17f., 150f.).
Dieses Denken, welches Grundsätzen einer modernen Behindertenarbeit widerspricht, die auf *Empowerment* (Selbstbefähigung; Selbstermächtigung) und
Inclusion (Nicht-Aussonderung; unbedingte Zughörigkeit) setzt (Polloway et al.
1996; Oliver 1996; Turnbull & Turnbull III 1997; 2001; Theunissen 2000;
Tilstone & Barry 2001; Theunissen & Plaute 2002; Ramcharan 2002a; Hinz
2002; Nickels 2001, 127f.), legitimiert dann letztlich den kontrollierenden
Einfluss von Pflege, Pädagogik und Therapie in heilpädagogischen Revieren eines
Sonderdaseins.

• Zur entwicklungspsychologischen Sichtweise
Gleichfalls veraltet wie die vorausgegangenen Positionen ist ein Disput, der in
den letzten Jahren aus entwicklungspsychologischer Sicht geführt wurde (dazu
Zigler 1969). Viele Jahre standen sich zwei psychologische Sichtweisen geistiger
Behinderung diametral, quasi unversöhnlich gegenüber. Zum einen wurden in
Korrespondenz mit der psychiatrischen Denkfigur sog. *Defekt- und Differenztheorien* vertreten. Diese besagen, dass die Entwicklung geistig behinderter Personen nach anderen Gesetzmäßigkeiten verläuft als die Entwicklung nicht-behinderter Menschen. Häufig würden geistig behinderte Menschen in ihrer Entwicklung bestimmte kognitive Prozesse nicht durchlaufen und in Anbetracht schwerer Defekte mit einer „bestimmt gearteten, pathologischen Persönlichkeitsentwicklung" (Lutz 1961, 156) imponieren. Selbst bei einem gleichen Entwicklungsstand würden sie sich von nicht-behinderten Menschen in speziellen, insbesondere kognitiven Funktionen unterscheiden (Wendeler 1976, 32). Im Vorhandensein spezifischer Unterschiede in der Entwicklung bzw. im Verhalten zu
nicht-behinderten Menschen sahen Vertreter der Defekt- und Differenztheorien
zugleich einen Hinweis auf ein prinzipielles „kognitives Anderssein" geistig be-

hinderter Menschen. Probleme, die dieser Annahme anhaften, werden wir an späterer Stelle aufgreifen. Hier genügt nur die Anmerkung, dass insbesondere die Fixierung auf Retardierungsmerkmale, die als kaum beeinflussbar eingeschätzt wurden, im Kreuzfeuer heftiger Kritik stand.

Zum anderen wurden letztlich vor dem Hintergrund dieser Auseinandersetzung sog. *Entwicklungstheorien* postuliert. Diese gehen davon aus, dass geistig behinderte Kinder und Jugendliche prinzipiell die gleichen Entwicklungsstadien wie nicht-behinderte Heranwachsende durchlaufen. Allerdings würde die Entwicklung erheblich langsamer verlaufen, was zur Folge hätte, dass ältere geistig behinderte Kinder in etwa dasselbe Verhalten zeigen würden wie nicht-behinderte Kinder in einem jüngeren Alter. Ein solcher Vergleich wird heute kritisch gesehen und im Falle einer „Infantilisierung" geistig behinderter Menschen im Erwachsenenalter zu Recht abgelehnt. Die Gefahr besteht, dass Unterschiede in der kognitiven und allgemeinen Entwicklung von geistig behinderten und nicht-behinderten Menschen ignoriert oder zu sehr eingeebnet werden. Geistig behinderte Heranwachsende zeigen nämlich oft „ein länger dauerndes Schwanken zwischen einem einfachen und einem komplexen Verständnis... Es scheint demnach, dass bei Menschen mit geistiger Behinderung die Spuren früherer Entwicklungsstufen tiefer eingeprägt sind und länger bestehen bleiben, so dass es beim Übergang auf ein höheres Niveau leichter und häufiger zu einem Rückfall auf das niedrigere Niveau kommt" (Wendeler 1993, 56).

Zum heutigen Zeitpunkt lässt sich sagen, dass es in der Entwicklung geistig behinderter und nicht-behinderter Menschen viele Gemeinsamkeiten gibt, die keine Absolutsetzung der Defekt- oder Differenztheorien und damit auch der Annahme eines „kognitiven Andersseins" gestatten. Forschungsergebnisse lassen darauf schließen, dass sich die Entwicklung (z. B. in der Motorik) sehr oft durch geringe Strukturunterschiede, jedoch durch einen verlangsamten Anstieg unterscheidet, der durch zusätzliche Beeinträchtigungen von Prozessen der Informationsverarbeitung und/oder motivationaler Art (z. B. Misserfolgserwartung) sowie durch eine „Instabilität" von Leistungen beeinflusst wird (Feduik 1990, 39; auch Eggert 1999, 52; Sarimski 2001, 46, 50; 2003a, 156f., 162ff.). Insofern gibt es auch Unterschiede in der Entwicklung, die die Differenztheorie nicht gänzlich in Abrede stellen. Zudem muss sich eine verzögerte Entwicklung nicht auf alle Entwicklungsdimensionen erstrecken; so lassen sich oftmals bei Menschen mit geistiger Behinderung (nicht selten mit einer autistischen Störung) sowohl Verlangsamungen oder gar Ausfälle in bestimmten kognitiven Bereichen als auch Stärken bzw. sog. Leistungsinseln beobachten (hierzu Sacks 1995, 237ff.; Theunissen 2000, 228ff.; Senkel 2003, 81ff.). An dieser Stelle ergibt sich die Chance, aus dem entwicklungspsychologischen Blickwinkel Kapital für eine positive Betrachtung geistiger Behinderung sowie für eine entsprechende Entwicklungsförderung zu schlagen. Ansonsten sollten beide Sichtweisen in ihrer Reichweite als begrenzt betrachtet werden. Das gilt insbesondere für ihre ausschließliche Suche nach Entwicklungsabweichungen zur negativen Seite hin sowie für ihre Fixierung auf Defizite oder Retardierungsmerkmale. Hier ist die Affinität zur traditionellen psychiatrischen und heilpädagogischen Sicht wohl kaum zu übersehen. Gleichfalls inakzeptabel ist die Annahme einer „im Ganzen endgültigen Entwicklungsbeschränkung" (Lutz 1961, 156) geistig behinderter Menschen, die nicht nur den Blick für das Aufgreifen und Unterstützen von Stärken und Entwicklungspotentialen verstellt, sondern jegliches Verständnis für „interaktionale (dynamische) Entwicklungsbedingungen" (Speck 1999a, 102) vermissen lässt. Moderne entwicklungspsychologische Ansätze gehen davon aus, dass Entwicklung als ein lebenslanger Prozess „auf durchgängiger Interaktion (Wechselwirkung) zwischen Organismus und Umwelt beruht" (ebd., 102), und das bedeutet Sichtweisen oder Theorien zu verwerfen, die die Entwicklung von geistig behinderten Menschen nur endogen betrachten (auch Eggert 1997, 62f.).

• Zur IQ-bezogenen Sicht und Einteilung in Schweregrade
Die anscheinend weit verbreitete Gleichschaltung von Geist und Intelligenz verleitet dazu, kognitive (Minder-)Leistungen bei Menschen mit geistiger Behinderung in den Mittelpunkt der Betrachtung zu rücken. So nimmt es nicht wunder, dass geistige Behinderung häufig „direkt als *intellektuelle Retardierung* definiert" (Speck 1999a, 47) wird. Dagegen richtet sich schon seit geraumer Zeit die Kritik (Mercer 1973, 5, 68f.; Thalhammer 1977, 45ff., Wendeler 1988; 1993; Speck 1977, 76ff.; 1999a, 48ff.; Eggert 1997, 49ff.; Mühl 2000, 48f.). Grundsätzliche Probleme ergeben sich allein bei dem Versuch, zu einer übereinstimmenden Definition von „Intelligenz" zu gelangen. Auf Grund dieser Schwierigkeit gilt bis heute die Aussage: Intelligenz ist „das, was mit Intelligenztests gemessen wird" (Liungman 1973, 13; Yam 2000, 6). Die damit verknüpfte Problematik dürfte hinlänglich bekannt sein (z. B. Implikation herrschender Moralnormen; Ignoranz schichtenspezifischer Sozialisationserfahrungen; Vernachlässigung kreativer, emotionaler und sozialer Kompetenzen); vor allem wissen wir, „dass die Ergebnisse von Intelligenztests recht wenig über den Erfolg eines Menschen im Leben ... aussagen" (Liungman 1973, 13; Sternberg 2000). Da übliche Intelligenztests bei Menschen mit geistiger Behinderung sowieso nur bedingt anwendbar sind, stellt sich grundsätzlich die Frage nach Sinn und Bedeutung einer sich auf IQ-Werten beziehenden Definition geistiger Behinderung. Vergegenwärtigen wir uns dann noch die Fragwürdigkeit des IQ als ein stabiles Merkmal im Lebenslauf eines geistig behinderten Menschen, so kommen wir mit Wendeler (1988, 57ff.; 1993, 20f.) zu dem Ergebnis, auf IQ-Berechnungen am besten zu verzichten (hierzu auch Siegel 1999, 311ff.). Die häufig bei geistig behinderten Menschen konsta-

tierte Abflachung der Intelligenzentwicklung bei Durchführung entsprechender Tests kann damit begründet werden, „dass mit höherem Entwicklungsniveau die Bedeutung von Sprache und Denken bei der Intelligenzmessung wächst" (Wendeler 1988, 70).

Trotz derlei Bedenken wird aber nach wie vor (wohl der Verständigung halber) geistige Behinderung unter IQ-bezogenen Aspekten definiert (Luckasson et al. 2002, 66, 205). International weit verbreitet ist dabei die folgende Einteilung in vier verschiedene Schweregrade:

1. leichte geistige Behinderung (IQ 50/55-70)
2. mäßige/mittelschwere geistige Behinderung (IQ 35/40-50/55)
3. schwere geistige Behinderung (IQ 15/20-35/40)
4. schwerste geistige Behinderung (< IQ 15/20).

Diese Einteilung (hierzu *Anmerkung* 2) entspricht weithin der Klassifizierung von geistiger Behinderung nach der ICD-10-Systematik (ebd., 102; Dilling, Mombour & Schmidt 1993; Meyer 2003, 16). Hierbei handelt es sich um ein insbesondere im klinischen Arbeitsbereich international anerkanntes Klassifikationssystem, das geistige Behinderung als „*Intelligenzminderung*" (F 7) definiert und unter „psychischen Störungen" kategorisiert. Nach der ICD-10-Definition ist eine Intelligenzminderung „eine sich in der Entwicklung manifestierende, stehen gebliebene oder unvollständige Entwicklung der geistigen Fähigkeiten, die zum Intelligenzniveau beitragen, wie z. B. Kognition, Sprache, motorische und soziale Fertigkeiten" (Dilling u. a. 1993, 254). Kritisiert werden muss am ICD-10-System einerseits die Klassifizierung unterschiedlicher Grade einer Intelligenzminderung (geistige Behinderung) im Kontext psychischer Störungen, andererseits ist eine defizitorientierte Begriffsaufbereitung nicht zu übersehen, wenngleich neben dem Intelligenzbereich sog. Anpassungsmöglichkeiten berücksichtigt werden, die eine konzeptionelle Erweiterung der IQ-bezogenen Sicht bedeuten: „Das Anpassungsverhalten ist stets beeinträchtigt, eine solche Anpassungsstörung muss aber bei Personen mit leichter Intelligenzminderung in geschützter Umgebung mit Unterstützungsmöglichkeiten nicht auffallen" (ebd., 254). Schwierig stellt sich die Abgrenzung zwischen geistiger Behinderung und „*Lernbehinderung*" dar. Nach der ICD-10-Systematik überschneidet sich die „leichte Intelligenzminderung" (F 70) mit dem im deutschsprachigen Raum geläufigen Begriff der Lernbehinderung, der nicht selten mit einem IQ zwischen 55/60 und 80/85 in Verbindung gebracht wird. Mit anderen Worten: Während hierzulande geistige Behinderung zumindest in pädagogischen Fachkreisen enger gefasst wird (< IQ 55/50), stoßen wir international auf ein breiter angelegtes Begriffsverständnis. Das gilt insbesondere für die im anglo-amerikanischen Sprachraum verbreitete Bezeichnung „mental retardation", die sich auf den IQ-Bereich bis 70 erstreckt und sich somit immer auch auf lernbehinderte Kinder und Jugendliche bezieht, wenn die hiesige Terminologie (das enge Verständnis von geistiger Behinderung) angelegt wird. Insofern führt uns der in internationalen Klassifikationssystemen ausgewiesene Übergangsbereich „leichte geistige Behinderung und Lernbehinderung" die Definitions- und Zuschreibungsproblematik deutlich vor Augen – vor allem dann, wenn – wie hierzulande – zwischen Schulen für geistig Behinderte und Lernbehinderte differenziert wird und Platzierungsfragen bei sog. Grenzfallschülern (schulrechtliche Angelegenheiten) anstehen (Speck 1999a, 58; Holtz 1994, 19f.; Eggert 1997, 50; Meyer 2003, 12; zu dieser Problematik auch Theunissen & Plaute 1999; Stichling, Theunissen & Plaute 1999).

Davon abgesehen bleibt der pädagogische Aussagewert der IQ-bezogenen Klassifikation höchst fragwürdig, da nur negative Merkmalsbeschreibungen (Minderleistungen, Lernausfälle, Inkompetenz) im Mittelpunkt der Kennzeichnung (Charakterisierung) einer bestimmten Personengruppe stehen. So gerät denn auch durch die Exponierung der kognitiven (intellektuellen) Minderbegabung als Leitsyndrom das Verständnis von geistiger Behinderung als „ein komplexes Gefüge von sich wechselseitig bedingenden und verstärkenden Größen" (Fröhlich 1994, 37) weitgehend aus dem Blick. Die Betrachtung geistiger Behinderung „als bloß intellektuelle Schwäche" wurde bereits von Hanselmann (1976, 109) in den 30er Jahren unmissverständlich kritisiert: „Unter Geistesschwachheit verstehen wir eine Form von Entwicklungshemmung, bei welcher das gesamte Seelenleben vermindert, herabgemindert ist". Auch wenn sich geistige Behinderung „offensichtlich am augenfälligsten zunächst in einer Retardierung im kognitiven Bereich" (Mühl 2000, 49) manifestiert, rechtfertige dies – so der Autor – noch keineswegs eine darauf ausschließlich ausgerichtete Betrachtungsweise. Aus der Entwicklungspsychologie der frühen Kindheit wissen wir zum Beispiel um die unauflösbare Verschränkung kognitiver Leistungen mit der sensomotorischen Entwicklung (Piaget 1975). Außerdem gibt es enge Zusammenhänge zwischen der kognitiven und psychosozialen Entwicklung eines Kindes (Spitz 1973; 1976). Vor dem Hintergrund der Ignoranz motivationaler, kommunikativer und sozialer Aspekte ist das mit dem IQ-bezogenen Denken verhaftete Menschenbild eines „Homo Fabers" eindeutig: Was zählt sind Momente wie Ratio, Verstand, Vernunft, Begabung, Leistung, Können, Tüchtigkeit, Erfolg oder auch Karriere, nicht aber die menschliche Existenz in ihrer „Totalität", d. h. Emotionen, Affekte, sinnerfüllte Lebensbedürfnisse – kurzum die sog. ästhetische Dimension (hierzu Theunissen 1997a). Problematisch wird diese utilitaristisch präformierte Sichtweise vor allem dann, wenn daraus einseitige Folgerungen für die Praxis (z. B. Unterricht mit geistig behinderten Schülern) gezogen werden. Durch eine (Über-)Akzentuierung kognitiver Lernziele werden bekanntlich (auch) Kinder und Jugendliche mit geistiger Behinderung kaum erreicht, weswegen derlei curriculare Modelle in der augenfälligen Gefahr stehen, einen pädagogischen Pessimismus zu befördern, was letztlich einen Verzicht auf intensive schulische Förderung insbesondere geistig schwer behinderter Menschen bedeuten kann. Häufiger als eine Überbetonung kognitiver Lernziele lassen sich in der Unterrichtspraxis Unterforderungen ausmachen, die entstehen, wenn von diagnostizierten IQ-Werten linear auf Grenzen in der kognitiven Leistungsfähigkeit geistig behinderter Schüler geschlossen wird. Nicht wenige einschlägig ausgebildete Lehrkräfte zeigen im Allgemeinen aber eine deutliche Distanzierung von IQ-Tests, welche bei der Diagnostizierung von Schülern im Grenz- bzw. Überlappungsbereich zur Lernbehinderung zwar noch angewendet werden, als Maßgabe für das pädagogische Arbeiten anscheinend aber keine Rolle spielen (Stichling u. a. 1999; auch die IQ-Kritik in Sacks [1997, 310, 399], der das Konzept der „multiplen Intelligenzen" diskutiert [dazu Gardner 2000]; in ähnlichen Bahnen bewegen sich auch die Ausführungen von Mithaug [1996, 241f.]).

• Zum sog. Doppelkriterium in der US-amerikanischen Diagnostik
Das Unbehagen gegenüber der IQ-bezogenen Klassifikation von geistiger Behinderung hatte schon vor geraumer Zeit im anglo-amerikanischen Sprachraum zur Einführung eines sog. Doppelkriteriums geführt, das, wie bereits im ICD-10-System anskizziert, neben dem Intelligenzfaktor auch „soziale Anpassungsleistungen" berücksichtigt. Wir können diesbezüglich zwei bedeutsame US-amerikanische Klassifikationssysteme unterscheiden:
Erstens das von der American Psychiatric Association veröffentlichte DSM-IV-System (APA 1996), welches geistige Behinderung unter dem Oberbegriff *Entwicklungsstörungen* (317; 318; 319) fasst und durch drei Kriterien definiert:
1. Durch unterdurchschnittliche, allgemeine intellektuelle Leistungsfähigkeit;
2. Durch eine starke Einschränkung der Anpassungsfähigkeit in mindestens zwei der folgenden Bereiche: Kommunikation, eigenständige Versorgung, häusliches Wohnen, soziale Fähigkeiten und Fertigkeiten, Nutzung öffentlicher Einrichtungen, Selbstbestimmung, Gesundheit und Sicherheit, funktionale schulische Leistungen (Kulturtechniken) Freizeit und Arbeit;
3. Durch einen Zeitfaktor, nachdem der Beginn einer geistigen Behinderung (Entwicklungsstörung) vor dem Alter von 18 Jahren liegen muss (auch Saß, Wittchen & Zaudig 1996);
Zweitens das Klassifikationssystem der American Association on Mental Retardation (AAMR), deren ältere Definition weithin den DSM-IV-Ausführungen entspricht: „Mental retardation refers to substantial limitations in present functioning. It is characterized by significantly subaverage intellectual functioning, existing concurrently with related limitations in two or more of the following applicable adaptive skill areas: communication, self-care, home living, social skills, community use, self-direction, health and safety, functional aca-

demics, leisure, and work. Mental retardation manifest before age 18" (Luckasson et al. 1992, 1). Aber auch die neueste Definition der AAMR bewegt sich in ähnlichen Bahnen: „Mental retardation is a disability characterized by significant limitations both in intellectual functioning and in adaptive behavior as expressed in conceptual, social, and practical adaptive skills. This disability originates before age 18" (Luckasson et al. 2002, 1).

Sowohl das DSM-IV-System als auch die AAMR-Definitionen dokumentieren letztlich eine defizitorientierte Sicht von geistiger Behinderung, der wir auch im ICD-10-System begegnen. Die Unterschiede zwischen dem ICD-10 und DSM-IV sind im Prinzip gering, beiden gemeinsam ist die Klassifikation geistiger Behinderung im Kontext von psychischen Störungen, die Einteilung geistiger Behinderung in verschiedene Schweregrade sowie die implizite Überlappung von leichter geistiger Behinderung und Lernbehinderung (IQ 50/55-70). Unterschiedliche Akzentsetzungen ergeben sich dort, wo im DSM-IV dem „Doppelkriterium" in Bezug auf Fragen der Lebensbewältigung stärkere Beachtung geschenkt wird. Das gilt gleichfalls für das AAMR-Klassifikationssystem, welches aus pädagogischer Sicht mit dem „adaptiven Verhalten" eine neue Dimension ins Spiel bringt und fokussiert, die eine praxisrelevante Begriffsbestimmung und eine handlungsbezogene, multidimensionale Aufbereitung ermöglicht. Luckassons Definition (1992; 2002) geht von der Interaktion drei wesentlicher Faktoren aus:

Faktor I: die persönlichen Fähigkeiten und Ressourcen
Faktor II: die Umwelt der Person
Faktor III: das persönliche Bedürfnis nach Unterstützung

Vor diesem Hintergrund soll bei einer Einschätzung einer Person als geistig behindert das Verhältnis zwischen Betroffenem und Umwelt in einem multidimensionalen Verfahren in umfangreicher Form beschrieben werden. Fünf Dimensionen werden dabei neuerdings verwendet (hierzu *Anmerkung* 3):
1. Dimension: Intellektuelle Fähigkeiten
2. Dimension: Adaptives Verhalten (gedankliche, soziale und praktische Fertigkeiten)
3. Dimension: Partizipation, Interaktionen und Soziale Rollen
4. Dimension: Gesundheit (physische und geistige Gesundheit / ätiologische Aspekte)
5. Dimension: Umgebung (Umwelt und Kultur)

Der Diagnoseprozess wird in drei Schritten (unter Berücksichtigung standardisierter Diagnosebögen) vorgenommen: Zunächst spielt die Aufbereitung der ersten zwei Dimensionen in Bezug auf die grundlegende Diagnose eine zentrale Rolle. In einem zweiten Schritt werden die weiteren Dimensionen aufbereitet. Grundsätzlich sollen nicht nur Schwächen beschrieben, sondern gleichfalls Stärken und Ressourcen erfasst werden. Der dritte Schritt bezieht sich auf die Bestimmung der Art und Intensität der benötigten Hilfeleistungen in allen fünf Dimensionen. Hierbei wird auf die traditionellen IQ-Unterscheidungen (mild, moderate, severe, profound) verzichtet. Darin unterscheidet sich das AAMR-System deutlich von der DSM-IV-Systematik, die nach klinischer Denkmanier wie das ICD-10-System an der Einteilung der Schweregrade einer geistigen Behinderung festhält. Stattdessen werden im AAMR-System vier verschiedene Formen von Unterstützung unterschieden:

1. Intermittent (zeitweise; periodisch)

   Supports on an 'as needed basis,' characterized by their episodic (person not always needing the support[s]) or short-term nature (supports needed during life-span transitions, e. g., job loss or acute medical crisis). Intermittent supports may be high or low intensity when provided.

2. Limited (begrenzt)

   An intensity of supports characterized by consistency over time, time-limited but not of an intermittent nature, may require fewer staff members and less cost than more intense levels of support (e. g., time-limited employment training or transitional supports during the school-to-adult period).

3. Extensive (ausgedehnt)

   Supports characterized by regular involvement (e. g., daily) in at least some environments (e.g., school, work or home) and not time-limited nature (e. g., long-term support and long-term home living support).

4. Pervasive (allumfassend)

   Supports characterized by their constancy, high intensity; provision across environments, potentially life-sustaining nature. Pervasive supports typically involve more staff members and intrusiveness than do extensive or time-limited supports (zit. n. Luckasson et al. 2002, 152).

Diese Formen der Unterstützung sind nicht statisch festgelegt, sondern variieren innerhalb einer Person (entsprechend ihrer Fähigkeiten und Fertigkeiten in Bezug auf unterschiedliche Lebensbereiche) und können gleichfalls zwischen den verschiedenen Lebensphasen wechseln.

Wenn wir von der defizitorientierten Definition einmal absehen, kann alles in allem das AAMR-Modell als wegweisend für eine pragmatische, lebensweltbezogene Klassifikation von geistiger Behinderung betrachtet werden. Die Bestimmung eines *individuellen Unterstützungsbedarfs* in Bezug auf Bereiche, die für ein Leben in der Gesellschaft als besonders relevant gelten (z. B. Kommunikation, Selbstversorgung, Wohnen, Sozialverhalten, Selbstbestimmung, Benutzung von Infrastrukturen, Gesundheit, lebensbedeutsame Schulbildung, Arbeit, Freizeit [hierzu ebd., 157ff.]), ist gegenüber den herkömmlichen (z. B. IQ-bezogenen) Betrachtungsweisen, die über die Auflistung negativer Merkmale (Defizite) nicht hinauskommen, unzweifelhaft ein Fortschritt. Zudem werden Betroffene nicht mehr ausschließlich vom Nicht-Können her beschrieben, sondern gleich-falls als Personen mit Entwicklungspotentialen, Bedürfnissen und Rechten re-spektiert. Eine solche personale Wertschätzung wurde schon vor geraumer Zeit von Empowerment-Bewegungen behinderter Menschen und Eltern behinderter Kinder eingefordert (hierzu Turnbull & Turnbull III 1997; Theunissen & Plaute 2002) – und sie korrespondiert heute mit Grundsätzen moderner Behinderten-arbeit, die sich auf Inclusion (Nicht-Aussonderung), ein Leben in der Gesell-schaft, Selbstbestimmung, Mitbestimmung und gesellschaftliche Partizipation beziehen (Oliver 1996; Ramcharan et al. 2002a). Damit gewinnen fachlich be-trachtet Lern-, Entwicklungs- und Integrationshilfen zur Selbst-Hilfe und sozia-len Partizipation, das Anstiften zu Zusammenschlüssen in Selbstvertretungs-gruppen (self-advocacy), die Förderung und Unterstützung sozialer Netze sowie spezifische umfeldbezogene Maßnahmen (Abbau von Barrieren) an zentraler Be-deutung.

• Zum „kognitiven Anderssein"

Ein Kritiker der defizitorientierten Definitionsansätze ist Thalhammer (1977). Seiner Ansicht nach handle es sich hierbei stets um „Außenperspektiven", um normbezogene Standpunkte aus der Sicht eines Beobachters, der angesichts des fehlenden Feedback geistig behinderter Menschen deren „existentielle Wahrheit und Wirklichkeit" (9) nie erfassen könne. Gerade dieses Problem beförderte die Verdinglichung der Betroffenen mit all den beschriebenen Konsequenzen (Ent-wertung, Defizitorientierung, Stigmatisierung, nihilistische Prognose). Insbeson-dere habe Ratlosigkeit statt, wenn es um die Frage des Menschseins gehe. Sätze mit „auch" (19f.) seien häufig ein Beleg dafür, dass das Mensch- oder Personsein geistig Behinderter entweder angezweifelt oder aber eingefordert werde. Soll die Existenz geistig behinderter Menschen nicht (weiter) gefährdet werden, etwa mit dem Stigma des (Noch-)„Nicht-voll-Mensch-Gewordenseins" (Wunderlich 1970, 55), so müsse eine anthropologisch fundierte Perspektive von der „Welt" des geistig behinderten Menschen aus entwickelt werden (Thalhammer 1977, 31). Vor dem Hintergrund dieser Überlegung schlägt der Autor vor, geistige Be-hinderung als „diejenige Seinsweise und Ordnungsform menschlichen Erlebens (zu bezeichnen, G. T.), die durch kognitives Anderssein bedingt ist und die be-sondere lebenslange mitmenschliche Hilfe zur Selbstverwirklichung in individu-ellen Dimensionen und kommunikativen Prozessen notwendig macht" (39). Damit betrachtet Thalhammer die Wirklichkeit des geistig behinderten Men-schen als „Voraussetzung" und nicht als Zielsetzung (ebd., 20). Überdies will er „alle Dimensionen des Menschseins" (20) durch Hilfe und nicht durch pädagogi-sche Eingriffe (31) erreichen, insbesondere ist es ihm dabei um die Bereiche des Lebens, der kommunikativen Erfahrung und Sinnverwirklichung zu tun. Dieser anthropologische Aspekt ist zweifellos bedeutsam – öffnet er doch den Blick für ein dominant subjektzentriertes pädagogisches Handeln, das sich nicht auf intellektuelle Beeinträchtigung oder soziale Inkompetenz fixiert. Trotzdem hat dieser Definitionsansatz einige Missverständnisse und Irritationen befördert. Das erste Missverständnis wird durch den Begriff des „Andersseins" ausgelöst, der allzu leicht mit „Andersartigkeit" verwechselt, identifiziert oder assoziiert wird, so dass Thalhammers Theorieentwurf ungewollt in die Nähe derjenigen Vorstellungen rückt, denen gerade in aller Entschiedenheit entgegengetreten werden sollte. Ein zweites Missverständnis ergibt sich dort, wo „kognitives Anderssein" mit „genereller Insuffizienz" gleichgesetzt wird (34, 38), etwa im Sinne der von Hanselmann (1976, 135) postulierten „Gesamtseelenschwäche", die – so Thalhammer – alle Dimensionen menschlichen Verhaltens und Erlebens ins Negative ziehe. Auch wenn es Thalhammer in keiner Weise darum zu tun ist, suggeriert und schafft der Begriff des „Andersseins" Distanz und sabotiert letztlich den intendierten Blick für das (pädagogisch) Gemeinsame (Zwischenmenschlichkeit, Beziehung). Eher werden Prozesse der Abgrenzung, Ausgrenzung, Besonderung und Isolation befördert und verstärkt. Ferner löst Thalhammers Definition dort Widerspruch aus, wo von einer „besonderen lebenslangen" Hilfe als eine unabänderliche Tatsache die Rede ist. Schließlich verleitet die Theorie des „kognitiven Andersseins" zu der Annahme, geistig behinderte Menschen besäßen eine „andere Form des Denkens", die dem „normalen Zugang" (z. B. auch einer Tiefenpsychologie; Psychotherapie) verschlossen bliebe. Dieses Missverständnis ist – wie die Praxis zeigt – aber keineswegs haltbar (Lingg & Theunissen 2000). Alles in allem sollte daher eine Orientierung an Thalhammers Konzept vermieden werden.

• Zur Hinwendung zum „Positiven"

Den vorausgegangenen Ausführungen ist zu entnehmen, dass geistige Behinderung als „eine komplexe Beeinträchtigung der Persönlichkeit eines Menschen in seinem Umfeld mit variierenden Einschränkungen auf der motorischen, sensorischen, emotionalen, sozialen und kognitiven Ebene" (Petzold 1994, 228) verstanden werden kann, die in pädagogischer Hinsicht einen speziellen (besonderen) Erziehungs- und Lernbedarf notwendig werden lässt (auch Speck 1999a; Mühl 2000). Ein solcher Beschreibungsversuch ist in der schon 1974 vom Deutschen Bildungsrat vorgelegten Definition geistiger Behinderung angelegt: „Als geistig behindert gilt wer ... in seiner psychischen Gesamtentwicklung und seiner Lernfähigkeit so sehr beeinträchtigt ist, dass er voraussichtlich lebenslanger, sozialer und pädagogischer Hilfen bedarf. Mit den kognitiven Beeinträchtigungen gehen solche der sprachlichen, sozialen, emotionalen und der motorischen Entwicklung einher" (37).

Diese Definition kann angesichts des Bemühens, Festschreibungen zu vermeiden, gegenüber den traditionellen Sichtweisen als ein Fortschritt betrachtet werden. Jedoch hebt sie die „vermeintliche Inkompetenz des Lernenden" (Goll 1994, 133) nicht grundsätzlich auf. Diese einseitige Orientierung am Nicht-Können und Negativen hat Goll dazu veranlasst, mit Blick auf Schöler (1992) und Wolfensberger (1988) ein „Gegenmodell" zu skizzieren, welches Menschen mit geistiger Behinderung ausschließlich in einem „positiven Licht" darstellt. Anstelle der herkömmlichen Beschreibung von Defiziten geht es um das Wahrnehmen (eine Diagnose) von Fähigkeiten (kann gut sehen, ist aufrichtig, gewissenhaft, freundlich; zeigt Vertrauen, natürliche Spontaneität, Freude an einfachen Dingen des Lebens u. a. m.). Wolfensberger (1988) spricht in diesem Zusammenhang von sog. *heart-qualities*, die man „in der Vergangenheit häufig nicht als wertvolle Kompetenzen eingeschätzt, sondern eher als ab zu trainierende ‚Fehlverhaltensweisen' verkannt" (Goll 1994, 136) habe.

Die Anlehnung an positive Botschaften, Stärken, Potenzialen und Kompetenzen von Menschen mit geistiger Behinderung findet heute in der Geistigbehindertenpädagogik zusehends Beachtung (Lacey 2001, X). Formulierungen wie „Menschen mit speziellen Erziehungsbedürfnissen" (Speck 1999a, 60, 175) weisen auf diesen Trend hin. Zudem hat die schon erwähnte American Association on Mental Retardation (AAMR 1992; 2002) darauf reagiert, wenn sie schreibt: „The new definition ...eliminates the old subcategories – mild, moderate, severe, and profound – in favor of a new model which categorizes *needed supports,* not the individual" (zit. n. Goll 1994, 137; auch Westling & Fox 1995, 3ff., Beirne-Smith, Ittenbach & Patton 1998, 123ff.). Diesen Umbruch, der letztlich den Begriff der „geistigen Behinderung" überflüssig werden lässt, haben wir vom Ansatz her als fruchtbar und wegweisend ausgewiesen. Allerdings wird – wie wir bereits oben ausgeführt haben – in den USA auf den Begriff der „geistigen Behinderung" (i. S. v. mental retardation oder intellectual disabilities) nicht völlig verzichtet, insbesondere dann nicht, wenn es um die Feststellung des sonderpädagogischen Förderbedarfs und die Bereitstellung der entsprechenden finanziellen Mittel geht. Hinzu kommt, dass in dem Modell der AAMR sowohl Schwächen als auch Stärken erfasst werden (Luckasson et al. 2002, 205). Insofern unterscheidet es sich von der ausschließlich am Positiven (Stärken, Fähigkeiten) orientierten Sicht, wie sie Goll (1994) beschrieben hat. Diese Perspektive ist nämlich in ihrer Reichweite begrenzt, wenn „real existierende" Lernschwierigkeiten oder auch Verhaltensprobleme im Rahmen einer positiven Beschreibung (Konnotation) zu sehr bagatellisiert werden bzw. aus dem Blick geraten. Häufig ergibt sich die Notwendigkeit, „bei aller berechtigten Betonung des Positiven ... (auch G. T.) das Ausmaß des Rückstandes festzustellen" (Speck 1977, 82), um passende, individualisierte, entwicklungsfördernde Lernsituationen und/oder Lebensbedingungen arrangieren zu können. Darüber hinaus können differential-diagnostische Schwierigkeiten und Folgeprobleme für die praktische Arbeit (Verkennen spezieller syndromspezifischer Hilfen) entstehen, wenn unter „Menschen mit speziellen Erziehungsbedürfnissen" eng umschriebene klinische Syndrome (Autismus; Schizophrenie; Epilepsie; Depression u. a. m.) zur Vermeidung von Etikettierungen aufgegeben bzw. eingeebnet werden. Ein weiteres Problem, das der radikalen Position anhaftet, ist die Gefahr, dass durch einen bloßen Perspektivenwechsel, indem negative Merkmale durch positive ersetzt werden, nur das Kind mit dem Bade ausgeschüttet wird. Bleiben nämlich lebensweltliche Zusammenhänge, Kontextfaktoren wie auch soziale Probleme oder Interaktionsschwierigkeiten, unbeachtet, führt dies zur Verkürzung des Phänomens „Behinderung" im Sinne einer „individuellen Kategorie". Mit dieser kritischen Anmerkung möchten wir die Bedeutung des „Gegenmodells" nicht gänzlich verwerfen, jedoch darauf aufmerksam machen, dass es wichtig ist, ein Verständnis von Behinderung als „soziale Kategorie" im Blick zu halten.

• Zum Behinderungsbegriff als „soziale Kategorie"

In scharfer Abgrenzung zu traditionellen Positionen im Bereich von Psychiatrie, Psychologie und Heilpädagogik, die geistige Behinderung als eine „individuelle" (Krankheits-)Kategorie ausweisen, wurde in den vergangenen 30 Jahren mit Blick auf das Behinderungsverständnis der Weltgesundheitsorganisation (WHO) im kritisch-fortschrittlichen Lager der Rehabilitationswissenschaften und Behindertenarbeit geistige Behinderung unter einem sog. *Dreiklang* betrachtet: *Individuelle Schädigung* (Hirnschädigung; pathologisch-anatomische Veränderungen; Organdefekt u. ä.), *Beeinträchtigung* (Lernausfälle; Lern-, Entwicklungs-, Wahrnehmungsstörungen u. ä.) und *gesellschaftliche Benachteiligung* (Barrieren; Vorurteile; Stigmatisierung u. ä.).

Dieses Beschreibungsmodell weist neben medizinisch-ätiologischen Aspekten auch auf gesellschaftliche Einflüsse hin, in deren Lichte Behinderung als eingeschränkte Teilhabe am gesellschaftlichen Leben erscheint und unter Prozessen der Stigmatisierung, Isolation oder Diskriminierung reflektiert werden kann. Dies alles hat Konsequenzen für die pädagogische Praxis, die sich im Falle gesellschaftlicher Benachteiligung nicht ausschließlich auf eine individuelle Lernförderung zur Kompensation oder Bewältigung von Beeinträchtigungen beschränken darf. Nach Mercer (1973) lassen sich einige der o. g. Definitionsansätze in diesem Klassifikationsmodell miteinander verschränken, welches in Abkehr von der einseitig medizinischen, defektorientierten Sichtweise „den Prozesscharakter der geistigen Behinderung als sozial vermitteltem Tatbestand" (Thimm 1999, 11) hervorhebt. Dieser „Dreiklang" von Behinderung hat allerdings in der Vergangenheit häufig Missverständnisse hervorgerufen, indem ihm eine lineare Kausalität unterlegt wurde: Ausgangspunkt einer geistigen Behinderung sei eine individuelle Schädigung, welche zu (Lern-)Beeinträchtigungen führe, durch die ein Betroffener sozial benachteiligt sei oder die in mehr oder weniger starkem Maße von gesellschaftlicher Benachteiligung überformt seien. Je massiver der Benachteiligungsfaktor sei (totale Institution), je gravierender seien auch die Auswirkungen auf Persönlichkeitsentwicklung und Lernen (Hospitalisierung). Diese Begriffsaufbereitung hatte zunächst im Zusammenhang mit der Auseinandersetzung um Entpsychiatrisierungs- und Enthospitalisierungsprozesse sog. fehlplazierter geistig schwerst- und mehrfach behinderter Menschen eine wichtige (heuristische) Funktion. Die begrenzte Reichweite dieses Ansatzes wurde aber alsbald erkannt. Ein zentrales Problem war insbesondere die Vernachlässigung des *Subjekts,* dessen Perspektive, Befindlichkeiten, psychosoziale Bewältigungsstrategien, Selbstkonzept und Mitgestaltungsmöglichkeiten zu wenig Aufmerksamkeit geschenkt wurden. Darüber hinaus konnte durch die Anlehnung an einem kausal-linearen Denkmodell der Komplexität des Phänomens „geistige Behinderung", vor allem der rekursiven Verknüpfung der sog. Dreiklang-Faktoren, kaum Rechnung getragen werden.

Inzwischen hat die WHO (2000) ein neues Beschreibungsmodell für eine zeitgemäße Behindertenarbeit entwickelt, das nunmehr vier Konstrukte unterscheidet (ICIDH-2/ICF):

• Körperstrukturen (z. B. Gliedmaßen) und -funktionen (physiologisch, psychisch) und ihre Beeinträchtigung (Schädigung, Impairment [Organdefekt und verminderte intellektuelle Fähigkeiten]);
• Aktivitäten und ihre Beeinträchtigung
  Eine Aktivität ist das, was eine Person tut (gehen, eine Aufgabe durchführen...); diese Dimension liefert ein Profil der Funktionsfähigkeit einer Person; es wird danach gefragt, welche Formen der Unterstützung notwendig sind, um der betreffenden Person ein autonomes Leben im Rahmen ihrer Möglichkeiten sowie eine aktive Partizipation in gesellschaftlichen Kontexten zu ermöglichen;
• Partizipation und ihre Beeinträchtigung
  Soziale Teilnahme bzw. Teilhabe einer Person an verschiedenen Lebensbereichen; Partizipation ist das Ergebnis der Wechselwirkung von Impairment, Aktivitäten und Kontextfaktoren;
• Kontextfaktoren
  beziehen sich auf die soziale und materielle Umwelt, auf die verschiedenen Lebensbereiche, wie sie Bronfenbrenner (1981) beschreibt.

Diese vier Konstrukte lassen sich aus gesundheitsbezogener Sicht (z. B. im Hinblick auf Verhaltensauffälligkeiten oder psychische Störungen) durch zwei akzessorische Aspekte ergänzen: durch Risikofaktoren für gesundheitliche Probleme (Umweltfaktoren; klinische Syndrome) und durch Bewältigungsstrategien (Coping; [hierzu Gesundheit und Behinderung 2001, 30f.]).

Demnach gehört es der Vergangenheit an, Behinderung und spezifische Störungen zu individualisieren. Stattdessen wird von einem reziproken, prozesshaften Zusammenwirken individueller (biologischer, kognitiver, sensomotorischer, affektiver) und sozialer (zwischenmenschlicher, kontextueller, gesellschaftlicher) Faktoren ausgegangen; und das bedeutet, dass eine lebensweltbezogene, gemeindeintegrierte Behindertenarbeit, wie sie auch im oben zitierten AAMR-Modell angelegt ist, Priorität hat. Ein solches Konzept wird gleichfalls von betroffenen Personen favorisiert. Im Prinzip kann die hiesige neue Sozialgesetzgebung (SGB IX) im Hinblick auf diesen internationalen Trend als anschlussfähig betrachtet werden. Ein wichtiger Grundgedanke des Gesetzes ist die gleichberechtigte Teilhabe behinderter Menschen am Leben in der Gemeinschaft.

Diese Neuorientierung der WHO (dazu auch Lindmeier 2002) führt uns deutlich vor Augen, dass das herkömmliche Bild vom behinderten Menschen ins Museum gehört. Wurden in den vergangenen Jahren behinderte Menschen zumeist als versorgungsbedürftige, zu beschützende und zu kontrollierende Mängelwesen betrachtet, so haben wir es inzwischen mit einem Verständnis von *„empowered persons"* zu tun, d. h. von selbstbefähigten und selbstbestimmten Subjekten, die für sich selbst am besten wissen, was für sie gut ist und was nicht, die eigene Interessen artikulieren, eigenständig-selbstverantwortlich Entscheidungen für persönliche Angelegenheiten treffen und eigene Belange für sich selbst regeln können. Dazu zählen ein Vertrauen in eigene Ressourcen, die Überzeugung, das eigene Leben kontrollieren zu können, ein kritisches Problembewusstsein, Fähigkeiten, soziale Probleme zu lösen sowie die Bereitschaft, sich (z. B. im Rahmen von Selbstvertretungsgruppen) aktiv politisch zu engagieren. Die Bedeutung dieses optimistisch gestrickten Menschenbildes kann für die Behindertenarbeit nicht hoch genug eingeschätzt werden (Theunissen & Plaute 2002, 44ff.). Es muss jedoch gleichfalls die Gefahr der Idealisierung gesehen werden, denn nicht alle Menschen mit Behinderungen können in der hier beschriebenen Form an Souveränität ihr Leben gestalten. Um eine Ausgrenzung und Benachteiligung zu vermeiden, tut die WHO gut daran, das Recht auf aktive Partizipation jedem Menschen mit einer Behinderung zuzuschreiben und durch das Gebot der Ermittlung und Gewährleistung von individueller Unterstützung (support) abzusichern. In diesem Sinne ist es wichtig, das Modell der „empowered person" so auszulegen und aufzubereiten, dass jeder Mensch mit geistiger Behinderung davon profitieren kann (hierzu Theunissen 2000; auch Lacey & Ouvry 2001).

1.3 Geistige Behinderung aus der Subjekt-Perspektive

Die unmittelbar vorausgegangenen Ausführungen können als richtungsweisend für eine begriffliche Aufbereitung aus der Subjekt-Perspektive gelten. Daran anknüpfend möchten wir nun ein kompetenzorientiertes Konzept vorstellen, das in ein vierdimensionales Verknüpfungsmodell mündet. Mit dem Schlüsselbegriff der *Kompetenz,* der rechtlich ausgelegt auf eine Zuständigkeit für das eigene Leben verweist, psychologisch betrachtet den Blick auf ein individuelles Vermögen im Sinne von Stärken, Ressourcen, Potenzialen und Fähigkeiten lenkt, ergeben sich einerseits Chancen, geistige Behinderung als eine „normale Variante menschlicher Lebensweise" (Speck 1999a, 61, 175) zu betrachten. Andererseits lässt sich damit die Subjektvergessenheit überwinden, indem Menschen mit geistiger Behinderung als aktiv handelnde, situationswahrnehmende, -verarbeitende und -mitgestaltende, eben als kompetente Individuen betrachtet und entsprechend wertgeschätzt werden. Im Folgenden haben wir mit Blick auf vorhandene, psychologische Definitionen versucht, eine „synthetisierende" Begriffsbestimmung vorzunehmen: Unter *Kompetenz* verstehen wir *die Fähigkeit, individuelle und soziale Ressourcen so zu nutzen, dass eine gegebene Situation möglichst autonom bewältigt werden und ein soziales und sinnerfülltes Leben aufrecht erhalten und weiterentwickelt werden kann.*

Indem Transaktionen von Menschen mit ihrer Umwelt in den Blickpunkt des Kompetenzbegriffs gerückt werden, verliert die Beschreibung geistig behinderter Menschen unter Defiziten, negativen Eigenschaften oder Funktionsabweichungen wesentlich an Bedeutung. Der Kompetenzbegriff fordert „in seiner Relationalität geradezu programmatisch die Rückbindung individueller Fähigkeiten an situative und außerpersonale Gegebenheiten... Kompetenzorientierung bedeutet eben gerade nicht, sich lediglich mit den Eigenschaften einer Person zu beschäftigen, sondern stets danach zu fragen, in welchen Verhältnissen diese Eigenschaften zu einer fördernden oder behindernden Umwelt stehen" (Trost 2003, 513f.). Mit dem Begriff der Transaktion sollen reziproke Zusammenhänge (Wechselbeziehungen) zwischen situativen Anforderungen an eine Person und deren Bedürfnisse sowie verfügbaren Ressourcen zur Bewältigung erfasst und als veränderbare Variablen mitgedacht werden. Außerdem beinhaltet er die „Verschmelzung von Person und Umwelt zu einer neuen Einheit, einem System" (Lazarus 1990, 205), in dem Kompetenz als adaptives Verhalten im Sinne einer möglichst günstigen „Abstimmung der eigenen Möglichkeiten mit Forderungen und Hilfen der Umwelt" (Holtz 1994, 37) in Erscheinung tritt. Dieser Prozess bedeutet keine einseitige Anpassung des Individuums an gegebene Situationen, sondern eine adaptive Beziehung, Veränderung und Weiterentwicklung auf beiden Seiten. Mit Blick auf geistig behinderte Menschen kommt es somit nicht nur auf Anpassungsleistungen zur Bewältigung von Lebenssituationen an, sondern ebenso wichtig sind die Beachtung und Reflexion der sozialen Ressourcen, der Anpassungsfähigkeit, Veränderungs- und Entwicklungsmöglichkeiten von Lebenswelten (Schalock et al. 1994). Ziel kompetenten Verhaltens ist die Befriedigung originärer menschlicher Bedürfnisse nach existentiell notwendiger Selbsterhaltung, Realitätskontrolle und Lebensbewältigung einerseits sowie das Streben und die Sehnsucht nach einer sinnerfüllten Verwirklichung der Grundphänomene menschlichen Lebens (Du-Bezug, Liebe, Geselligkeit, ästhetische Kulturbetätigung und Spiel) andererseits. Diese Selbsterhaltungs- und Selbstaktualisierungstendenz (Rogers 1974) definiert jeden Menschen – unabhängig der Schwere und Art einer Behinderung – als ein aktiv handelndes Wesen, das auf seine Lebenswelt einzuwirken versucht, um durch „Kontroll"-Effekte emotionale Selbstbestätigung hervorzubringen (White 1959). Pädagogisch gesehen gilt es hierbei im Falle einer geistigen Behinderung zu überprüfen, ob und wie der Einzelne derlei Entwicklungschancen nutzt oder ob er hinter seinen Möglichkeiten bleibt. Dabei ist zu klären, ob innere Einflüsse (z. B. anlagebedingte Vulnerabilität) oder äußere Faktoren (Umwelt) kompetentes Verhalten behindern und wie sich das reziproke Zusammenspiel dieser Aspekte auf die Persönlichkeitsentwicklung auswirkt (hierzu auch Jantzen 1998; Theunissen 2003b, Kap. X). Die Überwindung oder Aufhebung einschränkender äußerer Rahmenbedingungen ist für die Praxis häufig ebenso wichtig wie die Mobilisierung individueller Ressourcen und Freisetzung blockierter, versandeter oder ungenutzter Fähigkeiten und Kräfte. Dabei darf nicht etwa nur die kognitive Dimension (Intellekt) fokussiert werden, sondern die kompetenzfördernde Freisetzung oder Unterstützung der individuellen Potenziale umfasst insbesondere auch Aspekte des Selbstkonzepts und die ästhetische Dimension. Gerade dadurch definiert sich der Mensch in seiner Einmaligkeit als einzigartige Persönlichkeit, die im Falle einer sonderpädagogischen Förderung, Therapie oder Hilfe jedwede Normierung verbietet. Dieser Aspekt hat konstitutive Bedeutung für das Verständnis von geistiger Behinderung. Nehmen wir hierzu folgendes Beispiel: Ein Erwachsener, der als geistig schwerst- und mehrfach behindert beschrieben wird, verhält sich kompetent, wenn er zur Mahlzeit durch Mimik oder Gestik seinen Willen bekundet, Orangensaft statt Hagebuttentee zu trinken. Damit realisiert er seinen Ressourcen entsprechend einen hohen Grad an Entscheidungsautonomie, die vor dem Hintergrund stark eingeschränkter Selbstständigkeit (geringe Handlungsautonomie) zur Verringerung eines gewissen Maßes an erhöhter Abhängigkeit (Fremdbestimmung) beiträgt. Diese (Kontingenz-)Erfahrung der Kontrolle über die eigenen Lebensumstände hat identitätsstiftenden, persönlichkeitsstabilisierenden Charakter, indem Erfolgserlebnisse, Selbstwertgefühle und Vertrauen in die eigenen Ressourcen gefördert werden (auch Holtz 1994, 91). Zugleich trägt die Erfahrung der Gegenseite zu dem befriedigenden Gefühl und positiven Selbstbild bei, auch von anderen als kompetentes Subjekt wertgeschätzt und ernst genommen zu werden. Dieses Beispiel demonstriert eine „passende" Transaktion, die durch die Verschränkung von Kompetenz und Effektanz als ihre motivationale Seite subjektive Bedeutsamkeit (Erfolg) erfährt (auch White 1959, 323). Insofern kommt dem Selbst- oder Identitätskonzept zum Verständnis von Kompetenz und Transaktionen eine prominente Rolle zu. Außerdem dürfen wir annehmen, dass der Identitätsfaktor als kompetenzbegleitendes und -konstituierendes Moment gleichermaßen „wesensbedingt" zum Menschsein gehört. Wenn wir dann davon ausgehen, dass die Beschreibung geistig behinderter Menschen als kompetente Individuen zu wenig Beachtung findet, so gilt dies ebenso für ihr Selbstkonzept, dem bislang kaum fachliches Interesse gegolten hat. Unser erklärtes Ziel ist es, diese Einseitigkeit in der Theorie- und Definitionsbildung von (geistiger) Behinderung zu vermeiden, weswegen wir im Folgenden ein vierdimensionales Modell von „geistiger Behinderung" vorstellen möchten, das im Sinne der aktuellen Begriffsbeschreibung der WHO den bisherigen „Dreiklang" von Behinderung ablösen und unsere bisherigen Überlegungen zusammenfassen soll.

1.4 Geistige Behinderung als komplexes soziales Phänomen von sich wechselseitig bedingenden und verstärkenden Faktoren

Ausgangspunkt unserer Überlegungen sind vier zentrale Faktoren, die zum Verständnis von geistiger Behinderung beitragen sollen:

Faktor A:
Umfasst biologische, physiologische, somatofunktionelle Faktoren; bezieht sich auf Organdefekte, körperliche Fehlbildungen und Schädigungen, klinische Bilder und Ursachen geistiger Behinderung (z. B. *pränatale* Schädigungen [stoffwechselbedingte Störungen wie Phenylketonurie in Folge eines Enzymdefekts oder Galactosämie, dominant vererbte Genmutationen, Fehlbildungen des Nervensystems wie Mikrozephalie, chromosomale Störungen wie Trisomie 21, infektionsbedingte Schädigungen durch Rötelnviren, toxische Schädigungen durch erheblichen Alkohol- oder Medikamentenmissbrauch, Chemikalien, Strahlen- oder Umweltbelastung], *perinatale* Ursachen [Geburtstrauma, Enzephalopathie durch Sauerstoffmangel, Frühgeburt, Meningitis, Blutgruppenunverträglichkeit], *postnatale* Ursachen [entzündliche Erkrankungen der Gehirnhäute bzw. des Zentralnervensystems wie Meningitis oder Enzephalitis, Hirntu-

moren, Schädel-Hirn-Trauma bzw. traumatische, psychosozial bedingte Schädigungen oder auch schwere Ernährungsstörungen, Hirnschädigung durch Intoxikation oder Stoffwechselkrisen]) (dazu ausführlich Neuhäuser 1999; *Anmerkung* 4). Ursachen geistiger Behinderung gelten bis heute zu etwa 75 % als ungeklärt. Alles in allem entspricht Faktor A dem, was üblicherweise als *individuelle Schädigung* ausgelegt wird. Ein ausschließlich auf diese Sichtweise hin orientiertes Verständnis von geistiger Behinderung ist in doppelter Hinsicht höchst problematisch. Zum einen gelten alle medizinischen Befunde von vornherein als negative Normabweichungen bzw. als negative somatische Veränderungen der normalen menschlichen Entwicklung, weswegen geistige Behinderung als „abnorme Variante" menschlichen Lebens (Vetter 1995) gelten kann.

Gegen diese pauschale und unreflektierte Abwertung wendet sich zu Recht die Kritik. Insbesondere sind es Betroffene, die uns sensibel gemacht haben für eine Gegenposition, die die Einzigartigkeit und das So-Sein behinderter Menschen betont. Im Lichte dieser Sichtweise erscheint zum Beispiel ein Down-Syndrom nicht per se als pathologisch oder negativ, sondern es gehört als unverwechselbares Merkmal eines Menschen, der eben damit geboren wurde. „Denn ohne dieses unverwechselbare Merkmal der Behinderung wäre er nicht der einmalige Mensch, der er ist. Jeder Mensch hat seinen Wert in sich, unabhängig davon, ob er dieses oder jenes instrumentell im Sinne des Herstellens verrichten kann. Entscheidend ist die Tatsache seines individuellen Menschseins" (Saal 1992, 86). Aus diesem Grunde sollte der Begriff der Schädigung durch den der *biologischen Gegebenheit* neutralisiert werden. Zum anderen darf von einer bestimmten Erkrankung, Schädigung oder einem klinischen Syndrom aus nicht von vornherein auf eine geistige Behinderung geschlossen werden (z. B. kann beim kongenitalen Hydrozephalus, Klinefelter-Syndrom oder bei Neurofibromatose die Intelligenzentwicklung ungestört sein, ebenso kann eine Enzephalitis folgenlos ausheilen; hierzu Neuhäuser 1999, 138, 194f., 208).

Faktor B:
Umfasst den Lern- und Entwicklungsbereich auf kognitiver, sensorischer, motorischer und aktionaler Ebene; in traditioneller Hinsicht entspricht er dem, was als erhebliche *Beeinträchtigung* der Lernfähigkeit, als intellektuelle Leistungsminderung, Entwicklungsverzögerung, Wahrnehmungsstörung, psychomotorische Auffälligkeit u. a. beschrieben und bezeichnet wird. In diesem Zusammenhang stoßen wir immer wieder auf bestimmte negative (defizitäre) Beschreibungen des Lernverhaltens bzw. spezieller Merkmale des Lernens wie Aufmerksamkeitsschwäche oder hohe Ablenkbarkeit, mangelndes willkürliches Einprägen durch fehlende „innere Sprache" und aktive Lernstrategien, mangelnde Umstellungsfähigkeit und Spontaneität im Denken und Handeln, unzureichende

Problemlösungsstrategien, Schwierigkeiten beim abstrakten Denken, schlussfolgernden oder zielgerichteten Handeln u. a. m. (Wendeler 1976; Meyer 1977; Sarimski 2003a). Derlei Besonderheiten im Lernverhalten können im Einzelfalle zutreffen, sie dürfen aber in keiner Weise verallgemeinert und geistig behinderten Menschen pauschal zugeschrieben werden. Denn eine vorwiegend auf Lern- und Entwicklungsbeeinträchtigungen (Defizite) hin orientierte Sichtweise reduziert den Einzelnen auf einen Teilaspekt seiner gesamten Entwicklungsmöglichkeiten und Persönlichkeit. Es können nämlich neben partiellen Lernausfällen (Entwicklungsrückständen) auch partielle bzw. besondere Fähigkeiten und Fertigkeiten (sog. Leistungsinseln) bestehen (hierzu u. a. Sacks 1997, 270, 346ff.); solche individuellen Entwicklungsdiskrepanzen verbieten es, Menschen mit geistiger Behinderung auf bestimmte Entwicklungsabschnitte zu fixieren (Inhelder 1968) oder gar auf ein „infantiles Entwicklungsniveau" festzuschreiben.

Insofern sind unter dem Faktor B auch generelle Entwicklungspotenziale, individuelle Stärken, positive Botschaften oder individuelle Ressourcen zu beschreiben. Überdies sollte grundsätzlich der Lern- und Entwicklungsbereich nicht als isolierter Faktor, sondern nur auf dem Hintergrund der individuellen Lebensgeschichte und der konkreten Sozialisation aufbereitet werden.

Faktor C:
Bezieht sich auf Kontextfaktoren, vor allem auf jene Aspekte, die unter *gesellschaftliche Benachteiligung, Vernachlässigung und soziale Schädigung* gefasst werden: Institutionalisierung, Hospitalisierung, Ausgrenzung, lernhemmende Bedingungen, unzureichende pädagogische Förderung, mangelnde Stimulation, Vorurteile, gesellschaftliche Barrieren, eingeschränkte Teilhabe am gesellschaftlichen Leben, sozial schwaches Milieu, emotionale und soziale Vernachlässigung, Misshandlung, broken-home-Situation u. a. m.

Darüber hinaus soll er neben sog. kritischen Lebensereignissen (z. B. familiale oder gesellschaftliche Belastungsfaktoren) auch *protektive (soziale) Ressourcen* mit einbeziehen. Auch wenn dieser Faktor absolut gesetzt keine geistige oder Lernbehinderung beschreibt, kann er in seiner negativen Bestimmung durchaus zu einer entsprechenden Stigmatisierung führen, wenn z. B. ein Kind aus einem ausgesprochen sozial schwachen Milieu auf der Basis von Vorurteilen in Verbindung mit einem sog. Hof-Effekt („sozial schwach, asozial, schmutzig, faul und dumm") ohne exakte Überprüfung als geistig oder lernbehindert fehl eingeschätzt, etikettiert und in eine entsprechende Sonderschule eingewiesen wird.

Faktor D:
Bezieht sich auf die sog. Subjekt-Perspektive, unter der wir in abstrahierender Weise Aspekte wie Selbst- und Fremdwahrnehmung, subjektive Ereignis-

wahrnehmung, Selbstbild, Selbsterfahrungen, Einschätzung der eigenen Person, Selbstvertrauen, Selbstwertgefühl, emotionale Befindlichkeiten, Krisenverarbeitungsprozesse, Erleben der Beeinträchtigung, Benachteiligung u. ä. zusammenfassen (dazu auch Speck 2003, 228ff., 235f.). Im Wesentlichen geht es dabei um das *Selbst-Konzept* einer Person, welches häufig mit dem Begriff der *Ich-Identität* synonym gebraucht wird (Neubauer 1976). In Anlehnung an Mead (1991) und Goffman (1967) lassen sich zwei wichtige Komponenten von Identität (oder „Selbst") unterscheiden: „Persönliche Identität" als einzigartige Kombination von biographischen Daten, Körpermerkmalen und subjektiven Momenten, die den Menschen als Individuum ausmachen und Ansatzpunkte zur Interaktion bilden sowie „soziale Identität", die auf Grund der Übernahme von Rollenzuschreibungen und Erwartungen, die an Merkmale der personalen Identität geknüpft werden, zustande kommt und das Individuum zur sozialen Anpassung veranlasst. Als Ich-Identität erscheint sodann die immer wieder neu zu erbringende Leistung, eine „Balance" zwischen personalem und sozialem Selbst herzustellen, um zu einem innerpsychischen Wohlbefinden zu gelangen. Gelingt dieser Ausgleich, dann „lässt sich das Individuum einerseits trotz der ihm angesonnenen Einzigartigkeit nicht durch Isolierung aus der Kommunikation und Interaktion mit anderen ausschließen und (sich) andererseits nicht unter die für es bereit gehaltenen Erwartungen in einer Weise subsumieren, die es ihm unmöglich macht, seine eigenen Bedürfnispositionen in die Interaktion einzubringen" (Krappmann 1972, 30). Dafür sind sog. Grundqualifikationen sozialen Rollenhandelns (z. B. realistische Selbsteinschätzung, positives Selbstwertgefühl und Selbstvertrauen, Einfühlungsvermögen, Selbstakzeptanz, Rollenflexibilität, Rollendistanz, Ambiguitäts- oder Frustrationstoleranz u. a.) hilfreich, die möglichst frühzeitig im Zuge der Sozialisation und Erziehung erworben werden sollten. Bei Menschen mit geistiger Behinderung muss dabei mit einem eingeschränkten oder einfach strukturierten Repertoire solcher Fähigkeiten (häufig auch als Bewältigungsstrategien, Daseinstechniken, Coping-Muster bezeichnet) gerechnet werden.

Der Aufbau des Identitätskonzepts geschieht einerseits über Beobachtungen des eigenen Verhaltens sowie der Wahrnehmung der eigenen physiologischen und psychischen Zustände und Befindlichkeiten. Andererseits werden durch direkte oder indirekte Rückmeldungen über das eigene Verhalten oder individuelle Merkmale Informationen aus der sozialen Umwelt gesammelt (Strahlberg, Gothe u. Frey 1988). Zur direkten Rückmeldung zählen vor allem verbale Zuschreibungen, bei der indirekten werden auf der Grundlage von Interaktionen subjektive Einschätzungen (Vergleiche) vorgenommen. Häufige Misserfolgserfahrungen, negative Zuschreibungen, Diskriminierungen sowie immer wiederkehrende Erfahrungen sozialer Entwertung („du kannst das nicht, du bist zu sehr behindert"...) können vor dem Hintergrund subjektiver Bedeutsamkeit und Verarbeitung zu Eigenschaften werden und zu einem negativen Selbstbild („ich bin behindert"; Gefühl der „Andersartigkeit") führen, welches letztlich Formen „erlernter Hilflosigkeit", Passivität, mangelndes Zutrauen, fehlendes Vertrauen in die eigenen Ressourcen oder gar „psychopathologische" Auffälligkeiten befördern kann (dazu Luxen 2003, 254, 257; Sarimski 2003a, 178).

Wenngleich auch mit einer erfolgreichen Verarbeitung negativer Erfahrungen (Coping), einem sog. Stigma-Management als protektiver Faktor gerechnet werden muss (auch Wendeler 1993, 137; Theunissen & Plaute 1999), so bestehen bei Menschen mit geistiger Behinderung in erhöhtem Maße Risiken für mangelndes Selbstwertgefühl und Selbstvertrauen, deren Symptombildung zunächst einmal als sinnvolles Signalverhalten in Bezug auf ungünstige soziale Erfahrungen, im Hinblick auf individuelle Entwicklungschancen bzw. Persönlichkeitsentfaltung womöglich jedoch als unzweckmäßige (hemmende) Reaktion verstanden werden sollte (dazu auch *Anmerkung* 34). Die genannten gesellschaftlichen Aspekte (Stigmatisierung) sind in Verbindung mit den biologisch-physiologischen Faktoren Rahmenbedingungen, innerhalb derer die Identitätsentwicklung statthat. Dem Individuum ist es dabei stets um „balancierte" Zustände und Prozesse zu tun, um zu einem innerpsychischen Wohlbefinden zu gelangen, welches Momente der Selbstakzeptanz, des Selbstvertrauens, der Selbstachtung sowie des positiven Selbstwerterlebens umfasst.

Dieses originäre menschliche Streben nach Wohlbefinden hat zugleich konstitutive Bedeutung für die Ausbildung anderer psychischer Funktionen bzw. für kognitive Strukturen, Entwicklungs- und Lernprozesse. Da sich die Identitätsentwicklung von Beginn an als Konfliktlösungsversuch beweisen muss, sind ständig Kräfte zu mobilisieren, von denen die bestmögliche Hilfe zur Herstellung eines innerpsychischen Gleichgewichts erwartet werden kann. Auf Grund eines einfachen Fähigkeitsniveaus und/oder defizitärer Sozialisationserfahrungen (z. B. unzureichende Kommunikations- und Lernangebote) bevorzugen viele Menschen, die als geistig behindert gelten, sensomotorische Reize und Interaktionen, die sie so aufnehmen und verarbeiten, dass sie sich unter gegebenen (ungünstigen) Rahmenbedingungen zurechtfinden und ein gewisses Maß an Wohlbefinden sichern können. Andere Lebensbewältigungsmuster, die z. B. zur Kompensation von Angst, Unbehagen oder Mangelerfahrungen dienen, können sog. Abwehrmechanismen, vor allem eine „neurotische" Symptombildung, aber auch Formen einer (Über-)Anpassung oder aggressiven Abwehr sein. Entscheidend ist, dass vor dem Hintergrund immer wiederkehrender Einzelerfahrungen und subjektiver Schlussfolgerungen überdauernde Bewältigungsstrategien entstehen (Lernergebnis), auf die das Individuum dann zurückgreift, wenn es sich jeweils in seiner Identität bedroht fühlt. Wenn wir davon ausgehen, dass Menschen mit geistiger Behinderung von Beginn an stärker als andere psychosozialen Belastungen (z. B. durch häufige Krankenhausaufenthalte; Krisen der Bezugspersonen) ausgesetzt sind, so dürfen wir annehmen, dass sie zusätzliche Energien mobilisieren müssen, um positive Identität zu erleben. Dies aber bedeutet, dass sie sich ständig mit ihrer Ich-Findung beschäftigen müssen, wodurch ein Gutteil der Aufmerksamkeit den anderen psychischen Funktionen und Leistungen entzogen wird. Emotionale Befindlichkeiten überlagern damit kognitive Prozesse, weswegen der soziale Ich-Findungsprozess zunächst mehr pädagogischer Aufmerksamkeit bedarf, als eine womöglich empirisch nachweisbare Liste unterschiedlichster Defizite auf kognitiver, sensorischer oder motorischer Ebene.

Durch eine einseitige Beschreibung geistiger Behinderung als Intelligenzdefekt bleibt gerade hierzu der Blick völlig versperrt (diagnostic overshadowing). Zur Erfassung identitätsbezogener und affektiver Prozesse können verschiedene qualitative Methoden (insbesondere ein einfühlendes Beobachten, Mittun, Wahrnehmen und Verstehen) zur Anwendung kommen, die im Unterschied zur herkömmlichen Selektions- und Leistungsdiagnostik bei Menschen mit geistiger Behinderung noch viel zu wenig Beachtung finden.

Alles in allem stellen wir fest, dass im Falle einer geistigen Behinderung alle vier Faktoren in einem dynamischen und zirkulären Wechselspiel gesehen werden müssen. Wird eine der vier Dimensionen absolut gesetzt, so schlussfolgern wir daraus noch keine geistige Behinderung – wohl wissend, dass es diesbezüglich immer wieder „Fehldiagnosen" oder Fehlentscheidungen gibt. Indem es uns um das *Zusammenwirken verschiedener Ursachen, Auslöser oder Verstärker auf biologischer, lern- und entwicklungspsychologischer, milieuspezifischer, gesellschaftlich-normativer, interpersoneller und identitätsspezifischer Ebene* zu tun ist, verwerfen wir zugleich eine bloß linearkausale Ätiologiesicht und biologistische Ursachenforschung. Dies bedeutet, dass biologisch-somatische Aspekte (Organschaden, Hirnfunktionsstörungen, genetische Faktoren) nicht als alleinige Ursachen für geistige Behinderung oder Verhaltensauffälligkeiten betrachtet werden dürfen; selbst im Falle einer schweren Beeinträchtigung der Lernfähigkeit, die auf eine medizinisch nachweisbare Störung zurückgeführt werden kann, stellen Abweichungen nur ein Element in einem multifaktoriellen, netzwerkartig und reziprok strukturierten, komplexen Bedingungsgefüge dar. Umgekehrt reicht aber auch eine ausschließlich sozialwissenschaftlich orientierte Sicht (Labeling-Theorie; sozialisationstheoretischer Ansatz) zur Erklärung und zum Verständnis einer geistigen Behinderung nicht aus, wenn dabei intra- und interpersonelle Aspekte, individuelle Ressourcen und „protektive" soziale Faktoren weitgehend außer Betracht bleiben (Theunissen 2003b, Kap. V). Denn wir müssen uns auch immer fragen, weshalb und wie Betroffene unter ungünstigen Lebensbedingungen (z. B. totale Institution) bzw. mit einer Vielzahl belastender Lebensereignisse ihr Leben

„meistern" oder dies lernen können (hierzu Theunissen 2000, 200ff.). Zudem sollten wir uns vor Augen halten, dass eine geistige Behinderung „aus dem Wechselspiel zwischen potenziellen Fähigkeiten und den Anforderungen seiner konkreten Umwelt" (Thimm 1999, 10) resultiert.

Zum Unterschied zu den bisher genannten Definitions- oder Erklärungsansätzen haben wir versucht, die das Etikett „geistig behindert" konstituierenden Faktoren zu neutralisieren, um sowohl positive als auch negative Wirkungen beschreiben zu können. Dadurch wollen wir einerseits eine dominant defizitorientierte Betrachtungsweise vermeiden, ohne dabei den Blick für einen problembezogenen individuellen Lern- und Entwicklungsbedarf aus dem Auge zu verlieren. Andererseits lassen sich durch diese Neutralisierung Stärken, individuelle Fähigkeiten und Fertigkeiten, Interessen oder Entwicklungspotenziale wie auch soziale Ressourcen erfassen, so dass ein als geistig behindert definierter Mensch als „kompetentes Subjekt" in seiner Lebenswelt „ganzheitlich" betrachtet werden kann. Insofern erscheint geistige Behinderung im Lichte unseres Verknüpfungsmodells als ein komplexes soziales Phänomen, wie es insbesondere von Mercer (1973), Schalock et al. (1994) und St. Claire (1989) beschrieben wird, dessen vierdimensionale Klassifikation geistiger Behinderung in unserem Modell Eingang gefunden hat.

Um Missverständnissen vorzubeugen, sei erwähnt, dass auch im Lichte dieser Betrachtung geistige Behinderung über das im deutschsprachigen Raum übliche Begriffsverständnis (IQ < 50/55) hinausgeht. Angesichts der Relativität von „geistiger Behinderung" sowie des bereits erwähnten fließenden Übergangs zwischen leichter geistiger Behinderung und Lernbehinderung beziehen wir in unsere Überlegungen Menschen mit „Lernbehinderung" und „sozialer Benachteiligung" mit ein. Dies entspricht ganz der Gepflogenheit der WHO und insbesondere im angloamerikanischen Sprachraum, wo in jüngster Zeit anstelle von „mental retardation" immer häufiger von „intellectual disabilities" oder „learning disabilities" die Rede ist (Fujiura 2003; Goodley et al. 2003). Deshalb begegnen wir zum Beispiel in der US-amerikanischen und auch internationalen People-First-Bewegung häufig Menschen, die in den deutschsprachigen Ländern nicht als geistig behindert, sondern eher als soziokulturell benachteiligt, lern- oder auch seelisch behindert bezeichnet würden. Vor einer unreflektierten Übersetzung der Leitbegriffe oder Beschreibung des Personenkreises im Sinne einer „geistigen Behinderung" sei aus diesem Grunde ausdrücklich gewarnt. Denn sie kann „ungewollt zu Fehleinschätzungen der Bedürfnisse und Fähigkeiten" von Menschen führen, die im engeren Sinne als geistig behindert gelten (Wendeler 1993, 8). Es besteht die Möglichkeit, dass sich „falsche Vorstellungen vom Grad der Hilfebedürftigkeit bilden, die für diejenigen, die im strengeren Sinn als geistig behindert gelten müssen, fatale Auswirkungen haben können: Ihre – berechtigten – Bedürfnisse nach Schutz und Hilfe werden übersehen oder heruntergespielt, ihre Fähigkeiten zur Selbstständigkeit und Eigenverantwortung überschätzt, mit dem leider nicht seltenen Ergebnis, dass eine wohlgemeinte Reform in Gefahr gerät, an denen vorbeizugehen, die sie am nötigsten hätten" (ebd., 16). Mit dieser kritischen Anmerkung wollen wir freilich nicht die Bedeutung der People-First-Bewegung bzw. der Selbstvertretungsgruppen (self-advocacy groups) in Abrede stellen – ist es doch „Realität, dass die Möglichkeiten und Fähigkeiten der Betroffenen häufig eher unterschätzt wurden und werden" (Knust-Potter 1994, 201). Ebenso wichtig ist uns aber auch eine Parteinahme für jene Menschen, die als geistig schwerst und mehrfach behindert gelten, also für „individuals who cannot speak, eat, or dress themselves without assistance" (Miller & Keys 1996, 317; hierzu auch Lacey & Ouvry 2001). Und dazu bedarf es der multidimensionalen Begriffsaufbereitung, die im übrigen den Blick – und das ist von zentraler Bedeutung – unabhängig von geläufigen „behinderungsspezifischen" Klassifikationen auf eine Beschreibung sowohl eines individuellen Förder- und Bildungsbedarfs als auch eines lebensweltlichen Ressourcen- und Veränderungsbedarfs lenkt. Ein solcher Ansatz ist nicht nur für die Arbeit mit Menschen, die als schwerstbehindert gelten, relevant; auch (und gerade) im sog. „Überschneidungsbereich" sollten anstelle einer etikettierenden Terminologie und institutionsbezogenen Zuordnung Einschätzungen vorgenommen werden, die aufgrund genauer Beobachtungen des Lernverhaltens, der subjektiven Befindlichkeit, Interessenlage, psycho-physischen Belastbarkeit und psychosozialen Bedürftigkeit sowie bei Berücksichtigung sozialer Ressourcen und protektiver Faktoren den individuellen Unterstützungsbedarf (spezielle Hilfen) kenntlich machen.

Pädagogisch gesehen dürfte dabei die Frage, ob eine geistige Behinderung abgeleitet werden kann, (eigentlich) keine Rolle spielen. Grundsätzlich ist Feuser Recht zu geben, dass geistige Behinderung „begrifflich eine gesellschaftliche und fachliche Realität" bezeichnet, „aber nicht die Individualität des Menschen, den wir mit diesem Begriff meinen. Die Aussage abstrahiert vielmehr von seiner Individualität und Subjekthaftigkeit und bewirkt im gesellschaftlichen Kontext das Gegenteil dessen, was unsere pädagogische Absicht den so bezeichneten Menschen gegenüber ausmacht" (Feuser 1996, 18f.).

Dennoch genügt es nicht, nur auf der deskriptiven Ebene zu argumentieren. Mit unserem Modell begeben wir uns auf den Weg zu einer pädagogischen Sicht, die sich vom behinderungsspezifischen Denken löst und als pädagogische Grundprämisse individualisierende Hilfen (sonderpädagogische Förderung) *und* kontextuelle Entscheidungen (Veränderung der Lebenswelt; Arbeit mit Bezugspersonen) anzeigt. In der Hinsicht können von den vier Faktoren in ihren verschiedenartigsten Verknüpfungen aus Perspektiven für spezielle Unterstützungsmaßnahmen aufgezeigt werden. Zugleich macht vor dem Hintergrund dieser Überlegungen auch eine ätiologieorientierte Betrachtung Sinn.

Im Folgenden haben wir nun verschiedene Verknüpfungsmöglichkeiten zusammengetragen. Es handelt sich um Faktorenkombinationen, die in der diagnostischen Praxis häufig zum Etikett „geistige Behinderung" führen, *aber nicht selten zu kurz greifen*. Daher sollten die Kombinationen auf jeden Fall kritisch gelesen werden.

An der Darstellung ausgewählter Faktorenkombinationen soll folgendes verdeutlicht werden:

a) die Komplexität und Relativität des Phänomens „geistige Behinderung", das nur im dynamischen Wechselspiel der vier Faktoren ergründet und beschrieben werden kann;

b) die Rolle der Faktoren und ihrer Verknüpfung für das Erkennen individueller Lern- bzw. Förderbedürfnisse und für die Planung entsprechender subjektzentrierter und sozialer (lebensweltbezogener) Maßnahmen;

c) die Notwendigkeit der Sicht auf Entwicklungspotenziale, Stärken und das Selbstkonzept für die Planung spezieller Unterstützungsmaßnahmen.

Faktor AB:
Bezieht sich auf Menschen, die z. B. eine frühkindliche Hirnschädigung durchgemacht haben, welche sich mit Lern- und Entwicklungsbeeinträchtigungen verknüpft. Das Zusammenspiel von Hirnschädigung und Lern- und Entwicklungsprozessen muss aber nicht zwangsläufig eine geistige Behinderung bedeuten (z. B. Ulrich-Turner-Syndrom, Cornelia-de-Lange-Syndrom).
So ist es zum Beispiel möglich, dass Lern- und Entwicklungsbeeinträchtigungen weitgehend durch individuelle Ressourcen kompensiert werden können. Dementsprechend sollte dann eine persönlichkeitsstabilisierende Erziehung oder Assistenz, die das Vertrauen in die eigenen Ressourcen stärkt, statthaben.

Faktor ABC:
Diese Kombination repräsentiert den konventionellen „Dreiklang" von (geistiger) Behinderung. In negativer Hinsicht haben wir es mit sozialer Benachteiligung (z. B. Milieuschädigung; Segregation; Hospitalisierung; gesellschaftliche Vorurteile), diffuser Hirnschädigung und schweren Beeinträchtigungen in kognitiver, motorischer oder sensorischer Hinsicht zu tun.
Systemisch betrachtet stehen alle drei Dimensionen in reziproker Wechselbeziehung zueinander. Folglich reicht eine linearkausale Betrachtung (Organschädigung – Lernbeeinträchtigung – Benachteiligung) zur Beschreibung geistiger Behinderung nicht aus. Das sich gegenseitig bedingende und verstärkende Zusammenspiel der Faktoren schließt nicht aus, dass meistens biologische Besonderheiten ein Auslösefaktor sein können.

Wegbereitend für eine geistige Behinderung kann aber auch der soziale Faktor sein, wenn z. B. vor dem Hintergrund eines sozial schwachen Milieus keine rechtzeitige Impfung bei einer Rötelerkrankung der Mutter erfolgt, so dass es zu einer pränatalen Schädigung mit schwerer intellektueller und motorischer Beeinträchtigung beim Kinde kommen kann.

Positiv gewendet gilt es, z. B. bei schwerer diffuser Hirnschädigung und massiven Lernbeeinträchtigungen Entwicklungsmöglichkeiten, individuelle Stärken sowie tragfähige soziale Ressourcen zu eruieren.

Alles in allem hat der Faktor ABC noch keine folgenschwere Auswirkung auf die Identität (Beispiel: Menschen mit geistiger Behinderung, die sich nicht als behindert erleben bzw. nicht darunter leiden; hierzu Wendeler & Godde 1989). Dies aber dürfte nach unserer obigen Diskussion eher selten der Fall sein. Wo dies der Fall ist, sollte identitätsunterstützend kommuniziert und assistiert werden.

Faktor ABD:

Diese Kombination kann sich auf folgenden Sachverhalt beziehen: Eine Person erlebt sich aufgrund eines klinischen Syndroms (z. B. XO-Konstitution mit Teilleistungsstörungen; Cockayne-Syndrom mit vorzeitigen Alterungsprozessen) als (geistig) behindert und in seiner Identität beschädigt. Sie wird von ihrer Umwelt jedoch nicht als „geistig behindert" wahrgenommen, diskriminiert oder ausgegrenzt. Die Bedeutung des Identitätsfaktors wird dabei unterschätzt, insofern angesichts der geringfügigen Lern- oder Entwicklungsbeeinträchtigung keine (psychosozialen) Hilfen für notwendig erachtet werden. Für die Planung individueller Hilfen wäre dann wichtig, subjektive Befindlichkeiten aufzuspüren und identitätsaufbauende Angebote kommunikativ-sozialer und aktional-materieller Art (z. B. Beratung; psychosoziale Begleitung; ästhetische Aktivitäten) zu arrangieren.

In positiver Hinsicht kann die Kombination der Faktoren A, B und D bedeuten, dass es einem Menschen trotz Hirnschädigung und Lernbeeinträchtigung gelingt, Bewältigungsstrategien zu entwickeln, mit denen er die Probleme kompensieren und damit zu einem positiven Selbstwertgefühl gelangen kann (Beispiel: Junge Erwachsene mit leichter geistiger Behinderung stellen sich Studenten vor, indem sie darauf hinweisen, dass sie weder lesen, schreiben noch rechnen, wohl aber als Stadtführer fungieren können, da sie örtlich bestens orientiert seien).

Faktor BCD:

Diese Kombination umfasst den Lern- und Entwicklungsfaktor, den gesellschaftlichen Bereich sowie den Identitätsaspekt im reziproken negativen wie auch protektiven Zusammenspiel. Dieser Faktor gilt insbesondere für Formen einer Lernbehinderung oder leichten geistigen Behinderung, bei der keine medizinisch nachweisbare Schädigung feststellbar ist (sog. sozial bedingte Behinderung; familial retardation i. S. v. Zigler & Hodapp 1986; Kaspar-Hauser-Syndrom). Soziale Brennpunkt- und Gemeinwesensarbeit im Zeichen des Empowerment-Konzepts wäre dann das Richtige.

Faktor BC:
Hier geht es um das Zusammenspiel des Lern-, Entwicklungs- und Gesellschaftsfaktors. „Weithin bekannt sind die retardierenden Bedingungen einer sozial anregungsarmen Umwelt für die Entstehung leichterer Formen geistiger Behinderungen (Lernbehinderung)" (Speck 1999a, 50).
Ob dies für die Identitätsentwicklung weitgehend folgenlos bleibt, ist unseres Erachtens zu bezweifeln, weswegen wir dieser Verknüpfungsform nur eine begrenzte Reichweite zuschreiben. Positiv betrachtet lassen sich durch soziale Maßnahmen (Hilfen, Umgebungsveränderung) milieubedingte Lern- oder Entwicklungsstörungen aufheben oder kompensieren.

Faktor AD:
Lenkt den Blick auf Zusammenhänge zwischen Organschädigung und subjektiver Wahrnehmung/Identität, ohne dass es dabei zu einer geistigen Behinderung kommen muss. Dies gilt für Personen, die trotz eines klinischen Syndroms (Klinefelter-Syndrom; Hydrozephalus) kein Leistungsversagen zeigen, dennoch aber unter dem medizinischen „Störungsbild" leiden (geringes Selbstwertgefühl; Identitätsdiffusion). Psychosoziale Hilfen unter Einbezug von Bezugspersonen wären in diesem Falle angesagt.

Faktor ACD:
Als Beispiel für diese Kombination können Kinder mit Down-Syndrom oder Hydrozephalus genannt werden, die in eine Schule für geistig Behinderte eingeschult werden, obwohl sie keine entsprechenden Lernschwächen aufzeigen. Dieser Faktor demonstriert, dass von der medizinischen Diagnose „Down-Syndrom" nicht unmittelbar auf „geistige Behinderung" geschlossen werden darf (dies gilt ebenso für die anderen o. g. klinischen Syndrome). Gesellschaftliche Zuschreibungsprozesse und damit verknüpfte Identitätsprobleme sind bei dieser voreiligen defektologisch-reduktionistischen Schlussfolgerung stets kritisch zu reflektieren.

Faktor CD:
Bezieht sich auf das Zusammenspiel des Gesellschafts- und Identitätsfaktors, z. B. auf Heranwachsende, die aus einem sozial schwachen, behördlich stigmatisierten Milieu stammen (soziale Brennpunkt-Siedlung; kommunale Notunterkunft)

und als „asozial" *und* lernbehindert diffamiert werden, obwohl ein „durchschnittlicher" IQ-Wert feststellbar ist. All dies hat Auswirkungen auf die Identität der Betroffenen, die unter der Stigmatisierung und Diskriminierung erheblich leiden, so dass es letztlich zur Übernahme des Fremdbildes kommt. Auch hier muss eine gemeinwesenorientierte Empowermentarbeit statthaben.

Faktor AC:
Unter dieser Kombination sind z. B. Kinder von HIV-infizierten Müttern gemeint, die von ihrer sozialen Umwelt diskriminiert und zu Unrecht als lernbehindert etikettiert werden. Denkbar ist auch, dass ein Heranwachsender aufgrund zerebraler Bewegungsstörungen (z. B. spastische Hemiplegie, dyskinetische Störungen) irrtümlich als geistig behindert eingestuft und entsprechend institutionalisiert (Schule für geistig Behinderte), d. h. ausgesondert und benachteiligt wird. Darüber hinaus umfasst diese Kombination auch Individuen, die auf Grund einer biologischen Normabweichung (z. B. Hydrozephalus; Down-Syndrom) bei nur geringfügiger intellektueller Beeinträchtigung in Sondereinrichtungen (Schule für Geistigbehinderte; Werkstatt für behinderte Menschen) betreut werden. In diesem Falle kommt es darauf an, dass das bisherige institutionsbezogene Denken und Handeln durch eine bedürfnisorientierte Betroffenen-Perspektive ersetzt wird.

Faktor BD:
Bezieht sich auf Zusammenhänge zwischen kognitiver, sensomotorischer, psychischer und sozialer Entwicklung. Unter dieser Kombination werden Kinder und Jugendliche mit unterdurchschnittlichen Schulleistungen oder partiellen Lernausfällen gefasst, bei denen weder eine (leichte) Hirnschädigung noch eine soziale Benachteiligung feststellbar ist. Diese Kinder gelten nicht als behindert und erfahren keine besondere Aufmerksamkeit (z. B. Förderung) seitens der Umwelt. Die schwachen Schulleistungen haben allerdings Auswirkungen auf die Identität der Betroffenen (z. B. mangelndes Selbstvertrauen; negatives Selbstbild; überkompensatorische Copingmuster). Psychosoziale Unterstützung hieße dann das Programm.

1.5 Schlussfolgerungen

An den vorangegangenen Beispielen wird deutlich, dass aus einzelnen Faktoren-kombinationen nicht zwangsläufig auf geistige Behinderung geschlossen werden darf.

Einzelne Faktorenkombinationen sind aber aufschlussreich im Hinblick auf eine ätiologieorientierte Betrachtung der individuellen Lern- und Lebenssituation des Menschen. Es werden Entwicklungs- oder Risikofaktoren sichtbar, die an der Ausprägung spezifischer Beeinträchtigungen, die als „geistige Behinderung" wahrgenommen und beschrieben werden, maßgeblich beteiligt sein können (dazu *Anmerkung* 4).

Die ätiologieorientierte Betrachtung einzelner Faktorenkombinationen reicht aber nicht aus, wenn es uns darum geht, geistige Behinderung als komplexes und prozesshaftes soziales Phänomen zu erfassen.

Einerseits geht das dynamische Wechselspiel aller Faktoren, die die momentane Lern- und Lebenssituation des Menschen ausmachen, aus der Beschreibung ein-zelner Faktorenkombinationen nicht hinreichend hervor. Wenn beispielsweise eine gravierende kognitive Beeinträchtigung nur vor dem Hintergrund gesell-schaftlicher Benachteiligung erfasst und dabei vom Selbstkonzept des Betroffe-nen abstrahiert wird, können wir wohl kaum herausfinden, wie der Mensch selbst seine momentane Situation sieht und über welche Stärken oder Kompetenzen er verfügt, um diese Situation zu ändern. Ohne dieses Wissen laufen wir Gefahr, pädagogische und lebensweltbezogene Maßnahmen auf die wahrgenommene, defizitäre, individuelle und soziale Situation zu fixieren.

Andererseits ermöglicht erst die reziproke Verknüpfung aller Faktoren in die komplexen und differenzierten Zusammenhänge des menschlichen Entwick-lungsprozesses einzudringen, die die Individualität des Menschen ausmachen. Ein Verständnis von Entwicklung als prozesshafte, dynamisch organisierte Systemveränderung in Richtung auf zunehmende Kompetenz erfordert es, die spezifischen Beziehungen zu erfassen, die zwischen lebensbeeinträchtigenden, bio-psycho-sozialen Bedingungen und der Kompetenz des Individuums, entspre-chende Bewältigungsstrategien zu entwickeln, bestehen.

Faktor ABCD:
Diese Kombination repräsentiert schließlich geistige Behinderung als komplexes, multifaktoriell bedingtes Phänomen, d. h. alle vier Dimensionen in ihrer rezipro-ken Wechselwirkung vor dem Hintergrund einer „negativen" und „positiven" Beschreibung (Erfassung von Schwächen und Stärken, lernhemmender und entwicklungsfördernder Bedingungen). Dadurch wird eine einseitige (z. B. defi-

48 |

zitorientierte) Betrachtungsweise geistiger Behinderung ebenso verworfen wie ein linearer, deterministischer Denkansatz (z. B. das sog. Dreiklang-Modell). Darüber hinaus werden kognitive Beeinträchtigungen nicht überdimensioniert, sondern im Kontext der gesamten menschlichen Entwicklung reflektiert, die ihrerseits von biologischen und sozialen Faktoren beeinflusst wird und zugleich aber auch diese mitbestimmt.

Auf dem Hintergrund dieser Faktorenverknüpfung lässt sich zusammengefasst *geistige Behinderung als ein Etikett betrachten, das Menschen auferlegt wird, die angesichts spezifischer Beeinträchtigungen auf kognitiver, motorischer, sensorischer, emotionaler, sozialer und aktionaler Ebene und darauf abgestimmter Bewältigungsstrategien einen entsprechenden ressourcenorientierten Unterstützungsbedarf (needed support) zur Verwirklichung der Grundphänomene menschlichen Lebens benötigen, der von lebensweltbezogenen Maßnahmen (environmental changes) nicht losgelöst betrachtet werden darf* (auch Schalock et al. 1994).

Trotzdem möchten wir abschließend noch einmal betonen, dass die vorausgegangenen Ausführungen nur zur Besinnung sowie zum (weiteren) kritischen Nachdenken über das Phänomen „geistige Behinderung" einladen und keine fertigen Antworten anbieten können. Denn Begriffe wie geistige Behinderung sind soziale Zuschreibungen (Stigmata) aus einer Beobachterperspektive heraus, weswegen es nie objektive Aussagen oder wertfreie (endgültige) Definitionen geben kann. Außerdem wäre es korrekt, zukünftig nicht von „geistig behinderten Menschen" zu sprechen, sondern von *Personen, die als „geistig behindert" bezeichnet werden.* Dieser Aspekt sollte in den folgenden Ausführungen stets mitgedacht werden; und nur aus äußerlichen Gründen (Platzmangel; Stil) wurde er nicht durchgängig verschriftlicht.

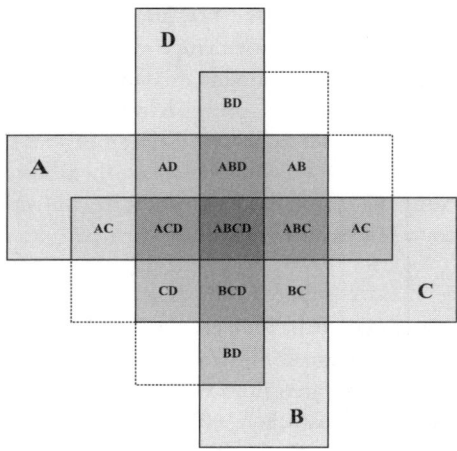

Abb. Geistige Behinderung Verknüpfungsmodell

2| Verhaltensauffälligkeiten bei Menschen mit geistiger Behinderung

2.1 Einleitende Bemerkungen

Ein Blick in die einschlägige Literatur genügt, um festzustellen, dass es bis heute ausgesprochen schwierig ist, ja unmöglich erscheint, Verhaltensauffälligkeiten, Verhaltensstörungen oder psychosoziale Auffälligkeiten (als Parallelbegriffe) exakt und zufriedenstellend zu definieren. So werden zum Beispiel von Neukäter und Wittrock (2002, 254) Kinder und Jugendliche als „verhaltensauffällig bezeichnet, wenn sie in ihren sozialen Beziehungen erhöht auffällig sind. Sie erscheinen als stark gehemmte Personen, die schüchtern und unsicher wirken, oder als ‚ausagierende‘ Personen, deren aggressive Konfliktbewältigung als bedrohlich empfunden wird. Die gestörten Beziehungen dieser jungen Menschen führen sie zunehmend in eine Isolation, aus der sie sich nur durch ein sozial nicht statthaftes Verhalten glauben befreien zu können... Als Folge bilden sie relativ überdauernde Verhaltensmuster heraus." Nach Myschker (1999, 41) ist eine Verhaltensstörung „ein von den zeit- und kulturspezifischen Erwartungsnormen abweichendes maladaptives Verhalten, das organogen und/oder milieureaktiv bedingt ist, wegen der Mehrdimensionalität, der Häufigkeit und des Schweregrades die Entwicklungs-, Lern- und Arbeitsfähigkeit sowie das Interaktionsgeschehen in der Umwelt beeinträchtigt und ohne besondere pädagogisch-therapeutische Hilfe nicht oder nur unzureichend überwunden werden kann."

Während Neukäter und Wittrock vor allem soziale Aspekte und Folgen im Blick haben, bildet bei Myschker eine eher traditionelle (klinische) Problemsicht den Hintergrund der Argumentation. Beide Definitionen signalisieren eine Normabhängigkeit und Relativität auffälligen Verhaltens. Daher gibt es keine verlässlichen Angaben über Häufigkeit oder Prävalenz von Verhaltensauffälligkeiten, so dass eindeutige Aussagen nicht möglich sind. Internationale und nationale Prävalenzstudien legen den Schluss nahe, dass bei nichtbehinderten Kindern und Jugendlichen „Gefühls- und Verhaltensstörungen" in einer Häufigkeit zwischen

14 und 20 % (Opp 2002; dazu auch Myschker 1999, 68ff.; Neukäter & Wittrock 2002, 255) auftreten und dass 10 bis 40 % aller Menschen mit geistiger Behinderung irgendeine Form an Verhaltensauffälligkeit oder psychischer Störung (hierzu *Anmerkung* 5) aufweisen (Lotz & Koch 1994; Westling & Fox 1995, 15; Emerson, Moss & Kiernan 2001, 39f.; Tonge 2001, 157; Theunissen & Schirbort 2003).

Die Palette der entsprechend registrierten Phänomene ist dabei breit (hierzu auch Kapitel 6); diese lassen sich vor allem im Bereich des Sozialverhaltens, des Arbeits- und Leistungsverhaltens, der Körpersphäre, der Emotionen oder Identitätsdarstellung verorten (Theunissen 2003b). Bei genauerer Betrachtung der Studien (dazu Lotz & Koch 1994) gibt es Anzeichen dafür, dass Verhaltensauffälligkeiten wie selbstverletzendes und fremdaggressives Verhalten, Hyperaktivität, Stereotypien, zwanghaftes Verhalten, depressive Verstimmungszustände, starke Rückzugstendenzen, Mutismus, Essstörungen, Kot schmieren und Kontaktprobleme vor allem bei hospitalisierten Menschen mit schwerer geistiger Behinderung im Vordergrund stehen (auch Westling & Fox 1995, 299; Mühl, Neukäter & Schulz 1996, 19; Wieseler & Hanson 1999a; Salovitta 2000; Kahng, Iwata & Lewin 2002). Bei Menschen mit leichter geistiger Behinderung scheinen dagegen eher Persönlichkeitsstörungen, affektive und schizophrene Psychosen oder andere psychiatrische Krankheitsbilder wahrgenommen zu werden (Sturmey 2001, 9ff.; Clarke 2001, 191f.). Diese Beobachtung muss jedoch mit Vorsicht betrachtet werden. Denn „Untersuchungen an repräsentativen Stichproben stellen die Ausnahme dar" (Lotz & Koch 1994, 15). Zudem sind der Diagnostizierung psychischer Störungen (i. S. v. Krankheiten) bei schwer(st) geistig behinderten Personen Grenzen gesetzt (dazu Gardner & Willmering 1999; Lingg & Theunissen 2000; Sturmey 2001; Moss 2001).

Wie schon gesagt hängt die Schwierigkeit, Verhaltensauffälligkeiten zu bestimmen, damit zusammen, dass die Einschätzung eines Verhaltens (einschließlich damit verknüpfter Erlebensweisen) als auffällig oder gestört in starkem Maße *normabhängig* ist, sich an dem bemisst, was ein Beobachter als normabweichend oder sozial unerwünscht erlebt und einstuft. Solche Beobachtungen erfolgen in der Regel aus der Außenperspektive, indem Eltern, Lehrer oder Mitarbeiter in Einrichtungen ein bestimmtes Verhalten *beklagen*, das ihren Norm- oder Wertvorstellungen nicht entspricht und mit dem sie aus unterschiedlichsten Gründen (z. B. persönliche Betroffenheit, fehlende Erklärungen) Schwierigkeiten haben (v. a. im Umgang). Folglich bezeichnen Begriffe wie Verhaltensauffälligkeiten keine objektiven Sachverhalte. Vielmehr stellen sie nur relative Phänomene dar, die stets von der Situation abhängen, in der bestimmte Normen gelten. Hierzu einige Beispiele: Das ständige, mit unüberhörbaren Brummlauten begleitete Schaukeln mit dem Oberkörper eines geistig schwer behinderten Schülers während des Unterrichts wird von Lehrern und Mitschülern als störend empfunden, für seine Eltern ist dieses Verhalten jedoch „normal", sie haben sich zu Hause daran gewöhnt und eine Lösung gefunden, die für sie akzeptabel ist und von ihrem Sohn sehr geschätzt wird (mit Kopfhörer Musik hören, Schaukelsessel, Hängematte). Von einigen Mitarbeitern einer Wohngruppe wird das Schreien eines Bewohners als die einzige Form, Wünsche zu artikulieren, akzeptiert und toleriert; andere Kollegen betrachten dagegen das Verhalten als „störend" und unangemessen, für sie ist die durch das Schreien ausgelöste „Unruhe" in der Gruppe inakzeptabel. Der Rückzug einer Bewohnerin wird von der pädagogisch ausgebildeten Gruppenleiterin als sozial angepasstes, ruhiges und unauffälliges Verhalten beschrieben; ihre Kollegin (Krankenschwester) definiert dies jedoch als ein Anzeichen einer „depressiven Störung" und macht sich darüber ernste Sorgen. Beide Mitarbeiterinnen stimmen aber darin überein, dass das selbstverletzende Verhalten (schwere Wunden kratzen) einer Mitbewohnerin ein schwerwiegendes Problem ist.

Insgesamt zeigen diese Beispiele auf, wie schwierig es ist, zu einheitlichen Einschätzungen eines Verhaltens zu gelangen. Eine Übereinstimmung kann wohl am ehesten in Bezug auf ein „extrem" ausgeprägtes Verhalten (z. B. bei schweren Selbstverletzungen) erzielt werden. Darüber hinaus gibt es jedoch zahlreiche Verhaltensweisen, die „Bereiche des Übergangs oder Umschlagpunktes" (Redlich 1967, 106) betreffen und deutlich werden lassen, dass zwischen einem „normalen" und „auffälligen" Verhalten kein naturgegebener Abgrund liegt, sondern vielmehr „Überschneidungen und unklare Grenzgebiete" (Redlich & Friedman 1976, 182) bestehen. Über die damit verbundenen Probleme sollte sich jeder, der das Verhalten und Erleben eines anderen beurteilt, bewusst sein. Er sollte wissen, dass es keine situationsunabhängigen Kriterien zur Bestimmung von Verhaltensauffälligkeiten gibt und dass die Zuordnung von Verhaltensweisen nach dem Schema „normgerecht" (angepasst) und „abweichend" (auffällig) nicht wertneutral, objektiv oder deskriptiv ist, sondern ein wertender, askriptiver Akt. Dieser schafft nicht selten Distanz, indem er den Beobachter dazu verleitet, sich von dem als auffällig etikettierten Menschen zu distanzieren. Ein solcher Prozess kann zugleich Macht bzw. Herrschaft befördern und Konzepte (Interventionen) unterstützen, die einbahnig nur auf die Verhaltensänderung des anderen zielen. Des Weiteren besteht die Gefahr, dass die Frage, wer die Norm stellt und welche Normalität gelten soll, gänzlich ignoriert wird. Der Beobachter bzw. Experte bestimmt, wer, wann, weshalb, in welchem Grade und wie lange jemand verhaltensauffällig ist und welche Maßnahmen ergriffen werden müssen. Dadurch aber wird die als verhaltensauffällig geltende Person zum Objekt degradiert, ihrer Subjekthaftigkeit beraubt.

Eine weithin faire Beurteilung von Verhaltensweisen sowie ein respektvoller Umgang mit einer betroffenen Person kann am ehesten im Diskurs (dazu Theunissen, Plaute & Neubauer 2003), am besten im Rahmen eines sog. *Group Action Planning* (Turnbull & Turnbull 2001) oder eines sog. *Unterstützerkreises* (Circle of Support) erzielt werden (dazu Boban & Hinz 1999; Hinz 2001, 126ff.), an dem neben dem Betroffenen relevante Bezugs- oder Umkreisperson aus dem unmittelbaren Nahbereich (Familie) und aus gesellschaftlichen Sozialräumen (Lehrer, Arbeitgeber, Nachbarn...) partizipieren sollten. Ihre womöglich sehr unterschiedlichen Sichtweisen sind für die Beurteilung von Verhaltensweisen, für eine Problemerschließung und Konzeptentwicklung von hohem Wert. Nach unseren Beobachtungen und Erfahrungen hat sich gezeigt, dass es sich im Falle „beklagter" Verhaltensweisen, die in dem sog. Überschneidungsbereich zur Normalität liegen, häufig um soziale Probleme (dazu auch Prout & Strohmer 1998, 114), Erziehungs-, Kommunikations- und Interaktionsprobleme oder Konflikte handelt, an denen die unmittelbare Lebenswelt (Familie, Schule, Wohngruppe, Werkstatt für behinderte Menschen) nicht selten maßgeblich beteiligt ist (personell, räumlich, materiell). Vor dem Hintergrund dieser Erkenntnis sollten wir davon ausgehen, dass sich viele Verhaltensauffälligkeiten mit heil- oder sozialpädagogisch dimensionierten Konzepten einer *lebensweltorientierten Behindertenarbeit* weitgehend kompensieren lassen (auch Hackenberg 1996, 14; Theunissen 1997d; 2000; 2003b; Rössert & Steiger 2003).

In ähnlichen Bahnen bewegen sich auch die Erkenntnisse und Schlussfolgerungen von Koegel und Mitarbeitern (2001) sowie Carr und Mitarbeitern (2000, XXf.), die sich intensiv mit Konzepten zur Bewältigung von selbstverletzendem Verhalten und anderen Verhaltensproblemen bei Menschen mit geistiger Behinderung befasst haben. Vor dem Hintergrund einschlägiger Forschungen in einem Zeitraum von ca. 20 Jahren gehen die Autoren (Carr 2000, 69, 233ff.) davon aus, dass von einem funktionalen Assessment (dazu später) abgeleitete *pädagogische* Interventionen (ebd., 4, 12, 152) nicht nur in Bezug auf Abbau sozial bedingter Verhaltensauffälligkeiten, sondern gleichfalls im Hinblick auf Zugewinn an Autonomie und sozialer Handlungskompetenz zur Kontrolle, Bewältigung und Gestaltung der eigenen Lebensumstände ausgesprochen erfolgreich sind. Grenzen eines ausschließlich pädagogisch dimensionierten Konzepts ergeben sich dort, wo Verhaltensauffälligkeiten ins Extreme reichen, organische Ursachen haben bzw. vermutet werden (ebd., 8f.; Schroeder et al. 1999; Thompson & Symons 1999, 127ff.) sowie bei psychischen Störungsbildern, denen klinische Fachleute einen Krankheitswert attestieren. In dem Falle sind *interdisziplinär* angelegte Konzepte erforderlich, wie wir sie an anderer Stelle (Lingg & Theunissen 2000; auch Wieseler & Hanson 1999b) beschrieben haben.

Freilich ist diese Akzentsetzung angreifbar, da die Übergänge zwischen sog. leichten und schweren Störungen, zwischen Verhaltensauffälligkeiten und psychischen Störungen mit dem Verhältnis von Normalität und Abweichungen korrespondieren (dazu auch Fiedler 2001, 4ff., 542ff.) und gleichfalls fließend sind (*Anmerkung* 5). Deshalb halten wir eine praxisbegleitende Fachberatung (Kap. 4) in der Arbeit mit (sogenannten) verhaltensauffälligen geistig behinderten Menschen für unabdingbar. Dadurch kann zum einen sichergestellt werden, dass relevante Bezugspersonen (Pädagogen) für das Problemverhalten mitverantwortlich bleiben; zum anderen bleiben zusätzliche Hilfen leichter verfügbar. Insofern dürfte an dieser Stelle deutlich geworden sein, worum es uns bei dieser Akzentsetzung geht: um den Versuch, das pädagogische Aufgabenfeld abzustecken und eine realistische Perspektive für den Beitrag der Heilpädagogik in Bezug auf Verhaltensauffälligkeiten bei Menschen mit geistiger Behinderung aufzuzeigen. Ihre Leistung sollte darin bestehen, die sog. leichten Formen auffälligen Verhaltens sowie (massive) Auffälligkeiten, die einen pädagogischen bzw. sozialen Hintergrund haben (z. B. als Kommunikationsmittel; Gruppenkonflikte), möglichst in eigener Regie zu bewältigen (hierzu auch Theunissen 2000; 2003b; Rössert & Steiger 2003). Sie darf sich aber auch nicht schweren psychosozialen Auffälligkeiten, die eine psychopathologische Grundlage haben, entziehen, sondern sie hat sich hier in Kooperation (besser Kollaboration) mit Psychiatrie und Psychotherapie ebenfalls kompetent einzubringen. In dem Falle gewinnen psychiatrische (medizinische) Untersuchungsmethoden (Ferron et al. 1999, 6ff.; Lingg & Theunissen 2000, 33ff.) und klinische Klassifikations- und Diagnosesysteme an Bedeutung. International weit verbreitet sind die bereits im ersten Kapitel genannten Systeme: die von der WHO empfohlene ICD-10-Systematik für psychische Störungen sowie das von der American Psychiatric Association veröffentlichte DSM-IV (Diagnostic and Statistical Manual of Mental Disorders). An beiden Systemen (Dilling, Mombour & Schmidt 1991; APA 1996) kann kritisiert werden, dass sie Verhaltens- und Entwicklungsstörungen (Verhaltensauffälligkeiten) im Kontext psychischer Störungen ausweisen bzw. zu einer psychischen Störung erklären und damit begriffliche Unterschiede (dazu Wüllenweber 2003) zu sehr einebnen. Nichtsdestotrotz macht der Rückgriff auf diese Systematiken Sinn, wenn bereits bei „leichten" Auffälligkeiten oder bei bestimmten Symptomen eine psychosoziale Krise oder psychische Störung (wie z. B. hinter einem Rückzugsverhalten und mangelnden Antrieb, einer Freudlosigkeit, Denkhemmung und Tagesmüdigkeit eine depressive Verstimmung) vermutet wird. Gibt es Hinweise auf eine psychische Störung bzw. auf ein in den Systematiken eng umschriebenes „klinisches Bild", sollte zunächst immer nur eine *Verdachtsdiagnose* gestellt werden, weil eine exakte Zuordnung nicht aus einer Momentaufnahme bzw. aus einem Querschnitt, sondern erst in einem Längsschnitt bzw. Verlauf möglich wird.

Zudem muss mit einer *Komorbidität* (Übergänge, Kombinationen, Mehrfach-diagnosen) gerechnet werden (dazu auch Theunissen 2003b, Kap. X).

2.2 Erklärungsansätze

Die gegenwärtige Diskussion über Ursachen, Entstehungsbedingungen, Risiko-faktoren oder Erklärungen psychosozialer Auffälligkeiten bei Menschen mit gei-stiger Behinderung ist durch drei kontroverse Paradigmen geprägt (hierzu *Anmer-kung 6*).

• Zur psychiatrischen Sicht
Der wissenschaftshistorisch älteste Erklärungsansatz stammt aus der Medizin. Hier können wir zwischen dem Konzept der psychiatrischen Orthodoxie und dem Ansatz der neueren klinischen Rehabilitation unterscheiden.
Theoretisches Kernstück der *psychiatrischen Orthodoxie* ist die Gleichschaltung von geistiger Behinderung, Verhaltensauffälligkeit und Krankheit. Lange Zeit wurde diesbezüglich die Meinung vertreten, dass psychische Störungen bzw. Verhaltensauffälligkeiten bei geistig behinderten Menschen in erster Linie „wesensbedingt" seien. Folglich gäbe es hier keine „echten" psychischen Störun-gen, sondern allenfalls ein zufälliges Zusammentreffen unterschiedlicher Krank-heitsentitäten wie bei der sog. Pfropfpsychose. Hier würden schizophrene Psy-chosen „gleichsam auf dem Boden des Schwachsinns entstehen" (Tölle 1985, 305). In der älteren psychiatrischen Literatur finden wir darüber hinaus zwei weitere typische „Störungsbilder", den „erethischen Schwachsinn" (hochgradige Erregbarkeit, Umtriebigkeit) sowie den „torpiden Schwachsinn" (Antriebsarmut, Apathie). Mit diesen Persönlichkeitstypen glaubte einst die Fachwelt die psychi-schen Probleme geistig behinderter Menschen hinreichend erfasst zu haben.
Die *neuere Psychiatrie* hat sich inzwischen von dieser Position deutlich distanziert, indem sie psychische Störungen, Gefühle und damit eine emotionale Konflikt-verarbeitung bei Menschen mit geistiger Behinderung nicht mehr leugnet. Mit dem Begriff der *„Doppeldiagnose"* (dual diagnosis) soll dies ausdrücklich betont werden. Dieses in der angloamerikanischen Psychiatrie geläufige Etikett ist je-doch umstritten, da es wenig zum Verständnis „auffälliger Verhaltensweisen" bei-trägt und in der Gefahr steht, eine neue „Medizinierung" von Menschen mit geistiger Behinderung zu befördern. In der Tat lässt sich nachweisen, dass einige Repräsentanten dieses Ansatzes das konzeptionelle Raster des traditionellen me-dizinischen Modells nicht verlassen. So interpretiert Day (1993, 79f.) z. B. Verhaltensauffälligkeiten bei geistig behinderten Menschen als Hinweis auf einen krankhaften Prozess: „Viele Verhaltensstörungen haben eine organische Grundla-

ge ... Es gibt immer mehr Anhaltspunkte dafür, dass auffälliges Verhalten in vielen Fällen auf eine zugrunde liegende psychische Krankheit zurückzuführen ist". Ähnlich äußert sich auch Meins (1994, 50), der davon ausgeht, dass „zumindest bei höher gradiger geistiger Behinderung ... hirnorganische Faktoren in Ätiologie und Pathogenese psychischer Störungen" einen wesentlichen Anteil ausmachen. Diese Auffassung hat zugleich weitreichende Konsequenzen für die Praxis. So kommt für Day (1993, 80) „oft ... nur eine psychiatrische Betreuung in Frage", und dies durchaus in „gesonderten psychiatrischen Einrichtungen für geistig behinderte Menschen" (ebd. 90). Damit wird deutlich, dass mit dem Konzept der „Doppeldiagnose" das traditionelle medizinische Denken und Handeln in der klinischen Rehabilitation weiter fortgeschrieben wird (auch Moss 2001, 21; Emerson, Moss & Kiernan 2001, 39). Kritisch muss angemerkt werden, dass mit der Orientierung an organmedizinischen Pathologievorstellungen der sozialen Dimension von Verhaltensauffälligkeit zu wenig Beachtung geschenkt wird. Verhaltensauffälligkeiten sind in der Regel kein direkter Ausdruck einer hirnorganischen Schädigung.

Diese Erkenntnis gilt es auch bei dem in jüngster Zeit gerne diskutierten Konzept der sog. *Verhaltensphänotypen* zu beachten (dazu ausführlich Kap. 5.3.1). Organpathologische Befunde von Verhaltensauffälligkeiten sind bei Menschen mit geistiger Behinderung genauso wie bei anderen Personen selten oder nur als Folge- oder Begleiterscheinung eines reziproken Austauschprozesses zwischen Biologischem, Psychischem und Sozialem nachweisbar. In diesem Sinne sollten zum Beispiel auch Veränderungen bzw. Funktionsstörungen in verschiedenen Neurotransmittersystemen (geringer Serotoningehalt; erhöhter Dopaminspiegel) bei (auto-)aggressivem Verhalten diskutiert werden (hierzu auch Kap. 3) – ein Aspekt, der leider im Lager der „neueren" Psychiatrie gelegentlich verschleiert wird (Schroeder et al. 1999). Dort, wo organpathologische Ursachen von Verhaltensauffälligkeiten bei geistiger Behinderung angenommen werden, handelt es sich zumeist um klinische Syndrome mit einer sehr geringen Verbreitung (ebd., 66ff.; Neuhäuser 1999; Sarimski 1997); und selbst hier ist es wichtig, um inter- und intraindividuelle Unterschiede zu wissen: Nicht alle Kinder mit Prader-Willi-Syndrom entwickeln in gleichem Maße eine dranghafte Neigung zum Essen, nicht alle Kinder mit dem Smith-Lemli-Opitz-Syndrom entwickeln autoaggressive Verhaltensweisen und sind gleichermaßen irritierbar und überaktiv (Sarimski 1997, 8; Neuhäuser 1999, 167f.). In diesem Sinne weist Gaedt (1987, 45) zu Recht darauf hin, „dass es viele geistig Behinderte mit nachweisbaren entsprechenden hirnorganischen Störungen ohne psychische Symptomatik gibt."

Ferner greift das Konzept der „Doppeldiagnose" zu kurz, wenn eine Beurteilung auffälliger Verhaltens- und Erlebensweisen nur nach psychiatrischen Klassifikationssystemen (ICD-10; DSM-IV) erfolgt. Bei Menschen mit geistiger Behinderung lassen sich nämlich sehr oft Verhaltensauffälligkeiten (Symptome) beobachten, die keinem typischen (bekannten) psychiatrischen Krankheitsbild entsprechen (Gaedt 1987, 119ff.), weswegen psychiatrische Diagnosen häufig wenig Sinn machen. Auf jeden Fall sollten sie nur unter Vorbehalt erstellt werden, und sie sollten am besten Bestandteil eines *multidimensionalen Assessment* sein (Lingg & Theunissen 2000; Sturmey 2001, 14).

• Zur sozialwissenschaftlichen Sicht

Nicht zuletzt hat die Kritik an dem traditionellen psychiatrischen Modell zur Entwicklung alternativer Erklärungsansätze geführt, die psychosoziale Risikofaktoren herausstellen und/oder den sozialen Faktor priorisieren. Zum einen ist ein *sozialisationstheoretisch-sozialpsychologischer Ansatz* auszumachen (Theunissen 1992), der die Entstehung von Verhaltensauffälligkeiten bei geistig behinderten Menschen auf Schwächen in den Erziehungsleistungen der Eltern zurückführt, als Produkt familiärer Interaktionsstörungen (entgleiste Dialoge), „negativer Bindungserfahrungen" (dazu Senkel 2003, 131; Irblich 2003, 363ff.) und/oder als Resultat defizitärer Sozialisationsbedingungen begreift. Momente, die die kindliche Identitätsentwicklung gefährden und die Weichen für Verhaltensprobleme stellen können, sind beispielsweise: primäre Ablehnung und Feindseligkeit, Overprotection, laisser-faire und Verwöhnung, langfristig bestehende und enge Abhängigkeitsverhältnisse, unzureichende kommunikative Stimulation, depressiv getöntes Erziehungsverhalten, psychische und physische Überbelastung von Müttern, unzureichende Ablösung, ein häufiger Wechsel zwischen Verwöhnung und Feindseligkeit/Vernachlässigung, körperliche Strafgewalt, sexuelle Misshandlung, Überforderung, zu hohe Leistungsanforderungen, Fremdbestimmung, gesellschaftliche Diskriminierung und familialer Rückzug, familienintern ablaufende Prozesse einer Schuldzuschreibung, ökonomische Benachteiligung, Broken-home-Situation u. a. m. Die o. g. Milieufaktoren spielen insbesondere im Zusammenhang mit einer leichten geistigen Behinderung bzw. einer „Lernbehinderung" eine prominente Rolle.

Zum anderen versucht die *soziologisch-systemkritische Forschung* Zusammenhänge zwischen Verhaltensauffälligkeiten und institutionellen Unzulänglichkeiten nachzuweisen. Analysiert werden Momente, die Goffman unter der „totalen Institution" (1972) zusammengetragen hat. Die damit verknüpfte Produktion von Verhaltensauffälligkeiten (Hospitalisierung) hat Jervis (1978, 131) treffend herausgestellt: „Der Patient (oder behinderte Mensch, G. T.) verschließt sich langsam immer mehr in sich selbst, wird energielos, abhängig, gleichgültig, träge, schmutzig, oft widerspenstig, regrediert auf infantile Verhaltensweisen, entwickelt starre Haltungen und sonderbare stereotype Tics, passt sich einer extrem beschränkten und armseligen Lebensroutine an, aus der er nicht einmal ausbrechen möchte und baut sich oft als eine Art Tröstung Wahnvorstellungen auf." Überdies nennen wir an anderer Stelle eine Vielzahl kritischer institutioneller Sozialisationsfaktoren (z. B. pädagogische Unzulänglichkeiten; heimliches Betreuungskonzept), die ein breites Spektrum an Verhaltensauffälligkeiten, die wir in dem Falle als „verzerrte" Formen von Selbstbestimmung (dazu Theunissen 2001a;b) oder auch als „Kompetenzeinbußen" (Grills et al. 1996, 129f.) betrachten, auslösen können (Theunissen 1998b, 76ff.; 2000, 174ff.). Dazu zählen insbesondere autonomiehemmende Lebensbedingungen in Behinderteneinrichtungen (Wehmeyer, Kelchner & Richards 1995; Wehmeyer & Schwartz 1998; Bambara, Cole & Koger 1998; Wehmeyer & Bolding 1999; *Anmerkung 7* u. 11).

Der dritte sozialwissenschaftliche Erklärungsansatz ist die *Labeling-Theorie*, die den Prozess des Zustandekommens von Verhaltensauffälligkeiten, den Definitions- und Normanwendungsprozess sowie die Arbeitsweise von Instanzen sozialer Kontrolle (Psychiatrie; Behindertenhilfe) zum Gegenstand ihres Forschungsinteresses gemacht hat (Keupp 1972). Ausgangspunkt der Labeling-Theorie sind „normabweichende" Verhaltensweisen (z. B. Stören anderer Bewohner während der Mahlzeit), auf die zunächst mit „leichten" Sanktionen (Ermahnen) reagiert wird. Bleiben diese erfolglos, wird in stärkerem Maße sanktioniert (z. B. time out; zeitweiliger Ausschluss von Freizeitangeboten; keine Mitnahme bei Außenaktivitäten). Passt sich der Betreffende weiterhin nicht an, kommt es zur Verschärfung des Konflikts. Es setzt nun ein wechselseitiger Aufschaukelungsprozess ein, der im ungünstigsten Falle zu einem Gruppenausschluss und zur Einweisung in eine klinische Einrichtung führen kann. Die Erfahrungen des als verhaltensauffällig („untragbar") abgestempelten behinderten Menschen sind schon im Zuge dieses Aufschaukelungsprozesses ganz um diese deviante Rolle organisiert und münden letztlich in eine schwer beschädigte Identität (genauere Ausführungen in Theunissen 1992, 54ff.).

Wenngleich von den sozialwissenschaftlichen Ansätzen wichtige Impulse zur Erklärung auffälliger Verhaltens- und Erlebensweisen ausgehen, genügt es nicht, die biologistisch-individualistische Problemsicht durch eine soziale Perspektive zu ersetzen. Problematisch ist zum Beispiel ihr Determinismus. Ein geistig behinderter Mensch ist kein passives Produkt (Opfer) defizitärer Sozialisationsbedingungen. Er ist auch nicht dem Prozess des Auffälligwerdens hilflos ausgeliefert. Ob es zu Verhaltensauffälligkeiten kommt, hängt davon ab, wie der Einzelne die jeweilige Situation oder Anforderung wahrnimmt, bewertet und bewältigt. Insofern ist es falsch anzunehmen, dass alle Menschen, die sich unter kritischen Lebensbedingungen (sei es familiär oder institutionell) zurechtfinden müssen, Verhaltensauffälligkeiten entwickeln, die eine schwer beschädigte Identität vermuten lassen. So hat zum Beispiel die Resilienzforschung (Garmezy 1991) den Nachweis erbracht, dass es Menschen gibt, die trotz erheblicher Belastungen in ihrer frühen Kindheit oder Sozialisation keine Dissozialität oder (schweren) psychischen Störungen entwickeln. Dies hängt mit Schutzfaktoren zusammen, auf die wir im nächsten Abschnitt eingehen. Darüber hinaus richtet sich die Kritik an den sozialisationstheoretischen Ansätzen gegen implizite Schuldzuschreibungen, indem Eltern oder Mitarbeiter als Produzenten von Verhaltensauffälligkeiten dargestellt werden. Solche Tendenzen haben häufig erheblichen Schaden angerichtet und Formen einer konstruktiven Zusammenarbeit mit Bezugspersonen erschwert.

• Zur systemökologischen Sicht
Seit einigen Jahren wird die wissenschaftliche Diskussion über Diagnose, Ätiologie und Therapie von Verhaltensauffälligkeiten von einem „neuen" Denkansatz bestimmt, der inzwischen so unterschiedliche Disziplinen wie die Psychiatrie, (Heil-)Pädagogik, Sozialarbeit und (klinische) Psychologie erfasst hat. Gemeinsamer Bezugspunkt sind Erkenntnisse aus der allgemeinen Systemtheorie und Sozioökologie, die zum Verständnis von Verhaltensauffälligkeiten herangezogen werden. Im Unterschied zu den bisherigen Ansätzen geht es nicht um linear-kausale Fragestellungen, sondern um die Beschreibung von Wechselbeziehungen, in denen bestimmte Verhaltensweisen als „Störungen" erscheinen (Watzlawick u.a. 1990; auch Theunissen 1992, 64ff.; Rotthaus 1993; Hennicke 1999; Finger 1995). Greifen wir hierzu den o. g. Prozess des Auffälligwerdens noch einmal auf: Die „Störungen" in der Wohngruppe lassen sich aus der Sicht des betroffenen Bewohners als zweckmäßige Reaktion auf eine für ihn als „belastend" erlebte Situation einschließlich der pädagogischen Antworten beschreiben; wie er die Situation sowie das erzieherische Verhalten wahrnimmt, bewertet und abschätzt, beeinflusst seine Gefühle und Handlungen. Auch die pädagogischen Gegenreaktionen sind aus der Mitarbeiter-Perspektive „sinnvolle" Konfliktlösungsversuche. Ihre Ereigniseinschätzung, Bewertungsprozesse, Gefühle und Handlungen sind Antworten auf ein für sie sozial unerwünschtes Verhalten. Da jede Seite ihre Handlungen immer wieder neu etabliert, entsteht ein zirkuläres, interpersonelles Muster, das eine Eigendynamik entwickelt, sich verfestigt, pädo- oder psychopathologische Effekte erzeugt, die anscheinend keine Verständigung, gegenseitige Einigung und konstruktiven Problemlösungsmuster mehr zulassen. Beide Seiten sind gleichermaßen am Problem beteiligt, und jede löst bei ihrem Gegenüber Handlungen aus, die auf sie selbst zurückwirken. Die Mitarbeiter weisen den Bewohner zurecht, weil er andere stört; und der Betreffende stört weiter, weil die Mitarbeiter immer so schimpfen und er sich nicht verstanden fühlt. Jede Seite verlangt vom anderen, dass sie sich ändert, und weil dies nicht geschieht, nehmen die Sanktionen auf der einen und die sozial unerwünschten Handlungen auf der anderen Seite immer mehr zu. Schließlich

scheint ein Ausstieg aus diesem Wechselwirkungsprozess kaum noch möglich. Aus alledem folgt, dass es keinen Sinn macht, Menschen mit Definitionen oder Etikettierungen (Bewohner A. *ist* aggressiv) zu denunzieren (auch Tomm 1992). Eher schaffen solche Zuschreibungen Distanz und sabotieren die Empathie und Wertschätzung des anderen als Person.

Verhaltensauffälligkeiten sind nicht einzig und allein an einer Person festzumachen, sondern stets Ausdruck einer Störung des Verhältnisses zwischen Individuum und Umwelt (Personen, Dinge, Begebenheiten), die die betreffende Person durch spezifische problemlösende Verhaltensweisen zu bewältigen versucht, die von anderen als normabweichend oder sozial unerwünscht gekennzeichnet (beklagt) werden. Nicht die auffällige Person, sondern ihre Wechselbeziehung mit der Umwelt erscheint als „gestört".

Insofern sollten alle Sichtweisen und Beschreibungen vermieden werden, die zu einem individuumzentrierten, sog. täterorientierten Denken und Handeln verleiten, indem sie die „Störung" ins Subjekt projizieren. Zudem soll mit dem Begriff der „Auffälligkeit" auch die Person des Beobachters (z. B. Mitarbeiter) in die Betrachtung von „Störungen" einbezogen werden (z. B. seine Ereigniswahrnehmung, Bewertungsprozesse, normative Bezugsmuster, Gefühle und Befindlichkeiten wie Ohnmacht, Hilflosigkeit, Ängste gegenüber selbstverletzenden Verhaltensweisen).

In der neueren einschlägigen Fachliteratur und Praxis werden häufig statt des Begriffs der Verhaltensauffälligkeiten andere Bezeichnungen verwendet. Diese Begriffsvielfalt drückt einerseits Unsicherheiten aus, die entstehen, wenn ein Verhalten und Erleben einer Person beurteilt werden soll. Andererseits gehen mit der Suche nach geeigneten Leitbegriffen Bemühungen einher, eine Denunzierung oder Entwertung des Anderen zu vermeiden. Wir haben uns in unseren Beiträgen für den Oberbegriff der Verhaltensauffälligkeiten entschieden, um dadurch – wie soeben gesagt – die Rolle und das Erleben der Beobachter in einen Beurteilungsprozess mit einzubeziehen.

Vor kurzem wurde auf einem sog. Werkstatt-Treffen der Kinderheilstätte Nordkirchen (2003) alternativ zu Verhaltensauffälligkeiten oder Verhaltensstörungen der Begriff *„Verhaltensbesonderheiten"* ins Gespräch gebracht. Dieser Begriff steht allerdings in der Gefahr, einer Besonderung und letztlich einer Aussonderung betroffener Personen Vorschub zu leisten. Daher sollte er kritisch gesehen werden.

Insbesondere in der deutschsprachigen Schweiz begegnen wir der Bezeichnung *„originelles Verhalten"* (Finger 1995, 89), die für Verhaltensauffälligkeiten stehen soll. Ob ein Bespucken eines Anderen oder ein ständiges Aufkratzen von Wunden „originell" oder „verhaltenskreativ" ist, wagen wir aber zu bezweifeln. Vor einer Bagatellisierung oder Nivellierung spezifischer Probleme sei daher gewarnt.

In der angloamerikanischen Fachdiskussion stoßen wir im Zusammenhang mit Verhaltensauffälligkeiten auf Leitbegriffe wie *„problem behavior"* (Carr et al. 2000; Koegel, Koegel & Dunlap 2001) oder *„challenging behavior"* (Westling & Fox 1995;

Hewett 2001; Koegel, Koegel & Dunlap 2001). Der Begriff der *„dual diagnosis"* wird demgegenüber zumeist dann angewandt, wenn den Auffälligkeiten (challenging behaviors) im Sinne einer psychischen Störung ein (psychiatrisch-therapeutisch relevanter) Krankheitswert attestiert werden kann. Nur selten werden die Begriffe wie „problematisches Verhalten" (problem behavior) oder „herausforderndes Verhalten" (challenging behavior) und „psychische Störungen" (mental health disorders; mental illness) in unzulässiger Weise synonym verwendet bzw. vermischt (Wieseler & Hanson 1999a; *Anmerkung* 5).

Die Begriffe „Verhaltensprobleme" oder „problematische Verhaltens- und Erlebensweisen" sowie „herausforderndes Verhalten" haben gleichfalls hierzulande in Abgrenzung zu „psychischen Störungen" Zuspruch gefunden. Mit „problematischen Verhaltens- und Erlebensweisen" soll vor allem der Blick auf *aktuelle* Konflikte, Krisen und situative Veränderungen gelenkt werden, unter denen das Verhalten verstehbar werden kann (Wüllenweber 2001b, 91). Unter dieser Perspektive sieht Wüllenweber nicht nur einen Unterschied zu „psychischen Störungen", sondern ebenso zu „Verhaltensauffälligkeiten als dauerhafte bzw. längerfristige Verhaltensweisen" (ebd., 90). In der anglo-amerikanischen Literatur wird eine solche (zeitlich geprägte) Differenzierung zwischen „problem behavior" und „challenging behavior" eher vermieden, indem gemeinsame Bezugspunkte wie das Ernstnehmen der Sicht der betroffenen Person und der Bezugswelt, die Anerkennung von (aktuellen oder längerfristigen) Problemen und die Notwendigkeit einer funktionalen, verstehenden Analyse herausgestellt werden. Was den Begriff „challenging behavior" betrifft, so steht dieser allerdings in der Gefahr, depressive Verstimmungszustände und Rückzugstendenzen als „Herausforderung" (i. S. e. Aufforderung, über das Verhalten nachzudenken) zu verkennen; nichtsdestotrotz kann er dem Einzelnen, der Situation und den pädagogischen Anforderungen durchaus gerechter werden als die herkömmliche Etikettierung einer Person als „gestört" (Risley 2001, 426).

Das gilt gleichfalls für den von Heijkoop (1998) favorisierten Begriff des *„festgefahrenen Verhaltens"*. Auch diese Begrifflichkeit fordert Respekt vor der Person und lädt uns ein, auffällige Verhaltens- und Erlebensweisen als eine Botschaft zu verstehen, die ein Hinterfragen traditioneller Sichtweisen und somit ein „anderes Hinschauen" (ebd., 19) verlangt. Zugleich wird angedeutet, dass mehrere Partner an einem Problem beteiligt sein können. Allein deshalb greifen individuum- und symptomzentrierte Behandlungsformen zu kurz. Freilich ist es nicht immer einfach, den verborgenen Sinn hinter einem „festgefahrenen" oder „herausfordernden Verhalten" zu entdecken. So können z. B. aggressive Verhaltensweisen dazu dienen, ein Mitarbeiterteam zusammenzuhalten. Um die symbolische Bedeutung zu verstehen, sollte nach den Wirkungen, der Funktion und positiven Bedeutung auffälliger Verhaltens- und Erlebensweisen gefragt werden. Gelingt es, die positiven Anteile in einer Verhaltensauffälligkeit zu sehen, kann das herausfordernde Verhalten aus einem anderen Blickwinkel, nämlich aus einer „verstehenden" Perspektive, betrachtet werden. Daraus ergeben sich zumeist kreative, neuartige Problemlösungswege, die sehr erfolgreich sein können.

Trotzdem sollte auch dieser systemische Ansatz nicht unkritisch rezipiert werden. So operiert er z. B. mit einem Raumbegriff, der Interaktionen in ihrer Wechselwirkung und Funktion erfasst, nicht aber in ihrer *Geschichtlichkeit*. Da unbewältigte krisenhafte Ereignisse im aktuellen Verhalten und Erleben wiederkehren, sollte auf eine Aufbereitung der Lebensgeschichte nicht verzichtet werden. Überdies gehen womöglich durch die Vernachlässigung der historischen Dimension wertvolle Informationen über Entwicklungsmöglichkeiten, verkümmerte oder brachliegende Fähigkeiten und Interessen verloren.

Ferner bedarf das personale System (hierzu *Anmerkung* 8) stärkere Beachtung (gemeint sind biologisch-konstitutionelle und psychologisch-identitätsspezifische Aspekte). So wird in Anbetracht einer (leichten) frühkindlichen Hirnschädigung, spezifischer genetischer Syndrome (Neuhäuser 1999; Sarimski 1997; 2003b) oder extremer Belastungssituationen (Frühgeburt; Geburtskomplikationen; mehrere Krankenhausaufenthalte in der Säuglingszeit) angenommen, dass lern- und geistig behinderte Menschen häufig *vulnerabler* als andere für psychische Krisen oder psychische Störungen sind (Nezu & Nezu 1994, 34; Gardner & Willmering 1999, 24) und schon bei geringfügigen alltäglichen Anforderungen leicht zu Kurzschlusshandlungen oder panikartigen Auffälligkeiten neigen. Ob es zu relativ überdauernden Verhaltensauffälligkeiten, psychischen Störungen oder einer schweren Krise mit Verhaltensproblemen kommt, hängt davon ab, welche Auswirkungen die Austauschprozesse zwischen Individuum und Umwelt mit sich bringen (bei schweren psychischen Störungen auch im Hinblick auf biochemische oder hormonelle Veränderungen im Zentralnervensystem; dazu Sternberg & Gold 2002; Nemeroff 2002) und (vor allem) wie der Einzelne und seine Umwelt (Umkreispersonen) die jeweilige Situation wahrnehmen, bewerten und bewältigen (*Anmerkung* 9).

Theoretischer Bezugspunkt ist hierbei der „transaktionale Ansatz" von Lazarus (1990), welcher besagt, dass kritische Situationen (Belastungen; Stress) zunächst primär bewertet (und zwar als Schädigung/Verlust, Bedrohung oder Herausforderung), dann einer sekundären Bewertung unterzogen werden (durch Überprüfung der eigenen Fähigkeiten und Möglichkeiten in Bezug auf die sich aus der zuvor bewerteten Situation ergebenen Anforderungen), bevor es zu einem Bewältigungsverhalten kommt (z. B. durch direkte Aktion, Rückzug, Informationssuche), welches zu einem inneren (psychischem) Gleichgewicht führen soll. Die Bewältigungsziele und -muster (Coping) passen sich somit immer wieder an die jeweilige Situation an, wobei sie einerseits durch Risikofaktoren (Vulnerabilität) moderiert werden. Andererseits müssen sie aber auch „im Zusammenhang mit schützenden Faktoren gesehen werden, über die jeder Mensch im Sinne individueller Eigenschaften oder charakterlicher Voraussetzungen verfügt oder aber die sich als Ressourcen in seinem Lebensumfeld aktivieren lassen" (Opp 2002, 364).

62

Sind hinreichende individuelle und soziale Schutzfaktoren vorhanden, bestehen gute Aussichten, dass ein Betroffener Belastungen verarbeiten kann, ohne psychisch zu dekompensieren (Garmezy 1991). *Individuelle Schutzfaktoren* (Resilienz) beziehen sich zum Beispiel auf ein positives Selbstwertgefühl, altersangemessene Kommunikationsfähigkeiten, eine gut entwickelte Lesefähigkeit, eine gute Impulskontrolle, die Fähigkeit, Aufmerksamkeit zu fokussieren sowie auf ein Vertrauen in eigene Fähigkeiten, Belastungen bewältigen zu können, den Glauben an die Sinnhaftigkeit alltäglicher Lebenserfahrungen, ein gewisses Maß an körperlicher Gesundheit, einen „gesunden" Lebensoptimismus und Realismus und die Fähigkeit zu flexibler Anpassung an Lebensumbrüche (Antonovsky 1997, 47ff.; Herriger 2002). Zu den *sozialen protektiven Faktoren* „zählen umfassende Aufmerksamkeit, die dem Kind vor allem im ersten Lebensjahr zuteil wird" (Opp 2002, 364), die Verfügbarkeit einer zusätzlichen Vertrauensperson neben der Mutter für emotionale Unterstützung in Belastungssituationen (z. B. Freund, Lehrer, Großmutter) sowie „Enabling Niches" (z. B. Selbst-Hilfe-Gruppen, Beratungsangebote; dazu *Anmerkung* 17).

Nun muss jedoch gesehen werden, dass die Resilienzforschung ein gewisses Maß an kognitiven Fähigkeiten (cognitive skills) als Ausgangsbasis für die Entwicklung hinreichender individueller Schutzfaktoren betrachtet. Diese Annahme legt den Schluss nahe, dass die entsprechenden Entwicklungsmöglichkeiten bei Kindern mit geistiger Behinderung weitaus ungünstiger als bei nichtbehinderten Personen sind und das Resilienz bei vielen Betroffenen erst über eine gezielte Förderung systematisch aufgebaut werden muss. In Anbetracht dessen sollten uns Beobachtungen und Erfahrungen nicht wundern, dass geistig behinderte Menschen psychische Krisen, überfordernde oder unterfordernde Situationen häufig auf einem sehr einfachen, unmittelbar stressreduzierten Niveau abzuwehren, zu bewältigen oder zu kompensieren versuchen (z. B. motorisches Abreagieren; übermäßiges Essen; Schreien). In der Regel bevorzugen sie ein Verhalten, das für sie kontrollierbar und ihnen vertraut ist (dazu auch Wüllenweber 2001b). Dennoch wäre es ein Missverständnis anzunehmen, dass Betroffene Opfer einer anlagebedingten Disposition oder früh erworbenen Vulnerabilität seien (hierzu *Anmerkung* 9). Vielmehr steht auch in diesem Konzept (was gleichfalls für die Theorie der „Verhaltensphänotypen" gilt) ein Zusammenwirken unterschiedlicher Faktoren auf biologischer, lern- und entwicklungspsychologischer, interaktioneller, milieuspezifischer, gesellschaftlich-normativer, lebensgeschichtlicher und identitätsspezifischer Ebene außer Frage (Ciompi 1986; Warnke 1993; Gardner & Willmering 1999), und erst aus diesem Wechselspiel dürfen Folgerungen zum Verständnis eines herausfordernden Verhaltens gezogen werden. Das ist im Prinzip durch neuere Untersuchungen in Bezug auf Stress, Depression und Suizid bei Menschen mit leichter geistiger Behinderung bzw. Lernbehinderungen bestätigt worden (Bender, Rosenkrans & Crane 1999). Treffen verschiedene ungünstige Faktoren individueller und sozialer Art zusammen (z. B. familialer Stress, Armut; Schulstress; fehlende Vertrauenspersonen; soziale Isolation, Einsamkeit; geringes Selbstwertgefühl; Eigenschaften wie Impulsivität, erhöhte Aggressivität; unzureichende ‚kognitive' Bewältigungsstrategien [Coping]; fehlende soziale Problemlösungsmuster), muss mit einem erhöhten Risiko für psychische Störungen und Suizidalität bei den Betroffenen gerechnet werden. Insofern sind größere Risiken dann gegeben, wenn keine soziale Unterstützung durch tragfähige Beziehungen statthat sowie soziale Ressourcen (z. B. psychosoziale Hilfen) fehlen.

Dieses Problem ist zum Beispiel im Rahmen von Deinstitutionalisierungsprojekten sowie des gemeindeintegrierten Einzel- oder Gruppenwohnens mit aufsuchender Hilfe beobachtet und thematisiert worden (dazu Dalferth 1999; Theunissen 2003b, 86f.). Folgerichtig bedarf es auch einer *sozioökologischen Perspektive* zum Verständnis herausfordernder Verhaltens- und Erlebensweisen. Bekanntlich nehmen Lebenswelten wie Familie, Wohngruppe, Werkstatt, sozio-kulturelle Systeme und Orte sowie gesellschaftliche Normen Einfluss auf die Entwicklung eines Menschen und werden ebenso von ihm reziprok beeinflusst (Bronfenbrenner 1981). Diskrepanzen zwischen diesen Systemen, gegenläufige pädagogische Interaktionen oder Intentionen wie vor allem auch Instabilität der Lebenswelten erschweren die Entwicklung des Einzelnen, befördern Konflikte und sind womöglich ein fruchtbarer Boden für Verhaltensauffälligkeiten. Deshalb gehört es zu einem wichtigen, gleichfalls präventiven Anliegen der pädagogischen Arbeit, die Frage nach geeigneten Lebensräumen für Menschen mit geistiger Behinderung zu stellen sowie herausfordernde Verhaltens- und Erlebensweisen vor dem Hintergrund unterschiedlicher lebensweltlicher Bezugssysteme in Bezug auf Sinn oder Zweck zu reflektieren. Dies alles mündet in eine „verstehende" Sichtweise von Verhaltensauffälligkeiten, die für eine Konzeptentwicklung grundlegende Bedeutung hat. „Der erste Schritt sollte sich auf das Verstehen des Problemverhaltens beziehen... Eine Information über den Zweck ist entscheidend, um eine alternative Kommunikationsform zu bestimmen, die das Problemverhalten ersetzen kann" (Carr et al. 2000, 129).

2.3 Multidimensionales Assessment

Eine *verstehende Sicht* verlangt ein diagnostisches Verfahren, das reziproke (innere) Zusammenhänge zwischen Individuum und lebensweltlichen Systemen (Familie, Institutionen …), Lebensereignissen und Interaktionen, Figur und Hintergrund zu erschließen versucht, um zu *hypothetischen Aussagen* über einen subjektiv bedeutsamen Sinn von Verhaltens- und Erlebensweisen eines als verhaltensauffällig geltenden Menschen zu gelangen. Die Kunst des Verstehens (Hermeneutik) zielt dabei auf eine Rekonstruktion lebensgeschichtlicher und aktueller Ereignisse und deren Bedeutung für ein betroffenes Individuum. Zudem lässt sie sich von der Einsicht leiten, dass es letztlich keine Verhaltens- und Erlebensweisen gibt, die nicht aus der Entwicklung als Ganzes zu begreifen wären (hierzu auch Jantzen [u. a.] 1996; 1998; 2000; Theunissen 2000). Vor diesem Hintergrund favorisieren wir ein multidimensionales Assessment, welches für den pädagogisch-therapeutischen Beitrag (hierzu *Anmerkung* 10 u. 19) drei Schwerpunkte impliziert (Aufbreitung der Lebensgeschichte, funktionale Verhaltensanalyse und Erfassung von Stärken), die es miteinander zu verschalten gilt, um zu tragfähigen Arbeitshypothesen zu gelangen. Mit dieser Fokussierung und Verknüpfung unterscheidet sich unser Konzept deutlich von Ansätzen, die sich entweder auf psychoanalytische (bzw. tiefenpsychologische) Erklärungen oder auf eine funktionale Analyse (bzw. behaviorale Diagnostik) zur unmittelbaren Beseitigung auffälligen Verhaltens beschränken. Solche Beschränkungen, die in der therapeutischen Arbeit mit geistig behinderten Menschen nicht selten zu beobachten sind, gelten heute als überholt. Diese Position wird im Prinzip auch von Carr und Mitabeitern (2000, 4f.) geteilt, die sich mit einem modernen behavioralen Konzept, das sich Leitprinzipien der gesellschaftlichen Integration und Partizipation von Menschen mit geistiger Behinderung und Verhaltensauffälligkeiten verschrieben hat (auch ebd., 183ff.), von traditionellen Ansätzen einer Verhaltensmodifikation unmissverständlich abzugrenzen versuchen. Dennoch muss kritisch vermerkt werden, dass es den Autoren nicht gelingt, die Ebene eines herkömmlichen „Behandlungssettings" (z. B. 63) und pädagogisch-therapeutischen Paternalismus' (z. B. 118ff., 184ff.) zu überwinden, indem Betroffene in die Konzeptentwicklung oder auch Lebensstilplanung mit einbezogen werden. Zudem kommen der Blick auf lebensgeschichtliche Erfahrungen sowie die systematische Suche nach Stärken, Kompetenzen und Potenzialen zu kurz. Diese Kritik gilt gleichfalls für einige andere Konzepte, die heute aus behavioraler und klinischer Sicht hoch im Kurs stehen (Wieseler & Hanson 1999a).

2.3.1 Aufbereitung der Vorgeschichte und aktuellen Lebenssituation

Wer die lebensgeschichtlichen Hintergründe nicht kennt, wird viele Verhaltensauffälligkeiten, krisenhafte Ereignisse, individuelle Bewältigungsformen, Interessen und Bedürfnisse eines Betroffenen kaum verstehen und das aktuelle Verhalten und Erleben womöglich fehleinschätzen. Denn frühe Lebenserfahrungen, kritische Lebensereignisse, psychosoziale Krisen und Verhaltensauffälligkeiten aus der Kindheit oder Jugend kehren nicht selten in verschlüsselter Form im aktuellen Erleben und Verhalten wieder. Außerdem ist die Kenntnis der Lebensgeschichte wichtig, um die Wirksamkeit bzw. Effekte bisheriger Maßnahmen (z. B. auch Fremdbestimmung oder „Unterdrückung" von Bedürfnissen, Interessen oder Rechten durch Interventionen) einschätzen zu können (Burke & Dalrymple 2002, 56). Zudem lassen sich verschüttete oder verkümmerte Fähigkeiten, Fertigkeiten, Potenziale, kleine (für den Betroffene oder seine Bezugspersonen bedeutsame) Erfolgsgeschichten, positive Erinnerungen und Ereignisse und Interessen aufspüren. Das Studium einer Lebensgeschichte ist somit mehr als die Durchsicht einer „Krankengeschichte", indem nicht nur anamnestische Daten und Fakten (z. B. durchgemachte Krankheiten) erfasst, sondern darüber hinaus soziale und psychologische Informationen gesammelt und in Beziehung gesetzt werden zur subjektiven Ereigniswahrnehmung, zur individuellen Bewältigung (Coping) und zu den sozialen Ressourcen, Situationen und Reaktionen.

Die Erarbeitung der Lebensgeschichte ist nicht selten zeitintensiv, da sie sowohl Aktenstudien, Durchsicht alter Aufzeichnungen, Briefe oder Fotos sowie Dokumentationsanalysen als auch Explorationsgespräche verlangt. Die Erfahrung, dass (alte) Akten, Rapportaufzeichnungen oder Pflegeberichte über Menschen mit geistiger Behinderung sich sehr oft einer entwertenden Sprache bedienen, lückenhaft und diskriminierend sind, hat in den letzten Jahren häufig zu der Vorstellung geführt, dass es am besten sei, auf die Kenntnisse solcher Informationen gänzlich zu verzichten, um einen Betroffenen so anzunehmen, wie er ist. Auf diese Attitüde ist Jantzen (1996, 11ff.) kritisch eingegangen. Überzeugend stellt er heraus, dass nicht das Studium der Akten wie auch die Durchführung psychologischer Tests an sich verwerflich sind, sondern dass die Problematik im (unreflektierten) Umgang mit den dadurch gewonnenen Daten liegt (Missbrauch, statische Erfassung und Zuschreibung...). Entscheidend sei, die Informationen „anders zu lesen", nämlich „ideologisch und dialektisch zu entschlüsseln" (ebd., 12). Hierzu ist es für den diagnostisch Tätigen notwendig, sein eigenes fachliches Vorverständnis, seine Alltagstheorien und normativen Vorstellungen, sein Interesse sowie die Frage nach der Verwertung seiner Arbeit ideologiekritisch zu reflektieren (Theunissen 2000, 198f.). Zudem bedarf es der Offenlegung seiner Bezugstheorien und seines methodischen Vorgehens, so dass die diagnostische Arbeit in Bezug auf Plausibilität und Logizität intersubjektiv nachvollzogen werden und damit dem Betroffenen gegenüber verantwortbar sein kann.

Es können aber auch im Rahmen von Interviews Verzerrungen auftreten oder unvollständige Angaben entstehen, vor allem dann, wenn die Gesprächspartner (z. B. Eltern, Angehörige, behinderte Person, langjähriger Freund, Mitarbeiter, Fachleute anderer relevanter Institutionen) frei (ungelenkt) schildern, manche Ereignisse zu breit schildern, dramatisieren und überbewerten oder unbewusst, aufgrund von Ängsten, Scham oder Schuldgefühlen Informationen verschweigen. So muss zum Beispiel in Betracht gezogen werden, dass Betroffene oder andere Gesprächspartner Illusionen, Selbsttäuschungen oder biographischen Fiktionen erliegen können. Das bedeutet, dass die (retrospektiv) wahrgenommene Lebenswelt immer als eine Konstruktion des Subjekts verstanden werden sollte, welche das Erfinden „neuer" Geschichten beinhalten kann, die eine schöpferische Antwort nicht nur auf psychische Abwehrprozesse (Verdrängung), sondern auch auf ein Vergessen erfahrener Wirklichkeit sein können. Daher gibt es nur eine *Annäherung* an die „Wahrheit erlebter Realität" (dazu auch Speck 2003, 24, 104), wobei aus tiefenpsychologischer Sicht davon ausgegangen wird, dass das, was gesagt wird, für den jeweiligen Gesprächspartner wichtig ist (und zwar unabhängig davon, ob das Gesagte „richtig" oder „falsch" ist). Hinzu kommt, dass gerade bei Menschen mit geistiger Behinderung die sprachlichen Mitteilungs- und Selbstbeobachtungsfähigkeiten oft begrenzt sind. Mitunter können an dieser Stelle *bildnerische Mitteilungen oder (alltags-)ästhetische Produktionen* als zusätzliche diagnostische Hilfsmittel hilfreich sein (hierzu Richter 2002; Theunissen 2004b). Ferner kann der methodische Kunstgriff des *Nacherlebens und Nachvollziehens* (dazu Jantzen 1996, 26) weiterhelfen, der allerdings die Gefahr impliziert, sich im Anderen zu „verlieren". So kann zum Beispiel ein zu starkes Mitgefühl entstehen, welches Sachverhalte oder Beschreibungen so durchdringt, dass diese nicht mehr mit notwendiger (fachlicher) Distanz betrachtet werden können. Daher betont Jantzen (ebd., 27) die Notwendigkeit einer „reflexiven Haltung" im Nacherleben, was nach Buber (1962) als „Urdistanz" in der Begegnung ausgelegt werden kann. Des Weiteren verleitet das Nacherleben dazu, eine gemeinsame, quasi identisch gelagerte Ereigniswahrnehmung und Wirklichkeitskonstruktion anzunehmen, die den Diagnostiker und Betroffenen in gleicher Weise umfasst. Dass es übereinstimmende Situationsdeutungen und Sinngebungen geben kann, die unter anderem auch aus psychophysischen Ausdrucksformen, aus der Mimik, Gestik oder Körperhaltung, erschlossen werden können, wollen wir nicht in Abrede stellen. Es sollten aber gleichfalls, und das betrifft vor allem Menschen, die nicht über sich selbst berichten können, Möglichkeiten einer „unkonventionellen" Wahrnehmung und Situationsdefinition mitgedacht und somit vom eigenen Gefühl und Standpunkt abweichende Sinngebungen akzeptiert werden. An dieser Stelle stoßen wir auf *Grenzen des Verstehens*, was nicht gegen unsere Methode, sondern für uns Menschen spricht. Um Fehlerquellen oder subjektive Verzerrungen möglichst gering zu halten, sollten Lebensgeschichten grundsätzlich im *Diskurs* aufbereitet werden. Das hat den Vorteil, dass verschiedene Sichtweisen oder Auslegungen diskutiert werden können, ein facettenreiches Bild (Hypothesenvielfalt) entstehen kann und eine Orientierung an einem *einzelnen* Interpretations- oder Erklärungsmodell (z. B. psychoanalytischer, individualpsychologischer oder entwicklungsdynamischer Ansatz) vermieden wird. Im Folgenden haben wir nun einige Aspekte aufgelistet, die bei der Erarbeitung der Lebensge-

schichte (z. B. anhand eines Leitfadeninterviews) berücksichtigt werden sollten:
- soziale Herkunft, familiales Milieu (häusliche Situation, Berufstätigkeit von Vater/Mutter, Wohnverhältnisse, Anzahl der Familienmitglieder, Einzelzimmer, Wohnlage, Umfeld etc.)
- Verlauf der Schwangerschaft
- Geburt (Verlauf, Zustand des Kindes)
- gesundheitliche Entwicklung (Krankheiten; physischer Zustand) unter Berücksichtigung kritischer Lebensereignisse (Krankenhausaufenthalt, Unfall, Verletzungen)
- Emotionen und affektives Verhalten des Säuglings (Stimmungen, Labilität, Reizbarkeit, Kontakte zur Umwelt, zu Fremden)
- Aktivität des Säuglings (Bewegungsfreudigkeit, Vigilanz, Aufmerksamkeit, Konzentration, Eigeninitiative)
- Sauberkeits- und Selbstständigkeitserziehung (Grad der Selbstständigkeit im An- und Ausziehen, Essen; Grad der psychischen und physischen Belastung für die Bezugspersonen)
- Trotzphase (Zeitpunkt, Intensität, erzieherische Reaktion)
- psychosoziale Entwicklung und Beziehungskonstellationen (bedeutsame Bezugspersonen, frühe Bindungen/ Trennungen/ Konflikte, Verhältnis zu Mutter/Vater/Geschwistern und anderen Angehörigen)
- sensomotorische und kognitive Entwicklung (auch Zeitpunkt des Gehens, Sprechens)
- Spielentwicklung und -verhalten (bevorzugtes Spielzeug)
- Individuelle Stärken, Interessen, Neigungen, Vorlieben, Alltags- und Freizeitgestaltung (Verlaufsbeschreibung bis zum aktuellen Alter)
- Soziale Stärken bzw. familiale Ressourcen (familiale Bräuche, Traditionen, Urlaub, Ausflüge)
- Sexualentwicklung (einschl. Zeitpunkt und Entwicklung der Pubertät)
- Verhalten im Kindergarten (Eintritt, Loslösung von zu Hause, Verhältnis zu den Erzieherinnen, zu den anderen Kindern, Spielverhalten, Ausdauer, Kompetenzen)
- Schule (Eintritt, Verhalten, Erleben, Leistungen, Lehrerbeurteilungen)
- Sozialverhalten außerhalb der Familie (frühe Freunde; Verhalten auf dem Spielplatz fremden Kindern gegenüber, in der Öffentlichkeit, außerhalb der Kindergartenzeit, außerhalb der Schule)
- erweitertes soziales Milieu und soziale Einbindung (Umfeld, Kontakte der Familie zu Nachbarn, Nutzung kultureller Angebote, Partizipation an Öffentlichkeit, gesellschaftliche Vorurteile, familiale Isolation; soziale Netze und informelle Unterstützung)
- Erleben und Bewältigung der Behinderung (Prozess der Krisenverarbeitung beim Betroffenen und bei den Bezugspersonen), Umgang mit der Behinderung in der Familie und Verwandtschaft
- Rolle der Fachleute (z. B. Empfehlung der Ärzte)
- Bewältigung kritischer Lebensereignisse (z. B. eines Umzugs, Krankenhausaufenthalts, Tod eines Elternteils, Geburt eines Geschwisterkindes, Eintritt in Kindergarten, Schule oder WfbM, Wechsel einer wichtigen Bezugsperson in der Wohngruppe, Heim- oder Anstaltseinweisung, Stations- oder Wohngruppenwechsel)

- Erwachsenwerden und Erwachsensein (Ablösungsthematik, Einstellung der Bezugspersonen, Förderung und Sicherung von Autonomie, Grad der Selbstbestimmung, Tagesstrukturierung, Freizeitgestaltung, berufliche Interessen und Ausbildung)
- Partnerschaft, Freundschaften und Beziehungen
- Arbeitsstelle (Eintritt in WfbM, Betrieb, Tagesstätte; Erleben, Sozialverhalten, Verhältnis zu Mitarbeitern, Angebote und Arbeitsverhalten)
- Wohnen (Verlaufsbeschreibung bis zum aktuellen Zeitpunkt; Wohnen im Elternhaus: Einstellung aller Beteiligten, zukünftige Entwicklung/Probleme z. B. unter Beachtung des Alters der nächsten Bezugspersonen; Wohneinrichtung: Situation, Gruppe, Verhältnis zu Mitarbeitern, Autonomie, Mithilfe etc.)
- Individueller Lebensplan, Zukunftsplanung und -entwürfe.

Mit dieser Aufzählung erheben wir keinen Anspruch auf Vollständigkeit, vielmehr soll sie nur eine Orientierungshilfe für Fragen sein und andeuten, in welche Richtung und mit welcher Akzentsetzung Informationen gesammelt werden können. Am Ende der Befragung steht die Erfassung und Analyse der aktuellen Lebenssituation, die mit einem *Umfeld-Assessment* verknüpft sein sollte, um herauszufinden, welche Lebensbedingungen entwicklungshemmend bzw. kritisch einzuschätzen sind (hierzu *Anmerkung* 11) und welche dem Betroffenen eine günstige Persönlichkeitsentwicklung ermöglichen (hierzu auch Mühl, Neukäter & Schulz 1996, 70ff.). Zur Einschätzung der Umfeldbedingungen bietet es sich an, sich an den von Bronfenbrenner (1981) herausgestellten lebensweltlichen Systemen zu orientieren. Daraus ergeben sich Fragen zum primären Lebensmilieu (zur familialen Wohnsituation, zum institutionellen Wohnen, zur Situation am Arbeitsplatz ...; hierzu *Anmerkung* 12 u. 7), zum erweiterten sozialen Bezugsfeld (z. B. Fragen zur Infrastruktur [Einkaufsmöglichkeiten, öffentliche Verkehrsmittel], zur Lage der Einrichtung, zu nachbarschaftlichen Beziehungen), zum sog. Exosystem [Teamsituation, Spannungen im Mitarbeiterteam oder Schulkollegium, elterliche Beziehungen, Spannungen unter Mitbewohnern, Arbeits- bzw. Betriebsklima) sowie zum Makrosystem (Fragen zur Heimordnung, zum Heimvertrag, zu den Leitlinien des Trägers, Trägerphilosophie).

2.3.2 Funktionales Assessment

Die Aufbereitung der Lebensgeschichte beinhaltet wertvolle Informationen für ein funktionales Assessment, das als eine ergänzende, spezielle Methode dazu dient, die Funktion bzw. den Zweck und Sinn der (auffälligen) Verhaltens- und Erlebensweisen eines Betroffenen zu eruieren. Kernstück ist hierbei eine funktionale Analyse (dazu Mühl, Neukäter & Schulz 1996, 49ff.; Westling & Fox 1995, 301ff.; O'Neill et al. 1998, 1, 54ff.; Carr et al. 2000; Koegel, Koegel & Dunlap 2001), wie sie in behavioralen Interventionskonzepten (Verhaltenstherapie) eine prominente Rolle spielt.

Von Kanfer et al. (1965; 1975, 76ff.) stammt die sog. *S-O-R-K-C-Verhaltens-gleichung* (Bartling u. a. 1980; Schuster 2000, 124ff.), die für eine funktionale Analyse hilfreich ist:

S steht für den Stimulus und die Erfassung der Auslösesituation eines beklagten Verhaltens bzw. der situativen Ebene (Frage nach den Reizen, die das Verhalten ausgelöst haben),

O (Organismus) für die Erfassung der biologischen Ausstattung bzw. der körperlichen (gesundheitlichen) Aspekte, welche die Reaktion auf den Stimulus beeinflussen,

R als Reaktionsrepertoire beschreibt die sichtbare Verhaltensebene (konkrete Auffälligkeiten wie Schreien, sich beißen ...), die kognitive Ebene (das verhaltensbegleitende Denken), die emotionale Ebene (z. B. begleitende Gefühle wie Angst) sowie die körperliche Ebene (physische Begleiterscheinungen wie z. B. Zittern, Herzklopfen),

K (als Kontingenzverhältnis ausgewiesen) bezieht sich auf die Regelhaftigkeit, mit der eine Konsequenz auf das beklagte Verhalten folgt, auf den zeitlichen Zusammenhang zwischen Verhalten und Konsequenzen (z. B. ein fremdaggressives Verhalten führt unmittelbar zu sozialer Aufmerksamkeit und zum Erreichen eines bestimmten Ziels), und

C auf die Konsequenzen mit positiven oder negativen Folgen für das Individuum (ein Betroffener hat erfolgreich gelernt, sich mit Schreien durchzusetzen; nach Erreichen seines Ziels geht er immer wieder problemlos seiner Arbeit nach), die sich (auf Dauer) aus dem gesamten Zusammenspiel ergeben.

Diese Verhaltensgleichung basiert auf der Annahme, dass Verhaltensauffälligkeiten in engem Zusammenhang mit einer gegebenen Situation stehen und durch verschiedene Variablen individueller und sozialer Art beeinflusst werden. Die Variablen gilt es möglichst genau zu erfassen. Wichtige Informationen lassen sich ohne Zweifel bereits durch Interviews und Explorationsgespräche mit Betroffenen (dazu O'Neill et al. 1998,17f.), Angehörigen oder anderen relevanten Bezugspersonen im Rahmen der Erfassung der Lebensgeschichte und aktuellen Lebenssituation gewinnen. Zudem bietet das Studium von Akten, Aufzeichnungen u. ä. einige Anhaltspunkte im Hinblick auf kritische Situationen, Interaktionen oder Reaktionen, die möglicherweise zur Auslösung und Aufrechterhaltung von Verhaltensauffälligkeiten beigetragen haben. Für ein solches „indirektes Assessment" (Westling & Fox 1995, 304f.) bieten folgende Leitfragen eine Orientierungshilfe:

– Welches sind die beklagten Verhaltensweisen?
– Wann, wo und unter welchen Bedingungen wurde das beklagte (auffällige) Verhalten zuerst beobachtet?

– Welches Verhalten wird als besonders problematisch eingeschätzt?
– Was geschieht meistens, bevor das beklagte Verhalten auftritt?
– Wie ist die Situation einzuschätzen, in der das beklagte Verhalten auftritt?
– Welche Personen sind an der Problemsituation beteiligt?
– In welcher Weise sind die Einzelnen daran beteiligt?
– Welche Umstände haben aus der Sicht des Betroffenen zu dem beklagten Verhalten geführt?
– Welche Umstände haben aus der Sicht der Bezugspersonen zum beklagten Verhalten geführt?
– Welche Bedeutung schreibt der Betroffene der Problemsituation zu?
– Wie hat sich der Betroffene in der Problemsituation gefühlt?
– Wie hat sich die Bezugsperson (beteiligte Mitarbeiter; Beobachter) in der Problemsituation gefühlt?
– Wie hat die beteiligte Bezugsperson reagiert?
– Welche Konsequenzen ergaben bzw. ergeben sich daraus für die betroffene Person?
– Gab es in der Lebensgeschichte bestimmte Ereignisse, die zum Auftreten bzw. zur Verstärkung des beklagten Verhaltens geführt haben?
– Gibt es bestimmte Risikofaktoren im Hinblick auf das beklagte Verhalten?
– Gab es in der Lebensgeschichte Phasen, in denen das beklagte Verhalten nicht aufgetreten ist und welche Gründe werden diesbezüglich angenommen?

Eine weitere Methode zur Gewinnung von Informationen, die für die funktionale Analyse wichtig sind, ist die Verwendung bestimmter Fragebögen, Schätzskalen oder standardisierter Verfahren (z. B. The Motivation Assessment Scale von Durand & Crimmins 1988; hierzu Mühl, Neukäter & Schulz 1996, 236ff.). Einschlägigen Berichten zufolge (Westling & Fox 1995, 305; auch Mühl 2001, 170f.) ist jedoch die Reichweite solcher Verfahren begrenzt, weshalb sie weder die problemorientierten Explorationsgespräche, noch Verhaltensbeobachtungen ersetzen können, denen für die funktionale Analyse eine zentrale Bedeutung zukommt (dazu Carr et al. 2000, 32ff.). Das gilt sowohl für freie Beobachtungen als auch für systematische in realen, alltäglichen Situationen (dazu O'Neill et al. 1998, 35ff.). Zur Unterstützung von Beobachtungen bieten sich Videoaufzeichnungen an, die eine gemeinsame Auswertung ermöglichen und damit den Grad der Reliabilität erhöhen. Systematische Beobachtungen erfolgen in der Regel auf der Grundlage von Beobachtungsbögen, z. B. auf der Basis des S-O-R-K-C-Schemas, eines sog. A-B-C-Analysebogens (hierzu Buchkapitel 6.2; Westling & Fox 1995, 306ff.; Miltenberger 1999) oder einer sog. „index card" (Carr et al. 2000, 36), die dem A-B-C-Schema weithin entspricht und wie folgt angelegt ist:

Name: Herr Gerd Kohl   *Beobachter*: Herr Berg   *Datum*: 14.04.2003

Allgemeiner Kontext: am Arbeitsplatz   *Zeit*: 9.30 Uhr

Interpersonaler Kontext: Herr K. dreht 10 Stecker zusammen, dann hört er auf zu arbeiten. Nach zwei Minuten sagt Herr B., sein Gruppenleiter, zu ihm: „Gerd, mach bitte weiter, nun aber flott."
Problemverhalten: Herr K. wirft einen Stecker nach Herrn B., beißt sich mehrmals in die Hand und springt dabei hin und her.
Soziale Reaktion: Herr B. sagt zu Herrn K.: „Beruhige dich. Beruhige dich. Alles ist okay." Nach fünf Minuten holt Herr B. eine Limo und bietet Herrn K. ein Glas an.

Das funktionale Assessment von Carr und Mitarbeitern sieht vor, durch Informationsgespräche mit Bezugspersonen sowie durch Beobachtungen beklagte Verhaltensweisen zu sammeln und auf Index-Karten festzuhalten, die dann im Rahmen eines Ausschusses (am besten Circle of Support) im Hinblick auf Zweck bzw. Sinn des auffälligen Verhaltens ausgewertet (Hypothesenbildung) und entsprechend kategorisiert werden sollen (63ff.). So können zum Beispiel in Bezug auf Verhaltensauffälligkeiten eines Betroffenen 80 Index-Karten entstanden sein, von denen sich 45 Karten auf die Zuwendungs- oder Aufmerksamkeitshypothese (dazu Kapitel 3), 20 Karten auf die Vermeidungshypothese, 12 auf die Frustrations-Aggressionshypothese und zwei auf jeweils einen anderen Zweck beziehen. Eine Karte lässt sich nicht eindeutig zuordnen (auffällig „ohne ersichtlichen Sinn"). Dieser *„zweckorientierten" Kategorisierung* (ebd., 71) folgt eine *„situationsorientierte"* (74), indem zum Beispiel von den 45 Karten in Bezug auf Zuwendung 22 Karten unter der Rubrik „während des Sachunterrichts", 10 Karten „während der Freiarbeitszeit", 8 Karten „bei Gruppenarbeit", 3 Karten „auf dem Schulhof"... eingeordnet werden. Von den 20 Karten in Bezug auf Vermeidung fallen 14 unter der Rubrik „während des Sachunterrichts", vier auf „andere Fächer" und zwei „bei Gruppenarbeit". Um Fehlschlüsse bei der Hypothesenbildung zu vermeiden bzw. zu minimieren sowie Aspekte, die vergessen, übersehen oder noch nicht erfasst wurden (z. B. in Bezug auf die o. g. Organismusvariable oder situative Einflüsse [S-O-R-K-C-Schema]), nachzutragen, sollen die Ergebnisse der Kategorisierung im Rahmen einer etwa 2-wöchigen stichprobenartigen Beobachtung sowie durch experimentelle Tests (so weit diese ethisch vertretbar sind [106]) verifiziert werden (91ff.).
Die funktionale Analyse macht somit immer auch eine *strukturelle Analyse* (structural analysis) notwendig (Wacker et al. 2001, 56f., 59), um spezifische Zusammenhänge zu erfassen. Dazu zählt insbesondere auch die Erfassung der

gegebenen (hintergründigen) Ereignisse (setting events) oder Situation (z. B. Medikation, Schlafrhythmus, Diät, Tagesablauf, „crowding"), in der auslösende Bedingungen für ein Problemverhalten ausgemacht werden können (dazu Horner et al. 2001, 384ff.; Carr, Reeve & McLaughlin, 2001, 409ff.). Bei den experimentellen Tests geht es um die gezielte Modifikation von problemauslösenden Bedingungen oder sozialen Reaktionen (z. B. durch „counterbalance" [Carr et al. 2000, 97ff.]), um Veränderungen des Verhaltens oder neue funktionale Zusammenhänge zu erfassen, durch die einzelne Hypothesen bestätigt oder auch verworfen werden können. Zur Verdeutlichung der funktionalen Zusammenhänge folgendes Beispiel: Herr G. hat schlecht geschlafen (setting event); in der WfbM wird seine gesamte Gruppe vom Gruppenleiter aufgefordert, zügig zu arbeiten, weil viel Arbeit anliege (auslösende Situation); Herr G. reagiert mit Gereiztheit, arbeitet hastig und unkonzentriert und macht Fehler (Problemverhalten); er wird zurechtgewiesen (Reaktion des Gruppenleiters); daraufhin reagiert er mit Schreien und Schimpfen und verweigert die Arbeit (Problemverhalten); er wird erneut zurechtgewiesen, es kommt zu einer Eskalation, die zu einem vorübergehenden Gruppenrausschmiss und zu einer Kürzung des Arbeitsgeldes für den entsprechenden Tag führt (Konsequenzen). In dem Falle wäre eine Veränderung des Kontingenzverhältnisses sinnvoll gewesen: anstelle der Zurechtweisung hätte der Gruppenleiter Herrn G.'s momentane Befindlichkeit (Müdigkeit und Gereiztheit) verständnisvoll aufgreifen und ihm die Möglichkeit anbieten können, eine selbstbestimmte kurze Auszeit (Pause) zur Entspannung (z. B. in einem Ruheraum) zu nehmen. Würden solche Konfliktsituationen mit dem genannten „setting event" mehrfach auftreten, sollten Veränderungen der Schlafgewohnheiten mit in den Blick genommen werden; zudem könnte vielleicht Herr G. lernen („positive behavioral support" auf der Basis individueller Stärken), sich selbst zu helfen (wenn er eine schlafbedingte, morgendliche Übergereiztheit spürt, könnte er dies dem Gruppenleiter signalisieren und von sich aus eine abgesprochene, kurze Auszeit nehmen).

2.3.3 Stärken-Assessment

Trotz dieser sorgfältigen Vorgehensweise kann es Situationen geben, in denen die Reichweite bzw. Möglichkeiten der funktionalen Analyse begrenzt sind (Mühl, Neukäter & Schulz 1996, 73ff.). Mit Mühl (2001, 171) „sei angemerkt, dass sich in einigen Fällen trotz längerer Beobachtungszeit keine eindeutigen, direkt bedingenden Umweltvariablen finden lassen bzw. SVV (Verhaltensauffälligkeiten wie z. B. selbstverletzendes Verhalten, G. T.) in einer Vielzahl von verschiedenen Situationen ohne eindeutige Funktion gezeigt wird. Zumindest in diesen unbestimmbaren Fällen ist es fraglich, ob eine funktionale Analyse überhaupt möglich ist und inwieweit sie die Bedeutung des SVV (auffälligen Verhaltens) für die betroffene Person erfassen kann". An dieser Stelle kann die von uns favorisierte Stärken-Perspektive (Saleebey 1997) weiterhelfen, die nicht bei einer bloßen Beschreibung von auffälligen Verhaltensweisen stehen bleibt, die einer funktionalen Betrachtung unterzogen werden, sondern durch den „systemischen" Kunstgriff des *positiven Konnotierens* bzw. der Umformulierung des beklagten Verhaltens im Hinblick auf implizite Stärken oder Potenziale einen Bezugsrahmen offeriert, der zu einer alternativen Sicht von beklagten Verhaltensweisen bzw. Problemen und damit zu neuen Wahrnehmungs- und Handlungsmöglichkeiten führen soll. Hierzu folgendes Beispiel: Ein geistig behinderter junger Erwachsener versucht in unbeobachtenden Momenten ständig in seiner Wohngruppe Heizungskörper, Schränke oder Bänke zu demontieren. Gelingt es dem Personal nicht, ihn ständig zu beaufsichtigen, muss er in seinem Bett fixiert werden oder eine Schutzjacke tragen. Zudem erhält er eine hohe Dosis an Neuroleptika. Der Betroffene gilt als ein „schwer führbarer und hoffnungsloser" Fall, und seine „dranghafte Neigung zum Zerstören von Dingen" gilt als eine „cerebral bedingte Steuerungsunfähigkeit" auf Grund eines Organdefekts. Eine an der Stärken-Perspektive orientierte Einschätzung, die an dieser Stelle mit der „systemischen Diagnostik" (dazu DeJong & Berg 1998) korrespondiert, führt dagegen zu einer völlig anderen Sicht: Der Heimbewohner kann seine Umgebung aufmerksam beobachten, hat eine schnelle Auffassungsgabe für Zusammenhänge, die ihm bedeutsam sind, zeigt ein hohes Maß an Handgeschicklichkeit, zeigt eine ausgeprägte feinmotorische Kompetenz, kann sich auf subjektiv bedeutsame Tätigkeiten konzentrieren, möchte sich gern betätigen und nützlich machen, zeigt ein hohes Maß an Aktivität ... Offensichtlich langweilt und unterfordert ihn der Alltag. Auf Grund seiner Stärken, die durch die positive Auslegung seines auffälligen Verhaltens sichtbar werden, soll er einen Technik-Baukasten erhalten und an handwerklich-technische Tätigkeiten (z. B. auch Reparaturarbeiten) herangeführt werden (aus Lingg & Theunissen 2000, 190).

Dadurch, dass das beklagte Verhalten neu definiert wird, können sich die professionellen Helfer auf das konzentrieren, was unproblematisch ist. Dies gilt gleichermaßen für die Suche nach Stärken in der individuellen Lebensgeschichte und sozialen Bezugswelt. Wie schon bei der Aufbereitung der Lebensgeschichte angedeutet, sollte sich der (gemeinsame) Blick nicht primär auf Defizite, Auffälligkeiten, negative Erinnerungen, Zeiten oder Situationen eines Lebensmisslingens und Nicht-Könnens beziehen, sondern immer auch positive Erfahrungen, kleine Erfolgsgeschichten oder Zeiten des Lebensgelingens eruieren, um aus diesem Fundus an Ressourcen neue Lebenskraft und Lebensperspektiven zu gewinnen. „Die Stärken-Perspektive fokussiert ihre Aufmerksamkeit bewusst ausschließlich auf jene Facetten der Lebensgeschichte einer Person, die Lebenserfolge widerspiegeln ... Natürlich haben alle Menschen Schwächen: Das beste Mittel, zukünftige Lebensfortschritte anzustoßen, ist es, auf lebensgeschichtlich bereits angesparte Lebensgewinne zurückzugreifen" (Weick et al. 1989, 353). Vor diesem Hintergrund hat das Stärken-Assessment für die Konzeptentwicklung oder Planung von Interventionen einen zentralen Stellenwert, der nicht hoch genug eingeschätzt werden kann. Daher ist es erfreulich, dass in jüngster Zeit die Stärken-Perspektive immer mehr Zuspruch findet (so z. B. auch als zentraler Wirkfaktor psychotherapeutischen Arbeitens [dazu Grawe; Donati & Bernauer 1994]) und ernsthafte Bemühungen bestehen, sie in der Praxis konsequent umzusetzen (*Anmerkung* 13). Die Erfassung von Stärken sollte mit gleicher Intensität betrieben werden wie die Beschreibung von Verhaltensauffälligkeiten und problematischen Situationen (funktionales Assessment). Dahinter verbirgt sich die Vorstellung, dass „alle Menschen eine Vielzahl von Talenten, Fähigkeiten, Kapazitäten, Fertigkeiten und auch Sehnsüchte ... (haben, G. T.), deren Präsenz für erhöhtes Wohlbefinden respektiert werden muss ... Menschen wachsen nicht durch Konzentration auf ihre Probleme – im Gegenteil, dadurch wird das Vertrauen in die eigene Fähigkeit, sich auf selbstreflektierende Weise zu entwickeln, geschwächt" (Weick et al. 1989, 352f.). Der Begriff der Stärke wird in der einschlägigen Fachliteratur (Saleebey 1997) nicht eindeutig definiert. Vielmehr stoßen wir auf Umschreibungen, sinnverwandte Wörter oder Parallelbezeichnungen wie Lebenskraft, Lebensenergie, positive Eigenschaften, Fähigkeiten, Talente, Kompetenzen, Ressourcen, Qualitäten, Fertigkeiten, positive Botschaften, Tugenden, spezielle Begabungen oder Kapazitäten. Durch ein Stärken-Assessment sollen zum einen individuumbezogene Ressourcen (hierzu *Anmerkung* 14) erschlossen werden. Auch in diesem Falle bieten sich Explorationsgespräche, stärkenspezifische Fragebögen, Entwicklungs- oder Kompetenzinventare, qualitative Methoden (gemeinsames Handeln) sowie Verhaltensbeobachtungen (z.B. von Alltags-, Spiel- oder Arbeitssituationen) an, die wiederum durch Videoaufzeichnungen von sog. konfliktfreien Zeiten unterstützt werden sollen. Diese liefern nicht selten wichtige Anhaltspunkte zur Wahrnehmung individueller Stärken oder Entwicklungsmöglichkeiten. Werden individuelle Stärken alternativ zu Verhaltensauffälligkeiten genutzt (fokussiert), ist darauf zu achten, dass das alternative Verhalten ein funktionales Äquivalent zum Problemverhalten darstellt (dazu Reichle et al. 2001, 240; Risley 2001, 427) oder gar attraktiver bzw. effizienter ist (Carr et al. 2000, 126ff.). So soll beispielsweise ein Betroffener die Erfahrung machen, dass er nicht nur durch Schreien oder Schlagen sein Ziel erreicht (unmittelbare Zuwendung erfährt; nicht mehr weiter zu arbeiten braucht), sondern auch nach einer kleinen Handreichung oder freundlichen Geste die erwünschte Aufmerksamkeit erfährt, gelobt wird und entspannen darf. Zum anderen ist es ebenso wichtig, nach Stärken, Potenzialen oder Ressourcen zu suchen, die in der unmittelbaren Lebenswelt und im erweiterten sozialen Umfeld liegen. Dahinter verbirgt sich die Vorstellung, dass in lebensweltlichen Systemen (Familie, Wohngruppe, Wohngegend, Stadtteil, Gemeinde) Potenziale vorhanden sind, die im Interesse betroffener Menschen als Enabling Niches für konzeptionelle Überlegungen nutzbar gemacht werden sollten (dazu *Anmerkung* 17; auch Turnbull & Turnbull III 2001).

2.3.4 Konklusion: Bausteine einer verstehenden Diagnostik

Alles in allem merken wir, dass das multidimensionale Assessment als Vehikel zum Verstehen eines Menschen, der als geistig behindert und verhaltensauffällig bezeichnet wird, ein facettenreiches und anspruchsvolles Unternehmen ist. Unseren Ausführungen ist unschwer zu entnehmen, dass wir anstelle einer etikettierenden Diagnostik oder symptomzentrierten Analyse ein diagnostisches Vorgehen bevorzugen, das nicht nur Verhaltensauffälligkeiten oder Probleme, sondern grundsätzlich auch Stärken oder Ressourcen fokussiert und zu erschließen versucht. Im Folgenden haben wir hierzu noch einmal wesentliche Aspekte stichwortartig zusammengetragen, die als *„Bausteine einer verstehenden Diagnostik"* beachtet und – je nach gegebener Problemlage – in unterschiedlicher Intensität aufbereitet werden sollten:

- Erstellung einer *Lebensgeschichte* und Anamnese;
- Erfassung und Analyse *„kritischer" Lebensereignisse*, die auf ihre Bedeutung für den betroffenen Menschen (subjektive Ereigniswahrnehmung und Bewertung) validiert werden müssen; Berücksichtigung der *individuellen* Bewältigungsformen, sog. Coping-Fähigkeiten oder protektiver Faktoren;
- Erfassung und Beschreibung *„kleiner" Erfolgsgeschichten*, positiver Lebenserinnerungen u. ä.;
- Erfassung *individueller Interessen*, Bedürfnisse, Wünsche, Zukunftspläne, Träume, Lebensperspektiven;
- Erfassung *individueller Stärken*, Fähigkeiten, Fertigkeiten, Entwicklungspotentiale, positive Signale bzw. Botschaften, Ressourcen;
- Erfassung des *individuellen Lebensstils* (Alltags- und Freizeitverhalten; Pflege von Hobbys);
- Erfassung *sozialer Beziehungen* (Freundschaft; Partnerschaft; Gruppe);
- Erfassung *sozialer und umfeldbezogener Kompetenzen* (Hilfsbereitschaft; Selbsthilfeverhalten; Orientierung bzw. Verhalten in der Öffentlichkeit bzw. im gesellschaftlichen Bezugsfeld);
- Beschreibung der *Identität* (Selbst- und Fremdbild; Selbstwahrnehmung);
- Erfassung des *Entwicklungsniveaus*, der aktuellen Handlungskompetenz in Bezug auf kognitive (schulische, intellektuelle), sensorische, motorische, lebenspraktische Fähigkeiten

- Erfassung des *allgemeinen Gesundheitszustandes* (z. B. durch allgemeinmedizinische, internistische Untersuchungen);
- Erfassung *spezieller klinischer Bilder oder gesundheitlicher Beeinträchtigungen* (z. B. neurologische Störungen, klinische Syndrome, psychiatrische Krankheitsbilder);
- Beobachtung und Registrierung *„sozial wünschenswerter" Verhaltensweisen*;
- Beschreibung der *Funktion* und Bedeutung der *„positiven" bzw. wünschenswerten Verhaltensweisen*;
- Darstellung konkreter *Situationen,* in der *Stärken* oder *wünschenswertes Verhalten* zum Ausdruck gebracht werden;
- Registrierung und Hierarchisierung der *„beklagten" (herausfordernden) Verhaltens- und Erlebensweisen* (einzelne Verhaltensauffälligkeiten; Symptome psychischer Störungen) in Häufigkeit und Intensität;
- Beschreibung und Analyse der *Funktion des „beklagten" (herausfordernden) Verhaltens*, d. h. seiner negativen Zuschreibungen wie seiner positiven Konnotationen, um den subjektiven Sinn zu verstehen;
- Darstellung der *Situationen*, in der herausfordernde Verhaltensweisen auftreten; Beachtung der *auslösenden Momente*, der *aufrechterhaltenden Bedingungen* und der *Konsequenzen* auf das Problemverhalten;
- Beschreibung des Verhaltens der am Problem beteiligten *Bezugspersonen* in zirkulären Mustern;
- Beschreibung und Analyse des *erweiterten sozialen Umfelds* hinsichtlich seiner Bedeutung für das Problemverhalten
- Beschreibung des Alltagslebens, des *Tagesablaufs* sowie der *konfliktfreien Zeiten*;
- Beschreibung der *sozialen Ressourcen* und protektiven sozialen Faktoren und Umweltstärken (z. B. soziale Netze und soziale Unterstützungsformen);
- Beschreibung der *bisherigen Maßnahmen* zur Bewältigung der Verhaltensproblematik;
- Erfassung der *Rahmenbedingungen* (z. B. konkrete Wohnsituation, personelle Situation in der Gruppe, Situation am Arbeitsplatz, häusliches Lebensmilieu, Beziehungskonstellationen, Infrastruktur, Trägerphilosophie, Leitprinzipien).

3| Funktion und Sinn auffälligen Verhaltens

Eigentlich ist es an dieser Stelle naheliegend, auf die Ursachen von Verhaltensauffälligkeiten einzugehen. Auf diesen Schritt wollen wir jedoch aus zwei Gründen verzichten: zum einen sind schon bei der einführenden Darstellung der verschiedenen Erklärungsmodelle ätiologische Aspekte auffälligen Verhaltens angesprochen worden, zum anderen ist – und das hat diese Diskussion gezeigt – das Spektrum möglicher Ursachen oder Risikofaktoren sehr breit, so dass die Frage der Ätiologie oder Entstehungsbedingungen kaum zufriedenstellend ausgeschöpft werden kann. Überdies kommt erschwerend hinzu, dass es für ein Symptom verschiedenste Ursachen geben kann, die miteinander verschachtelt sind und sich gegenseitig beeinflussen, so dass nur Vermutungen angestellt werden können. Kraemer & Clarke (1990) haben zum Beispiel anhand von Untersuchungen an Affen einen Zusammenhang von früher Hospitalisierung, neurobiologischen Veränderungen im Neurotransmittersystem und Autoaggressivität festgestellt. Dieses Problem der multifaktoriellen Bedingtheit hat uns dazu veranlasst, nicht nach den Ursachen zu fragen, sondern unterschiedliche Hypothesen zusammenzutragen, die zum Verständnis auffälligen Verhaltens beitragen können. Damit wollen wir nicht mehr als auf die Vielfalt und Komplexität möglicher Erklärungen aufmerksam machen und aufzeigen, dass ohne systematische (und vielfach interdisziplinäre) Aufbereitung eines Problems kein erfolgreiches pädagogisches Handeln möglich ist. Diejenigen, die mit sog. verhaltensauffälligen geistig behinderten Menschen zusammenleben und arbeiten, sollen sensibel werden für unterschiedlichste Betrachtungsweisen und erkennen, dass bei ein und demselben Problemverhalten verschiedene Erklärungen denkbar sein können (Carr et al. 2000, 44ff.). So gibt es zum Beispiel eine breite Palette an Hypothesen in Bezug auf Funktion, Sinn oder Zweck autoaggressiven bzw. selbstverletzenden Verhaltens (auch Klauß 1995; Villalba & Harrington 2000; Mühl 2001, 166ff.; Hillery 2001, 112ff.), das wir hier exemplarisch und stellvertretend für andere Verhaltensprobleme herausgegriffen haben:

Frustrations-Aggressions-Hypothese
Nach Brezovsky (1985, 11) treten autoaggressive Verhaltensweisen häufig bei
Unlust, Frustrationen oder Wut auf. Dementsprechend wird selbstverletzendes
Verhalten als Reaktion auf frustrierende Situationen oder Enttäuschungen gewertet. „Es hat den Zweck, der Behinderung von Motiven und Trieben entgegenzuwirken" (Medicus 1994, 38).

Vermeidungshypothese
Autoaggressionen werden nach dieser Hypothese als probates Mittel eingesetzt,
um unangenehme oder Belastungssituationen zu vermeiden, um Aufforderungen
wie auch Lernanforderungen oder -leistungen auszuweichen (Carr et al. 2000,
18). Werden Aufgaben an den Betreffenden herangetragen, so reagiert dieser mit
autoaggressiven Verhaltensweisen, die zur pädagogischen Aufmerksamkeit (ggf.
auch zur Wundbehandlung) herausfordern und von der eigentlichen Aufgabenstellung ablenken.

Überforderungshypothese
Sie definiert Autoaggressionen als Reaktion auf überfordernde Situationen, z. B.
als Antwort auf zu hohe Leistungsanforderungen. Sie steht der Vermeidungshypothese nahe und kann durchaus auch unter dem Aspekt der Regression oder
Situationskontrolle diskutiert werden.

Autoaggression als Hilferuf
Eine Person fühlt sich emotional oder aber auch im Rahmen einer Aufgabenbewältigung (möglicherweise mit überfordernden Charakter) zu sehr allein gelassen. Dieses Gefühl wird für den Betreffenden letztendlich unerträglich, weswegen
er demonstrativ autoaggressive Verhaltensweisen als Hilferuf einsetzt.

Autoaggressionen in Stresssituationen
Ebenso können Autoaggressionen in Stresssituationen auftreten, wenn zum Beispiel ein behinderter Bewohner den Essenswagen von der Küche in den Speiseraum schieben soll, andere ihm aber dabei durch Herumschlendern oder Herumstehen unbeabsichtigt den Weg versperren. Sind die Bemühungen (z. B. durch
Hinweise) des Betreffenden um einen freien Weg vergeblich oder fehlen ihm entsprechende Verbalisierungs- und Handlungsmöglichkeiten, so kann er womöglich in eine panikartige Krise geraten, die er auf „primitive" Weise durch autoaggressives Verhalten (z. B. Beißen ins Handgelenk) zu bewältigen versucht. Die
Entwicklung von Coping-Mustern wäre hier das Richtige.

Unterforderungshypothese
Diese Hypothese besagt, dass autoaggressives Verhalten infolge von sensorischer
Deprivation oder aufgrund des Mangels entwicklungsgemäßer, stimulierender

Angebote ein Mittel des Individuums sein kann, sich selbst Reize (Stimulationen) zuzuführen (vgl. auch Selbststimulationshypothese). Diese These wird immer wieder im Zusammenhang mit einer langjährigen Hospitalisierung bzw. mit isolierenden Bedingungen in einer „totalen Institution" (Goffman) diskutiert.

Zuwendungshypothese
Diese erklärt Autoaggressionen als Mittel, um positive körperliche und kommunikative Zuwendung oder emotionale Gratifikationen zu bekommen. Die selbstverletzenden Verhaltensweisen sind nach dieser Hypothese das Resultat kommunikativer Mangelsituationen, vor allem fehlender (früher) Objektbeziehungen oder auch gestörter zwischenmenschlicher Kommunikation (körperliche oder sexuelle Misshandlung). Nach Jantzen & Salzen (1986, 60) reagieren Kinder „auf einen Verlust des Objektes oder eine gestörte Objektbeziehung ... im ersten Lebenshalbjahr häufig mit motorischen Stereotypien und in der zweiten Hälfte des ersten Lebensjahres mit Stereotypien in Form von Autoaggressionen". Daher sei, so die Autoren, autoaggressives Verhalten „eine spezifische Form der Aufnahme von Beziehungen zur objektiven Welt (hier dem eigenen Körper) unter Bedingungen der Isolation" (48).

Autoaggressionen bei Kontrollverlust
Die Kontrolle über die eigenen Lebensumstände ist ein originäres menschliches Bedürfnis. Unüberschaubare, komplexe Situationen (Reizüberflutung), denen ein Betroffener womöglich über einen längeren Zeitpunkt ausgesetzt ist bzw. denen jemand nicht entrinnen kann, können zu Kontrollverlust führen, Ohnmacht, Hilflosigkeit und Ängste erzeugen oder aber auch panikartige Katastrophenreaktionen befördern. Selbstverletzende Verhaltensweisen können unter diesen Umständen für das betreffende Individuum die Funktion haben, Kontrollverhalten zu realisieren, d.h. sie sind das für das Individuum einzig verfügbare Mittel, sich vor der als chaotisch erlebten Außenwelt zu schützen oder abzuschirmen, die Situation zu bewältigen und selbstbestimmt zu regulieren. Darüber hinaus kann die Kontrolle über die eigenen Lebensumstände auch durch (abrupten) Situationswechsel (zu häufiger Gruppenwechsel) oder bei einer immer wiederkehrenden Abnahme von vertrauten Dingen (Verschließen von Privateigentum; verschlossene Bewohnerzimmer) verloren gehen. Auch derlei Erfahrungen können Autoaggressionen als selbstkontrollierendes Verhalten befördern.

Autoaggressionen als Entwicklungsbeschränkung
Aus der Entwicklungspsychologie wissen wir, dass bei ca. 7-17% nichtbehinderter Kleinstkinder ungefähr ab dem 7.-8. Lebensmonat Autoaggressionen auftreten können (Brezovsky 1985, 4). Ein entsprechendes Beispiel finden wir bei Piaget (1975, 63): „Mit 0,1 (7) entdecke ich, wie er (Piagets Sohn, G. T.) an seinem Daumen lutscht, während er ausgestreckt daliegt. Aber er verliert ihn im-

mer wieder, weil der Daumen nicht ins innere der Mundhöhle gelangt, sondern sich zwischen Oberlippe und Zahnfleisch verirrt. Es besteht dennoch insofern ein Fortschritt, als der Daumen jedes Mal, wenn er aus dem Mund fällt, augenblicklich dorthin zurückgeführt wird, und zwar mehrmals hintereinander. Unglücklicherweise schlägt sich Laurent zwischen diesen Erfolgen auf Nase, Arm und Augen. Nach einem neuerlichen Misserfolg hört er verärgert auf." In diesem Stadium der Entwicklung hat der Säugling noch Schwierigkeiten, mit seinem Körper zurechtzukommen. Autoaggressionen treten demnach im Zusammenhang mit Bemühungen auf, den eigenen Körper kennen zu lernen, zu beherrschen, zu kontrollieren sowie zwischen „Ich" und Umwelt zu differenzieren. Während bei nichtbehinderten Kindern das autoaggressive Verhalten nur vorübergehend in Erscheinung tritt (dazu auch Carr et al. 2000, 21), wird bei geistig (schwerst) behinderten Erwachsenen eine Fixierung auf dieses frühe Entwicklungsniveau als mögliche Erklärung selbstverletzenden Verhaltens in Betracht gezogen (Baumeister & Rollings 1976, 10). Es wird vermutet, dass die Betreffenden noch nicht zwischen ihrem Körper und der Umwelt unterscheiden können. „Diese Form der Selbstaggression kommt somit bei Menschen mit sehr niedrigem Entwicklungsniveau oder bei jenen vor, die in ihrer sozio-emotionalen Entwicklung in der ersten Phase stecken geblieben sind" (Lingg 1994, 5; auch Bigger 1993, 86ff.).

Autoaggressionen als Folge von Objektverlust
Diese Hypothese fußt auf den Untersuchungen von R. Spitz (1973) zum „Hospitalismus" sowie zur „anaklitischen Depression". Damit sind Phasen gemeint, die Säuglinge bzw. Kleinkinder durchlaufen, wenn sie für längere Zeit von ihrer Mutter getrennt und in isolierenden Heimen ohne ausreichende personale, kommunikativ und emotional fundierte Zuwendung untergebracht wurden. Solche Kinder werden „unfähig, Nahrung zu verdauen; sie leiden an Schlaflosigkeit; später können diese Kinder sich selbst aktiv angreifen, indem sie mit dem Kopf gegen die Gitterstäbe ihres Bettchens schlagen, sich mit den Fäusten auf den Kopf schlagen und sich die Haare büschelweise ausreißen" (297).

Autoaggression als Abwehrmechanismus bei Depression
Diese Problemsicht erweitert die zuvor genannte Hypothese. Ausgangspunkt sind Verlustsituationen (z. B. Verlust einer geliebten Person), die der Betreffende durch depressive Grundreaktionen zu bewältigen versucht. Dazu gehören auch aggressive Tendenzen, die sich zunächst gegen die wahrgenommene Ursache des Verlusts (z. B. gegen die Person, die „verloren" wurde) richten. „Beim Vorliegen einer ‚depressiven Vulnerabilität' kann die Aggression jedoch nicht dauerhaft gegen die Person ... gerichtet werden. Sie richtet sich deshalb früher oder später gegen das ‚Selbst'" (Sand & Bothe 1993, 96). Durch diese Umkehrung der Ag-

gression soll die geliebte Person vor aggressiven Impulsen geschützt und damit diese existentiell wichtige Beziehung aufrechterhalten werden; „damit wird das Selbst bestraft, weil es zu schwach bzw. zu wenig liebenswert war, um den Verlust zu verhindern" (ebd., 97).

Autoaggression als Form von Selbstbestrafung
Eine Person nimmt an, dass sie in den Augen anderer immer wieder alles falsch macht. Tatsächlich erlebt sie ständig Misserfolge, weswegen sie einen Selbsthass entwickelt hat und sich selbst durch autoaggressives Verhalten bestraft.

Autoaggression bei negativ erlebter sozialer Identität
Vor dem Hintergrund konkreter Alltagserfahrungen (Entwertung, Fremdbestimmung, Reglementierung, Bestrafung) nimmt eine Person an, dass andere (z. B. Mitarbeiter) sie nicht mögen bzw. hassen. Dieses Gefühl einer negativen Zuschreibung hat sich im Laufe der Zeit verfestigt, indem der Betreffende tatsächlich glaubt, „böse" zu sein (Identitätsübernahme). In Wirklichkeit ist es ihm um ein positives Selbstbild zu tun. Dieser innere Konflikt ist schwer auszuhalten, und da die Bemühungen um Anerkennung zur Gewinnung einer positiven Identität immer wieder scheitern, kommt es zu selbstverletzenden Verhaltensweisen, deren Funktion mehrdeutig sein kann (Selbstbestrafung; Botschaft an andere, missverstanden oder unfair behandelt zu werden).

Autoaggressionen als Durchsetzungsstrategie
Diese Hypothese besagt, dass autoaggressive Verhaltensweisen als Mittel eingesetzt werden, um sich erfolgreich durchzusetzen bzw. um sich selbst zu behaupten. Der Erfolg kann darin bestehen, Aufmerksamkeit auf sich zu lenken, Beachtung zu finden, Zuwendung zu erfahren, aber auch Anforderungen (Aufforderungen) auszuweichen oder in Ruhe gelassen zu werden (Carr et al. 2000, 17f.). Die Autoaggressionen sind Ausdruck eines selbstbestimmten Verhaltens, was allerdings restringiert erscheint, da der Betreffende nur über derart einfache Problemlösungsmuster (Coping) verfügt (Zum Thema „Verhaltensauffälligkeiten – Selbstbestimmung" siehe auch Theunissen 2001a).

Autoaggressionen als Mittel zur Spannungsabfuhr
Nach Brezovsky (1985, 19) ist anzunehmen, dass Autoaggressionen in verstärktem Maße auftreten können, wenn zum Beispiel durch die Einnahme von Koffein oder Cola Spannungen erzeugt oder angestaut werden. Kane und Hettinger (1987) nehmen darüber hinaus an, dass selbstverletzenden Verhaltensweisen ein Bewegungsmangel zugrunde liegen kann. In Anbetracht isolierender institutioneller Bedingungen, unter denen sich viele geistig schwer behinderte Menschen zurechtfinden müssen, ist diese Hypothese nachvollziehbar. Körperliche Betätigung durch Sport oder grobe Gartenarbeit sollen alternative Möglichkeiten zur

„Entladung" bzw. Entspannung bieten (dazu Kap. 5.3.2 u. 6.4). Es werden aber auch explizit Entspannungsverfahren zum Abbau autoaggressiven Verhaltens genannt (Rohmann & Hartmann 1988).

Autoaggressionen als Mittel zur Schmerzlinderung
Autoaggressive Verhaltensweisen können auch als Mittel zur Schmerzlinderung eingesetzt werden. Postuliert wird beispielsweise eine „Inbalance im Endorphinhaushalt, wonach die Betroffenen später durch Setzen von Schmerzreizen eine Ausschüttung von Neurohormonen" erreichen (Lingg 1994, 6; Villalba & Harrington 2000, 218f.). Brezovsky (1985, 20, 36, 187f.) berichtet, dass 3,6–6,5% nichtbehinderter Säuglinge bis zum Alter von 32 Monaten mit Kopfschlagen reagieren, wenn gerade die Schneidezähne durchbrechen. Ferner ist festgestellt worden, dass Kinder mit Mittelohrentzündung häufiger autoaggressiv reagieren. Diese Verhaltensweisen werden anscheinend dazu eingesetzt, um den Schmerzreiz zu übertönen. Ähnliche Erfahrungen haben wir auch mit geistig schwer behinderten Menschen gemacht, die sich nicht verbal verständigen konnten (z. B. Autoaggressionen bei Kopf- oder Bauchschmerzen).

Autoaggressionen zur Herstellung eines inneren Gleichgewichts
Nach Feuser (1985) ist das Pulsieren von Körperprozessen grundlegend für menschliches Lernen. Neue Informationen werden normalerweise im sog. Alpha-Rhythmus verarbeitet (das sind 10 Schwingungen Hz pro Sekunde). Bei Kindern mit „frühkindlichem Autismus" dominiere dagegen der für das Langzeitgedächtnis zuständige Theta-Rhythmus (4-7 Schwingungen Hz pro Sekunde). Da dieser als unangenehm erlebt werde, erzeuge das autistische Kind selbst den fehlenden Alpha-Rhythmus, der mit angenehmen Gefühlen wie Sicherheit verbunden sei. Dabei würden Autoaggressionen als Mittel eingesetzt, „um die Stabilität ... lebenserhaltender Prozesse erreichen und das dazu nötige Mindestmaß an Anpassung erbringen zu können" (82). Für Feuser haben damit diese Verhaltensweisen einen „existenzsichernden subjektiven Sinn" (84), für Brezovsky (1985, 17) eine „homöostatische Funktion" zur (Wieder-)Herstellung eines inneren Gleichgewichts (auch Baumeister & Rollings 1976, 6). Deshalb verbiete sich „ein reines Abtrainieren stereotyper und/oder selbstverletzender Verhaltensweisen" (Feuser 1985, 83). Stattdessen sollten die Verhaltensweisen aufgegriffen und in leicht veränderten Rhythmen, z. B. in Form eines musikalischen Dialogs, weiterentwickelt werden (hierzu Birkebach & Winter 1985).

Autoaggressives Verhalten als Mittel zur Kommunikation
Autoaggressive Verhaltensweisen geistig schwer behinderter Menschen werden häufig auch als Versuch bewertet, mit anderen zu kommunizieren, sich „verständlich zu machen" (Kane & Hettinger 1997, 14; Carr et al. 2000, 22f.). Möglicherweise soll dadurch ein Kommunikationsdefizit ausgeglichen werden. Diskutiert

wird aber auch die Hypothese, dass den betreffenden behinderten Menschen geeignete (alternative) Handlungsmöglichkeiten fehlen, weswegen eine basal-kommunikative und alltagsorientierte Förderung „kommunikativer Kompetenz" unabdingbar sei (auch Bernhard-Opitz et al. 1988, 57; Durand 1986).

Selbststimulationshypothese
Sie definiert Autoaggressionen als selbststimulierendes Ritual, das Reize oder Gefühle (Lust) spürbar machen soll. So wird zum Beispiel häufig blinden geistig behinderten Menschen ein „Augenbohren" nachgesagt, wodurch anscheinend visuelle Empfindungen hervorgerufen werden sollen (Brezovsky 1985, 18).

Autoaggressionen in automatisierter Form
Immer wieder begegnen wir in der Behindertenarbeit der Aussage, dass geistig behinderte Menschen „ohne ersichtlichen Grund" autoaggressiv seien. Dahinter verbirgt sich nicht selten die Hilflosigkeit und Ohnmacht von Pädagogen oder anderen Bezugspersonen, Ursachen oder gar den Beginn autoaggressiver Verhaltensweisen auszumachen. In der Tat stoßen wir bei derartigen Überlegungen wie auch bei der Frage nach Funktion oder Bedeutung des Verhaltens auf Grenzen, da es Phasen geben kann, in denen Autoaggressionen in automatisierter Form produziert werden (auch Villalba & Harrington 2000, 216). In diesem Falle haben wir es mit Verhaltensweisen zu tun, die eine Eigendynamik entwickelt, d.h. sich verselbstständigt haben. Ursprünglich dienten diese Verhaltensweisen einem bestimmten Ziel (vgl. Zuwendungs- oder Vermeidungshypothese), durch immer wiederkehrende Verstärkung ist womöglich ein Prozess entstanden, der zur Automatisierung des Verhaltens geführt hat. Betroffene können dann ihr Verhalten nicht mehr kontrollieren und produzieren es aus einem „inneren Zwang" heraus, d.h. in automatisierter und stereotyper Form. Dabei kann es häufig zu einer Phasenhaftigkeit des selbstverletzenden Verhaltens kommen, wodurch der pädagogisch-therapeutische Zugang erheblich erschwert wird (Rohmann & Facion 1984, 97).

Regressionshypothese
Diese Hypothese diskutiert autoaggressives Verhalten als „Rückfall" auf das frühkindliche Entwicklungsniveau, wo derartige Verhaltensweisen im Zusammenhang mit Abgrenzungsversuchen zwischen Ich und Umwelt, zur Lustgewinnung oder auch zur Körperbeherrschung als vorübergehendes Durchgangsstadium auftreten können. Die Regression tritt insbesondere auf, wenn äußere Anregungen, kommunikative Angebote oder sensorische Anregungen fehlen.

Autoaggressionen aus lerntheoretischer Sicht
Hierbei handelt es sich um bekannte Lerntheorien, durch die Verhalten generell erklärt werden kann. Unterschieden wird einerseits die Hypothese der positiven

Verstärkung, welche besagt, dass durch autoaggressives Verhalten Aufmerksamkeit oder Zuwendung erkauft werden soll. Dies gilt z. B. für die Zuwendungs- und Vermeidungshypothese, wobei letztere eine unbeabsichtete Verstärkung des Verhaltens bedeutet (Durand & Carr 1985). Andererseits gibt es die Hypothese der negativen Verstärkung, die selbstverletzendes Verhalten als Mittel betrachtet, um unangenehmen Situationen (z. B. zu hohe Lautstärke) auszuweichen (Durand & Crimmins 1988).

Neurochemische Hypothesen
King (1993, 98ff.) unterscheidet zwei neurochemische Theorien, zum einen die Dopamin-Hypothese, welche besagt, dass zuviel Dopamin oder ein zu empfindliches Dopamin-Neurotransmitter-System selbstverletzendes Verhalten befördern kann. Zum anderen wird ein zu geringer Serotoningehalt im Neurotransmitter-System diskutiert (auch Möller & Praag 1992; Schroeder et al. 1999, 74f.; Villalba & Harrington 2000, 220f.). „Dies wiederum könnte heißen, dass ein Mensch eine erhöhte Vulnerabilität dahingehend aufweist, beispielsweise in Lebenskrisen mit erhöhter Impulsivität und autoaggressivem Verhalten zu reagieren" (Fartacek & Geretsegger 1994, 66). Durch eine medikamentöse Behandlung, die in den Neurotransmitter-Stoffwechsel eingreift, erhoffen sich Vertreter dieser Theorien eine Veränderung des Verhaltens. Hohe Erwartungen werden hierbei insbesondere an die Substanz „Serenika" geknüpft, die ohne Beeinträchtigung der sensorischen oder motorischen Funktionen ein spezifisches anti-aggressives Profil zeigen soll (ebd., 76; Möller 1992, 109). Die bisherigen Versuche lassen aber keine eindeutigen Schlussfolgerungen zu.

Autoaggressionen als Zwangsverhalten
Einige Studien (King 1993, 100ff.; auch Schroeder et al. 1999, 73; Villalba & Harrington 2000, 216) versuchen einen Zusammenhang zwischen Zwangsverhalten (compulsive behavior), selbstverletzendem Verhalten und Hirnschädigung (cerebral damage) herzustellen (auch Möller 1992, 105f.). Nach dieser Hypothese befördern Funktionsstörungen im Zentralnervensystem (insbesondere der Basalganglien oder des limbischen Systems) sowie biochemische Veränderungen (z. B. ein niedriger Hydroxiindolessigsäurewert im Liquor) eine mangelnde Impulskontrolle und die Entwicklung von zwanghaftem Verhalten, worunter auch Autoaggressionen gezählt werden. Mehrere Untersuchungen berichten von Ähnlichkeiten zwischen einem ausgesprochen zwanghaften Verhalten und selbstverletzenden Verhaltensweisen, wobei davon ausgegangen wird, dass die betreffenden Personen jeweils unglücklich über ihr Verhalten sind, das sie selbst nicht erfolgreich unterdrücken können. Insofern werden diese Verhaltensweisen zusätzlich mit Angst begleitet, was die Vielschichtigkeit der Problematik verdeutlicht.

Autoaggressionen bei klinischen Syndromen geistiger Behinderung
Eng verknüpft mit der neurochemischen Hypothese und der neurologischen Er-klärungstheorie zwanghaften Verhaltens sind Beobachtungen und Beschreibun-gen spezifischer klinischer Syndrome, die dem Anschein nach mit auto-aggressiven Verhaltensweisen einhergehen (Schroeder et al. 1999, 66ff.). Dies gilt zum Beispiel für das Lesch-Nyhan-Syndrom, wo es spätestens im zweiten Lebens-jahr zu schweren selbstverletzenden Verhaltensweisen mit Selbstverstümmelung (zwanghaftes Beißen in Lippen, Hände, Finger) kommen kann. Die Häufigkeit dieses Syndroms wird mit 1:100000 bis 1:380000 angegeben. Insofern handelt es sich hier um ein sehr seltenes Phänomen. Darüber hinaus werden selbst-verletzende Verhaltensweisen beim sog. Cornelia-de-Lange-Syndrom beschrie-ben, dessen Häufigkeit mit 1:30000 bis 1:100000 angegeben wird. Es bestehen allerdings keine direkten Zusammenhänge zwischen Autoaggressivität und den bekannten klinischen Syndromen (Neuhäuser 1999, 150; Sarimski 1997). So sind zum Beispiel auch klinische Bilder eines Lesch-Nyhan-Syndroms ohne Selbstverstümmelung beobachtet worden (vgl. Schneider 1976; Lüders et al. 1979).

Autoaggressionen in Verbindung mit psychischen Störungen
Einige der vorausgegangenen Hypothesen lassen bereits erkennen, dass selbst-verletzende Verhaltensweisen auch eine Begleiterscheinung (Symptom) bestimm-ter psychischer Störungen (z. B. bei Angststörungen, depressiven Episoden [dazu Gardner & Willmering 1999, 27f.], Persönlichkeitsstörungen vom Borderline Typus, posttraumatischen Belastungsstörungen) sein können. Diesen Aspekt greifen vor allem Villalba und Harrington (2000, 217) auf, indem sie unter ande-rem auf psychotische (z. B. Autoaggressionen während einer psychotischen Epi-sode, bei Halluzinationen, Wahn), emblematic (symbolisch, narzisstisch-schmückend; z. B. Piercing) und parasuizidale Typen selbstverletzender Verhal-tensweisen hinweisen. Während die symbolischen (emblematic), in der Regel subkulturellen Praktiken häufig der Stützung des Selbstbewusstseins und der Identität dienen sowie eine „provokative" Verhaltensabweichung gegenüber herrschenden gesellschaftlichen Normen und Konventionen implizieren, können die parasuizidalen selbstverletzenden Verhaltensweisen eine kommunikations-stiftende Funktion (Verlangen nach Aufmerksamkeit) haben oder auch ein Hilfe-ruf vor dem Hintergrund schwerer seelischer Verletzungen (Schmerzen) sein.

Autoaggressionen infolge eines Triebstaus
Medicus (1994, 48), der humanethnologische Aspekte der Aggression diskutiert, nimmt an, dass es „auf der Grundlage einer anerzogenen zu starken inneren Aggressionshemmung ... zu einer gesteigerten Aggressivität bzw. einem Triebstau kommen (kann, G. T.), der dann am eigenen Körper in z. T. selbstbeschädigender

Weise abreagiert wird." Hierbei macht sich das Fehlen „aggressionsmindernder Mechanismen" bemerkbar. So kann auf der individuellen Ebene das Coping-Repertoire bzw. die Fähigkeit, Aggressionen auf sozial verträgliche Weise abzureagieren oder zu kompensieren, begrenzt sein. Auf der sozialen Ebene können fehlende Angebote, Gelegenheiten oder soziale Ressourcen für den Aggressionsstau haftbar gemacht werden.

Crowding

Eine bemerkenswerte Theorie, die abschließend noch erwähnt werden soll, bezieht sich auf das sog. „Crowding" (Nedopil 1992, 145). Dieses Phänomen entsteht, wenn zu viele Personen auf engstem Raum zusammengepfercht sind bzw. wenn für das einzelne Individuum im Beisein mit anderen der persönliche Bewegungs- und Freiheitsraum unter ein bestimmtes, individuell bedeutsames Maß sinkt. „Danach scheinen sich bestimmte Personen dadurch auszuzeichnen, dass sie einen größeren persönlichen Raum benötigen als andere. Bei Durchbrechen des persönlichen Raumes kann es zu aggressivem Verhalten kommen" (Janke 1992, 36f.). Beobachtungen zeigen auf, dass allein durch veränderte Umfeldbedingungen (z. B. durch ein großzügigeres Raumangebot; Reduzierung der Anzahl von Wohnplätzen in einer Gruppe) Auto- und Fremdaggressionen abnehmen können.

4| Fachdienste für seelische Gesundheit

Bevor wir in Kapitel 5 das pädagogische Modell vorstellen möchten wir zunächst den Standort und die Bedeutung unserer Konzeption im System der psychosozialen Hilfen für Menschen mit geistiger Behinderung kurz skizzieren. Nach unserer Auffassung stellt die (Heil-)Pädagogik durch Beratungsangebote und Handlungskonzepte ein Dienstleistungssystem für seelische Gesundheit dar, welches mit anderen Hilfesystemen oder speziellen Fachdiensten (*Anmerkung* 16) kooperativ vernetzt sein sollte.

Ausgangspunkt unserer Ausführungen ist das Postulat, dass im Falle von Krisen und Verhaltensauffälligkeiten Fachdienste für seelische Gesundheit erreichbar sein sollten. Dabei denken wir insbesondere an sachkundige professionelle Helfer aus dem Lager der Pädagogik, Sozialarbeit, Psychiatrie und Psychologie, die hauptamtlich und/oder auf Honorarbasis den Bedarf an psychosozialer Unterstützung abdecken sollen. Zweckmäßig ist ein mobil und ambulant organisiertes Angebot, zum Beispiel über eine Anlauf- oder Kontaktstelle, an die sich betroffene Menschen mit Behinderungen wie auch Eltern behinderter Kinder, Lehrkräfte oder Mitarbeiter aus integrativen und Behinderteneinrichtungen bei psychosozialen Problemen wenden können (hierzu Wüllenweber & Theunissen 2001; 2004; Theunissen 2003b). Folgende Aufgaben sollten von den Fachdiensten (entsprechend ihrer beruflichen Ausbildung und Qualifikation) wahrgenommen werden:

- Beratung
In Abgrenzung zur Therapie ist Beratung immer dann angezeigt, wenn schwierige (lebensverändernde) Entscheidungen anstehen, ein Bedürfnis nach Handlungsorientierung und -sicherheit besteht oder Antworten auf Lebens- und Sinnfragen gesucht werden. Sie kann sich sowohl an relevante Bezugspersonen (Eltern, Angehörige, Gruppenpersonal, Bekannte) als auch direkt an den jeweiligen Menschen mit geistiger Behinderung wenden. Ein Schwerpunkt ist zweifellos die Elternberatung. Hier geht es häufig um die Bearbeitung psychosozialer Probleme im Zusammenhang mit Loslösungs- oder Autonomieprozessen, um die Überwindung einer „familienzentrierten", infantilisierenden Überbehütung und Ver-

sorgung, um das Erkennen „krankmachender" und entwicklungsfördernder Lebensbedingungen, um Beziehungskonflikte bzw. kritische interpersonelle Grundmuster (Erziehungsstile), um verbesserte Handlungsmöglichkeiten im Umgang mit schwierigen Verhaltensweisen sowie zum Durchstehen von Krisenzeiten, um die Bewältigung von Schuldgefühlen, Ängsten oder auch Kränkungen durch Umkreispersonen sowie um eine zukunftsorientierte Einstellung zum Erwachsensein des behinderten Angehörigen. Im Unterschied zu früher wird heute ein Beratungskonzept favorisiert, das als „systemische Konsultation" (Voß & Werning) die ratsuchende Person als kompetenten Interaktionspartner ernst nimmt und darin unterstützt, selbstverantwortlich zu eigenen Entscheidungen und Handlungsalternativen zu gelangen (auch Theunissen 1992, 168ff.; Lingg & Theunissen 2000).

Weitere Formen der Beratung erstrecken sich je nach Problemlage oder Beratungswunsch auf eine mittel- oder langfristige (wohn-)gruppenbegleitende Praxis- oder Fachberatung, die mit therapeutischen oder speziellen pädagogischen Angeboten verknüpft sein kann. Ebenso denkbar ist eine kurzfristige Krisenberatung oder eine (interdisziplinäre) Praxisberatung im Rahmen sog. Fallbesprechungen. Darüber hinaus kann Beratung auch in Form von Einzel- oder Teamsupervision durchgeführt werden. Eine Praxisberatung ist gerade in der Arbeit mit verhaltensauffälligen geistig behinderten Menschen sehr zu empfehlen. Wesentliche Aufgaben der (Praxis-)Beratung beziehen sich in der Regel auf Hilfen zum Erkennen und zur (Auf-)Lösung von Problemsituationen, auf die Bewusstmachung eigener normativer Orientierungen und Vorstellungen, die den Umgang mit behinderten Menschen erschweren oder die eigene Konflikte in der Begegnung hervorrufen bzw. verstärken, auf die Erweiterung von Handlungskompetenz und auf das Erkennen von institutionalisierten, kulturellen und gesellschaftspolitischen Zusammenhängen, die die behindertenpädagogische Arbeit beeinträchtigen oder auch befördern können. Wichtig ist es, dass sich der jeweilige Berater bei all diesen Prozessen nicht vereinnahmen lässt, etwa durch eine Verantwortungsübernahme. Dies würde ein schiefgewichtiges Bild der Konsultation befördern, neue Abhängigkeiten oder Zuständigkeitsverschiebungen erzeugen (ausführlich zur Praxisberatung siehe Lingg & Theunissen 2000; auch v. Gemert 1999; Mutzeck 2000; Stahl 2003, 629ff.).

• Spezielle pädagogische Hilfen und Psychotherapie
Nach unserer Ansicht sollte in der Arbeit mit verhaltensauffälligen geistig behinderten Menschen zwischen speziellen pädagogischen Hilfen und psychotherapeutischen Maßnahmen unterschieden werden (dazu *Anmerkung* 19). Wohl wissend, dass es fließende Übergänge gibt (v. a. in Bezug auf behaviorale Konzepte), halten wir diese Differenzierung für wichtig, um dem (drohenden) Ausverkauf

der Pädagogik durch eine Psychologisierung und Therapeutisierung originärer erzieherischer und bildungsspezifischer Anliegen und Interessen vorzubeugen (Bonfranchi 1995; Speck 2003, 320f.). Eine solche Gefahr im Sinne eines Vereinnahmungsversuchs und Omnipotenzstrebens kommt aus dem Lager der Psychiatrie und Psychologie, wenn zum Beispiel Verhaltensauffälligkeiten insbesondere bei geistig schwer(st) behinderten Menschen weithin als klinisch relevant (psychopathologisch) und behandlungsbedürftig betrachtet werden (Day 1993; Moss 2001, 21; Emerson, Moss & Kiernan 2001; Tonge 2001), wenn „als Psychotherapie alle psychologischen oder pädagogischen Maßnahmen verstanden werden" (Meins 1993, 128) und darüber hinaus behauptet wird, „dass bei geistig Behinderten besonders häufig eine kombinierte Psychopharmako- und Psychotherapie indiziert" (ebd., 132) sei. An anderer Stelle haben wir ausgeführt, dass auf der Basis eines „qualifizierten" behindertenpädagogischen Konzepts im Zusammenwirken mit einer rehabilitativen medizinischen Begleitung selbst bei hospitalisierten geistig schwer(st) und mehrfach behinderten Erwachsenen auf Psychopharmaka (insbesondere Neuroleptika) weitgehend verzichtet werden kann (Theunissen 2000, 252; auch Rössert & Steiger 2003). In ähnlichen Bahnen bewegen sich die Untersuchungsergebnisse von Carr und Mitarbeitern (1999), deren Metaanalysen über den Ansatz des „positive behavioral support" den Nachweis erbracht haben, dass durch „stimulus-based" (z. B. Modifikation curricularer Bedingungen; Veränderung von Aufgaben und Instruktionen; vermehrte Wahlmöglichkeiten; Veränderung der [hintergründigen] auslösenden Bedingungen des Problemverhaltens) *und* „reinforcement-based" Interventionen (z. B. funktionales Kommunikationstraining; Erwerb alternativer Verhaltensweisen, die mit dem Ziel des Problemverhaltens gleichwertig sind; Selbst-Management und Selbst-Kontrolle von Verhalten) Verhaltensauffälligkeiten bei Menschen mit schwer(st)er geistiger Behinderung und zusätzlicher autistischer Störung erfolgreich in „realen Lebensräumen" (typical settings) abgebaut werden können. Daher sollten Empfehlungen (z. B. von Verhoeven & Tuinier 2001) in Bezug auf eine psychopharmakologische Behandlung von Verhaltensauffälligkeiten ohne klare psychologische Grundlage (z. B. wie bei challenging behaviors) äußerst kritisch gelesen und am besten zurückgewiesen werden. Bonfranchi (1995, 65, 67) hat Recht, wenn er eine neue „Übertherapeutisierung" konstatiert und eindringlich vor einer „Verzettelung" therapeutischer Angebote im Bereich der Arbeit mit geistig behinderten Menschen warnt. Dabei ist es ihm freilich nicht um einen Verzicht auf Hilfen zu tun, sondern um eine sinnvolle (überschaubare und lebensweltorientierte) Angebotsstruktur, die unserer Positionsbestimmung sehr entgegenkommt. Unter speziellen pädagogischen Hilfen verstehen wir heilpädagogische Angebote, die als eine allgemeine, stärkenorientierte Aktivierung und Entwicklungsförderung des Individuums zum Abbau oder zur Beseitigung von psychosozialen Problemen (Verhaltensauffälligkeiten), Entwicklungsrückständen oder partiellen Lernschwächen, zur Kompensation von Defiziten sowie zum Aufbau, zur Erweiterung und Stabilisierung identitätskonstituierender Verhaltensweisen und sozialer Kompetenzen (Coping-Fähigkeiten) beitragen können. Hierzu gibt es pädagogisch-therapeutische Arbeitsformen, die zum Teil eigens für die Arbeit mit hospitalisierten, geistig schwer(st) oder mehrfach behinderten Menschen entwickelt worden sind. Überdies hat die Lebensweltorientierung im Rahmen der speziellen Pädagogik einen zentralen Stellenwert.

Die Psychotherapie beginnt dagegen erst dort, wo die spezielle pädagogische Hilfe zur Lösung psychosozialer Probleme nicht ausreicht, wo es zum Beispiel um schwere psychische Störungen oder verkrustete, massive Verhaltensauffälligkeiten geht. Inzwischen gibt es hier neben verhaltenstherapeutischen Methoden, die in ihrer Orthodoxie in der Arbeit mit geistig behinderten Menschen zum Teil heftig umstritten sind, als „supported" Techniken (Aufbau bzw. Einübung prosozialer Autonomie; positive behavioral support [dazu Carr, Horner, Turnbull et al. 1999]) jedoch ausgesprochen effektiv sind (Grawe, Donati & Bernauer 1994; auch Fliegel u. a. 1998; Koegel, Koegel & Dunlap 2001), auch andere psychotherapeutische Arbeitsformen, z. B. psychodynamische, analytische oder individualpsychologisch orientierte Ansätze, gestalt- oder körpertherapeutische Verfahren, gesprächspsychotherapeutische, systemische oder auch logotherapeutische Konzepte, die – je nach Schwere und Art der geistigen Behinderung und Verhaltensprobleme – ebenfalls hilfreich sein können (dazu auch Bütz, Bowling & Bliss 2000; Beail 2003, 470). Eine gute Übersicht und Reflexion der wichtigsten psychotherapeutischen Verfahren in der Arbeit mit geistig behinderten Menschen bietet Stahl (2003). Zudem haben wir in unserer Schrift „Psychische Störungen und geistige Behinderung" (Lingg & Theunissen 2000) eine Auswertung und kritische Würdigung mehrerer psychotherapeutischer Konzepte vorgelegt; demnach kann es, wie es gleichfalls Nezu und Nezu (1994, 35) auf dem Hintergrund einer sorgfältigen Analyse unterschiedlicher psychotherapeutischer Konzepte konstatieren, keine „klassische" Psychotherapie bei geistiger Behinderung geben. Modifikationen der „regulären" Methoden, kombinierte Konzepte und insbesondere eine flexible und kreative Anwendung der Verfahren sind unabdingbar (Hurley 1989, 265). Auch eine Psychotherapie hat stets das soziale Bezugsfeld mit einzubeziehen. Damit erfahren die Hilfen nur dann Legitimität, wenn am „engen Paradigma der Psychotherapie" (Keupp 1990, 117; auch Saleebey 1997; Wieseler & Hanson 1999a, vii) nicht dogmatisch festgehalten wird. Das belegt unter anderem auch eine Meta-Analyse in Bezug auf Wirksamkeit von Psychotherapie bei Menschen mit geistiger Behinderung (Prout & Nowak-Drabik 2003). Dieser Studie, der ein breites Psychotherapieverständnis zugrunde liegt, ist zu entnehmen, dass wir es mit einer eher „moderaten Effektivität" zu tun haben, wobei die „behavioral-pragmatischen" Konzepte weitaus günstiger abschneiden als „kognitiv-behaviorale", psychodynamische, analytische oder klientenzentrierte Psychotherapien (dazu auch Hurley 1989, 269ff.; Beail 2003). Dass vor allem behaviorale Programme wie „social skills training", „problemsolving training" und „assertiveness training" (Kapitel 5.3.1) in der Arbeit mit geistig behinderten Menschen erfolgreich sind, wird gleichfalls in der Analyse von Nezu und Nezu (1994) bestätigt. Alles in allem sollten wir daher das Angebot einer eng gestrickten (v. a. deutungsorientierten) Psychotherapie bei Menschen mit geistiger Behinderung nicht überbewerten (dazu auch Matson & Senatore 1981), und solche Erklärungsansätze bzw. Arbeitsformen (Gaedt 1987, 1994) machen nur dann Sinn, wenn sie mit anderen Methoden (z. B. social skills training; Problemlösungstechniken) kombiniert und in einem Gesamtkonzept einer Alltagsarbeit integriert sind (dazu auch Kapitel 5.3.2; auch Grawe 1995).

• Psychiatrisch-neurologische Untersuchung und Therapie
Bei schweren oder chronifizierten Verhaltensauffälligkeiten, unklaren Bildern oder psychischen Störungen sollten auf jeden Fall psychiatrische und internistisch-neurologische Untersuchungen (Labor, EEG, bildgebende Verfahren) durchgeführt werden, so dass (differential-)diagnostische Ergebnisse und Erkenntnisse auf der Basis eines multidimensionalen Assessments gewonnen werden können. Häufig kann zunächst nur eine *klinische Verdachtsdiagnose* gestellt werden, da gerade bei geistig (schwer) behinderten Menschen „reine" psychiatrische Krankheitsbilder bzw. psychopathologische Syndrome eher selten oder schwer auszumachen sind. Wie wichtig daher eine sorgfältige Diagnostik ist, führen uns unter anderem Sturmey (2001, 13), Clarke (2001) sowie Gardner und Willmering (1999) am Beispiel affektiver Störungen (Depression, Manie) vor Augen, die nicht selten bei Menschen mit geistiger Behinderung durch „untypische" Symptome (z. B. Aggression, selbstverletzendes Verhalten) zum Ausdruck gebracht werden und daher ein multidimensionales Assessment (v. a. auch eine funktionale Verhaltensanalyse) notwendig machen. Ferner machen Sovner und Hurley (1999, 94f.) am Beispiel „bizarrer" Verhaltensweisen darauf aufmerksam, dass Phänomene wie laute Selbstgespräche, Einbildungen, Phantasiespiele, Gedankenausbreitungen, visuelle Halluzinationen o. ä. bei Menschen mit schwerer geistiger Behinderung als Indikatoren einer Psychose sehr leicht zu einer Fehldeutung verleiten. Stattdessen sollten solche Verhaltensweisen immer in Verbindung mit dem aktuellen Entwicklungsniveau und der individuellen Lebensgeschichte entschlüsselt werden. Aus entwicklungspsychologischer Sicht sei es „ganz normal, dass kleine Kinder oft laute Selbstgespräche führen" (ebd. 94) und Phantasien entwickeln würden. Ergeben sich aus der Lebensgeschichte Hinweise auf sexuelle oder körperliche Misshandlung, wäre es geradezu ein Kunstfehler,

wenn bei visuellen Halluzinationen und Flaschbacks keine posttraumatische Belastungsstörung in Betracht gezogen würde (95; dazu auch Theunissen 2003b, 176f.).

Schwerpunkt der psychiatrischen Therapie ist die *medikamentöse Behandlung*, deren Einsatzmöglichkeiten und Probleme bei geistig behinderten Menschen von Dose (1999), Kern (1999), Thompson & Symons (1999), Kalachnik (1999), Lingg & Theunissen (2000) und Villalba & Harrington (2000) in richtungsweisenden Beiträgen aufbereitet worden sind.

Greifen wir an dieser Stelle den gegenwärtigen Erkenntnisstand im Hinblick auf eine Pharmakotherapie bei selbstverletzenden, aggressiven und zwanghaft-impulsiven Verhaltensweisen auf, so empfiehlt es sich, traditionelle Neuroleptika (Chlorpromazin, Thioridazin, Haloperidol) nur noch bei einer akuten Krise (v. a. mit psychotischer Symptomatik) einzusetzen (Thompson & Symons 1999, 137f.; Finzen 2000, 131). Nach Dose (1998, 158) kann sich zudem „für kurzzeitige Kriseninterventionen bei Anspannung, Erregung, Angst und Aggressionen" die Vergabe von Benzodiazepine (Tavor, Valium, Rohypnol, Rivotril) als zweckmäßig erweisen. Für eine Dauermedikation sind Bezodiazepine dagegen gänzlich ungeeignet, „da sie die Gefahr einer Abhängigkeitsentwicklung bergen" (Lingg & Theunissen 2000, 103) sowie eine „Abstumpfung der Persönlichkeit" (104) befördern. Erfolgsversprechender im Hinblick auf einen Abbau selbstverletzender Verhaltensweisen scheinen anstelle der traditionellen Neuroleptika die sog. atypischen Neuroleptika (Risperdon, Olanzapin) zu sein, die zugleich ein günstigeres Nebenwirkungsprofil aufweisen (dazu auch Dose 1999, 170ff.; Lingg & Theunissen 2000, 101ff.). Atypische Neuroleptika (Risperdon) gelten zudem zur Behandlung psychotischer Störungen nicht nur bei nichtbehinderten, sondern ebenso bei geistig behinderten Menschen als geeignet (Kern 1999, 108; *Anmerkung* 29). Eine positive Einschätzung nicht nur in Bezug auf Erwachsene, sondern ebenso im Hinblick auf Kinder und Jugendliche erfahren zur Zeit die sog. Serotonin-Wiederaufnahmehemmer (SSRIs wie Fluoxetin, Buspiron, Paroxetin, Sertalin), deren Indikationsgebiet sich in erster Linie auf depressive Störungen bezieht (Kern 1999, 105; Villalba & Harrington 2000, 222; Ziervogel 2000), inzwischen aber auf Angststörungen und vor allem auf selbstverletzendes Verhalten (Fluoxetin), Aggressionen (Paroxetin), impulsives Verhalten und Zwangsstörungen mit Erfolg erweitert wurde. Allerdings muss mit spezifischen Nebenwirkungen (Übelkeit, Kopfschmerzen, Schlaflosigkeit, Nervosität) gerechnet werden, die jedoch im Vergleich zu den Begleiterscheinungen der typischen Neuroleptika weitaus günstiger eingeschätzt werden (hierzu auch Kern 1999, 104; Kalachnik 1999, 181ff.; Lingg & Theunissen 2000, 101ff.; Finzen 2001, 155ff.). In Bezug auf Opiat-Antagonisten (Naltrexon) liegen unterschiedliche Untersuchungsergebnisse vor (Villalba & Harrington 2000, 222), die zur Zeit noch eine Zurückhaltung gebieten.

Grundsätzlich bedarf es bei einer Vergabe von Psychopharmaka einer sorgfältigen, sehr genauen medizinischen „Überwachung" (dazu Lingg & Theunissen
2000, 100). Ferner kann und darf kein Medikament im Falle von Verhaltensauffälligkeiten oder psychischen Störungen eine pädagogische, psychotherapeutische oder lebensweltverändernde Maßnahme ersetzen. Daher muss bei einer
Psychopharmakotherapie sichergestellt sein, dass sie zur *Unterstützung* der sozialen Arbeit beiträgt, d. h. mit pädagogischen, psychotherapeutischen und lebensweltbezogenen Interventionen Hand in Hand geht (Wieseler & Hanson 1999b).
Nur so kann ein tragfähiger Beitrag zur *Lebensqualität* geleistet werden
(Kalachnik 1999, 188), die quasi der Prüfstein aller Interventionen sein sollte.

• Krisenintervention
Ein weiteres Angebot, das in den letzten Jahren immer mehr Beachtung und
Wertschätzung findet, bezieht sich auf Konzepte einer Krisenintervention bei
Menschen mit geistiger Behinderung (Wüllenweber 1999; Wüllenweber &
Theunissen 2001; 2004; Theunissen 2003b). Es hat allerdings den Anschein,
dass der Begriff der „Krise" zu einem Modebegriff geworden ist, der nahezu für
alle Problemsituationen und nicht selten mit Verhaltensauffälligkeiten synonym
verwendet wird. Dieser Trend erweist sich als problematisch, weil dadurch „mit
dem Krisenbegriff keine hinreichende Identifizierung der gemeinten Problematik sowie mit den Begriffen ‚Intervention' und ‚Krisenintervention' keine ausreichende Spezialisierung der Methoden verbunden ist" (Wüllenweber 2001a, 11).
Um Missverständnisse auszuräumen, ist es daher wichtig, genau anzugeben, was
unter „Krise" und „Intervention" im Bereich der Behindertenarbeit zu verstehen
ist. Im Unterschied zum Begriff der Verhaltensauffälligkeiten steht der Begriff der
Krise in erster Linie nur für zeitlich begrenzte bzw. gegenwartsbezogene Störungen und bezieht sich nicht auf eine länger anhaltende bzw. dauerhafte
psychosoziale Problematik (Wüllenweber 2003). Demnach bietet es sich an, den
Krisenbegriff auf akute (eskalierende) Situationen bzw. einen bestimmten Zeit-
abschnitt zu beziehen,
• in dem ein Betroffener aufgrund eines unerwarteten, einschneidenden Ereig-
  nisses (Tod eines Elternteils; schwerer Schicksalsschlag) in eine plötzliche
  Lebenskrise geraten ist, die sich dadurch kennzeichnet, dass die ihm vertrauten
  Bewältigungsmuster versagen bzw. nicht genügen, ein inneres Gleichgewicht
  (psychische Stabilität) aufrechtzuerhalten;
• in dem ein Betroffener eine „normale Krise in der Entwicklung" (Lebensraum-
  wechsel; Pubertät) vor dem Hintergrund einer fehlenden Übereinstimmung
  zwischen seinen individuellen Bedürfnissen und den Ansprüchen der Umwelt
  (Elternhaus) nicht bewältigen kann;
• in dem es bei einem Betroffenen auf dem Hintergrund von Lebens- oder auch

Lernbedingungen, die als stresshaft erlebt werden, und/oder eines (damit verknüpften) bislang unbewältigten psychosozialen Problems, das durch Verhaltensauffälligkeiten oder psychische Störungen seinen Ausdruck findet, zu einem (plötzlichen) Zusammenbruch der psychischen Abwehr bzw. seines Verhaltens mit einem Anstieg eines starken Erregungsniveaus gekommen ist;

- in dem es bei einem Betroffenen auf dem Hintergrund einer anlagebedingten
  oder auch erworbenen Vulnerabilität unter einer als stresshaft erlebten Situation und/oder einer Kumulation psychosozialer Belastungen (z. B. im familialen
  Milieu) zu einem (plötzlichen) Zusammenbruch der psychischen Abwehr gekommen ist;
- in dem soziale Konflikte (z. B. Streit zwischen Bewohnern in der Gruppe) zu
  einer Eskalation (massiven tätlichen Auseinandersetzung) führen;
- in dem ein Betroffener mit eingeschränkten Kommunikationsmöglichkeiten
  (nicht oder kaum sprechend) akut auftretende Beschwerden körperlicher Art
  (Zahnschmerzen; Blinddarmreizung ...) durch aggressive Verhaltensweisen mit
  einem Anstieg eines starken Erregungsniveaus der Bezugswelt (Mitarbeitern,
  Eltern, Lehrern) mitzuteilen versucht.

Diese Aspekte zeigen auf, dass wir den Krisenbegriff nicht als einen Dauerzu-
stand betrachten, wohl aber können hintergründige bzw. chronisch-verkrustete
Verhaltensauffälligkeiten oder psychische Störungen ein fruchtbarer Boden für
Krisen sein. Von daher gibt es natürlich Zusammenhänge zwischen Verhaltensauffälligkeiten bzw. psychischen Störungen und Krisen.

Ein Blick in die therapeutische und psychologische Fachliteratur genügt um festzustellen, dass gleichfalls der Begriff der *Intervention* eine nahezu inflationäre Verbreitung gefunden hat. Dennoch wird er „nur selten definiert und explizit erörtert" (Wüllenweber 2001a, 16). Das macht ihn letztlich ideologieanfällig, wie die
folgende Aussage unschwer erkennen lässt: „Intervention: Dies ist der gezielte
und direkte Eingriff in Lernprozesse, also z. B. der Versuch der Verhaltensänderung bei Verhaltensauffälligkeiten, Leistungsversagen u. a." (Ulich 1999, 515;
zit. n. ebd., 16). Ein solches Begriffsverständnis demonstriert zum einen eine
deutliche Asymmetrie in der Beziehung bzw. ein Machtgefälle zwischen dem Betroffenen und der intervenierenden Person. Zum anderen befördert es durch die
Konzentration von „Eingriffen" aufs Individuum eine ausschließlich individuumzentrierte, täter- und symptomorientierte Sicht: Nur dem Betroffenen werden
(schwere) Fehlverhaltensweisen angelastet, und daher bedarf es auch nur der Veränderung *seines* Verhaltens. Damit werden aber nicht nur die „Ganzheitlichkeit"
des Individuums (Bedürfnisse, Stärken, Fähigkeiten, Potentiale...), sondern
gleichfalls kontextuelle Faktoren, auslösende Bedingungen, Zusammenhänge
zwischen Krise und Situation, ignoriert (dazu auch Carr et al. 2000, 12).

Diesem einseitigen Interventionsverständnis stellen wir eine Begriffsbestimmung gegenüber, die sich in Anlehnung an die ursprüngliche Bedeutung des Verbs „intervenieren" als politischer Fachbegriff (Duden 1997, 309) auf ein „Vermitteln, Dazwischentreten oder Dazwischenkommen" bezieht. Eine *Vermittlung* bedeutet in dem Falle weitaus mehr, als ein bloßer Eingriff: Sie verlangt möglichst genaue Kenntnisse eines Sachverhalts, Hintergrundswissen, einen analytischen Blick, ein Denken in Zusammenhängen, Reflexionsvermögen, eine Vorausschau und ein gewisses Maß an Diplomatie, die mit einem gemeinsamen Beraten verknüpft sein sollte. Diese Begriffsauslegung führt uns zu einem *systemökologisch orientierten Interventionsverständnis,* welches das Person-Umwelt-Verhältnis fokussiert und damit die Beeinflussung des Kontextes nicht vernachlässigt, indem Schlüssel- oder relevante Bezugspersonen, Interaktionen, institutionelle Bedingungen, soziale Strukturen und Ressourcen in die Überlegungen und Maßnahmen mit einbezogen werden. Das bedeutet im Hinblick auf eine *Krisenintervention*, dass einerseits immer auch die Förderung, Schaffung, Absicherung wie auch die Bereitstellung von „Enabling Niches" (Taylor; hierzu Theunissen 2003b, 87f.; *Anmerkung* 17) mit zu ihrem Aufgabenfeld zählt. In dem Falle handelt es sich um eine Krisenintervention *„im weiteren Sinne"*, zu der wir auch *präventive* (z. B. „positive behavioral support" nach Carr et al. 1999), mittel- und längerfristige begleitende oder nachbereitende Hilfen (Beratung; Therapie; Einzelarbeit) zählen; eine Krisenintervention *„im engeren Sinne"* konzentriert sich dagegen auf kurzfristige Hilfen und Sofortmaßnahmen bei akuten Anlässen, ohne dabei das soziale Verständnis von Krise aus dem Blick zu verlieren. Natürlich müssen beide Formen miteinander abgestimmt sein – sind sie doch zwei Seiten einer Medaille.

Unser Ansatz schließt somit nicht aus, dass auch Mitarbeiter in Krisen verstrickt sein können, weshalb Beratungsangebote wichtig sind. Zudem kann es natürlich auch Mitarbeiterkrisen geben, wenn einzelne in bestimmten Situationen, in denen Verhaltensauffälligkeiten auftreten, an Grenzen ihrer Handlungsmöglichkeiten bzw. Belastbarkeit stoßen. Ob eine Situation als krisenhaft wahrgenommen wird, hängt vor allem von der subjektiven Einschätzung des Problems, den individuellen Ressourcen und der Verfügbarkeit zusätzlicher Unterstützung bzw. sozialer Ressourcen ab. Durch kontinuierliche Praxisberatung lassen sich nach unseren Erfahrungen und Beobachtungen viele psychosoziale Krisen vermeiden. Trotzdem gibt es „aber auch bei bester Beratung" (Uchtenhagen 1992, 40) krisenhafte Lebenssituationen, in denen zum Beispiel eine akute Gefährdung der eigenen Person oder anderer Menschen eine sofortige pädagogische oder therapeutische Intervention notwendig macht. „Prophylaktisch ist es deshalb nützlich, eine Art ‚Verhaltensregeln für den Hausgebrauch' zu erarbeiten, ausgehend von konkreten Krisen und Konfliktsituationen" (ebd., 40; Wüllenweber & Theunissen 2001; 2004). Auf jeden Fall scheint es sinnvoll zu sein, bei akuten schweren

Krisen stets erfahrene und vertraute Personen bzw. spezialisierte Fachdienste einzubeziehen.

Zentrale Ziele einer Krisenintervention sind neben der Unterstützung betroffener behinderter Personen bei der Bewältigung ihrer kritischen Lebenslage immer auch „die Entlastung der beteiligten sozialen Umwelt und der Helfer" (Wüllenweber 1999, 141), die Wiederherstellung und Stärkung der Handlungsfähigkeit von Mitarbeitern sowie die Vermeidung einer Einweisung eines betroffenen Menschen mit geistiger Behinderung in die Psychiatrie. Ort einer Krisenintervention sollte in erster Linie die Lebenswelt sein, in der die Krise aufgetreten ist (z. B. Wohngruppe; Arbeitsstätte). Möglichkeiten einer *pädagogischen Krisenintervention* (Wüllenweber 1999; Theunissen 2003b; Carr et al. 2000, 11ff.) bestehen vor allem im Einzelgespräch, in einer kurzfristigen intensiven Begleitung (z. B. durch Spazierengehen, Joggen, Sportaktivitäten), durch Strategien wie Raumwechsel, Umlenken, beruhigende kommunikative Angebote (z. B. Hand halten, Musik, Wassermassage) u. a. m. Die Krisenintervention durch einen *psychiatrischen Fachdienst* kann sich neben einem „therapeutischen Gespräch" mit dem Betroffenen und anderen (beteiligten) Personen (einschließlich Mitarbeitern) auf eine situations- und problembezogene Medikalisierung (sog. Bedarfsarznei [dazu auch Finzen 2001, 187f., 235ff.]) sowie auf präventive Überlegungen und Konzepte (z. B. Erkennen von Frühwarnzeichen; Erarbeitung eines Krisenplans) beziehen (Theunissen 2004a). Eine kurzfristige stationäre Unterbringung sollte der Ausnahmefall bleiben. Grundsätzlich empfiehlt es sich für Mitarbeiter, sich spezielle Handlungskompetenzen zur Bewältigung von Krisen anzueignen (z. B. durch soziales Kompetenztraining, Selbstverteidigungs- und Entspannungskurse, interdisziplinäre Fallbesprechung, prophylaktische Problemsicht). Bei jeder Krisenintervention kommt es darauf an, die Verhältnismäßigkeit der Mittel zu wahren. Denn oft besteht gerade in akuten kritischen Belastungssituationen die Gefahr der Überreaktion, zum Beispiel die Neigung, Konflikte bzw. Krisen mit extremen Mitteln oder Maßnahmen zu lösen. Grundsätzlich sollte auch bei Kriseninterventionen darauf geachtet werden, dass jeder betroffene geistig behinderte Mensch „soweit wie möglich verstehen kann, was mit ihm geschieht und was von ihm erwartet wird" (Uchtenhagen 1992).

Wie solche Fachdienste organisiert werden sollen, darüber wird seit kurzem intensiv diskutiert. Die Überlegungen reichen von der Anbindung an eine Psychiatrie-Ambulanz (Kittmann 1999; Lingg & Feurstein 2001), einen sozialpsychiatrischen bzw. allgemeinen Krisendienst oder an bestehende Beratungsstellen für Kinder, Jugendliche und Eltern (ehemalige Erziehungsberatungsstellen), über die Gründung eines Vereins für psychosoziale Hilfen oder die Schaffung eines sog. Zentrums für Beratung und Therapie, das als Baustein eines rehabilitativen Verbundsystems die psychosoziale Versorgung in einer Region mit ca. 300.000 Einwohnern sicherstellen soll, bis hin zu einem sog. „Konsulentendienst", bei dem ein (trägerübergreifendes) multiprofessionelles Team mobile Beratung und Kriseninterventionen für (alle) Wohngruppen in einer bestimmten Region anbietet (hierzu v. Laake 1999; Theunissen 2001c; 2003b; Busch 2001; Davidson, Morris & Cain 2001; Fletcher, Beasley & Jacobson 2001; Schäper 2003).

Wichtig ist bei all diesen Modellen und Angeboten (Beratung, Therapie) die *interdisziplinäre Kooperation*. Hier stehen wir vielerorts erst am Anfang. Abschließend sei erwähnt, dass anstelle spezialisierter Beratungs- oder Anlaufstellen unter der Regie der Behindertenhilfe durchaus auch „allgemeine" Dienste als Hilfsangebot für Menschen mit geistiger Behinderung und Bezugspersonen Betracht gezogen werden können (dazu Prout & Strohmer 1998). Die Nutzung (und notwendige Koordination) vorhandener sozialer Ressourcen in den Gemeinden (sozialpsychiatrischer Dienst, kommunale Beratungsstellen; Suchthilfe o. ä.) wird hierzulande in der Behindertenhilfe viel zu wenig in Erwägung gezogen und in Anspruch genommen. Dies hängt unter anderem damit zusammen, dass sich viele Dienstleister der „allgemeinen" Systeme im Umgang mit geistig behinderten Menschen unsicher, „inkompetent" und letztlich nicht zuständig fühlen. Dennoch sollten wir über alternative, inkludierende Konzepte nachdenken, die effektiv und zudem kostengünstig sein können. „Allgemeine" Angebote (Ambulanzen o. ä.) könnten zum Beispiel dann genutzt werden, wenn zugleich allen zuständigen Dienstleistern ein sog. *„Cross-Learning"* angeboten würde (gegenseitige und gemeinsame Schulung der Professionals aus dem Lager der allgemeinen Systeme und der Behindertenhilfe in Bezug auf Fragen zur Unterstützung von Menschen mit geistiger Behinderung; dazu auch Davidson, Morris & Cain 2001, 368; Allen & Felce 2001, 282ff.).

5| Das pädagogische Modell

Das von uns favorisierte pädagogische Modell umfasst drei zentrale miteinander verschränkte Bausteine: übergeordnete Leitprinzipien, die allgemeine Alltagsarbeit und die spezielle Pädagogik.

Diese drei Bereiche müssen stets im Zusammenhang mit Lebensbedingungen betrachtet werden. Heilpädagogik findet somit nicht in einem „Schonraum" statt, vielmehr muss sie sich immer ihrer sozialen, politischen Aufgabe bewusst sein. Die folgenden Ausführungen beziehen sich in erster Linie auf den Bereich des *institutionellen Wohnens*. Dabei sind Vorschläge für die Arbeit in Werkstätten oder Tagesstätten für Menschen mit geistiger Behinderung, für die Arbeit mit Eltern oder Familien, für die Bildungs- und Freizeitarbeit im Erwachsenenalter und Alter sowie für andere Wohnformen mitgedacht. Aus rein äußerlichen Gründen (Platzmangel) konnten wir auf diese Bereiche nicht näher eingehen. Hierzu empfehlen wir unsere einschlägige Literatur (Jakobs & Theunissen 2000; Theunissen & Plaute 2002; Theunissen 2002; 2003a; b; Theunissen & Schirbort 2005).

5.1 Zum Menschenbild und zu den Leitprinzipien

Theoretischer Bezugspunkt unserer Konzeption sind allgemeine Leitprinzipien für die Behindertenarbeit. Sie haben das alltägliche Handeln zu durchdringen und stellen die oberste Richtlinie dar, nach der sich alle weiteren (nachgeordneten) Entscheidungen zu orientieren haben.

Leitprinzipien lassen sich auf unterschiedliche Weise begründen und legitimieren. So stoßen wir zum Beispiel in der aktuellen internationalen Fachdebatte auf Ableitungen, die aus einem in enger Anlehnung an der *Menschenrechtsfrage* entwickelten *„Konzept der Lebensqualität"* gewonnen wurden (Schalock et al. 2002). Die „Kernideen" dieses Ansatzes beziehen sich auf den Bereich des *persönlichen Wohlbefindens* (emotional, zwischenmenschlich, materiell, physisch, gesundheitlich, in Bezug auf Selbstbestimmung, Inclusion und Rechte), auf die *personale Einmaligkeit* bzw. Unterschiedlichkeit und Unverwechselbarkeit eines Individuums, auf *subjektiv bedeutsame Lebenskontexte*, auf eine *lebenslange Entwicklungsperspektive*, auf eine *ganzheitliche Betrachtung der Entwicklung*, auf *Wahl-, Entscheidungs- und Kontrollmöglichkeiten* in Bezug auf die eigenen Lebensumstände, auf die *individuelle Wahrnehmung*, das Erleben und die Einschätzung des eigenen Lebens, auf das *Selbstbild* und auf *Lebenssouveränität im Sinne von Empowerment* (ebd., 459f.).

Diese von Schalock u. a. herausgestellten Aspekte bieten unzweifelhaft eine wertvolle Orientierung für die handlungspraktische Ebene, und daher haben sie auch in unserer Gesamtkonzeption Eingang gefunden, dessen Leitprinzipien auf einem Menschenbild fußen, von dem wir annehmen, dass es die Möglichkeiten der „Verwirklichung des vollen Menschseins" (Portmann) nicht verfehlt. Damit ist unsere Konzeption wertgeleitet, d. h. es gehen Vorstellungen, Überzeugungen, Einsichten und auch Erfahrungen ein, die andere Personen nicht unbedingt teilen müssen. Denn Menschenbilder können bekanntlich sehr unterschiedlich sein. Gerade dies aber führt im Umgang mit Menschen, die erzogen, gebildet, unterstützt oder therapiert werden sollen, häufig zu erheblichen Irritationen, Missverständnissen und gegenläufigen Tendenzen in der Praxis. Allzu oft stellen wir nämlich fest, dass sich einzelne Menschenbilder, an denen sich helfende Berufe bewusst oder unbewusst orientieren, ausschließen oder widersprechen; außerdem können wir beobachten, dass es Menschenbilder gibt, die die eine oder andere Möglichkeit des Menschseins völlig vernachlässigen und verfehlen. Dieser Vorwurf trifft zum Beispiel das sog. *utilitaristische Menschenbild*, welches heute sehr weit verbreitet ist (kritisch auch Speck 1999a, 75; Haeberlin 1996). Wurzeln des Utilitarismus reichen zurück ins Zeitalter der Aufklärung. Nach Gouldner (1974, 81) bildete sich hier, in einer Zeit, als sich das Bürgertum gegen den Feudaladel zu behaupten versuchte, der „Mittelklassestandard der Nützlichkeit" heraus, der im Unterschied zur Aristokratie jene Talente, Fähigkeiten oder Energien der Einzelnen am höchsten einschätzte, „die zu ihrer persönlichen Leistungsfähigkeit und Vervollkommnung beitrugen." Dieses Denken ist bis heute voll wirksam: was zählt, sind Momente wie Leistung, Erfolg, Karriere, Wettbewerb, Rationalität und Machtstreben, nicht aber die menschliche Existenz an sich, die Einmaligkeit und Einzigartigkeit menschlichen Lebens. Gerade dadurch hat sich der Utilitarismus zu einer universellen Ideologie entwickelt, deren Durchsetzung ohne Existenz eines Marktes nicht denkbar ist. „Die utilitaristische Kultur hatte ihre Wurzeln in der Erfahrung mit und im Zugang zu den Märkten für Güter und Dienstleistungen. Wenn man einen Menschen oder eine Handlung vom Standpunkt der Nützlichkeit aus beurteilen will, dann schätzt man die ‚Folge' ab. ... In einer Marktwirtschaft muss die Nützlichkeit eines Produktes sorgfältig im vornhinein berechnet werden" (ebd., 87). Gutgemeinte Absichten oder moralische Vorstellungen reichen nicht aus, um das Handeln zu rechtfertigen. Entscheidend ist der messbare Erfolg (Verkaufbarkeit des Produkts), weswegen das Handeln an rationalen Maßstäben zu orientieren ist. Dieser Ausrichtung des Handelns begegnen wir auch im Umgang mit behinderten Menschen, die als „Arbeitskräfte minderer Güte" aus der Sicht des Utilitarismus in der Regel nicht zu gebrauchen, d. h. ökonomisch nicht verwertbar sind (z. B. geistig schwerst behinderte Menschen). Folglich hängt ihr „Schicksal" weitgehend von dem ab, was die Gesellschaft bereit ist, an Fürsorge zu investieren (auch Speck 1999b). Vom utilitaristischen Standpunkt aus ist das gesellschaftliche Interesse an der Wohlfahrt begrenzt, d. h. es werden soziale Hilfen in erster Linie nur dann gewährt, wenn auch gewisse Erfolge zu erwarten sind. Eine solche Gegenleistung ist bei einem Menschen mit schwerer geistiger und körperlicher Behinderung volkswirtschaftlich gesehen kaum zu erwarten, weswegen wir es hier im utilitaristischen Jargon mit einem „unnützen" oder „sinnlosen" Leben zu tun haben.

Zeitgenössische Philosophen wie Singer (1984; 1990) oder Tooley (1972; 1990) knüpfen an dieser Ideologie an, indem sie eine utilitaristisch präformierte rationale Ethik zu begründen versuchen. Sie gehen davon aus, dass der Mensch nur beim Vorhandensein spezifischer Merkmale wie Rationalität, Selbstbewusstsein, Zeitgefühl, Autonomie, auf Zukunft hingerichtete Wünsche und Kommunikationsfähigkeit als Person definiert werden kann. Embryonen, Feten und Säuglinge seien demzufolge keine Personen, weswegen es hier keine moralischen Einwände gegen Forschungsexperimente oder Tötung gebe. Eine solche einseitige Sicht vom Menschen lässt auch keinen Raum für geistig schwer(st) behinderte Menschen, denen unmissverständlich die oben genannten Eigenschaften abgesprochen werden (Kuhse & Singer 1985, 122; Singer 1990, 11f.).

Dieses Personverständnis ist in den letzten Jahren mehrfach scharf zurückgewiesen worden. Wir stützen uns auf die *philosophisch-anthropologische Position* von Portmann (1970; 1973), der davon ausgeht, dass das sog. Geistige (Ratio) mit dem physiologischen bzw. körperlichen Werden unzertrennbar verbunden ist, weswegen Selbstbewusstsein oder Vernunft als dynamische Phänomene zu betrachten seien. Ferner konstatiert Portmann beim Menschen eine „physiologische Frühgeburt", was ihn von allen Tieren darin unterscheidet, dass seine Entwicklung im Wesentlichen von Lernprozessen abhängig und zugleich „auf den Anreiz der anderen angewiesen ist" (1970, 288). Die humane Entwicklung kann sich „nur im Sozialverhalten normal ausbilden: die Sozialwelt ist einer der formenden Faktoren der menschlichen Ganzheit" (1973, 122). An dieser Stelle stoßen wir auf ein Verständnis von Person, welches sich von den Vertretern der „rationalen Ethik" deutlich unterscheidet: Das Personale erstreckt sich hier (abgeleitet vom griechischen „prosopon") auf ein relationales, dialogisches und gesellschaftliches Sein. Menschliche Personalität stellt damit ein Sein in und durch menschliche Beziehungen dar, wobei jedem menschlichen Wesen ein Personstatus zukommt. Dass, was Person bedeutet, konstituiert sich in der menschlichen Kommunikation bzw. im menschlichen Bezug. Tritt dieser als eine Art intrauterine Kommunikation zum ersten Mal in Erscheinung, so stoßen wir bereits auf jenes Moment, welches als personales beschrieben werden kann. Für die werdende Mutter bedeutet dieses kommunikative Signal des Säuglings den Bezugspunkt für ein inniges Miterleben und Spüren, für Empathie, Freude und Lebenserfülltheit – also für eine Hinwendung zum Du. Es beginnt schon während der Schwangerschaft eine lebendige personale Beziehung, die nur in der Unmittelbarkeit erfahren werden kann.

Nun behaupten Vertreter der „rationalen Ethik", dass geistig schwer(st) behinderte Menschen überhaupt nicht zur Kommunikation fähig seien. Eine solche Aussage kann aber nur dann gemacht werden, wenn Form und Inhalt verwechselt wird, d. h. die Dialogizität des Menschen in ihrer Bedeutung als formale Kategorie des Menschseins nicht erkannt und Kommunikation nur inhaltlich (sprachlich) begriffen wird. „Das Phänomen der Kommunikation hängt (aber, G. T.) nicht von dem ab, was übermittelt wird, sondern von dem, was im Empfänger geschieht" (Maturana & Varela 1987, 212). Zwei Beobachter desselben Individuums können das geäußerte Verhalten unterschiedlich bewerten. Was aber stattgefunden hat, ist ein Verhalten, das formal betrachtet kommunikativ ist. Dieser Verwechslung von Form und Inhalt entspricht die fehlende Unterscheidung zwischen Person und Persönlichkeit. Persönlichkeit als Wertbegriff entsteht aus der formalen Tatsache menschlicher Existenz, aus dem Personsein, und ist nicht mit dem Personstatus identisch. Das Personsein muss immer wieder neu hervorgebracht werden, die Persönlichkeit muss sich jedoch entwickeln und ist als Ausdruck eines „in sich gefestigten Menschen" (Duden 1997, 522) ein Faktum von Erziehung und Bildung. Um nicht missverstanden zu werden weist Portmann (1970, 157) darauf hin, dass die Anlagen beim Menschen „nicht schwächer" seien als bei höheren Säugern, „sondern anders eingegliedert: mächtige Antriebe zum Zusammenleben wie zur Wahrung der Individualsphäre sind auch bei uns vorhanden. Aber die Art der Zuwendung zu den Dingen der Umgebung ist trotz erblicher Anlagen zur Weltbeziehung weitgehend offen und der Entscheidung freigestellt." Dies bedeutet, dass der Mensch sich im Unterschied zum Tier die Welt wie aber auch die Kompetenzen zur Verfügung und Bewältigung seiner Lebensumstände aneignen muss; zugleich gewinnt er dadurch eine individuelle, einzigartige, unverwechselbare geistig-seelische Daseinsform, die Weltoffenheit oder Freiheit impliziert. Dieser von Portmann konstatierte Aneignungs- oder Lernprozess, der Weltoffenheit beinhaltet wie aber auch sozial verantwortungsbewusstes Handeln (Weltverantwortung) verlangt, vollzieht sich angesichts des menschlichen Nervensystems auf einer für den Menschen typischen Art und Weise, weswegen wir schlussfolgern können, dass prinzipiell alle Menschen – so auch geistig schwerst behinderte Menschen – bildsam bzw. lern- und entwicklungsfähig sind. Folgt man dieser Argumentation, so definiert sich jeder Mensch in seinem einmaligen weltoffenen Dasein; demzufolge gibt es auch keine Andersartigkeit, keine „anders strukturierten" Menschen. Die Bedeutung einer Hirnschädigung oder eines Organdefekts ist lediglich die, dass die Möglichkeiten, Freiheit, Weltoffenheit und Weltverantwortung zu realisieren, individuell unterschiedlich sind – und dies gilt prinzipiell für jeden Menschen! Portmann geht davon aus, dass jede Geistesarbeit – „auch das geringste geistige Leben" (1973, 340) – sich in einer „schwer fassbaren polaren Spannung" (1970, 290) von Emotionalem/Affektivem und Rationalem/Verstandesmäßigem vollzieht. Für die heutige Zeit lässt sich nun ein deutliches Ungleichgewicht dieser Polarität konstatieren, nämlich eine Überdimensionierung der rationalen Komponente, der einer tiefgreifenden Verzerrung des Menschenbildes entspricht, die in der Literatur als Homo Faber (Frisch 1957) bekannt geworden ist. Wird ein solcher Menschentypus zum Ideal erkoren – und dies gilt für den Utilitarismus –, so können Vorstellungen oder Schlussfolgerungen entstehen, dass das Leben von Menschen mit schwerer geistiger und körperlicher Behinderung, bei denen solche Eigenschaften nicht oder nur kaum zu beobachten sind, nicht personhaft und somit sinnlos, nicht schützenswert seien.

Ein weiterer wichtiger Gedanke, der mit dieser Polarität eng verknüpft ist, erstreckt sich auf eine Eigenart, die Portmann als *„Selbstdarstellung"* (1970, 36, 48f.) beschreibt und vom Streben nach Selbsterhaltung oder Realitätsbewältigung, welches den Gesetzen des Funktionalen unterliegt, abzuheben versucht. Diese Eigenart gilt für alle lebendigen Systeme höherer Organisation und schafft einen Spielraum, in dem Kräfte zur Geltung kommen, die „über alle Not der Lebensfristung" (1970, 36, 241) hinausweisen bzw. nicht im Dienste der bloßen Lebenserhaltung stehen. Dementsprechend können wir in Bezug auf den Menschen sagen, dass er nicht nur danach strebt, ein eigenes Leben zu führen und abzusichern, sondern auch ein erfülltes, glückliches Leben zu realisieren, d. h. sich selbst zu verwirklichen. Dieser Wunsch nach einem erfüllten Leben tritt aber nicht nur in Erscheinung, wenn wir bewusst auf Ziele hinarbeiten, denen es einzig und allein um Leistung zu tun ist, sondern er artikuliert sich auch im zweckfreien Spiel, im ästhetischen Erleben und in der ästhetischen Erfahrung, die wertvoll an sich sein kann (Theunissen 1997a). „Selbstdarstellung" beinhaltet demnach einen Eigenwert, der sich auf eine erfüllte Gegenwart, auf ein Glücklichsein erstreckt und somit nicht unbedingt auf zukunftsbezogene Wünsche gerichtet sein muss. Das Wissen um diese Möglichkeit hat zweifelsohne weitreichende Konsequenzen für die pädagogische Alltagsarbeit, die der Selbstdarstellung und damit der ästhetischen Funktion als Form geistiger Tätigkeit zur Lebenssinnfindung gleichermaßen Beachtung schenken sollte wie dem zielgerichteten, planmäßigen Handeln zur Bewältigung und Kontrolle von Realität.

Die vorausgegangene Diskussion zeigt auf, wie wichtig es ist, sich mit unterschiedlichen Menschenbildern und den Implikationen für Pädagogik und Therapie auseinander zu setzen. Selbstverständlich gibt es noch viele andere Menschenbilder, die ebenso problematisch wie die utilitaristische Ideologie sind und sich eindeutig gegen Menschen mit geistiger Behinderung richten. Zurückverfolgen lassen sich solche Bilder bis in die Zeit der Antike. Bereits Platon (427–347 v. Chr.) sprach unter anderem vom Menschen als den „Schlangenartigen" oder „Löwenartigen". Dieses deutet auf die frühen Ursprünge der animalistisch-vegetabilistischen Bilder hin, die (geistig) behinderte Menschen mit Pflanzen und Tieren gleichsetzen oder wie Tiere vorführen (dazu kritisch O'Brien 2003). Auch idealistische Bilder traten bereits in der Antike auf. Das Vollkommenheitsideal der frühhellenistischen Epoche (ca. 800 v. Chr.) gipfelte in den Höchstwerten von Jugendlichkeit und Schönheit. Der römische Spruch: Ein gesunder Geist lebt (nur) in einem gesunden Körper, hat seine Attraktivität für unser Menschenbild bis heute nicht verloren. Magische und religiöse Bilder setzen Menschen mit Behinderungen Teufeln und Dämonen gleich. Noch vor zwei Jahrhunderten war es Gepflogenheit, Behinderung als Strafe Gottes anzusehen. Infantilistische Bilder betrachten geistig behinderte Erwachsene als „ewige Kinder" und zeichnen ebenso wie die bereits genannten Bilder eine Vorstellung von geistig behinderten Menschen als „Mängel- oder Defizitwesen" (zusammenfassend Goll 1993). Derlei Menschenbilder sind auch heute noch nicht völlig verbannt und führen dazu, sich von geistig behinderten Menschen zu distanzieren. Dem betroffenen Individuum sprechen sie jegliche Verwirklichung des Menschseins (Personalität) ab.

Es wäre ein Missverständnis anzunehmen, es ginge uns bei dieser Auseinandersetzung nun um ein „richtiges" Menschenbild. Dies kann wohl und darf auch keiner für sich beanspruchen. Wichtig ist für uns allerdings die Frage, welches Bild geistig behinderten Menschen eher zum Schaden oder zum Nutzen gereichen kann. Dabei haben wir uns gegen die utilitaristische Ideologie gewandt und uns für Portmanns philosophisch-anthropologische Position ausgesprochen, die übrigens mit *postmodernen Positionen* kompatibel sein kann (Theunissen 2000, 82ff.).

Ein darauf abgestimmtes Konzept muss im Detail schlüssig, logisch und nachvollziehbar sein, d. h. die Aufgaben, Ziele und Methoden der Alltagsarbeit, pädagogischen, (psycho-)therapeutischen und psychiatrischen Arbeit dürfen sich nicht widersprechen. Dieses Gebot verlangt einen *Diskurs*, und zwar nicht nur eine Wertediskussion und Reflexion im Kreis der unmittelbar betroffenen Mitarbeiter, sondern auch eine Auseinandersetzung um Menschenbilder und Normen auf interdisziplinärer Ebene. Ziel muss die Herstellung einer *gemeinsam verantwortbaren normativen Bezugsbasis* sein, so dass ein Gegeneinander in der alltäglichen Behindertenarbeit bzw. ein widersprüchliches, gegenläufiges Handeln von Pädagogik, Pflege, Sozialarbeit, Therapie oder Medizin vermieden werden kann (dazu auch Carr et al. 2000, 149f.). Dieser Aspekt wird in der Praxis oft zu wenig beachtet. Im Folgenden haben wir nun einige *Leitprinzipien* zusammengestellt, die den fühlbaren Hintergrund unseres Konzepts bilden und eine Zielrichtung bzw. Orientierungshilfe für die alltägliche und spezielle Arbeit bieten. Da wir bereits in anderen Arbeiten (Theunissen 2000; 2002; 2003a) zum Teil ausführlich darauf eingegangen sind, erlauben wir uns in der vorliegenden Schrift knappe Ausführungen.

• Unbedingte Achtung vor dem Wertsein des Anderen
Diese ethische Maxime stammt von O. Speck (2003, 156ff.) und verweist auf einen Anspruch, der jedem Menschen zukommt und im Art. 1 unsers Grundgesetzes seinen Niederschlag gefunden hat. Dort wird „ein unverlierbarer und unverfügbarer Wert ausgedrückt, auf den nicht verzichtet werden kann, wenn es eine sittliche Ordnung des Zusammenlebens aller geben soll. Gemeint ist der unhintergehbare Kennwert des Menschen als Person, als Selbst oder Subjekt jenseits ökonomischer und sozialer Nutzeinschätzungen" (Speck 1995, 355; auch Theunissen 1997a, 95). Damit hat dieses Leitprinzip grundlegende Bedeutung für die alltägliche, allgemeine und spezielle Behindertenarbeit. Es geht um die Wertschätzung und grundsätzliche Annahme des Anderen, um Respekt dem Anderen gegenüber. Gerade diesbezüglich mangelt es noch in der Praxis an notwendiger Sensibilität. Das dokumentieren Befragungen von Menschen mit geistiger Behinderung (Kniel & Windisch 2001, 106f.).

• Autonomie und Empowerment
Das Streben nach Selbstverwirklichung und Autonomie (Selbstbestimmung) ist ein originäres menschliches Bedürfnis (hierzu Lindmeier & Lindmeier 2003, 124), das bis vor wenigen Jahren Menschen mit (geistiger) Behinderung weithin abgesprochen, ja verweigert wurde (Waldschmidt 2003, 16f.). Proteste Betroffener, Solidaritätsaktionen und Selbsthilfe-Initiativen haben uns zwischenzeitlich sensibel gemacht, Menschen mit geistiger Behinderung als Bürger mit Rechten anzuerkennen und in ihrer Menschenwürde ernst zu nehmen (Theunissen & Plaute 2002). Demzufolge haben alle Betroffenen ein Recht auf Unabhängigkeit und Selbstgestaltung der eigenen Entwicklung. Dazu sind Lebensbedingungen zu garantieren bzw. sicherzustellen, die dem einzelnen größtmögliche Selbstvertretungs-, Wahl-, Entscheidungs- und Kontrollmöglichkeiten gestatten (Garner & Sandow 1996; Bambara, Cole & Koger 1998; Wehmeyer, Agran & Hughes 1999; Schalock et al. 2002). Dieser Respekt vor der Autonomie des Einzelnen darf freilich nicht dahingehend missverstanden werden, dass nun jeder tun und lassen kann, was er will (Speck 1997b; 2001). Jeder Mensch ist ein „soziales Wesen", und diese Du-Bezogenheit des Individuums bedeutet, dass der Einzelne sein autonomes Handeln nach sozial verträglichen Formen des Zusammenlebens auszurichten und zu verantworten hat. Ein solcher Sozialbezug ist im Übrigen

eine Implikation von Selbstbestimmung (Theunissen & Plaute 2002, 24f.; Lindmeier & Lindmeier 2003, 123f), der einer pädagogischen Unterstützung im Sinne von Empowerment bedarf.

Der Begriff „Empowerment" (hierzu Herriger 2002; Theunissen & Plaute 2002; auch Oliver 1996; Ramcharan et al. 2002a) verweist im reflexiven Sinne auf einen Prozess, in dem Menschen (benachteiligte Randgruppen) sich ihrer eigenen Fähigkeiten und Fertigkeiten bewusst werden, eigene Kräfte entwickeln und soziale Ressourcen nutzen, um Problemlagen oder Belastungen im Alltag eigenständig-verantwortlich zu bewältigen, eigene Interessen sozialverantwortlich zu vertreten (Self-Advocacy) und die eigenen Lebensumstände zu verbessern. Im transitiven Sinne bedeutet Empowerment, Menschen in gesellschaftlich marginaler Position anzuregen und zu ermutigen, eigene (vielfach verschüttete) Stärken, Fähigkeiten und Selbstgestaltungskräfte zu entdecken und zu entwickeln, um mehr Selbstvertrauen und Autonomie zu gewinnen und in die Lage versetzt zu werden, die eigenen Lebensumstände selbstverantwortlich in sozialer Bezogenheit zu gestalten „sowie Ressourcen produktiv zur Bewältigung belastender Lebensumstände einsetzen zu können" (Lenz 2002, 15; Herriger 2002, 7). An dieser Stelle steht Empowerment für eine pädagogische Praxis, die bereit sein muss, „die traditionelle hierarchisch-paternalistische Ebene professioneller Arbeit aufzugeben und sich auf Prozesse des Aushandelns und Verhandelns, des gemeinsamen Suchens und Entdeckens einzulassen" (Lenz 2002, 16; Bartle et al. 2002, 37). Hierzu sollte zum Beispiel in der Arbeit mit geistig schwer(st) behinderten Menschen die *größtmögliche Einbeziehung ins Alltagsleben* bzw. Beteiligung an der Alltagsarbeit die grundlegende Richtschnur sein (Miller 2001, 44ff.). Bei geistig behinderten Menschen, die für sich selbst sprechen können, kommt es vor allem auf eine konsultative Unterstützung an (hierzu Kapitel 5.2.6).

• Kommunikatives Verhältnis
Aus philosophisch-anthropologischer Sicht gilt die Du-Bezogenheit des Menschen, die das Bedürfnis nach sozialer Kommunikation impliziert, als eine „fundamentale Tatsache menschlicher Existenz" (Buber). Deswegen sollte es Ziel der alltäglichen Behindertenarbeit und aller pädagogischen und therapeutischen Angebote sein, mit dem behinderten Menschen in eine bedingungslose, partnerschaftlich-kommunikative Beziehung zu treten und diese zur Entfaltung zu bringen. Dieses Bemühen, das Carr und Mitarbeiter als *„rapport-building"* (2000, 111ff.) bezeichnen, nach Speck (2003, 143ff., 176), der sich auf biologische Befunde (Maturana) bezieht, als ein auf „Liebe" hin angelegter Akt gekennzeichnet werden kann sowie nach Jantzen (2001, 206) auf ein empathisches, psychobiologisch abgesichertes „attunement" (i. S. e. In-Eins-Gestimmt-Seins) hinauslaufen sollte, betrachten wir als wegebenend für ein „Werden in der Begegnung" (Simon). Hierzu zählt eine Vertrauensbasis, die das Fundament unseres

Konzepts bildet (dazu auch Hewett 2001, 93f.). Sie kann über eine auf Sympathie beruhende „Bezugsassistenz" (Mitarbeiter als Vertrauensperson) hergestellt werden; als „Methode" lässt sie sich freilich nicht verordnen.

• Subjektzentrierung
Jeder geistig behinderte Mensch ist als Person in seiner Subjekthaftigkeit zu erschließen. Dazu zählt vor allem auch die Erschließung seiner *kommunikativen Bedürfnisse*, Mitteilungsformen und Ausdrucksmöglichkeiten. Ein solcher Zugang verträgt sich nicht mit einer Praxis, die den als verhaltensauffällig etikettierten Menschen zum bloßen Objekt pädagogischer oder therapeutischer Maßnahmen degradiert. Vielmehr muss der Einzelne mit seinen Interessen, Wünschen, Lebensplänen, Vorstellungen, Ideen, Erfahrungen, Stärken, Erlebensweisen... wahr- und ernstgenommen werden; und es gilt, die subjektive Befindlichkeit, vor allem seine psychosoziale Lage intensiv aufzunehmen, um sein Verhalten und Erleben besser zu verstehen. Die naive Registrierung von Verhaltensstörungen oder abweichendem Verhalten reicht keineswegs aus, der Subjekthaftigkeit des Individuums Rechnung zu tragen.

• Individualisierung
Es ist ein weit verbreiteter Irrtum anzunehmen, es gebe in der Heilpädagogik Förderkonzepte oder Behandlungsformen (dazu Kapitel 5.3.1), die sich in Bezug auf die Arbeit mit verhaltensauffälligen geistig behinderten Menschen verallgemeinern ließen. Die Erfahrung zeigt, dass jedes Problemverhalten als Ausdruck einer gestörten Individuum-Umwelt-Beziehung einzigartig bzw. einmalig ist, weswegen nur ein individualisiertes Konzept zum Erfolg gereichen kann. Dies schließt den Rückgriff auf bestimmte Erkenntnisse, Erfahrungen oder Arbeitsformen nicht aus. Doch darf es dabei nicht zu einem unvermittelten Bezug oder Einsatz kommen, der sowohl die Person als auch das Problem zu verfehlen droht. Das macht eine (kreative) Modifikation oder Umstrukturierung bekannter Verfahren notwendig, die der jeweiligen Situation und Problemlage anzupassen sind. Außerdem widerspricht es unserem Menschenbild, Konzepte oder Förderprogramme ohne Beteiligung der Adressaten zu entwerfen und anzuwenden, denen sich die Betroffenen unterzuordnen hätten. Gilt das Gebot der Individualisierung, so bedeutet dies *„von der Person, mit ihr und für sie"* ein Konzept zu entwickeln. Diese Arbeitsformel verweist auf den „subjektzentrierten" Ausgangspunkt, außerdem setzt sie auf Kooperation. Zugleich ist es ihr um eine realoptimistische Einschätzung der Möglichkeiten zu tun, indem sie kognitive Beeinträchtigungen (z. B. Schwierigkeiten im abstrakten oder vorausschauenden Denken geistig behinderter Menschen) nicht leugnet. Alle drei Aspekte sind miteinander zu verknüpfen und dialektisch auszubalancieren. Dies zu leisten ist eine pädagogische Kunst.

• Ganzheitlichkeit

Wird der Mensch in der Einheit von „Körper, Seele, Geist" als ein soziales, weltoffenes und weltverbundenes Wesen betrachtet (Speck 2003, 269ff.), so hat dies Konsequenzen für die alltägliche Behindertenarbeit, Pädagogik, Pflege und Therapie: Sie haben dieser „Ganzheitlichkeit" Rechnung zu tragen, indem emotionale, physische und kognitive Aspekte wie auch soziale, mitmenschliche Beziehungen und lebensweltliche Systeme bei der Alltagsarbeit und Konzeptentwicklung reflektiert und berücksichtigt werden müssen. Nur dadurch lässt sich individuelles Wohlbefinden befördern – ein Ziel, das bei allen pädagogischen und therapeutischen Bemühungen nie aus dem Blick geraten sollte. So genügt es nicht, mit einem „schwierigen" Bewohner ein stringentes Verhaltenstraining durchzuführen, wenn dies seine physische und psychische Befindlichkeit (Verkrampfung, muskuläre Panzerung, Ängste) nicht zulässt. Hier macht zunächst eher ein basales Kommunikationsangebot Sinn, um eine positive affektive Beteiligung und Offenheit für weitere Aktivitäten (z. B. lebenspraktische Übungen; soziales Kompetenztraining) zu erreichen. Insofern ist immer ein gewisses Maß an *Flexibilität* in der alltäglichen und speziellen Arbeit erforderlich. Der ganzheitlichen Orientierung aufs Subjekt hat der Bezug auf die Lebenswelt zu korrespondieren. Wenn zum Beispiel die Wohngruppe kein Ort der Geborgenheit, des Wohlbefindens und der Realitätskontrolle ist, geht die subjektzentrierte Arbeit ins Leere.

• Entwicklungsgemäßheit

Alle pädagogischen Prozesse haben sich am Verlauf und an den Gesetzmäßigkeiten der menschlichen Entwicklung zu orientieren. Dies betrifft unter anderem auch die Erkenntnis, dass es keine „endgültige Entwicklungsbeschränkung" (Lutz 1961, 156) gibt, sondern dass menschliche Entwicklung und menschliches Lernen in jedem Alter stattfinden können. Diese prinzipielle Lern- und Entwicklungsfähigkeit gilt uneingeschränkt für alle Menschen. Zahlreiche Untersuchungen belegen, dass die einst weit verbreitete These der Bildungsunfähigkeit von Menschen mit geistiger Behinderung unhaltbar ist (Theunissen 2002a, 54ff.). Selbst geistig schwerst behinderte Menschen können im Erwachsenenalter lernen und sich in ihrer Persönlichkeit entwickeln. Solche Prozesse sind nur möglich, wenn die alltägliche (pädagogische) Arbeit an dem aktuellen Entwicklungs- und Handlungsniveau anknüpft und sich im Horizont der „Zone der nächsten Entwicklung" (Wygotski) bewegt. Außerdem darf sie weder unter- noch überfordern, d. h. ihre Angebote und überhaupt die Gestaltung des Lebensalltags müssen derart „passend" sein, dass sich der Einzelne mit seinen Möglichkeiten und Bedürfnissen darin wiederfinden kann.

• „Seinlassen" und Vertrauen in die Ressourcen
So wichtig eine entwicklungsfördernde Arbeit ist, so wichtig ist es aber auch darauf zu achten, dass die betroffen Personen nicht mit heilpädagogischen Übungs- oder Trainingsprogrammen (Förderung) überschüttet werden. Menschen mit geistiger Behinderung haben ebenso wie alle anderen nichtbehinderten ein Recht auf Eigenleben, Selbstdarstellung und Lebenserfülltheit, das es insbesondere auch im Erwachsenenalter und Alter zu respektieren gilt (dazu Theunissen 2002a). Bei aller Zielgerichtetheit pädagogischen Handelns muss Raum bleiben für ein zweckfreies und selbstbestimmtes Leben und Wohlbefinden, das nicht erzieherischen (heilpädagogischen) oder therapeutischen Ambitionen zum Opfer fallen darf. Deshalb bedarf es als Korrektiv gegenüber gezielten Maßnahmen eines „Seinlassens" im Sinne des Verzichts auf pädagogische Förderung. Hewett (2001, 94) spricht in dem Falle von der Notwendigkeit eines „coffee drinking behaviour" und meint damit die Schaffung und Sicherung einer häuslichen Atmosphäre im Sinne eines emotional tragfähigen, warmen, zwischenmenschlichen Klimas, unter dem sich alle wohlfühlen können. Hierzu ist neben der Bejahung und Wertschätzung des Anderen als Person sowie der Akzeptanz seines „So-Seins" ein Vertrauen in seine Ressourcen notwendig. Dieses Zutrauen stärkt zugleich sein Selbstvertrauen und ermöglicht ihm die Chance, sein Selbst bzw. Autonomie zu entfalten.

• Lebensweltorientierung
Die vorausgegangenen Prinzipien signalisieren eine Lebensweltorientierung: Menschen mit geistiger Behinderung werden nicht als alleinige Adressaten der alltäglichen und speziellen Arbeit begriffen, sondern Gegenstand sind die Betroffenen mit ihren Bedürfnissen in ihrer Lebenswelt (Speck 2003, 20, 271ff.). Dies bedeutet, dass stets das soziale Bezugsfeld als autonomiehemmender oder -fördernder Faktor mitreflektiert und berücksichtigt werden muss. Handlungsbestimmende Leitprinzipien hängen demzufolge immer vom Verhalten und Interesse der sozialen Umwelt ab, welche sich (mit-)verändern muss, wenn psychosoziale Auffälligkeiten abgebaut bzw. aufgelöst werden sollen. Folglich erreichen sämtliche Maßnahmen (Interventionen, heilpädagogische Angebote) ihre Bedeutung erst durch ihre Integrierung in lebensweltliche Zusammenhänge, wie sie der einzelne geistig behinderte Mensch als subjektiv bedeutsam erfährt (dazu auch Turnbull & Turnbull III 2001). Hierzu müssen Lern- und Handlungsfelder offeriert werden, die für den Einzelnen auf dem Hintergrund seiner biologischen Struktur und Disposition, seinen Entwicklungsmöglichkeiten und Bedürfnissen sowie seiner Biographie „passend", sinnbildend und autonomiefördernd sind. Ohne Mitarbeit der lebensweltlichen Systeme ist ein solches Konzept zum Scheitern verurteilt. Dies gilt sowohl für primäre Lebenswelten wie Familie, Wohn-

gruppe oder Schule als auch für lebensweltliche Bereiche wie Nachbarschaften, Freizeitstätten, Einkaufszentren, kulturelle Orte oder gesellschaftliche Normen, die jeweils unterschiedlich intensiv und reziprok auf die Entwicklung des Einzelnen wirken und von ihm beeinflusst werden (Bronfenbrenner 1981).

• Inklusion und Bürgerzentrierung
Alles in allem lassen unsere bisherigen Ausführungen den Schluss zu, dass unabhängig der Art oder Schwere einer geistigen Behinderung und/oder Verhaltensauffälligkeit jede Person das Recht auf gesellschaftliche Zugehörigkeit (Inklusion, Partizipation), ja auf einen „Bürgerstatus" (citizenship) hat. Daher kommt dem Inklusionsgedanken eine prominete Rolle zu (Ramcharan et al. 2002a), den es mit „Leben" zu füllen gilt, so zum Beispiel durch die Sensibilisierung der nichtbehinderten Bevölkerung, (betroffene) Menschen mit geistiger Behinderung als Nachbarn und Mitbürger zu akzeptieren, durch Förderung und Unterstützung von Begegnungen zwischen Kindern, Jugendlichen, Erwachsenen und alten Menschen mit und ohne Behinderung sowie durch die Pflege von Kontakten mit Angehörigen und nichtbehinderten Bürgern (beispielsweise im Supermarkt, in einer Kneipe, auf dem Sozialamt ...; vgl. auch *Anmerkung* 17). Letztlich geht es uns um die (Wieder-)Belebung solidaritätsstiftender und -stabilisierender Bürgergemeinschaften (Nachbarschaften, Kirchengemeinde ...), die lebendige Beziehungen zum Anderen, zwischen Professionellen, Betroffenen und der nichtbehinderten Bevölkerung, emotional haltgebende Begegnungen und zugleich auch informelle Unterstützungsformen entstehen lassen. Bis vor kurzem war der Geistigbehindertenpädagogik (Behindertenhilfe) dieses Leitprinzip der „Bürgerzentrierung" weithin fremd – operierte sie doch fast ausschließlich im Lichte der traditionellen klinisch-therapeutischen Denkfigur (kritisch dazu Theunissen 2000). Neuere Entwicklungen hingegen signalisieren, dass es sich hier mehr als nur um eine Vision handelt, nämlich um eine professionelle Aufgabe, die mit Sicherheit zu einem festen Programm für die Behindertenarbeit (Heilpädagogik) avancieren wird (Theunissen & Schirbort 2005).

5.2 Zur Alltagsarbeit

5.2.1 Bereiche

Wenn wir einen Blick auf Konzepte einer Alltagsarbeit werfen, die für Menschen mit (schwerer) geistiger Behinderung und Verhaltensauffälligkeiten bestimmt sind, so stellen wir fest, dass in der Praxis häufig keine klaren Konturen erkennbar sind (Marquard, Runde & Westphal 1993, 100) oder dass der „ganzheitliche" Blick fehlt. So genügt es zum Beispiel nicht, eine Alltagsarbeit nur unter einem „verhaltenstherapeutischen Setting" zu konzipieren. Momente einer sinnerfüllten Lebensgestaltung, bei der es um Selbstbestimmung und Verwirklichung der Grundphänomene menschlichen Lebens (Du-Bezug; Geselligkeit; ästhetische Kulturbetätigung) geht, kämen dann viel zu kurz. Ebenso unzureichend wäre es, ein „Pflegemodell" zu priorisieren (z. B. Meyer 1997). So wichtig eine Pflege insbesondere geistig schwerst und mehrfach behinderter oder auch alter Menschen sein mag, Bildung, Freizeit und „Eingliederungshilfe" kann sie nicht ersetzen (Theunissen 2000a, 69ff.; 2002; 2003a). Daher greifen zum Beispiel Konzepte zu kurz, die aus der Umwandlung eines Wohnheims in ein Pflegeheim oder aus der Schaffung von Pflegegruppen bzw. Pflegeabteilungen in größeren Einrichtungen resultieren, wenn die Pflegeversicherung das Sagen bekommt. Andererseits gibt es nach wie vor Einrichtungen, in denen unabhängig dieses konservativen Roll-Back auf dem Gebiet des Wohnens pflegerisch dimensionierte Betreuungskonzepte überwiegen. Dies hat verschiedene Gründe, zum einen ist häufig noch eine mangelnde Loslösung vom psychiatrischen Versorgungsmodell auszumachen, zum anderen spielen aber auch Unkenntnis, ein unreflektiertes fachliches Selbstverständnis in der Heilpädagogik oder auch ein mangelndes Vertrauen in die Ressourcen geistig behinderter Menschen eine Rolle. Mitunter fehlen allein das Verständnis und Interesse für eine stärkenorientierte, emanzipatorische und integrative Behindertenarbeit. Dies gilt insbesondere für die Arbeit mit geistig schwerst- und mehrfach behinderten Menschen wie aber auch für älter werdende bzw. alte Personen mit geistiger Behinderung, deren Anspruch auf „Eingliederungshilfe" anscheinend immer häufiger in Frage gestellt wird. Diese durch Kostenträger und Verwaltungen beförderte Tendenz ist nicht nur – wie schon zuvor angedeutet – ethisch höchst bedenklich, sondern gleichfalls fachlich betrachtet ein Irrweg.

Überdies gehen wir davon aus, dass jeder Mensch mit geistiger Behinderung die gleichen Grundrechte wie jeder andere Bürger hat, und dazu zählt zum Beispiel das Recht auf gesellschaftliche Zugehörigkeit (Inclusion; „Citizenship") und Partizipation (Oliver 1996, 92f.). Damit besteht zugleich ein Anrecht auf entsprechende Unterstützung („Integrationshilfe"), die nicht durch ein Pflegekonzept verkürzt oder gar ausgeblendet werden darf. Unter Beachtung der speziellen Bedürftigkeit von geistig behinderten Menschen mit Verhaltensauffälligkeiten sowie mit Blick auf die oben anskizzierte normative Bezugsbasis schlagen wir sechs Bereiche vor, die im Rahmen einer Alltagsarbeit berücksichtigt werden sollten. Diese Bereiche betrachten wir als grundlegende Bestandteile einer „ganzheitlichen" Konzeption, in der unterschiedliche Hilfen und Interventionen, Formen einer Unterstützung oder Assistenz, Beratung, Bildung oder Förderung miteinander verschränkt zum Tragen kommen. Dies gilt insbesondere für den Bereich der rehabilitativen Pflege, der für eine Subjektvergessenheit und für den Verstoß gegen das Recht auf Intimität besonders anfällig ist. Außerdem können gerade mit geistig schwerst und mehrfach behinderten und verhaltensauffälligen Menschen existentiell wichtige Beziehungen häufig erst über basale pflegerische Prozesse aufgebaut und entfaltet werden (Bienstein & Fröhlich 1994; Meyer 1997).

• Rehabilitative Pflege
Der Bereich der rehabilitativen Pflege umfasst drei Schwerpunkte der Assistenz: Die sog. *Förder- oder aktivierende Pflege*; hier tritt ein dynamischer Pflegebegriff zutage, der mit der Zielsetzung einer Verselbstständigung oder auch Aufrechterhaltung einer Selbstpflege verbunden wird; damit soll sich die Hilfe zur Pflege so weit wie möglich überflüssig machen. Die größtmögliche Mitwirkung an der eigenen Pflege bzw. Versorgung verhindert darüber hinaus ein frühzeitiges Altern und ermöglicht ein würdevolles und sinnerfülltes Altern. Neben der aktivierenden Pflege gilt es auch eine (präventive) *Grundversorgung* (z. B. Sicherstellung ausreichender Flüssigkeitszufuhr, Dekubitusprophylaxe) sowie eine *Behandlungspflege* sicherzustellen, um dem gesundheitlichen Wohlbefinden der Betroffenen Rechnung zu tragen. Wichtig ist es, bei allen pflegerischen Hilfen stets das Prinzip der „Ganzheitlichkeit" zu beachten, wie es zum Beispiel Wittneben (1993, 204) in ihrem „Modell der multidimensionalen Patientenorientierung" anskizziert hat. Insgesamt betrachtet geht es im Bereich der Pflege vor allem um Körperpflege, Hygiene bzw. Intimpflege (z. B. Waschen, Duschen/Baden, Haare waschen, Nagel- oder Hautpflege, Zahnpflege, Kämmen, Rasieren, Monatshygiene/Sexualhygiene, Toilettenregelung, Windeln, Abführen, Anwenden von Pflegehilfsmitteln), Ernährungshilfe (z. B. Essen, Trinken, besondere Diät/ Schonkost, Sondenernährung), Unterstützung medizinischer Maßnahmen oder Notwendigkeiten (Medikamenteneinnahme, Begleitung bei Arztbesuchen, Krankenhausaufenthalten, ärztliche Verordnungen wie Wundversorgung, Epilepsie, akute Erkrankungen) sowie Mobilitätshilfe (z. B. Aufstehen/Zu-Bett-Gehen, Handhabung orthopädischer Hilfsmittel wie Rollstuhl oder Gehhilfen);

• Hausarbeit und lebenspraktische Assistenz
Dieser Bereich erstreckt sich auf assistierende Hilfen zur Bewältigung alltäglicher
Hausarbeiten, insbesondere auf eine hauswirtschaftliche Lebensführung und auf
lebenspraktisches Tun. Auch hierbei geht es um eine größtmögliche Verselbstständigung der Einzelnen. Leider wird häufig der Bereich der Hausarbeit als pädagogisches Lernfeld völlig verkannt. Die Palette möglicher Aktivitäten bzw.
Tätigkeitsfelder im Hauswirtschafts- und lebenspraktischen Bereich ist breit: z.
B. ein „Fertiggericht" oder Menü zubereiten, Kaffee kochen, Küchengeräte bedienen, Umgang mit Messer, Brot schneiden, Tisch decken oder abräumen, Ge-
schirr spülen, Putzen, Wischen, Fegen; Nahrungsmittel, Kleidung, Haushalts-
gegenstände oder Pflegemittel einkaufen, witterungsgemäße Kleidung auswählen, verschmutzte oder beschädigte Kleidung aussortieren, Taschengeld verwenden und einteilen, Umgang mit Geld, Führung eines Sparbuches, Telefonieren,
An- und Auskleiden, Kleidungsverschlüsse bedienen, Gestaltung und Ordnung
des Zimmers, Wechsel der Bettwäsche, Instandhaltung und Pflege persönlicher
Gegenstände, Umgang mit fremdem Eigentum, Zimmerpflege…;

• Freizeitbezogene Lebensgestaltung und ästhetische Praxis
Während die ersten beiden Bereiche der Existenzsicherung und Lebensbewältigung dienen, geht es nun um assistierende Hilfen zur individuellen, sinnerfüllten Freizeit- und Lebensgestaltung. Dabei kommt diesem dritten Bereich
eine doppelte Funktion zu: zum einen ist er als eigenständiges Sozialisationsfeld
aufzubereiten, um originäre menschliche (Freizeit-)Bedürfnisse (z. B. Spiel als
zweckfreies Tun) zu befriedigen. Zum anderen hat er die anderen Bereiche zu
durchdringen und zu vervollkommnen, damit der Alltag als Ganzes sinnerfüllt
erlebt werden kann. Schwerpunkte der Lebensgestaltung/ästhetischen Praxis erstrecken sich zum Beispiel auf Unterstützung und Pflege von Interessen/Hobbys,
auf eine individuelle und gemeinsame Freizeitgestaltung (Freizeitaktivitäten,
Spiele, gesellige Feste, Ausflüge, ästhetische Aktivitäten wie Malen, Basteln, Werken oder Handarbeiten, Tanz, Theater, Musik, Halten von Haustieren, Züchten
und Pflegen von Pflanzen, Urlaubsgestaltung, Musik-, Schwimm-, Sportgruppe,
Vereine), auf Gestaltung des Individualbereiches und der Gemeinschafts-
wohnräume zu einer Stätte der Geborgenheit und des Wohlbefindens (Gestaltung des eigenen Zimmers mit Bildern, Pflanzen; Möblierung; Beleuchtung;
Farbgebung; „Ästhetisierung" der Gemeinschaftsräume).

• Allgemeine Lebensberatung und Bildungsassistenz
Des Weiteren besteht die Aufgabe von Mitarbeitern, für jeden Bewohner im Hin-
blick auf Lebensfragen, Lern- oder Bildungsbedürfnisse, Interessen u. dgl. ein
Ansprechpartner zu sein. Daraus ergibt sich ein facettenreiches Angebots- und

Aufgabenspektrum für eine subjektzentrierte und gruppenbezogene Alltagsarbeit (z. B. Begleitung des Älterwerdens; Erarbeitung von Wünschen/Interessen/Vorstellungen zur Lebensgestaltung, einer Zielplanung oder Gestaltung eines individuellen Lebensentwurfs; Entdeckung oder Erarbeitung neuer Interessen; biographisches Arbeiten, z. B. Visualisierung einer Lebensrückschau mit positiven Erinnerungen durch Bilder[Geschichten], durch einen „Spurensicherungskasten" mit wichtigen Souvenirs; Lern- und Unterstützungsangebote zum Umgang mit einem persönlichen Budget, zum Erwerb oder zur Pflege von Kulturtechniken, z. B. zum Erkennen von Symbolen, Lesen von Signalwörtern oder kleinen Texten; Beratung bei Empfängnisverhütung; Beratung bei sozialen, rechtlichen und finanziellen Fragen; Hilfen und Begleitung bei der Durchführung von Bewohnerversammlungen zur Mitsprache bzw. Mitarbeit beim Heimbeirat, Förderung und Unterstützung von Selbstvertretungsgruppen; Hilfen zur Orientierung der eigenen Person, zur zeitlichen Orientierung im Alltag, bei der Jahresstrukturierung);

• Psychosoziale Lebenshilfe und körperliche Aktivierung
Dieser Bereich bezieht sich auf assistierende Hilfen, die speziell für die Arbeit mit verhaltensauffälligen geistig behinderten Menschen bestimmt sind und insbesondere zur Prävention und Kompensation psychischer Krisen, zum Abbau von Verhaltensproblemen, zur psychischen Stabilisierung und zu einem verbesserten Sozialverhalten beitragen sollen. Hierzu bieten sich einerseits individual- oder gruppenbasal aufbereitete Formen einer *psychosozialen Unterstützung* an (z. B. durch individuelle, problemorientierte Beratung; Gesprächsrunden zur Bearbeitung spezifischer Themen wie: Streit oder Mobbing in der Gruppe; Alkohol; Sinn und Zweck von Gruppenregeln; Verstoß gegen Gruppenabsprachen; Durchsetzung eigener Interessen; Umgang mit der eigenen Behinderung; Selbstbild und realistische Selbsteinschätzung; Kontaktschwierigkeiten; Angst; Verarbeitung persönlicher Probleme; Schwierigkeiten am Arbeitsplatz; Krisen- und Konfliktbewältigung in Alltagssituationen oder speziellen Lebenslagen; Probleme in der Partnerschaft oder mit der Sexualität; Sterben und Tod; Trauerarbeit [dazu Hoffmann 2002] u. a.).
Andererseits geht es neben der psychosozialen Lebenshilfe explizit um eine *körperliche Aktivierung* (z. B. durch Sport, Joggen, Sportspiele, Garten- oder Landarbeit), da immer wieder die Erfahrung gemacht wird, dass sich derlei Angebote gerade in der Arbeit mit „schwierigen" geistig behinderten Menschen, vor allem jungen Erwachsenen mit Neigungen zu aggressivem Verhalten (körperlichen Auseinandersetzungen, Sachzerstörung) und geistig schwer behinderten Personen mit eingeschränkten verbalen Kommunikationsfähigkeiten besonders bewähren (Nößner & Klauß 1996).

• Gesellschaftliche Integrationshilfe und kulturelle Partizipation
Hier geht es um explizit um Formen einer Unterstützung zur gesellschaftlichen
Integration, zur Teilnahme und Teilhabe am kulturellen Leben. Außenaktivitäten
(Erkunden des nahen und weiteren Lebensumfeldes, örtliche Orientierung, Ver-
kehrserziehung, Benutzung öffentlicher Verkehrsmittel, Nutzung öffentlicher
Ressourcen bzw. Dienstleistungsangebote wie Kaufhäuser, Café, Friseur, Kino,
Schwimmbad, Sparkasse; Wahrnehmung kultureller Veranstaltungen, Bildungs-
angebote wie VHS, Integration in Vereine, Behördengang) haben dabei einen
ebenso wichtigen Stellenwert wie die Öffentlichkeits- und Bezugsfeldarbeit (z. B.
Umgang und Zusammenarbeit mit Behörden/Verwaltung, Besuch anderer Einrichtungen, Elterntreffen, Zusammenarbeit mit Geschäften, Cafés, Dienstlei-
stungsbetrieben, Förderung der Nachbarschaftsbeziehungen, Veranstaltung gemeinsamer Unternehmungen mit Nichtbehinderten; Förderung eines [überre-
gionalen] People-First-Netzwerkes).

5.2.2 Angebote

Die Bedeutung „entwicklungsgemäßer" Angebote wird in der alltäglichen Arbeit
häufig unterschätzt. Denn je „passender" Aktivitäten für den Einzelnen sind, desto größer ist die Chance, dass er weder unter- noch überfordert wird. Zugleich
muss aber auch eine interessen- oder bedürfnisbezogene, wunsch- sowie altersgemäße Stoffauswahl statthaben. Die pädagogische Kunst besteht darin, diese
beiden Aspekte miteinander zu verschränken, so zum Beispiel durch einen attrak-
tiven Mediengebrauch (Video-Selbstdokumentationsprojekt; Fotografieren mit
einer Sofortbildkamera; Anlegen eines Fotoalbums und einer Fotowand), durch
eine ästhetische Praxis (Werken, bildnerisches oder plastisches Gestalten, Handarbeiten) oder durch lebenspraktische Tätigkeiten (Hausarbeiten, Kochen, Bak-
ken u. a.). Darüber hinaus kann sich auch im Kontext einer Alltagsarbeit der
Rückgriff auf problemorientierte (pädagogisch-therapeutische) Angebote (z. B.
basale körperorientierte Angebote zur psychisch-physischen Entspannung; sportliche Spiele, Fußball spielen, Waldlauf zur körperlichen Aktivierung) als zweckmäßig erweisen. Grundsätzlich sind individuelle Belastbarkeiten zu berücksichtigen; dies erfordert womöglich eine spezielle Tagesstrukturierung (regelmäßige
oder flexible zeitliche Planung/Durchführung von Aktivitäten; Wechsel von Ak-
tivitäts- und Ruhephasen), eine dosierte Angebotsstruktur (vom Leichten zum
Schweren) sowie eine Differenzierung/Zerlegung der Angebote in Sequenzen
bzw. kleinste Handlungseinheiten, so dass Schritt für Schritt gelernt werden
kann. Außerdem sollte bei der Auswahl „geeigneter" Angebote stets darauf geachtet werden, dass der Einzelne mitreden und mitentscheiden kann. Denn nur
dann leistet die Alltagsarbeit ihren Beitrag zum Abbau von Verhaltensauffälligkeiten und zur Entwicklung von mehr Autonomie.

5.2.3 Zeit

Der Faktor Zeit ist im Rahmen der Alltagsarbeit in doppelter Hinsicht bedeutsam: Zum einen kommen immer wiederkehrende zeitliche Abläufe (Tagesablauf, Wochenrhythmus, regelmäßige tagesstrukturierende Maßnahmen, gewohnte Rituale zu bestimmten Zeiten) den Bedürfnissen vieler geistig behinderter Menschen nach Verlässlichkeit und Sicherheit entgegen. Zum anderen bedarf es aber auch einer Flexibilisierung zeitlicher Abläufe, um individuelle Voraussetzungen und Bedürfnisse sowie aktuelle Belastbarkeiten zu berücksichtigen (z. B. Wechsel von Aktivitäts- und Ruhephasen; kürzere/längere Pausen). Ein rigides Festhalten an zeitlichen Regeln ist häufig haftbar zu machen für Fremdbestimmung und zusätzliche Verhaltensprobleme. Andererseits kann eine zeitliche Beliebigkeit im Hinblick auf Alltagsprozesse Diffusität im Alltag erzeugen und einem Zusammenleben in der Gemeinschaft abträglich sein. Beide Aspekte müssen so miteinander verschränkt werden, dass der Alltag in seiner Zeitdimension für den Einzelnen „passend" ist.

5.2.4 Soziale Kommunikation und Beziehungen

Die Gestaltung einer verlässlichen pädagogischen Beziehung (Bezugsassistenz) kann in der Alltagsarbeit geistig behinderter Menschen mit Verhaltensauffälligkeiten nicht hoch genug eingeschätzt werden. Darüber hinaus sollten aber auch Kommunikationen im sozialen Umfeld sowie Beziehungen in der Gruppe reflektiert und positiv beeinflusst werden. Gerade diese sind außerordentlich störanfällig und oft Auslöser für Krisen, Konflikte oder Verhaltensprobleme. Zu den Aufgaben der Alltagsarbeit gehört es, soziale Konflikte zu entschärfen, zwischen Interessen des Einzelnen, seiner Gruppe oder des sozialen Umfeldes (z. B. Nachbarschaft) zu vermitteln, soziale Kompetenzen zu unterstützen und ein Zusammenleben in der Gemeinschaft zu fördern (z. B. durch eine geschickte Gruppenzusammensetzung und Tischordnung; durch Gruppengespräche über Sympathien und Antipathien; Wahrnehmung und Stützung von Freundschaften; gemeinsame Gruppenerlebnisse; wöchentliche Bewohnerbesprechungen). Wenngleich spezielle Stützprogramme hierzu hilfreich sind, genügt es mitunter schon, alltägliche Situationen für soziale Lernerfahrungen zu nutzen.

5.2.5 Lebensmilieu

Ein Lebensmilieu, das Mitgestaltung und Kontrolle, die Realisierung individueller Interessen sowie die Verwirklichung der Grundphänomene menschlichen Lebens kaum zulässt, befördert psychisches Unwohlsein, Konflikte und Verhaltensauffälligkeiten. Ebenso ist eine funktionsorientierte, klinisch-pflegerisch dimensionierte Raumgestaltung einem subjektiven Wohlbefinden eher abträglich. Pädagogisch gesehen kommt es deshalb darauf an, ein Lebensmilieu zu schaffen, in dem sich der Einzelne sinnlich und sinnerfüllt wiederfinden kann (Brown, McLinden & Porter 2001, 34f.; Byers 2001, 149). Für geistig schwer(st) und mehrfach behinderte Menschen bietet eine basal orientierte Raumgestaltung (Liegelandschaft; Snoezel-Angebote) ein wichtiges „ästhetisches Erfahrungsfeld", das sinnliches Erleben und Handeln zulässt. Darüber hinaus kommt es auf die alltägliche Lebensgestaltung an. Subjektives Wohlbefinden wird nicht erst durch spezielle (heilpädagogische oder therapeutische) Maßnahmen erreicht, sondern der Alltag kann schon psychisch stabilisierend und förderlich sein, wenn er genügend Raum lässt für individuelle Lebensplanung und Lebensstilverwirklichung. Dies bedeutet, dass beispielsweise individuelle Gestaltungen der Bewohnerzimmer akzeptiert werden müssen, auch wenn diese nicht den Vorstellungen oder Normen Dritter (Mitarbeitern, Eltern) entsprechen sollten ("Unordnung" im Zimmer). Ferner kann im Einzelfalle (z. B. in der Arbeit mit Bewohnern, die zu Sachbeschädigungen neigen) eine spezielle Milieugestaltung erforderlich sein (z. B. verdübelte Holzbilder, vorübergehender Verzicht auf Blumen, Porzellan und Stehlampen, verdübelte bzw. verschließbare Fernseh- oder Rundfunkanlage, fest installierte Essbank, stabile und schwere Stühle), die einem häuslichen Wohnen eher abträglich ist. Hierzu muss gegebenenfalls bei Mitbewohnern um Verständnis geworben werden. Eine solche spezielle Raumgestaltung ist aber oft nur für einen begrenzten Zeitraum notwendig.

5.2.6 Assistierende Hilfen

Unser Konzept ist insgesamt betrachtet ein anspruchsvolles Unternehmen, das von den helfenden Berufen nicht nur Sachkenntnis, sondern gleichfalls soziale Kompetenzen erfordert, aber auch Chancen für die eigene Weiterentwicklung bietet. Die Prozesse im Rahmen der Alltagsarbeit sind in der Regel „ergebnisoffen", und das kann im Unterschied zu standardisierten Hilfeplänen oder symptomzentrierten Therapien den einzelnen Mitarbeiter verunsichern. Zudem verlangt das alltägliche Handeln vor dem Hintergrund des Autonomieprinzips eine permanente Gratwanderung zwischen professioneller Einmischung und Zurücknahme. Mit anderen Worten: Anstelle einer Fremdbestimmung durch Betreuung, Versorgung, Therapie oder heilpädagogischer Förderung kommt es auf eine professionelle Selbstbeschränkung, Bescheidenheit und Behutsamkeit an. Dabei müssen freilich Bedürfnisse geistig behinderter Menschen nach Unterstützung, Schutz, Halt und Geborgenheit gleichermaßen wie die individuellen Wünsche, Interessen, Stärken und Potentiale berücksichtigt werden. Und ebenso wenig dürfen Hospitalisierungserfahrungen, traumatisierende Erlebnisse, individuelle Schädigungen, gesundheitliche Aspekte, kognitive Beeinträchtigungen oder auch spezifische „klinische Bilder" (Trisomie 21) als mögliche Entwicklungsvoraussetzungen vernachlässigt werden.

Daraus ergibt sich, dass bei Menschen mit geistiger Behinderung eine umfänglichere Assistenz erforderlich sein kann als bei nicht intellektuell behinderten Personen, die sich selbst zu Wort melden und vertreten (auch Ramcharan et al. 2002b, 250). Dieser Aspekt führt uns zu einem zielgruppenorientierten Assistenz-Modell. Der Begriff der *Assistenz* (hierzu *Anmerkung* 33) lässt sich abgeleitet vom lateinischen Herkunftswort „assistentia" mit „Beistand, Mithilfe oder Unterstützung" übersetzen (Duden 1997, 48). Wir können daher die den behinderten Menschen assistierende Person auch als einen *Unterstützer* bezeichnen – so wie es sich Menschen mit Lernschwierigkeiten (geistiger Behinderung) wünschen (Göbel & Pusche 2003). Oft wird in Fachkreisen auch von einem „Begleiter" gesprochen. Dieser Begriff verleitet jedoch gleichfalls wie der überholte Begriff des „Betreuers" zu einer unreflektierten professionellen Beliebigkeit und steht damit in der Gefahr, zu einer Leerformel zu gerinnen. Dies hängt mit einer einseitigen Auslegung des Selbstbestimmungsbegriffs als „individuelle Freiheitskategorie" zusammen, die zu einer „Laisser-faire-Praxis" verführt und falsche Vorstellungen vom Grad der Unterstützungsbedürftigkeit erzeugen kann, indem berechtigte Bedürfnisse geistig behinderter Menschen nach Schutz und Hilfe vernachlässigt sowie Fähigkeiten zur Selbstständigkeit und Eigenverantwortung überschätzt werden (Wendeler 1993, 16). Insofern darf die Verabschiedung von der „fürsorglichen Belagerung" (Keupp) oder – mit Blick auf Menschen mit geistiger Behinderung – von der Vorstellung der „lebenslangen Hilfe" zugunsten einer „offenen Entwicklungsperspektive" nicht als ein Verzicht auf Unterstützung missverstanden werden. In diesem Sinne lassen sich acht zentrale Assistenzformen unterscheiden (dazu ausführlich Theunissen 2000, 125ff.), die zum Teil mit dem von Diewald (1991, 70ff.) vorgestellten „Konzept sozialer Unterstützung" eine Affinität aufweisen. Im Unterschied zu Diewald ist es uns jedoch nicht um die Auflistung von zentralen Leistungen „informeller Netzwerke" zu tun, sondern um die Benennung von Aufgaben der professionellen Arbeit mit geistig behinderten Menschen:

So steht die *praktische Assistenz*, wie sie auch von Menschen mit Körperbehinderungen und Sinnesschädigungen eingefordert wird, vor allem für personenbezogene Dienstleistungen und Arbeitshilfen (z. B. Hilfe bei der Körper- oder Krankenpflege; Hilfe im Haushalt; Hilfe bei kleinen Reparaturarbeiten; Gebärdendolmetscherdienste für Hörgeschädigte).

Die *dialogische Assistenz* versucht dem Bedürfnis der Betroffenen nach zwischenmenschlicher Beziehung Rechnung zu tragen, um Grundbedürfnisse nach sozialer Kommunikation, Zuwendung, Anerkennung, Geborgenheit, emotionalem Halt, Verbundenheit oder Mitmenschlichkeit zu befriedigen und psychisches Wohlbefinden zu bewirken. Vor allem Menschen mit schwerer geistiger Behinderung brauchen die personale Begegnung, wenn ihre kommunikative Kompetenz, Äußerungen, Befindlichkeiten, Bedürfnisse und Wünsche adäquat subjekthaft entziffert und erschlossen werden sollen. Authentizität, Wertschätzung, Offenheit, Annahme, Bestätigung, einfühlsames Wahrnehmen und Verstehen sind wichtige Kriterien einer Assistenz als dialogisches Verhältnis.

Wenngleich das dialogische Verhältnis möglichst symmetrisch sein soll, kann in der Arbeit mit geistig behinderten Menschen eine „volle Mutualität" (Buber), d. h. Gegenseitigkeit, nicht ohne weiteres erwartet werden. Häufig haben Menschen mit geistiger Behinderung Schwierigkeiten, ihre Situation oder Lebensperspektive zu überschauen und zu antizipieren sowie Normen, die an sie herangetragen werden, kritisch zu reflektieren. Hier gilt es stellvertretend (Ich-stützend und advokatorisch) zu entscheiden, zu handeln und Lebenszukunft zu planen. Aufgabe dieser *advokatorischen Assistenz* ist es, eine Fürsprecherfunktion zu übernehmen und individuelle Übersetzungs- und Mitteilungshilfe zu leisten. Eine solche Interessenvertretung muss eindeutig und authentisch sein und hat die Vorstellungen, Entscheidungen oder Lebensentwürfe des Betroffenen zu respektieren.

Aufgabe der *sozialintegrierenden Assistenz* ist es, geistig behinderten Menschen die Möglichkeit zu eröffnen und Unterstützung anzubieten, sich als Teil einer Gruppe zu verstehen und zu erleben („Vermittlung eines Zugehörigkeitsbewusstseins" [Diewald]) sowie in ein bestehendes oder zu schaffendes soziales Netzwerk aktiv einzubringen. Dazu gehören die Vermittlung sozialer Regeln und Normen, Lernangebote zur (Weiter-)Entwicklung sozialer und kommunikativer (verbaler und nonverbaler) Kompetenzen (z. B. sich eine eigene Meinung bilden und diese äußern, Sensibilität gegenüber anderen Menschen, Konfliktfähigkeit, Durchsetzungsvermögen, Zuhören können, Wahrnehmen und Ausdrücken eigener Bedürfnisse, seinen Platz in der Gemeinschaft finden, Ehrlichkeit, Offenheit) sowie assistierende Hilfen zur gesellschaftlichen Partizipation.

Im Rahmen *konsultativer Assistenz* erhält der Einzelne durch *gemeinsames* Beraten, gemeinsames Durchdringen von Lebensfragen oder gemeinsames Suchen nach Problemlösungen Unterstützung, zum Beispiel in „kritischen" Lebenssituationen, bei Konflikten mit Anderen, psychischen Krisen, Beziehungsproblemen, Alltagsbelastungen sowie bei der Entwicklung eines individuellen Lebensplans. Konsultative Assistenz zielt auf die Stärkung der Rolle des Betroffenen (hierzu auch Dowson 2002, 107ff.) zum Beispiel auch als Kunde oder Konsument von Dienstleistungen (Umgang mit einem persönlichen Budget), setzt auf den Dialog und bezweckt die freie Entscheidung des Ratsuchenden. Der Verzicht auf Instruktion oder auf eine fachmännische Haltung des Besser-Wissens bedeutet im Rahmen einer Konsultation freilich nicht, alles, was der Andere sagt, hinzunehmen, zu befürworten oder gar gutzuheißen, denn „die Toleranz gegenüber eigensinnigen Lebensweisen darf nicht grenzenlos sein. Sie endet dort, wo Grundwerte von Interaktion und sozialem Austausch wie z. B. die Achtung vor der physischen und psychischen Integrität des anderen und der Verzicht auf schädigende Angriffe in Gefahr geraten" (Herriger 2002, 74). Um die konsultative Unterstützung und insbesondere die Entscheidungskompetenz Betroffener fruchtbar werden zu lassen, müssen sehr oft zusätzliche "sachbezogene Informationen" gegeben werden.

Es steht außer Frage, dass den bisher genannten Assistenzformen im Hinblick auf ein bildendes und persönlichkeitskonstituierendes Lernen Grenzen gesetzt sind. Daher bedarf es auch einer *facilitatorischen Assistenz*, die durch ein pädagogisches Arrangement von stimulierenden (Lern-)Situationen oder Angeboten auf der Basis „offener Curricula" zu einem signifikanten Lernen (Rogers 1974, 274), zu individuell bedeutsamen Lern- und Entwicklungsprozessen, beitragen soll (hierzu Praxisbeispiele in Theunissen 2000, 212ff.).

Im Unterschied zur facilitatorischen Assistenz bietet die *lernzielorientierte Assistenz* strukturierte (Lern-)Hilfen oder auch systematische Unterstützung zur Aneignung sinnerfüllter Handlungen oder zum Erwerb subjektiv bedeutsamer Fertigkeiten an. Die Bedeutung dieses Angebots ergibt sich daraus, dass es Situationen gibt, in denen am Besten mittels didaktisch-strukturierter Hilfen gelernt werden kann. Dies ist freilich nur auf dem Hintergrund einer Subjektzentrierung legitim und setzt voraus, dass die Betroffenen etwas lernen möchten (z. B. Umgang mit Geld; Lesen und Schreiben; selbstständig einkaufen; Fahrrad fahren; sich im Verkehr zurechtfinden; spezifische lebenspraktische oder hauswirtschaftliche Fertigkeiten; sozial-kommunikative Ausdrucks- und Umgangsformen), dass mit ihnen gemeinsam ein entsprechendes didaktisches Konzept geplant und vereinbart wird, welches der Strukturdeterminiertheit des Betroffenen entspricht. Außerdem sollte die Kontrolle und Evaluation eines lernzielorientierten Curriculums stets gemeinsam erfolgen.

Eine assistierende Hilfe würde zu kurz greifen, würde sie sich ausschließlich den Wünschen Betroffener verschreiben und dabei den Anspruch der Gesellschaft sowie gegebene soziale und ökologische Rahmenbedingungen ignorieren. Das Verhältnis zwischen individuellen Interessen und Umweltanforderungen ist häufig widersprüchlich, konfliktträchtig oder problembefördernd, weshalb eine konsultative Assistenz zur Auflösung von Antinomien oder Problemen hilfreich ist. Diesem Angebot sind aber insbesondere in der Arbeit mit Menschen, die als geistig schwer(st) behindert gelten, Grenzen gesetzt, weshalb auf eine advokatorische Assistenz nicht verzichtet werden kann. Selbst diese Unterstützungsform reicht mitunter nicht aus – und zwar dann, wenn wir es mit einer Selbst- oder Fremdgefährdung, schweren Verhaltensauffälligkeiten, psychischen Störungen oder psychosozialen Krisen zu tun haben. Hier bedarf es spezifischer Hilfen, für die wir den Begriff der *intervenierenden Assistenz* reserviert haben. Darunter verstehen wir eine persönliche Hilfe im Form einer „vermittelnden Unterstützung" (auch Kapitel 4), die über ein bloßes „Eingreifen" oder „Dazwischentreten" hinausgeht, insofern sie sich am Autonomiebedürfnis des Betroffenen orientiert und das (dialogische) Vertrauensverhältnis, welches eine Assistenz fühlbar durchdringt, nicht leichtfertig aufs Spiel setzt. So gibt es zum Beispiel im Alltag immer wieder Situationen einer Gesundheits-, Selbst- oder Fremdgefährdung, die ein assistierendes Intervenieren notwendig machen (z. B. beim Trinken von Lösungsmitteln, Verschlucken kleiner Gegenstände; bei Neigung zu einem desorientierten Weglaufen mit Verkehrsgefährdung). Psychosoziale Krisen erfordern eine Krisenintervention, und im Falle von Verhaltensauffälligkeiten sind intervenierende Hilfen notwendig, wenn andere Assistenzformen nicht greifen. Die Begriffskombination „intervenierende Assistenz" wird mitunter als euphemistisch fehlgedeutet (Rothenberg 2002, 186). Eine solche Auslegung ist jedoch unzulässig, da es uns nicht – wie schon oben erwähnt – um fremdbestimmende Eingriffe zu tun ist, die womöglich als Formen von Gewalt die allgemeinen Menschenrechte gefährden oder gar verletzen. Die Formulierung „intervenierende Assistenz" haben wir bewusst gewählt, um der Notwendigkeit Ausdruck zu verleihen, auch in kritischen Situationen oder im Umgang mit Verhaltensauffälligkeiten das Autonomiebedürfnis des betroffenen Menschen grundsätzlich zu respektieren. Auf keinen Fall darf die intervenierende Assistenz absolut gesetzt werden. Genau dies ist ein Problem vieler Interventionen, die nicht selten recht unreflektiert im Hinblick auf Persönlichkeitsrechte zur Anwendung kommen und oftmals den Lebensweg eines Menschen, der als geistig behindert und verhaltensauffällig gilt, fürsorglich belagern und nahezu gänzlich bestimmen (kritisch dazu auch Burke & Dalrymple 2002, 56).

Wichtige Anregungen, die zu unserem Modell geführt haben, sind zunächst einmal Grundüberzeugungen und Leitprinzipien aus der Empowerment-Philosophie (Theunissen 2000; Theunissen & Plaute 2002; Ramcharan et al. 2002a). Ferner haben Wünsche und Vorstellungen, wie sie von Menschen mit Lernschwierigkeiten (geistiger Behinderung) an die sog. Fachwelt herangetragen werden, in unserem Assistenz-Modell Eingang gefunden (*Anmerkung* 18). Darüber hinaus wurde der Erkenntnis Rechnung getragen, dass sich das Modell einer *„persönlichen Assistenz"*, wie es von Menschen mit Körper- oder Sinnesbehinderungen favorisiert wird (hierzu Theunissen & Plaute 2002, 49; Steiner 2002), nicht vorbehaltlos auf die Arbeit mit geistig behinderten Menschen übertragen lässt. Die Assistentenrolle bei Menschen mit geistiger Behinderung ist eben „nicht lediglich die eines praktischen Helfers, sondern ebenfalls einer wichtigen Bezugsperson, auch für die persönliche Lebensplanung und die Kommunikation" (Bradl 1996, 198). Im Prinzip handelt es sich hierbei um ein in der Heilpädagogik alt bekanntes Anliegen. Daher ist es wichtig, sich den Unterschied zwischen dem von uns favorisierten Assistenz-Modell und den traditionellen Helfer-Modellen im Bereich der Behindertenarbeit noch einmal deutlich zu vergegenwärtigen (Theunissen & Plaute 2002, 32ff.): Die Assistenzformen im Sinne von Empowerment gewinnen ihre Bedeutung nur durch die Herstellung von Zusammenhängen in einer geschlossenen Gestalt; sie dürfen also nicht isoliert zur Anwendung kommen bzw. entkontextualisiert werden. Nur in ihrer interdependenten Verknüpfung geht von ihnen eine Synergiewirkung aus, die den skizzierten Leitprinzipien Rechnung zu tragen verspricht; und nur dieses Denken und Handeln in Zusammenhängen bietet Gewähr, dass tatsächlich im Unterschied zur traditionellen Praxis keine Betreuungs- oder Behandlungsbedürftigkeit inszeniert wird. Wir können uns den Unterschied am Beispiel des Begriffs der Förderung vor Augen führen: Förderung im Sinne der traditionellen Heilpädagogik bedeutet, etwas aus einem behinderten Menschen zu machen (Speck 2003, 330, 372). Förderung im Sinne des Empowerment-Konzepts bedeutet, einen behinderten Menschen so zu unterstützen, dass er aus sich selbst etwas machen kann. Dazu müssen einzelne Assistenzformen vom betroffenen Menschen aus (subjektzentriert), mit ihm gemeinsam (kooperativ) und – jede nach Schwere der kognitiven Beeinträchtigung – auch für ihn (antizipatorisch) erschlossen und situationsspezifisch fokussiert werden. Wie sich dies in der Praxis auswirken kann, lässt sich an den Extremen verdeutlichen: Ein behinderter Mensch mit einer leichten intellektuellen Beeinträchtigung wünscht sich im Hinblick auf einen Umzug in eine eigene Wohnung professionelle Unterstützung durch seinen Bezugsmitarbeiter (dialogische Assistenz) in Form einer gemeinsamen Beratung (konsultative Assistenz). Ein hospitalisierter Mensch mit einer schweren geistigen Behinderung, der sich zudem nicht sprachlich verständigen kann, benötigt nicht nur ein hohes Maß an kommunikativer, lebenspraktischer und facilitatorischer Unterstützung, sondern im Hinblick auf seine Lebenssituation auch advokatorische Assistenz. Darüber hinaus neigt er zur Selbstgefährdung, so dass ihm in kritischen Situationen durch intervenierende Assistenz beigestanden werden muss. Ein solcher Assistenzbedarf lässt sich im Rahmen einer „persönlichen Lebensplanung" (dazu Kapitel 5.2.8), eines Unterstützerkreises (Circles of Support) oder „Group Action Planning" (Turnbull & Turnbull III 2001) bestimmen.

5.2.7 Pädagogische Methoden

Alle Methoden, die in der alltäglichen und speziellen Arbeit mit verhaltensauf-fälligen geistig behinderten Menschen zur Anwendung kommen sollen, müssen grundsätzlich sowohl von den allgemeinen Leitprinzipien als auch von den indi-vidualisierten Zielsetzungen her begründbar sein.

Jede Methode enthält darüber hinaus inhaltliche Vorentscheidungen (Orientie-rung an den Angeboten), außerdem sind institutionelle und organisatorische Rahmenbedingungen (Wohngruppe, Raumfrage, Zeit) zu reflektieren, bevor eine Methodenauswahl getroffen werden kann. Diesbezüglich sollten verschiede-ne Ebenen unterschieden werden:

• Lehrmethoden und Phasenmodelle

Diese erste Ebene der Methoden ist lernpsychologisch bedeutsam (vor allem zur Aneignung von Wissen, Kenntnissen oder zur Begriffsbildung) und hat für den *direkten* Umgang mit Verhaltensauffälligkeiten noch keine spezifische Bedeu-tung. Wohl aber spielt sie im Kontext des „positive behavior support" (Carr et al. 1999) bzw. dort, wo es darum geht, das individuelle Verhaltensrepertoire zu er-weitern, eine wichtige Rolle. Dahinter verbirgt sich die Erkenntnis, dass es in der Regel mehr Sinn macht, einem Betroffenen ein alternatives Verhalten (z. B. posi-tive Bewältigungsstrategie) beizubringen, als an seinen Verhaltensauffälligkeiten anzusetzen (Symptomzentrierung) und ihn zu sanktionieren.

In der pädagogischen Arbeit mit geistig behinderten Menschen wird gerne auf das Konzept des „handelnden Lernens" nach Galperin (1972) zurückgegriffen. Es unterscheidet fünf Phasen, eine Motivierungsphase, bei der es um Interessenfin-dung und Motivauswahl geht, eine Orientierungsphase zur Bestimmung des Handlungsziels, zur Einschätzung der Situation, zur Ermittlung der Merkmale des Lernstoffes sowie zur Auswahl und Bereitstellung von Materialien; ihr folgt die Durchführung, die eine Phase der materiellen Handlung (z. T. mit sprachli-cher Begleitung) und eine Phase der materialisierten Handlung (z. B. Erarbeitung eines Modells) umfasst; danach kommt die Phase der sprachlichen Darstellung der Handlung ohne Durchführung und schließlich die fünfte Phase des gedank-lichen Arbeitens ohne Verbalisierung. Damit ist die Handlung Bestandteil des Denkprozesses geworden. Es können allerdings nicht alle Menschen mit geistiger Behinderung von diesem Ansatz profitieren. Zum Beispiel bietet es sich in der Arbeit mit geistig schwerst behinderten Menschen an, ihn durch die Strukturie-rung des Lernprozesses nach Piagets Phasen der sensomotorischen Entwicklung (Piaget 1975; Piaget & Inhelder 1978, 14ff.) zu verfeinern bzw. zu modifizieren. Weitere methodische Gestaltungsmomente sind (grobmaschige) Phasenmodelle (wie etwa die Phase des Aufbaus, der Stabilisierung oder Wiederholung, der

Anwendung und des Transfer sowie der Differenzierung von Verhalten), das (Lern-) Prinzip der „kleinen Schritte", das Prinzip „vom Leichten zum Schweren" oder das der „gemäßigten Neuartigkeit" (Ginsburg & Opper), welches besagt, dass erfolgreiches Lernen am ehesten stattfinden kann, wenn die Angebote, Inhalte und Materialien weder über- noch unterfordern sowie in die Zone der nächst höheren Entwicklung führen.

• Verfahrensweisen
Eine zweite Ebene bilden die sog. Verfahrensweisen. Hierbei denken wir insbesondere an Techniken oder Arbeitsformen, die einer bestimmten, in der Regel festgelegten, methodischen Strukturierung oder Vorgehensweise bedürfen. Dies gilt z. B. für Musik-Malen, druckgrafische Verfahren, plastisches Gestalten, Basale Kommunikation, integrative Körpertherapie oder andere pädagogisch-therapeutische Verfahren. Derlei Methoden sind weniger in der Alltagsarbeit als vielmehr in der speziellen Pädagogik dominant (auch Kap. 5.3). Ohne Einbettung in lebensweltliche Systeme und Zusammenhänge macht der Rückgriff auf solche Angebote, durch die sich die Heilpädagogik gerne definiert, jedoch wenig Sinn.

• Allgemeine „positive" Verkehrsformen
Die dritte Ebene betrifft professionelle Handlungsmuster, die unabhängig von Verhaltensauffälligkeiten selbstverständlich sein sollten. Gemeint sind pädagogische Impulse und Umgangsformen, die einem kommandohaften Befehlston, Anweisungen, reglementierenden und rigiden Instruktionen, die in der Vergangenheit die Arbeit mit geistig behinderten Menschen oftmals maßgeblich bestimmt haben und für „heilpädagogische Übungsbehandlungen" (Klein-Jäger 1978; Krimm-Fischer 1986) typisch waren, diametral gegenüber. Wichtige allgemeine „positive" Verkehrsformen sind zum Beispiel:
• Interessen, Bedürfnisse oder Wünsche aufgreifen und unterstützen;
• von Stärken, Fähigkeiten und Fertigkeiten ausgehen und entsprechende Situationen arrangieren, die lern- und entwicklungsfördernd sind;
• „positive" Signale, Spontanaktivitäten oder Initiativen erkennen, aufgreifen und unterstützen;
• blockierte Entwicklungspotentiale öffnen und stärken;
• neue Verhaltensweisen anfänglich an vertrauten Materialien und Ereignissen fördern und allmählich neue Angebote in bekannte Situationen hinzufügen;
• Situationen derart gestalten, dass ein gewünschtes (subjektiv bedeutsames) Verhalten ohne korrigierende Einflussnahme wahrscheinlich wird;
• Routinen über positive Spontanaktivitäten eines Betroffenen aufbauen, das Verhalten stabilisieren und allmählich durch neue Angebote differenzieren;
• über altersgemäße und attraktive Angebote zu neuem Verhalten oder Probehandlungen anregen, motivieren und ermutigen;

- kooperieren bzw. gemeinsam handeln;
- ausprobieren lassen;
- aufmerksames zuhören und aussprechen lassen;
- trösten;
- psychisch-physische Entspannung, Ruhe, Geduld und empathische Gelassenheit ausstrahlen;
- non-verbale Signale (Körpersprache) positiv einsetzen;
- helfen, aber nur soviel wie nötig;
- zunächst vormachen, ggf. führen und dann alleine entscheiden, ausführen oder handeln lassen;
- fragen oder vorschlagen, um Entscheidungsautonomie zu fördern (z. B. zwischen Alternativen wählen lassen);
- Selbstvertrauen und Selbstwertgefühl aufbauen und stärken;
- die Alltagsarbeit so gestalten, dass täglich genügend Angebote für eine sinnerfüllte Lebensgestaltung bestehen;
- genügend positive soziale Kontakte innerhalb und außerhalb der primären Lebenswelt anbieten und zulassen;
- eine offen-neutrale Grundhaltung einnehmen und Schuldzuschreibungen vermeiden;
- sozial wertvolle Aufgaben und Rollen nutzen und unterstützen.

- Verhaltensaufbauende und -stabilisierende Methoden
Manche Verhaltensprobleme lassen sich kompensieren, abbauen oder gar auflösen, indem positive Verhaltensäußerungen oder Handlungen in der sog. konfliktfreien Zeit gezielt unterstützt und aufgebaut werden (positive behavioral support). Anregungen und Techniken aus der *Verhaltenstherapie* haben hier ihren Stellenwert (Fliegel u. a. 1998, 35ff.; auch Westling & Fox 1995, 314ff.). In der Theorie und Praxis der Verhaltenstherapie wird davon ausgegangen, dass sich die Auftretenswahrscheinlichkeit eines positiven Verhaltens erhöht, wenn die entsprechenden Verhaltensweisen unmittelbar nach ihrem Auftreten verstärkt werden. Diesbezüglich gibt es differenzierte Interventionskonzepte mit Verstärkerplänen, die in Verbindung mit der funktionalen Verhaltensanalyse insbesondere bei geistig behinderten Menschen mit selbstverletzendem Verhalten zum Einsatz kommen (Neukäter, Mühl & Schulz 1996; Kahng, Iwata & Lewin 2002). Als *positive Verstärker* gelten:
- Soziale Zuwendung (Lob, Anerkennung, Ermutigung, Zustimmung ...)
- Nahrung (Süßigkeiten, Getränke ...)
- Token (Spielmünzen, Chips)
- Spielmaterialien oder Gegenstände (z. B. Bilder)
- Aktivitätsangebote (Sportliche Spiele, Gesellschaftsspiele, Backen ...)

Bredenkamp und Bredenkamp (1973) nennen darüber hinaus noch die *Selbst-bekräftigung* als sog. interne Verstärkung, die zuvor nicht direkt beobachtbar, aber aus bestimmten Äußerungen oder Ausdrucksformen geschlossen (vermutet) werden kann, so z. B. wenn „das Individuum Befriedigung oder Freude verspürt, wenn es sich bestimmte Kenntnisse oder Fertigkeiten aneignet oder Einsichten in Probleme gewonnen hat" (ebd., 26; zur Selbstverstärkung auch Fliegel u. a. 1998, 72ff., 184ff.).

Wenngleich die Wirksamkeit materieller und sozialer Verstärkung in vielen Untersuchungen an einer großen Zahl an geistig behinderten Kindern und Jugendlichen nachgewiesen worden ist, darf daraus nicht geschlossen werden, dass dieselben Verstärker bei jedem geistig behinderten Menschen gleichermaßen wirksam sind. Ein geistig behindertes Kind, das keine Gummibärchen mag, kann wohl kaum durch Gummibärchen in seinem positiven Verhalten verstärkt werden. Wichtig ist somit stets die subjektzentrierte, bedürfnis- oder interessenorientierte Auswahl geeigneter Verstärker. Hinzu kommt die Frage nach dem Einsatz bestimmter Verstärker. Soziale Verstärker sollten prinzipiell Vorrang haben. Erst wenn keine erwünschte Wirksamkeit zu beobachten ist, sollten andere positive Verstärker ausprobiert werden. Als günstig wird eine Kombination von sozialen und materiellen Verstärkern eingeschätzt, um dadurch u. a. Rigidität, mechanisches Lernen, extrinsische Motivationsabhängigkeit oder Fixierungen auf bestimmte Nahrungsmittel zu vermeiden. Token-Systeme (hierzu Hippler & Scholz 1974) gelten als besonders effektiv. Im Rahmen eines bestimmten Zeitabschnitts erhalten Betroffene beim Auftreten ihres positiven Verhaltens unmittelbar Punkte, Wertmarken o. ä., die sie dann später gegen begehrte Dinge, Nahrung oder Aktivitäten eintauschen können. Nach Kohn (1991, 500) handelt es sich hierbei aber gleichermaßen wie bei anderen Programmen, die auf externe Verstärkung setzen, um eine „Bestechung". Dieser Vorwurf trifft vor allem Verstärkersysteme, die es versäumen, auch Selbstbekräftigungsäußerungen zu verstärken, um den Weg von der Fremdsteuerung und Fremdkontrolle zum Selbstmanagement (Koegel et al. 2001, 15ff.; Kanfer, Reinecker & Schmelzer 1991), zur Selbststeuerung und Selbstkontrolle zu ebnen (dazu auch Neukäter 1981; v. Lage 2002; Nezu & Nezu 1994, 37). Hilfreich können hierbei sog. *Kontingenzverträge* sein, indem mit Betroffenen gemeinsam Verstärker festgelegt werden, die eine Belohnung erwünschten Verhaltens oder Tätigkeiten sein sollen (vgl. auch Kapitel über präventive Methoden). Denkbar ist auch der Rückgriff auf einfach angelegte Stimmungsbarometer oder Smilie-Skalen zur Selbsteinschätzung.

• Spezielle (symptomorientierte) Interventionsformen
Bei dieser fünften Ebene handelt es sich um gezielte pädagogische Interventionen oder Kunstgriffe, die sich weithin am auffälligen Verhalten und der Problemsicht

orientieren. Bekanntlich gibt es viele pädagogische Alltagssituationen, in denen sofort gehandelt werden muss, in denen zum Beispiel eine Intervention zur Vermeidung einer Selbstgefährdung, zur Auflösung eines Konflikts mit tätlichen Auseinandersetzungen oder zur Eingrenzung aggressiver Verhaltensweisen notwendig sein kann. Insofern geht es hier um ein *pädagogisches Situationsmanagement* (kurzfristige Maßnahmen), das freilich nur dann Sinn macht, wenn es dem Rahmenkonzept (langfristigen Zielsetzungen) nicht widerspricht. Insofern liegt es uns fern, ein Konzept etwa durch pädagogische „Tricks" zu ersetzen. Ein pädagogisches Situationsmanagement (dazu auch Carr et al. 2000, 11ff.) reicht keineswegs aus, dauerhafte Veränderungen (Problemauflösungen) zu bewirken. *Symptomzentrierte Interventionsformen sind keine Problemlösungsstrategien, sondern nur pädagogische Techniken, um Krisen- oder Konfliktsituationen kurzfristig zu managen.* Einige der genannten Interventionen werden schon seit geraumer Zeit im Umgang mit verhaltensauffälligen Kindern und Jugendlichen mit Erfolg angewandt (Redl & Wineman 1976). Deshalb dürfte die eine oder andere Technik bekannt sein. Wenn wir sie dennoch aufführen, so hängt dies vor allem damit zusammen, dass wir einerseits einen Überblick über verschiedene Interventionsmöglichkeiten geben wollen (McGee & Menolascino 1991, 165ff.; Heinrich 2001). Gerade hierzu gibt es noch zu wenige Hinweise in der einschlägigen Literatur. Andererseits wollen wir mit unserer Auflistung unterschiedlicher Techniken zum Nachdenken und zur Selbstkritik professioneller Helfer beitragen, da nach unseren Erfahrungen und Beobachtungen viele der genannten Strategien unreflektiert und unkontrolliert in der Alltagsarbeit zum Einsatz kommen und – wenn es sich um aversive Techniken handelt – vermieden, d. h. möglichst durch präventive Interventionen (hierzu Carr et al. 1999; 2000) ersetzt werden sollten. Folgende Interventionsmethoden erscheinen uns besonders erwähnenswert:

Auffälliges Verhalten bewusst ignorieren
Diese Interventionsform lässt sich dort einsetzen, wo keine Folgeschäden für die Person zu erwarten sind. Autoaggressionen mit Verletzungsgefahr oder Fremdaggressionen mit schwerer Sachbeschädigung lassen sich in der Regel nicht einfach ignorieren. Andere Auffälligkeiten (z. B. ein gespielter Anfall oder ein hypochondrisches Verhalten) können dagegen eher ignoriert werden, wenn zugleich sichergestellt ist, dass die betreffende Person in der konfliktfreien Zeit genügend Zuwendung und Angebote erfährt.

Direkter Appell
Von dieser Strategie wird wohl am meisten im Umgang mit verhaltensauffälligen Kindern und Jugendlichen Gebrauch gemacht. Ihre Wirksamkeit ist in hohem

Maße mitarbeiterabhängig, d. h. sie richtet sich ganz nach der Persönlichkeit, dem Durchsetzungsvermögen und Auftreten sowie dem Status des einzelnen Mitarbeiters (oder anderer Bezugspersonen). Eher wirkungslos bleiben Appelle von Mitarbeitern, die im sozialen Umfeld als „schwach" erlebt werden; bei anderen dagegen, mit einer starken Persönlichkeit und Ausstrahlungskraft, genügt nur ein kurzer Appell (z. B. mit wenig Worten in einer klaren Sprache), um einen drohenden Konflikt zu stoppen. Zu viele Appelle befördern eine einseitige Kommunikation und münden letztlich in ein unwirksames, kaltes Agieren.

Intervention durch Signale
Manchmal können schon einfache Signale wie ernster Blick, Finger heben, Kopfschütteln oder warnender Laut genügen, um den Betreffenden von seinem auffälligen Verhalten abzuhalten. Eine solche Missbilligung seines Verhaltens durch Mimik oder Gestik ist in der Regel nur auf dem Hintergrund einer positiven Beziehung (Bezugsassistenz) wirksam. Außerdem ist diese Technik nur dann angezeigt, wenn der Betreffende noch nicht einen hohen Erregungsgrad erreicht hat, in dem er zusehends die Kontrolle über sein Verhalten verliert.

Kontrolle durch unmittelbare Anwesenheit
Es gibt Konflikte, die immer wieder ähnliche Muster aufweisen und auf Dauer vorhergesehen werden können. Manchmal reicht es dann aus, wenn man sich rechtzeitig unmittelbar am Ort des Krisenherds aufhält, sich in direkter Nähe zur betreffenden Person befindet. Dies kann beruhigend wirken, Sicherheit bedeuten und muss nicht zwangsläufig als Bedrohung erlebt werden.

Beruhigung durch körperlichen Kontakt
Dort, wo die direkte Anwesenheit nicht ausreicht, kann man versuchen, durch körperlichen Kontakt (z. B. Arm um die Schulter legen, Hand halten, freundlich auf die Schulter klopfen) eine aufkommende Erregung, einen Wutanfall oder Aggressionsausbruch zu dämpfen oder kompensatorisch-präventiv einzugrenzen. Diese Intervention hat sich vor allem auch beim Abbau von sedierender Arznei bewährt (z. B. zur körperlichen Beruhigung während der Mahlzeiten).

Krisenmanagement durch Humor
Es gibt Situationen, in denen allein durch eine humorvolle Reaktion aufkommende Spannungen entschärft werden können. Wird z. B. ein Bewohner durch einen anderen plötzlich beschimpft, so kann man die Beschimpfung aufgreifen und auf sich selbst lenken, indem man humorvoll auf eigene Schwächen und Pannen aufmerksam macht. Eine solche humorvolle Geste muss echt sein und hat mit Ironie oder Sarkasmus nichts zu tun.

Einschränkung der räumlichen Bewegungsfreiheit und der Verfügbarkeit von Gegenständen

Mitarbeiter stehen in der Alltagsarbeit häufig vor der Entscheidung, einschneidende (Sofort-)Maßnahmen zu ergreifen, um ein plötzlich auftretendes auffälliges Verhalten einzugrenzen. Hierzu zählen zum Beispiel die Abnahme oder der Verschluss von bestimmten Gegenständen (z. B. großes Messer, Medikamente, Schere, Feuerzeug), wenn die akute Gefahr ihrer Zweckentfremdung besteht. Darüber hinaus kann es Situationen geben, in denen Räume oder Schränke abgeschlossen werden müssen (Küche, Küchenschränke), um beispielsweise ein massives Verlangen nach Essen einzugrenzen. Solche Eingriffe sind nicht populär, und sie haben keinen Lerneffekt, wenn sie losgelöst oder gar im Widerspruch zu einem langfristig angelegten individualisierten Konzept zum Einsatz kommen. Überdies leisten sie keinen Beitrag zur Selbstbestimmung geistig behinderter Menschen, weswegen sie nur eine „Ausnahmesituation" kennzeichnen sollten.

Körperliches Eingreifen und Festhalten

Diese Intervention darf nicht mit körperlicher Gewaltanwendung etwa im Sinne eines Schlagens, Verletzens oder einer Schmerzzufuhr verwechselt werden. Damit hat die von uns hier gemeinte Methode nichts zu tun. Es handelt sich lediglich um eine „Notwehrmaßnahme", die der Selbstverteidigung, der Verhinderung von Selbst- oder Fremdgefährdung wie auch der Eingrenzung und Kontrolle eines eskalierenden aggressionsgeladenen Konflikts dienen kann. Wird zum Beispiel ein geistig behinderter Mensch bei einem extremen Aggressionsausbruch festgehalten, so darf dies nur eine vorübergehende Schutzmaßnahme sein, um die betreffende Person oder auch andere zu schützen. Dabei darf sich der Festhaltende keine feindselig gelagerte Gegenaggression erlauben, überhaupt sollte der Beigeschmack einer ablehnenden Haltung dem behinderten Menschen gegenüber vermieden werden. Die Respektierung und Wertschätzung seiner Person darf bei einem solchen drastischen Eingriff nicht aufs Spiel gesetzt werden. Die fest- oder zurückgehaltene Person muss spüren, dass es sich hier nur um eine augenblickhafte Situation handelt, die das grundsätzliche Vertrauen in die betroffene Person bzw. eine hintergründige positive Beziehung nicht aufhebt. Besteht diese Sicherheit nicht, kann es zu unmittelbaren oder auch zeitlich versetzten Gegenreaktionen kommen, die das körperliche Eingreifen oder Festhalten dann zu einer aggressionsfördernden Intervention entgleisen lassen. Ferner gilt zu bedenken, dass diese Technik nur dann Sinn macht, wenn der jeweilige Mitarbeiter den behinderten Menschen physisch überlegen ist. Diese Überlegenheit darf freilich nicht leichtfertig ausgespielt werden. Außerdem sollte immer versucht werden, das physische Eingreifen mit der Technik des Umlenkens zu kombinieren, um den behinderten Menschen nicht einer Situation hilflos auszuliefern.

Umlenken

Kritische Alltagssituationen oder drohende Konflikte können im Einzelfalle auch durch ein Umlenken aufgelöst oder entschärft werden. Bei dieser Technik werden dem betreffenden behinderten Menschen subjektiv bedeutsame Handlungsalternativen oder Vorschläge (z. B. auch zum Entspannen oder zur körperlichen Aktivierung) gemacht, die ihn zum Aufgeben seines aktuellen Verhaltens bewegen sollen (dazu auch Horner et al. 2001, 397f.). Kritische Momente sollen somit durch geeignetere und passendere Angebote oder Strukturen ersetzt werden. Der Erfolg dieser Intervention hängt in der Regel vom Grad des Erregungszustandes sowie von der Bereitschaft des Betreffenden ab, situative Hilfen anzunehmen.

Situative Herausnahme

Manche Konfliktsituationen lassen sich nur noch entschärfen, indem ein Akteur bzw. die auffällig agierende Person aus der Situation (Gruppe) herausgenommen wird. Auch diese Maßnahme gilt nur für den Notfall, um den Betreffenden daran zu hindern, sich selbst und andere körperlich zu gefährden oder extremen nervlichen Belastungen auszusetzen. Auch bei dieser Intervention darf sich der jeweilige Mitarbeiter keine personale Ablehnung oder Feindseligkeit wie auch Gegenaggression, Wut oder triumphale Überlegenheit leisten, um die Beziehung nicht aufs Spiel zu setzen. So wichtig die Wahrung der personalen Integrität ist, so wichtig ist auch die Reflexion möglicher Konsequenzen. So kann zum Beispiel durch die Herausnahme aus der Gruppe der Stigmatisierungseffekt (Abstempelung zum Sündenbock) verstärkt werden. Außerdem muss sichergestellt sein, dass der Betreffende nicht an anderer Stelle Schaden stiftet, indem er zum Beispiel außerhalb der Gruppe sich selbst überlassen bleibt und dort weiter agiert (Sachobjekte oder persönliches Eigentum Anderer als „Racheakt" beschädigt). Ebenso wenig darf ein Ausschluss bzw. eine soziale Herausnahme als Belohnung erlebt werden, etwa wenn die Gruppenaktivität den Betreffenden vorher langweilte oder ihm unangenehm war. Bedenklich ist unseres Erachtens die situative Herausnahme dann, wenn das Bewohnerzimmer (Intimbereich) zur Strafe herhalten muss. Diese Praxis ist leider weit verbreitet (vgl. hierzu die Praxisbeispiele in Theunissen 2003b.). Dies ist einer „normalen" Wohnkultur, der Wertschätzung eines Privatbereiches, abträglich. Auf gar keinen Fall darf ein Bewohnerzimmer als „Time-out"-Raum zweckentfremdet werden. Diese drastische Maßnahme ist nur in geregelter Form und dies auch nur dann, wenn nichts anderes gefruchtet hat, zu verantworten. Hierzu zählen ein entsprechender Raum wie auch ein klar strukturiertes, transparentes und kontrolliertes Konzept, da kaum eine andere Methode so nah an Freiheitsberaubung grenzt wie das Time-out (dazu auch Westling & Fox 1995, 316). Grundsätzlich tragen die Ausschlussmethoden ebenso wie die übrigen (direktiven) Interventionen zum Situationsmanagement nicht zur Lösung psychosozialer Probleme oder zur Verbesserung eines sozialen Handlungsrepertoires bei, weswegen sie niemals das langfristige Konzept ersetzen können.

Symptomverschreibung

Bei dieser Methode geht es darum, bestimmte auffällige Verhaltensweisen ausdrücklich zu „erlauben", um sie eher zum Verschwinden zu bringen. Dahinter verbirgt sich die Hoffnung, dass durch eine „Symptomverschreibung" auffällige Verhaltensweisen an Reiz und Attraktivität verlieren. Diese Technik kann nur dann funktionieren, wenn man den betreffenden behinderten Menschen sehr gut kennt und seine Reaktionen bzw. die Folgen seines Handelns einschätzen kann.

Verstärkung eines inkompatiblen Verhaltens

Ferner besteht die Möglichkeit, einem unerwünschten Verhalten erfolgreich entgegenzuwirken, indem Verhaltensweisen, die mit den unerwünschten unvereinbar sind, beim Auftreten der Auffälligkeit verstärkt und eingeübt werden. Damit kann sich die Auftretenswahrscheinlichkeit des unerwünschten Verhaltens verringern. Die Interventionstechnik der Verstärkung eines inkompatiblen Verhaltens kann im Einzelfalle eine wirksame Alternative zum bloßen Ignorieren sein.

Wiedergutmachung

Bei dieser Interventionsform werden Personen, die Sachobjekte beschädigt oder in ihrer Wohngruppe Dinge durcheinander gebracht haben, dazu aufgefordert und angehalten, den ursprünglichen Zustand soweit wie möglich wiederherzustellen (z. B. den Boden von Scherben oder Blumenerde säubern; Stühle und Tische wieder aufstellen). Diese verhaltenstherapeutische Technik macht nur dann Sinn, wenn sie der unerwünschten Aktion unmittelbar folgt. Mitarbeiter mit einer starken Durchsetzungskraft haben eher Erfolg als andere Kollegen, die von einem Betroffenen als „schwach" erlebt werden. Auch hier darf sich die Überlegenheit der Mitarbeiter nicht gegen die betreffende Person richten (etwa durch latente Feindseligkeit, Rache oder Wut). Zur Wiedergutmachung zählt auch die Entschuldigung bei angegriffenen oder physisch verletzten Personen, um Schuldgefühle zu verringern.

Grenzen setzen und verbieten

Diese Intervention gilt zum einen für Notsituationen, um Selbst- und Fremdgefährdung zu vermeiden. Zum anderen wird sie eingesetzt, um drohende Konflikte zu vermeiden, um eine eskalierende Auseinandersetzung zu stoppen oder um einfach soziale Anpassung zu erzielen. Deshalb sollten Verbote, die mit einer geforderten Norm korrespondieren, sorgfältig überprüft werden, um die subjektzentrierte Vorgehensweise nicht zu gefährden. Grenzsetzungen und Verbote müssen Ausnahme bleiben und dürfen den Alltag nicht bestimmen. Auf jeden Fall müssen sie in einem Klima der Alltagsarbeit eingebettet sein, das von Wärme, Akzeptanz und Toleranz geprägt ist. Grenzsetzungen oder Verbote lassen sich manchmal dadurch umgehen, indem mit den Betroffenen gemeinsam Verträge (Regelungen, Gebote, Konsequenzen) abgesprochen werden. Dadurch verliert die Alltagsarbeit an bloßer Willkür oder Beliebigkeit.

Bestrafen
Eine Alltagsarbeit, die im Umgang mit verhaltensauffälligen Menschen auf Strafe setzt, ist auf Schärfste abzulehnen. Bestrafungen sind letztlich der Ausdruck von Hilflosigkeit, Ohnmacht und Unvermögen, Probleme auf sinnvolle Weise zu lösen. Häufig besteht zwischen Bestrafung und Feindseligkeit, Hass, Rache oder Zorn ein verhängnisvoller Zusammenhang, der persönlichkeitszerstörende Auswirkungen haben kann. Deshalb kommt aus diesem Blickwinkel Bestrafung als pädagogische Interventionsform für uns nicht in Betracht. Darüber hinaus gibt es jedoch noch eine andere Form von Bestrafung, die sich aus bestimmten Gegebenheiten ergibt. Damit meinen wir negative Konsequenzen, die Verstöße gegen Regeln oder Absprachen nach sich ziehen. Solche Momente verkörpern ein Stück soziale Realität und lassen sich nicht durch eine „Laisser-faire-Haltung" aufheben. Insofern bestehen hier Zusammenhänge zwischen verschiedenen Interventionsformen (z. B. Grenzsetzung, Verbot, Appell), die es unter normativen Gesichtspunkten sowie mit Blick auf Konsequenzen für die Person kritisch zu reflektieren gilt. Interventionen als reine Anpassungs- oder Unterwerfungsstrategien sind genauso zu verwerfen wie Bestrafungen als Angriff gegen die Person im Sinne einer physischen oder auch psychischen Verletzung. Bestrafungen setzen unseres Erachtens ein gewisses Maß an Einsicht voraus, d. h. es muss der Zweck der Strafe richtig erfasst werden. Überdies muss zugestanden werden, dass sich die Bestrafung als Konsequenz aus dem eigenen Verhalten ergeben hat. Dieses muss von den Handelnden selbst als Fehlverhalten wahrgenommen werden. Ansonsten besteht die Gefahr, dass man sich zu Unrecht verurteilt (bestraft) fühlt. Schließlich ist es immer ein Ziel von Bestrafung, dass der Betreffende dadurch lernt, sich zukünftig anders zu verhalten. Alles in allem merken wir, welche hohen Ansprüche an das Bestrafen gestellt werden, wenn es als pädagogische Intervention überhaupt in Betracht gezogen werden sollte.

Schutzmaßnahme durch Fixierung
Wer mit verhaltensauffälligen geistig behinderten Menschen arbeitet, weiß, dass es Situationen geben kann, in denen eine akute Selbstgefährdung besteht, welche weder durch Psychopharmaka (auch Bedarfsarznei) noch durch andere Interven-

tionen (Festhalten, Time-out) bewältigt werden kann (u. a. auch bei einer unzureichenden Personalbesetzung). In dem Falle können unmittelbare Schutzmaßnahmen durch Fixierung notwendig werden, die der gerichtlichen Genehmigung bedürfen. Das gilt zum Beispiel für das Tragen einer Schutzjacke, eines Bauchgurts oder von Boxerhandschuhen. Dass solche Maßnahmen tatsächlich nur zum Schutz bei akuter Gefährdung und darüber hinaus nur befristet erfolgen sollten, bedarf keiner besonderen Begründung. Schließlich bedeuten sie Freiheitsberaubung. Daher dürfen sie niemals handlungsbestimmend werden. Dennoch kommt es auch auf diesem Gebiete (wie beim Time-out oder beim „therapeutischen" Festhalten) nach wie vor zum Missbrauch, indem unkontrolliert und unreflektiert Zwangsmethoden eingesetzt werden. Das aber hat mit einer pädagogischen Intervention dann nichts mehr zu tun.

• Präventive Methoden
Auf der sechsten Ebene möchten wir das präventive Handeln nennen. Hierbei geht es um methodische Kunstgriffe, durch die Verhaltensauffälligkeiten vermieden bzw. eine präventive Wirksamkeit erzeugt werden sollen. Einige der o. g. Interventionsformen haben bereits präventiven Charakter, so zum Beispiel die „Kontrolle durch unmittelbare Anwesenheit", die „Einschränkung der räumlichen Bewegungsfreiheit und der Verfügbarkeit von Gegenständen", die „Herausnahme aus der Gruppe" oder auch die sog. Grenzsetzung. Weitere Strategien wären:

Kleine Hilfestellungen zur Überwindung von Augenblickskrisen
Es gibt Situationen, in denen man schon frühzeitig bemerkt, dass ein geistig behinderter Mensch in eine sog. Augenblickskrise zu geraten droht; dies können Situationen sein, in denen sich ein behinderter Mensch angesichts zu komplexer Aufgabenstellungen oder Anforderungen überfordert fühlt, immer verzweifelter wird und sich in einen Wut- oder Aggressionsausbruch hinein steigert. Wird ihm dann kurz vor dem sich ankündigenden Ausbruch eine kleine Hilfestellung zur Bewältigung der Aufgaben gegeben, kann es sein, dass der Betreffende sich wieder fängt, beruhigt und weiter arbeitet. Diese Strategie ist selbstverständlich keine Lösung des zugrunde liegenden Konflikts, der im Falle unseres Beispiels mit einer „unpassenden" Anforderungsstruktur zusammenhängen kann.

Umgruppierung
Hierbei geht es um Maßnahmen, die sich auf die Veränderung einer (Wohn-) Gruppe beziehen. Dies kann ein Gruppenwechsel sein oder eine veränderte Zusammensetzung einer Gruppe bedeuten (Veränderung der Sitzordnung bei Tisch), wenn man annimmt, dass dadurch spezifische Konflikte präventiv vermieden werden können. Eine Umgruppierung ist häufig für den Betreffenden

eine drastische Maßnahme, die keineswegs seinem Interesse entsprechen muss. Es widerspricht dem Grundsatz der Subjektzentrierung und Autonomie, wenn eine Umgruppierung über den Kopf des Betroffenen hinweg vollzogen wird. Insofern sollten die Betreffenden soweit wie möglich mitentscheiden können, und sie sollten auf jeden Fall die Idee eines eventuellen Gruppenwechsels informiert werden.

Subjektzentriertes Umlenken
Es kann Situationen geben, in denen trotz eines adäquaten Angebots, das ursprünglich gut geplant war und sich an den vorhandenen Bedürfnissen der Einzelnen orientierte, Krisen entstehen, die durch ein rechtzeitiges subjektzentriertes Umlenken aufgefangen werden können. So kann zum Beispiel beim Gruppenmalen Frustration auftreten, wenn ein Becher Farbe umfällt... Eine ganze Gruppe droht dann unter Umständen aus dem Gleichgewicht zu geraten, wenn nicht rechtzeitig Alternativen durch veränderte Aufgabenstellung oder Aktivitäten angeboten werden, die ebenfalls dem Interesse der behinderten Menschen entsprechen müssen. Das ursprünglich geplante Anliegen wird somit bei dieser Technik durch eine geeignetere Struktur je nach Situation ersetzt. Eine flexible und offene Alltagsgestaltung lässt hierzu genügend Raum.

Individuelle Stärken nutzen
Diese (wohl bekannte und inzwischen sehr geschätzte) Strategie ist von Ingersoll-Dayton et al. (2003, 421) explizit als situationsbezogene und präventive Vermittlungshilfe zur Bewältigung von Verhaltensproblemen (u. a. auch dementer Personen) aufbereitet worden: Zum Beispiel waren helfende Personen physischen und verbalen Aggressionen eines Heimbewohners beim Zu-Bett-Gehen ausgesetzt. Ein Mitarbeiter wusste, dass der Bewohner einen Freund namens Tom hatte, mit dem er oft im Schlaf (Traum) sprach. Dieses Wissen wurde nunmehr beim Zu-Bett-Gehen genutzt, indem während dieser Zeit die Mitarbeiter über Tom sprachen. Der Bewohner hörte darauf hin interessiert zu und verhielt sich ruhig.

Präventive Absprachen
Auch diese Strategie ist hilfreich, um spezifischen Verhaltensproblemen frühzeitig begegnen zu können. Präventive Absprachen können sich zum Beispiel auf das Hinterlegen einer Telefon-Nummer für den sog. Notfall beziehen, außerdem geht es um Benennung einer Kontaktperson für Konflikte; überdies können auch tagesstrukturierende oder verhaltenssteuernde Absprachen wie Gruppenregeln getroffen sowie Maßnahmen abgestimmt werden, die bei Regelverstoß gelten sollen. Hinzu kommt eine Zusammenarbeit mit institutionellen oder gesellschaftlichen Bezugssystemen, hier geht es zum Beispiel um Absprachen mit Betreibern

bzw. Angestellten eines Cafés oder Lebensmittelgeschäfts, so dass ein größeres Verständnis bzw. mehr Sensibilität für spezifische Probleme im Umgang mit sozial auffälligen geistig behinderten Menschen erreicht werden kann.

Insgesamt betrachtet stellen wir fest, dass dem präventiven pädagogischen Handeln große Bedeutung zukommt. Dabei geht es aber nicht nur darum, Belastbarkeiten des behinderten Menschen zu erkennen, um frühzeitig gegensteuern zu können (z. B. durch Entspannungsangebote, ruhige Musik, Vermeidung von Frustrationsquellen), sondern ebenso wichtig sind das Erkennen, Eingeständnis und die Bewältigung von Situationen, in denen sich Mitarbeiter psychisch wie auch physisch in starkem Maße belastet oder überfordert fühlen. Dies gilt gleichfalls für kritische Beziehungen zwischen einzelnen Mitarbeitern und Bewohnern. Hier kann gegebenenfalls ein präventiver Dienstaustausch oder ein Personalwechsel in der Alltagsarbeit weiterhelfen.

• Sozialformen
Die letzte Ebene der Methoden betrifft die Sozialformen, die wir unterscheiden in:

Einzelarbeit
Sowohl in der allgemeinen Alltagsarbeit mit geistig schwer(st) und mehrfach behinderten Menschen als auch im Umgang mit (anderen) verhaltensauffälligen geistig behinderten Personen wird sehr oft Einzelarbeit gefordert. In der Tat spielt sie eine wesentliche Rolle bei der Realisierung des Prinzips der Bezugsassistenz, und ihr Wert als Vehikel zur allgemeinen Persönlichkeitsentfaltung der behinderten Menschen ist unbestritten. Allerdings wird im Alltag immer wieder die Erfahrung gemacht, dass sich Einzelarbeit aus äußerlichen Gründen (fehlendes Personal, Zeitmangel) kaum mittel- oder langfristig umsetzen lässt. Dies wurde u. a. im Rahmen unserer Forschungsarbeiten (Theunissen 2001c) bestätigt. Insofern wird sie von vielen in der Alltagsarbeit Tätigen als wünschenswert, aber unrealistisch eingeschätzt. Aus diesem Grunde haben wir eine Variante eingeführt:

Situative Einzelzuwendung
Hierunter verstehen wir eine im Rahmen der Alltagsarbeit spontan bzw. situativ arrangierte Interaktionsform, bei der ein Mitarbeiter mit einem (verhaltensauffälligen) geistig behinderten Menschen gemeinsam Tätigkeiten ausführt, die für den Betreffenden lebensbedeutsam und sinnstiftend sind. Die situative Einzelzuwendung hat partizipierenden und kooperativen Charakter, indem die Betroffenen durch gemeinsames Tun und Erleben, durch Übernahme einzelner Handlungen bis hin zur eigenständigen Bewältigung einer Tätigkeit so befähigt werden sollen, dass sie zu mehr Handlungskompetenz und zu einer Kontrolle über die eigenen und gemeinsamen Lebensumstände gelangen können. Rudimente aus der Theorie des Modell- oder Imitationslernens (Bandura) sowie das Lernprinzip

„Schritt für Schritt" bilden den fühlbaren Hintergrund dieser Arbeitsform. Im Unterschied zu einer mittel- oder langfristigen Einzelarbeit soll sie eher kurzfristigen Charakter haben und im Wesentlichen aus gegebenen Situationen heraus umgesetzt werden. Einen starren, unflexiblen Zeitplan (sog. Therapiestunde) gibt es somit nicht. Überdies ist sie in hohem Maße realitätsbezogen, indem sie ein Lernen in realen Lebenssituationen ermöglicht und befördert. Sie lässt sich auch im Rahmen einer Bezugsassistenz umsetzen und eröffnet den Blick für eine realoptimistische Einschätzung der Möglichkeiten, im Rahmen alltäglicher Situationen in einer Wohngruppe oder Arbeitsstätte personale Begegnungsprozesse anzubahnen. Bekanntlich wird gerade die wohngruppenbezogene Alltagsarbeit maßgeblich von organisatorischen oder hauswirtschaftlichen Arbeiten bestimmt, so dass häufig die Mitarbeiter nur wenig Zeit haben, sich auf intensive Begegnungen mit den Bewohnern einzulassen. Was aber bleibt, ist die Möglichkeit, „augen-blickhafte Begegnungen" (Buber) mit den behinderten Menschen zu realisieren, die durch die situative Einzelzuwendung voll zum Tragen kommen. Ein weiteres wichtiges Moment dieser Arbeitsform ist das Ziel der Hilfe zur Selbsthilfe, was letztlich bedeutet, dass die situative Einzelzuwendung sich immer wieder wie auch fortschreitend überflüssig machen soll.

Gruppenarbeit
Die dritte Sozialform ist die Gruppenarbeit, der es um soziale Begegnungen, geselliges Zusammensein, gemeinsames Tun und Erleben in Freizeitsituationen wie aber auch um gezielte Bildungs- oder Lernangebote (z. B. sozialen Kompetenztraining) zu tun ist. Geistig behinderte Menschen mit Verhaltensauffälligkeiten müssen häufig zur Gruppenarbeit behutsam hingeführt werden. Dies kann durch eine verstärkte Einzelzuwendung im Rahmen einer Gruppenarbeit erreicht werden; denkbar ist auch ein Weg von der Einzelarbeit über eine Partnerarbeit bis hin zur Arbeit in Gruppen (Theunissen & Plaute 2002, 154ff.). Gruppenaktivitäten sind nicht nur einmalige oder kurzfristige Unternehmungen, sondern sie lassen sich auch langfristig im Rahmen von Projekten realisieren. Gruppenbezogene Projekte stellen ein vielschichtiges, mehrperspektivisches Lern- und Erfahrungsfeld dar, das den Bedürfnissen, Interessen wie auch der Problemlage Einzelner sehr entgegenkommen kann. Über die Vorzüge einer Projektarbeit haben wir an anderer Stelle ausführlich berichtet (Theunissen 1984; 2000, 262ff.; Stichling 2002).

5.2.8 Persönliche Lebensstil-Planung

Zum Schluss stellt sich die Frage, wie denn am besten die vorausgegangenen Überlegungen auf handlungspraktischer Ebene (z. B. im Bereich des Wohnens) umgesetzt werden können. Die Antwort der traditionellen Heilpädagogik oder

Behindertenhilfe ist hier eindeutig: ihr prominentes Instrument ist die *individu-elle Förderplanung*, die von den helfenden Berufen (Betreuer, Erzieher...) für jeden einzelnen Bewohner einer Einrichtung vorgenommen werden sollte. Daran sollte sich dann jeder in der Alltagsarbeit Tätige orientieren. Um die Umsetzung der Förderziele sicherzustellen, bedarf es der Absprache von Zuständigkeiten (Be-zugsbetreuung), einer Verlaufsdokumentation, mehrerer Zwischenevaluationen (Teambesprechungen) und schließlich eines End- bzw. Jahresberichts, aus dem nicht selten ein Entwicklungs- oder Förderbericht für den zuständigen Kosten-träger extrahiert wird.

Die Erstellung von Förderplänen im traditionellen Stil ist inzwischen ins Kreuz-feuer der Kritik und fachlichen Auseinandersetzung geraten (Bensch & Klicpera 2003, 44; Trost 2003, 505ff.). Spätestens seit der Diskussion um Empowerment und Selbstbestimmung wird die Geflogenheit kritisch gesehen, dass solche Pläne ausschließlich von Mitarbeitern entworfen werden; und es wird zu Recht ange-fragt, ob denn die Absicht, ,etwas' aus einem geistig behinderten Menschen zu ,machen', d. h. ihm Förderziele aufzuoktroyieren, überhaupt legitim sei. Hinter-fragt wird dabei insbesondere die Rolle des professionellen Helfers, der in der traditionellen Heilpädagogik oder Behindertenhilfe als alleiniger Experte, Planer und Bestimmer auftritt (Theunissen 2000, 113ff.; Sanderson 2001, 131ff.). Demgegenüber geht der Empowermentansatz davon aus, dass Personen mit gei-stiger Behinderung immer auch „Experten in eigener Angelegenheit" sind und dass insbesondere der Status des Erwachsenseins anzuerkennen und zu würdigen sei. Vor diesem Hintergrund wird der Föderanspruch im traditionellen Sinne in Frage gestellt und unmissverständlich zurückgewiesen (Theunissen 2000, 118f.; auch Niehoff 1997). Stattdessen werden Interessen, Vorstellungen, Wünsche, Bedürfnisse, Ziele und Rechte der Betroffenen in den Focus der allgemeinen und speziellen Alltagsarbeit (z. B. heilpädagogischen Förderung) gestellt.

Dieser Paradigmenwechsel, der das Selbstbestimmungsrecht eines (erwachsenen) Menschen mit geistiger Behinderung respektiert und ernst nimmt, hat dazu ge-führt, die traditionelle Förderplanung durch eine *persönliche Lebensstil-Planung* zu ersetzen, an der der Betroffene maßgeblich beteiligt ist, indem *seine* Bedürfnis-se, Lebensvorstellungen und *seine* Zukunft den Ausgangspunkt der Alltagsarbeit (Heilpädagogik) bestimmen. Ein solcher Ansatz, der aus den USA stammt und im angloamerikanischen Sprachraum, in Skandinavien und in den Niederlande schon seit geraumer Zeit für die Behindertenarbeit handlungsleitend ist (Sanderson 2001; Kincaid 2001; Grant 2002, 127ff.; Theunissen & Plaute 2002), findet mittlerweile auch im deutschsprachigen Raum immer mehr Zu-spruch (v. Kan & Doose 2000; Bensch & Klicpera 2003).

Unter persönlicher Lebensstil-Planung (Synonym: „Personal Futures Planning"; „Person-Centered Planning"; „Lifestyle Planning") wird ein (erwachsenengemäßes) Konzept verstanden, bei dem Menschen, die als geistig oder lernbehindert gelten, mit oder ohne Unterstützung (Assistenz) gemeinsam mit Bezugspersonen (nach eigener Wahl) über ihre Lebenszukunft nachdenken, sich Lebensziele setzen und diese gemeinsam mit Unterstützern konkret umzusetzen versuchen (Doose 1997, 199). Solche Ziele, Lernbedürfnisse oder auch Wünsche zur Lebensgestaltung können sich auf unterschiedliche Lebensbereiche beziehen, mit Blick auf junge Erwachsene zum Beispiel auf den Übergang von der Schule ins Arbeitsleben sowie vom Elternhaus ins unabhängige Erwachsenenleben und Wohnen mit oder ohne Assistenz, auf die arbeitsbezogene bzw. berufliche Sozialisation, auf das institutionelle Wohnen, auf die Gestaltung einer Lebensgemeinschaft bzw. partnerschaftlichen Beziehung, auf Kontakte außerhalb des Wohnens oder Arbeitens, auf Verwirklichungsmöglichkeiten in der Freizeit oder auch auf Partizipation an sozio-kulturellen Angeboten in der Region. Die persönlichen Ziele können entweder kurzfristig (für die nächste Woche), mittelfristig (für das nächste Halbjahr oder Jahr) oder auch langfristig (für mehrere Jahre) angelegt sein. In der Regel erfolgt eine persönliche Lebensstil-Planung als *Jahresplanung,* die es gemeinsam zu entwerfen gilt. Daran sollte sich dann jeder professionelle Helfer orientieren. Um die Umsetzung des Konzeptes sicherzustellen, bedarf es wie bei der traditionellen Förderplanung der Absprache von Zuständigkeiten (z. B. Bezugsassistenz), einer Verlaufsdokumentation, mehrerer Zwischenevaluationen (Teambesprechungen) und schließlich eines End- bzw. Jahresberichts, der selbstverständlich mit den Betroffenen abgestimmt sein muss. Zu Beginn einer Jahresplanung ist es oft sinnvoll, zunächst gemeinsam mit der jeweiligen Person Themen, Ideen, Vorlieben oder Interessen zu eruieren, um Wahlmöglichkeiten und Entscheidungsprozesse zu erleichtern. Eine solche Themensuche kann im Rahmen eines Vorgesprächs bzw. einer kurzfristigen Einzelarbeit oder Gruppenveranstaltung als Bildungsangebot organisiert statthaben. Doose (1997, 207; 2000, 88ff.) nennt verschiedene Methoden, Arbeitsformen und Hilfsmittel (Fragebögen, Checklisten, Lebensstilkarten, Themenblätter), die für diesen Schritt genutzt werden können. Zudem nennt er wichtige Fragen, die es zu erkunden gilt (ebd., 1997, 207; 2000, 88ff.; v. Kan & Doose 2000):

• Was sind meine Stärken und Fähigkeiten?
• Was soll einmal aus mir werden?
• Welche Bereiche sind mir in meinem Leben besonders wichtig?
• In welchen Bereichen meines Lebens kann ich selbst entscheiden?
• In welchen Bereichen werde ich von Anderen bestimmt?
• Welche Dinge kann ich in meinem Leben ohne Hilfe bewältigen?
• Was möchte ich demnächst lernen?
• Wofür benötige ich weiterhin Hilfe?
• Welche Menschen sollen mich kennen lernen?

- Welche Menschen sollen mich besuchen?
- Wo und wie möchte ich zukünftig leben?
- Was möchte ich zukünftig tun?
- Wie und wo kann ich noch notwendige Kenntnisse erwerben?
- Wer kann mich auf meinem Lebensweg unterstützen?
- Welche Orte sind für mich wichtig?
- Welche Orte sollte ich aufsuchen?
- Welche Hindernisse muss ich überwinden?
- Welche Veränderungen an meinem Arbeitsplatz sind sinnvoll?
- Was muss ich tun, um gesund zu bleiben und mich wohl zu fühlen?
- Wie lebe ich jetzt?

Eine zentrale Bedeutung für die Zielsuche haben auch Träume: „In den Träumen liegen unsere kleinen und großen Ziele, unsere Visionen und die Quelle unserer Motivation. Sie sind eine wichtige Quelle unserer Inspiration" (Doose 1997, 204). In dem Zusammenhang geht es nicht darum, mit Träumen nur Hoffnungen zu wecken, die dann später nicht erfüllt werden können, sondern entscheidend ist es, „den Kern von Träumen zu erkunden", um von hier aus zu neuen Ideen und weiterführenden Perspektiven zu gelangen, die für realisierbare Wege und gangbare Schritte (Aktionsplan) wegebnend sein können.

Wie wir uns die Erstellung eines persönlichen Lebensplans konkret vorstellen können (dazu auch Bensch & Klicpera 2003, 46), geht aus folgendem Muster hervor:

Grunddatenblatt eines persönlichen Lebensstil-Plans
- Jahr (Zeitraum von....bis....)
- Name und Alter
- Wohnort/ Verhältnisse
- Beteiligte Gesprächspartner eines Planungstreffens
- persönliche(r) Assistent(In)
- erstellt durch... erstellt am...

Protokollbogen für den persönlichen Lebensstil-Plan
Zur Jahresplanung zukünftiger Lebensziele und Wünsche zählen:
- Gespräch mit dem Betroffenen über Zweck der Jahresplanung (z. B. als „Circle of Support", „Circle of Friends" oder „Group Action Planning")
- Festlegung der Gesprächsteilnehmer des Unterstützerkreises in Absprache mit dem Betroffenen und seinen Wünschen: z. B. zuständiger Mitarbeiter, gesetzlicher Betreuer, Angehörige, Vertrauensperson, Freunde, Bekannte
- Einladung zum Gespräch ca. vier Wochen vor dem Termin

- Moderation des Gesprächs durch den persönlichen Assistenten (Vertrauensperson)
- (Kurze) Protokollierung des Gesprächs über die Interessen, Wünsche, Vorstellungen, Ziele oder Lernbedürfnisse des Betroffenen durch den persönlichen Assistenten
- Schriftliche Fixierung von zwei bis vier favorisierten (Jahres-)Zielen bzw. Interessen für die Lebensgestaltung (ggf. mit Begründung der Auswahl [Präferenz] bestimmter Ziele oder Wünsche)
- Unterzeichnung des Protokolls und der Lebensstil-Planung durch alle Gesprächspartner

Die Dauer eines solchen Treffens beträgt in der Regel bis zu zwei Stunden.

Ferner sollten bestimmte Grundsätze beachtet werden, zum Beispiel Wahlmöglichkeiten aufzeigen und Selbstentscheidungsprozesse fördern, die aktive Beteiligung der Betroffenen unterstützen, einen Fachjargon vermeiden und verständlich sprechen sowie Entscheidungsfreiheit verdeutlichen (Doose 1997, 212).

Arbeitsblatt für das Jahresprogramm
bezieht sich auf:

- Konkretisierung der Wünsche oder Ziele gemeinsam mit dem Betroffenen (z. B. nach dem sogenannten W-Fragen-Muster: Wann, wie, wo, womit, wie lange, mit wem, warum)
- Stärken-Assessment; individuelle und soziale Ressourcenerschließung (einschl. eines Profils an Fähigkeiten und Fertigkeiten)
- Festlegung und Vereinbarung der Zielbereiche, des Zeitrahmens, der Arbeitsmittel, Methoden, Maßnahmen, des Orts ...
- Beteiligte Bezugspersonen

Nützlich ist es, zur Vereinfachung des Ganzen Ziele, Vorstellungen, Maßnahmen... auf Flipcharts mit Bildern, Symbolen o. ä. festzuhalten. Ferner ist die Frage nach den Rahmenbedingungen wichtig, um festzustellen, welche Faktoren für die Lebensstil-Planung bzw. Zukunftsgestaltung förderlich oder hemmend sind.

Dokumentationsbogen für den Verlaufsbericht
bezieht sich auf:

- Zielbezogene Dokumentation der Arbeit (geordnet nach den hierarchisierten Zielen)
- Viertel- oder halbjährliche Zwischenevaluation gemeinsam mit dem Betroffenen; ggf. unter Hinzuziehung weiterer relevanter Bezugspersonen
- Kurze Protokollierung der Zwischenevaluation und Bestätigung durch den Betroffenen

Protokollbogen für den Jahresrückblick
bezieht sich auf:
- Reflexions/Evaluationsgespräch gemeinsam mit dem Betroffenen und allen relevanten Personen (Gesprächspartner, die am Erstgespräch beteiligt waren)
- Einladung der Teilnehmer ca. vier Wochen vor dem Treffen
- Vorüberlegungen, Vorschläge in Bezug auf das weitere Vorgehen (Fortschreibung des Lebensstil-Plans oder neue Jahresplanung)
- Kurze Protokollierung der Ergebnisse und Bestätigung durch den Betroffenen

Das Konzept der persönlichen Lebensstil- oder Zukunftsplanung kann in der hier anskizzierten Form als ein Modell für einen respektvollen Umgang mit behinderten Personen (Erwachsenen) betrachtet werden. Davon sollten alle Menschen mit geistiger Behinderung profitieren – also auch Personen, die als verhaltensauffällig oder psychisch gestört beschrieben und bezeichnet werden. Gerade die Beteiligung dieses Personenkreises an der Planung von Maßnahmen (Interventionen, Förderung, Therapie) war bislang in der Heilpädagogik oder Behindertenhilfe alles andere als selbstverständlich; und dass bis heute über die Köpfe der Betroffenen hinweg entschieden wird, ist nach wie vor zu beobachten. Insofern kommt dem Instrument der persönlichen Lebensstil-Planung gleichfalls vor dem Hintergrund von Verhaltensauffälligkeiten eine wichtige Bedeutung zu, indem es betroffenen Menschen die Chance bietet, als Person akzeptiert, gehört und ernst genommen zu werden. Allerdings bedarf es der Modifikation bei Menschen, die nicht für sich selber sprechen können, erhebliche Kommunikationsprobleme haben oder als geistig schwer(st) und mehrfach behindert gelten.
Hierzu schlägt Sanderson (2001, 138ff.) das Konzept einer *„persönlich bedeutsamen Lebensstilplanung"* (Essential Lifestyle Planning) vor, welches eigens für die Arbeit mit geistig schwer(st) und mehrfach behinderten Menschen entwickelt wurde. Das Konzept sieht vor, dass zunächst die Vertrauensperson (persönlicher Assistent) bzw. Mitarbeiter versuchen sollen, durch genaue Beobachtungen von Situationen des alltäglichen Lebens und insbesondere durch gemeinsame Aktivitäten auf basaler Ebene, durch dialogische Begegnungen und durch ein damit verknüpftes Nachvollziehen und Nacherleben des Tuns individuelle Wünsche, Bedürfnisse, Interessen und autonome Entscheidungs- und Handlungsräume eines Betroffenen zu erschließen. Bei der Erhebung dieser Informationen können die in der AAMR-Definition ausgewiesenen Lebensbereiche (Kapitel 1.2) in differenzierter Form und in Verbindung mit spezifischen Bedürfnisbereichen eine Leit- und Arbeitshilfe sein (z. B. Kommunikation; Selbstversorgung bzw. lebenspraktischer Bereich; Wohnen; Selbstbestimmung; Benutzung von Infrastrukturen und gesellschaftliche Partizipation; Arbeit; Freizeit; Freundschaft, Partnerschaft, Sexualität; Familie, Verwandtschaft; Sozialverhalten; Gesundheit; physi-

sches und psychisches Wohlbefinden). Es ist aber auch möglich, dass Gruppen oder Einrichtungen selbst Bereiche festlegen bzw. selbstentwickelte Schemata nutzen oder sich an Hilfebedarfsbögen orientieren (z. B. bringen hierzulande immer mehr Einrichtungen die von der Tübinger Forschungsstelle „Lebenswelten behinderter Menschen" [Metzler u. a.] entworfenen Bögen ins Gespräch; falls damit [bzw. mit modifizierten Instrumenten] wirklich Bedürfnisse und Wünsche erfasst werden, ist dagegen nichts einzuwenden). Die gewonnenen Erkenntnisse bilden das Ausgangsmaterial für den Unterstützerkreis (Circle of Support; Circle of Friends), der fünf Fragen fokussieren sollte:

Was sagen andere über die Person?

Hier geht es um die Auflistung ausschließlich „positiver Attribute" (ebd., 139), (z. B. „Alison grüßt immer mit einem ansteckenden Lächeln; Alison ist ehrlich und zuverlässig; Alison möchte immer gerne dort sein, wo etwas geschieht..." [141]). „Klinische Beschreibungen... sollten gänzlich vermieden werden" (139).

Wer und was ist für die betreffende Person wichtig?

Durch diese Frage sollen lebensbedeutsame Bedürfnisse („Alison benötigt Konversationen, und sie ist oft unglücklich, wenn mehrere Personen um sie herum sind: Sie genießt die ungeteilte Aufmerksamkeit" [141]), wichtige Aspekte in Bezug auf die Alltagsarbeit („eine ruhige Atmosphäre... ein regelmäßiges Bad am Morgen... eine tägliche Spazierfahrt mit einem Kleinbus" [141]) und spezielle Wünsche („Alison liebt Massage... Alison bevorzugt einen ‚Lieblingssessel'" [142]) erfasst werden.

Was müssen andere wissen und was müssen sie tun, um die Person erfolgreich zu unterstützen?

Diese Frage erstreckt sich auf assistierende Hilfen im Rahmen der Alltagsarbeit (z. B. im lebenspraktischen Bereich) bzw. in Bezug auf die Alltags- oder Tagesgestaltung (z. B. „wenn Alison gestresst wirkt oder sich erregt, ist es am besten, sie für eine Weile in Ruhe zu lassen und keine Anforderungen zu stellen..." [142]).

Wie ist die Kommunikation zu gestalten?

Im Zentrum dieser Frage steht die Auswahl geeigneter Kommunikations- und Interaktionsformen. Sie soll klären, „wie eine Person kommuniziert und wie mit ihr am besten kommuniziert werden kann" (140). Hierzu das folgende Beispiel: „Jedes Mal, wenn ein Mitarbeiter zu dicht an Derek sitzt, versucht Derek, den anderen mit seinem Arm wegzustoßen oder ihn an den Haaren zu ziehen; Derek kann eine zu starke Nähe nicht ertragen, daher sollte ihm etwas Bewegungsfreiheit gegeben werden" (138).

Welche Fragen sind noch zu klären?

Diese Frage bezieht sich auf Unklarheiten, vergessene Aspekte oder noch ungelöste Dinge.

Alles in allem lässt sich festhalten, dass es in der Arbeit mit geistig behinderten Menschen, die nicht für sich selber sprechen können, auf die Kunst der Teilnehmer eines Unterstützerkreises und insbesondere auf das Geschick des persönlichen Assistenten ankommt, im Sinne eines betroffenen Menschen zu denken, advokatorisch zu entscheiden und zu planen. Das verlangt zweifelsohne ein hohes Maß an empathisch-verstehender Teilnahme am Leben des Betreffenden sowie an Verantwortung dem Anderen gegenüber.

Eine weiteres Modell einer *„person-centered planning"*, das unter anderem für Menschen mit geistiger Behinderung und Verhaltensauffälligkeiten bestimmt ist und am besten mit den vorausgegangenen Überlegungen verschaltet werden sollte, stammt von Kincaid (2001). Diesem Ansatz liegen fünf (normative) Leitlinien (440f.) für die Lebensstil-Planung zugrunde:

1. Im alltäglichen Leben präsent sein (Inclusion) und am gesellschaftlichen Leben aktiv partizipieren
2. Zufriedenstellende Beziehungen herstellen und aufrechterhalten
3. Persönliche Präferenzen nennen und Entscheidungen im alltäglichen Leben treffen
4. Gelegenheiten schaffen und nutzen, die eine respektvolle Rolle und ein würdevolles Leben in der Gemeinschaft ermöglichen
5. Persönliche Kompetenzen kontinuierlich weiterentwickeln

Davon ausgehend zeichnet sich der Ansatz von Kincaid dadurch aus, dass 10 Aspekte, die für einen Betroffenen als subjektiv bedeutsam erachtet werden, jeweils auf Plakate (Flipchart) bildhaft illustriert auf einfache, verständliche Weise festgehalten und zum Ausgangspunkt der Lebensstil-Planung gemacht werden sollen. Kincaid schlägt hierfür ein schrittweises Vorgehen vor, indem zunächst Informationen in Bezug auf die zentralen Bereiche gemeinsam in einem Unterstützerkreis gesammelt werden sollen (443ff.):

1. Beteiligte Personen
Hier geht es um die Benennung und kurze Vorstellung aller am Unterstützerkreis beteiligten Personen (Vater, Mutter, Lehrer, nichtbehinderter Freund, Nachbarin, Sprachtherapeutin...);

2. Wichtige Personen in der Umgebung des Betroffenen
Unter dieser Rubrik sollen alle Personen genannt und durch Pictogramme visualisiert werden, die im Leben des Betroffenen eine wichtige Rolle spielen. Die Darstellung sieht vor, dass in der Mitte des Bildes der Betroffene platziert ist und je nach Dichte bzw. Relevanz der positiven Beziehungen alle anderen Personen um ihn herum angesiedelt werden (z. B. am nächsten die Mutter, ein Bruder, ein bestimmter Mitbewohner, weiter weg ein Arbeitskollege, zu dem eine weniger gute Beziehung besteht);

3. Wichtige Aufenthaltsorte
Hier sollen alle Orte bildhaft festgehalten werden, die für den Betroffenen wichtige Sozialräume sind (z. B. familiales Milieu, Arbeitsstätte, Schwimmbad, Fußballplatz, Ausflugslokal an einer Burg); zudem sollen dabei die entsprechenden Bezugspersonen und Aktivitäten aufgezählt werden (z. B. bzgl. familiales Milieu: ein Bruder, mit dem gemeinsam Musik gehört wird);
4. Lebensgeschichte
Diesbezüglich sollen alle wesentlichen Ereignisse bzw. Stationen im Leben des Betroffenen chronologisch (von Geburt an bis in die Gegenwart) auf einem großen Plakat oder als Lebensbaum illustriert (mit Zeitangaben und stichwortartigen Informationen) festgehalten werden;
5. Gesundheit
Hier geht es um Erfassung des Gesundheitszustandes und der körperlichen Verfassung in positiver und negativer Hinsicht (unterteilt in eine + und - Spalte) sowie um die Registrierung von Medikamenten;
6. Wahlmöglichkeiten und Wünsche
Unter dieser Rubrik sollen Wahlmöglichkeiten und Wünsche des Betroffenen (z. B. Schlafzeit selbst entscheiden) und seiner Umkreispersonen (z. B. regelmäßig baden) festgehalten werden;
7. Wertschätzung
Diese Rubrik sieht vor, alle positiven Eigenschaften und Ausdrucksformen der betroffenen Person, die wertgeschätzt werden (+ Spalte) sowie Aspekte (einschließlich eines ungewöhnlichen, negativ auffälligen Verhaltens), durch die der Betreffende an Wertschätzung oder Respekt verliert (- Spalte), zu erfassen;
8. Strategien
Die Erfassung von Strategien (einschließlich von Situationen, beteiligten Personen, Sozialräumen, Kapazitäten und Aktivitäten) soll gleichfalls in positive Spalten (registrieren was funktioniert [work]) und negative (sammeln was nicht klappt [don't work]) unterteilt werden;
9. Hoffnungen und Befürchtungen
Dieser Bereich, der die Erfassung von Hoffnungen oder Zukunftswünsche (z. B. ein unabhängiges Leben auch im Alter) und Befürchtungen (z. B. mit seinen Aggressionen werden andere nicht klar kommen) vorsieht, ist insbesondere für Umkreispersonen bedeutsam;
10. Barrieren und günstige Bedingungen
Hierunter werden Hemmnisse oder Schwierigkeiten in sozialen, insbesondere gesellschaftlichen Bezugsfeldern (z. B. unzureichende Krisenintervention) erfasst wie auch günstige Voraussetzungen oder Bedingungen (z. B. aufgeschlossene Nachbarn) aufgelistet.

Der zweite Schritt sieht vor, aus jedem dieser Bereiche einige der wichtigsten Informationen unter positiven (hervorgehoben durch grüne Markierung) und negativen Gesichtspunkten (durch rote Markierung) auszuwählen und als *Themen eines persönlichen Profils* (456) auf ein Plakat (Flipchart) aufzulisten. Diese Themen bilden dann in einem nächsten Schritt, orientiert an den anfangs genannten Leitlinien, Diskussionsstoff für die Erstellung des persönlichen Zukunfts- und Aktionsplans, der folgende Bereiche fokussieren sollte (458f.):
1. Die primäre Lebenswelt (häusliches Milieu, Wohngruppe)
2. Den Arbeitsbereich
3. Die Gemeinde als gesellschaftliches Bezugsfeld
4. Die Frage nach Gelegenheiten für Wahlmöglichkeiten und das Einbringen von persönlichen Fähigkeiten und Fertigkeiten
5. Die Beziehungsebene
Der gesamte Ablauf des Planungsgesprächs bewegt sich dabei in ähnlichen Bahnen, wie schon eingangs beispielhaft an der Jahresplanung dargestellt wurde. Im Mittelpunkt stehen stets die Wünsche, Ziele oder Perspektiven des Betroffenen bzw. die Frage nach der subjektiven Bedeutsamkeit für den Betroffenen. Insofern kann es zu Interessenkonflikten kommen, wenn Wünsche oder Anliegen von Eltern, Mitarbeitern, Lehrern o. a. unterschiedlich gelagert sind bzw. differieren und zudem mit den Vorstellungen des Betroffenen kollidieren (462). In dem Falle hat der Gesprächsleiter (chairperson, coach, facilitator) eines Unterstützerkreises zu vermitteln, indem z. B. über die o. g. Leitlinien eine Brücke zu den unterschiedlichen Vorstellungen geschlagen wird und/oder die Rechte-Perspektive (Betreuungsrecht, das dem Willen [Selbstbestimmung] des Betroffenen Gewicht verleiht und nicht nur [wie in der Vergangenheit] das [physische] Wohl der betreffenden Person im Auge hat) zur Richtschnur für Entscheidungen gemacht wird.

5.3 Zur Speziellen Pädagogik

Reicht die allgemeine Alltagsarbeit nicht aus, der spezifischen Situation, Bedürfnis- und Problemlage geistig behinderter Menschen mit Verhaltensauffälligkeiten gerecht zu werden, bedarf es einer weiteren Unterstützung, zum Beispiel in Form von Praxisberatung und einer zusätzlichen Einzelhilfe durch einen pädagogischen Fachdienst (Kap. 4). In diesem Abschnitt geht es um das Programm dieser Speziellen Pädagogik (Heilpädagogik). Sie hat die allgemeine Praxis zu ergänzen und darf dabei den grundsätzlichen Leitprinzipien nicht widersprechen. Im Unterschied zur allgemeinen Alltagsarbeit geht es bei der Speziellen Pädagogik um:
• ein stärkeres Maß an Konzeptentwicklung, Reflexion und Evaluation;
• einen höheren Grad an Individualisierung und Differenzierung;

- ein stärkeres Maß an Intentionalität ohne dabei in eine „Verplanung" des behinderten Menschen zu verfallen;
- ein stärkeres Maß an Strukturierung und Organisation von Lernsituationen und -prozessen in der natürlichen Lebenswelt und
- ein stringenteres didaktisch-methodisches Vorgehen, das die Entwicklung individualisierter (kombinierter) Förderkonzepte unter Einbeziehung pädagogisch-therapeutischer Verfahren bedeuten kann.

Im Folgenden haben wir zunächst die wichtigsten pädagogisch-therapeutischen Arbeitsformen (dazu *Anmerkung* 19) zusammengestellt, die entweder hierzulande oder im angloamerikanischen Sprachraum große Verbreitung und viel Zuspruch erfahren oder im Hinblick auf Inclusion, Partizipation und Empowerment als zukunftsträchtig gelten können. Heftig umstrittene und für die lebensweltorientierte Praxis schwer zugängliche Therapien oder „Außenseitermethoden" wurden nicht berücksichtigt. Anschließend wird ihre Verortung im Rahmen eines Gesamtkonzepts diskutiert. Diesem Kapitel folgt die Auflistung zentraler Arbeitsschritte. Beispiele aus der Praxis bilden den Schluss.

5.3.1 Pädagogisch-therapeutische Konzepte – ein synoptischer Überblick

• Basale Kommunikation

Zielgruppe:
Vor allem Menschen mit schwerster geistiger und mehrfacher Behinderung; geistig behinderte Menschen mit autistischen Verhaltensweisen oder Verhaltensauffälligkeiten

Definition und Ziele:
„Basale Kommunikation hat die Herstellung einer kommunikativen Situation zum Ziel bei Personen, deren Kommunikationsmöglichkeiten extrem eingeschränkt sind" (Mall 1984, 16). In erster Linie geht es somit um Möglichkeiten der Kontaktaufnahme mit geistig schwer behinderten Menschen.

Theoretische Bezugspunkte/Überlegungen:
Mall geht davon aus, dass Menschen mit schwerster geistiger und mehrfacher Behinderung erhebliche Probleme haben, sich aktiv auszudrücken oder ihre Gefühle mitzuteilen. Geistig behinderte Menschen mit autistischen Verhaltensweisen lehnen seiner Ansicht nach „jeden Kontakt in der uns üblichen Weise ab, sind in ihrem Interesse auf wenige, stereotype Tätigkeiten und Gegenstände eingeengt, reagieren häufig unverständlich auf bestimmte Sinneseindrücke und äußern ihre Gefühle oft lediglich in Extremen und durch schwieriges Verhalten, wie Wutausbrüche, Angriffe auf andere, Selbstverletzungen, Schreien" (2). Deswegen

könne am ehesten nur über den Körper bzw. über die Körpersprache ein kommunikativer Zugang hergestellt werden. Mall stützt sich hierbei auf theoretische Einsichten aus dem Bereich der Körpertherapien, Bioenergetik, Psychoanalyse und
neueren Säuglingsforschung.

Setting/Raum:
Entspannungs- oder Ruheraum, der verdunkelt werden kann und mit Matten
ausgestattet ist.

Medien/Mittel:
Musikanlage; meditative Musik; Kommunikationsmittel sind Atemrhythmus,
Berührung, Lautäußerung, Tonfall, Blickkontakt, Mimik und Gestik.

Sozialform:
Einzelarbeit

Vorgehensweise:
Es gibt keine zwingende Abfolge von Phasen, wohl aber Schwerpunktsetzungen
im Bereich der Kommunikationsmittel und methodischen Prinzipien (z. B. Widerspiegeln der Ausatmung, Töne, Geräusche, Bewegungen), auf die es zu achten
gilt; die Basale Kommunikation versucht behutsam Kontakt anzubahnen, indem
zum Beispiel der Pädagoge bequem hinter dem behinderten Menschen sitzt, leise
mit ihm spricht oder nach ruhiger Musik mit ihm gemeinsam Bewegungen ausführt ...; dabei ist die basale Arbeit ganz auf den anderen ausgerichtet, das heißt
der behinderte Mensch ist es, der Ansatzpunkte für die Formen der dialogischen
Begegnung gibt; Basale Kommunikation darf niemals erzwungen werden: „Wenn
ein Partner bei sehr niedriger Abwehrschwelle sich meiner Annäherung sofort
entzieht, setze ich mich in die entfernteste Ecke des Raumes, vermeide peinlich
jeden Blickkontakt, erspüre irgendwie seinen Rhythmus und lautiere ganz nebenbei in sein Ausatmen hinein, nur zwei- bis dreimal. Der Partner wird dies
sicher als Kontaktversuch bemerken, vielleicht herschauen, vielleicht lächeln –
oder weggehen" (9).

Rolle des Pädagogen:
Sehr einfühlsam, non-direktiv, dialogisch-partnerschaftlich, assistierend

Perspektiven in Bezug auf Verhaltensauffälligkeiten:
Die Ausführungen von Mall legen den Schluss nahe, dass die Basale Kommunikation zum Abbau von Verhaltensauffälligkeiten und Aufbau sozialer Kontakte,
zum Interesse an der Umwelt, zu physisch-psychischer Entspannung sowie zur
Verbesserung von Motorik oder Gleichgewicht wirksam beitragen kann. Hierbei
handelt es sich jedoch nicht um empirisch abgesicherte Ergebnisse, sondern um
eine Annahme, die weithin auf (teilnehmenden) Beobachtungen beruht.

Repräsentanten/Bezugsliteratur:
Mall (1984; 1990)

Querverbindungen:
Körperzentrierte Arbeitsformen; Körpertherapien; funktionelle Entspannungstherapie; Massage

Beurteilung aus der Sicht des Verfassers:
Die Basale Kommunikation hat sich nach Meinung vieler Praktiker und Beobachter in der Arbeit mit geistig schwerst- und mehrfach behinderten sowie mit verhaltensauffälligen geistig behinderten Menschen sehr bewährt. Wissenschaftliche Untersuchungen stehen jedoch bislang aus. Nichtsdestotrotz sollten wir die Basale Kommunikation als eine der wichtigsten Arbeitsformen im Rahmen der speziellen Pädagogik betrachten. Allerdings darf sie nicht unreflektiert (voraussetzungslos) zum Einsatz kommen. Wichtig sind eine vorausgehende theoretische Auseinandersetzung und praktische Schulung, Kenntnisse über das Wirken des eigenen Körpers (Selbsterfahrung) sowie eine Reflexion der Beziehungsgestaltung bzw. Kontaktsituationen. Zudem darf die Basale Kommunikation nicht als „Allheilmittel" verabsolutiert bzw. missverstanden werden, da sie in erster Linie Voraussetzungen für neues Lernen oder Entfaltungsmöglichkeiten schafft. Ihr sind dort Grenzen gesetzt, wo es darauf ankommt, die angebahnte physisch-psychische Entspannung in Alltagshandeln zu überführen oder einzubetten. Mit anderen Worten: es genügt nicht, mit einem verhaltensauffälligen geistig behinderten Menschen eine Beziehung anzubahnen, ihn zu entspannen und es dabei zu belassen.

Ein Ansatz, der sich in ähnlichen Bahnen im Hinblick auf entspannende Effekte wie die Basale Kommunikation bewegt, ist die *Relaxation*. Ihr Einsatz wurde kürzlich bei Erwachsenen mit geistiger Behinderung (IQ 55 bis 40) empirisch untersucht (Lindsay & Morrison 1996). Es konnte bei einer kleinen Stichprobe (n=10) nachgewiesen werden, dass der Einsatz dieser Methode zu einem Abbau von Ängsten, zu einer Verbesserung des Kurzzeitgedächtnisses und zu einem „beiläufigen", nachher auftretenden Lernen wirksam beitragen kann. Signifikante Effekte im Hinblick auf Verbesserung des Langzeitgedächtnisses konnten dagegen nicht nachgewiesen werden.

• **Basale Stimulation**

Zielgruppe:
Vor allem Menschen mit schwerster geistiger und mehrfacher Behinderung; auch Personen mit (schwerer) Demenz oder hochgradiger Pflegebedürftigkeit

Definition und Ziele:

„Basale Stimulation ist der pädagogisch-therapeutische Versuch, Menschen mit schwersten Behinderungsformen Angebote für ihre persönliche Entwicklung zu machen. Mit dem begrifflichen Bestandteil ‚basal' ist gemeint, dass es sich um elementare, grundlegende Angebote handelt, die in einfachster, vor allem aber voraussetzungsloser Form dargeboten werden" (Fröhlich 1992a, 20).

Theoretische Bezugspunkte/Überlegungen:

Fröhlich (1992b) geht davon aus, dass menschliche Kommunikation vor allem über den Körper stattfindet. Umwelterfahrung sei somit „körperliche Begegnung mit Dingen, als Erleben von Veränderung" (1985, 12). Dabei handle es sich um „ganzheitliche" Erfahrungen, um eine enge Verknüpfung von Bewegung, Wahrnehmung, Kognition, Erleben, Körpererfahrung und Sozialerfahrung. Dieser ganzheitliche Aspekt spielt in der Basalen Stimulation eine sehr wesentliche Rolle, weswegen sie nicht als eine rein funktionale oder gar als ein „Stimulus-Response-Modell" missverstanden werden darf. Vor allem sind es neurophysio-logische sowie pränatal-psychologische Erkenntnisse, die in die Basale Stimulation hineinwirken. Eine neurowissenschaftliche Grundlegung stammt von Pickenhain (1998).

Setting/Raum:

Es werden keine besonderen Ansprüche an einen speziellen Raum gestellt; wichtig ist eine ruhige Zone oder Atmosphäre, wenn innerhalb „regulärer" Gruppenräume Aktivitäten durchgeführt werden sollen.

Medien/Mittel:

Diese richten sich ganz nach den Bereichen der Förderung (somatischer, vibratorischer, vestibulärer, auditiver, visueller, Geruchs- und Geschmacksbereich); z. B. weiche Stoffe, Fell, Fön, Hängematte, Vibratoren, Physioball, Matte, Schaukel, Gymnastikrolle, Höhle, Geruchsdosen, Taschenlampe, Radio, Lautsprecher, Trommel, Mobiles, Rasseln, Naturmaterialien wie Sand, Wasser u. a. m.

Sozialform:

Einzel- und Partnerarbeit

Vorgehensweise:

Es gibt keine festgelegte Vorgehensweise im Rahmen der Basalen Stimulation. Sie hat sich ganz nach der Bedürftigkeit des behinderten Menschen zu richten, es können einzelne Schwerpunkte wie zum Beispiel vestibuläre Stimulation oder kommunikative Anregungen herausgegriffen werden, ebenso denkbar ist ein „ganzheitliches Vorgehen", indem zum Beispiel ein schwerstbehinderter Mensch mit Erde, Schlamm oder Wasser experimentiert und dabei senso-motorische Erfahrungen macht. Wesentlich ist die Verschränkung basaler Angebote und Stimulanzen bei alltäglichen pflegerischen Prozessen, um hierbei sensorische Anregungen wie auch eine emotionale Fundierung durch Haut- und Körperkontakt zu bewirken.

Rolle des Pädagogen:
Einfühlsam, beobachtend, dialogisch-partnerschaftlich, assistierend

Perspektiven in Bezug auf Verhaltensauffälligkeiten:
Hierzu werden keine genaueren Ausführungen gemacht, es darf aber vor dem Hintergrund von Beobachtungen angenommen werden, dass spezifische Verhaltensauffälligkeiten bei Menschen mit schwerster geistiger und mehrfacher Behinderung durch Basale Stimulation präventiv vermieden oder kompensiert werden können.

Repräsentanten/Bezugsliteratur:
Fröhlich (1985; 1992a; b); Bienstein & Fröhlich (1994)

Querverbindungen:
Sensorische Integration; Psychomotorik; basale ästhetische Erziehung

Beurteilung aus der Sicht des Verfassers:
Die Basale Stimulation stellt wie die Basale Kommunikation eines der wichtigsten Konzepte im Rahmen der Arbeit mit geistig schwerst- und mehrfach behinderten Menschen dar und ist leicht zugänglich. Neuerdings werden auch Personen mit apallischen Syndrom oder Demenz mit in das Konzept einbezogen. Während in der Anfangszeit die Basale Stimulation in der Gefahr stand, „zu einer routinemäßigen und technisierten Reizzufuhr bzw. einem stereotypen Funktionstraining" (Fischer 1983a, 283) zu gerinnen, wird heute der Ebene des kommunikativen Dialogs besondere Beachtung geschenkt. Außerdem wird von Fröhlich ein basales Lernen in Alltagssituationen angestrebt, so dass durch Basale Stimulation zugleich auch ein Beitrag zur Bewältigung von Lebenssituationen geleistet werden kann. Damit kann sie letztlich für alle Menschen mit geistiger Behinderung bedeutsam sein. Wenngleich die Basale Stimulation in der schulischen und außerschulischen Behindertenarbeit sehr hohe Wertschätzung erfährt, sollten Forschungen nicht zu kurz kommen, um unter anderem auch die Wirksamkeit des Verfahrens im Hinblick auf einen Abbau von Verhaltensauffälligkeiten genauer zu untersuchen.

• **Snoezelen**

Zielgruppe:
Menschen mit schwersten Behinderungen; verhaltensauffällige geistig behinderte Personen; auch alte Menschen (mit hoher Pflegebedürftigkeit oder Demenz) und psychisch kranke Personen

Definition und Ziele:

Snoezelen wurde im ursprünglichen Sinne als „ein Freizeitangebot für Schwerstbehinderte, bei dem sie ruhig werden und zu sich selbst finden können" (Hulsegge & Verheul 1993, 36), konzipiert. Der Begriff des Snoezelens wird mit Dösen, Schlummern, Schnuppern, Schnüffeln und Sich-Wohlfühlen umschrieben und in der Behinderten- und Altenarbeit sehr oft für einen Ansatz verwendet, der „therapeutische Prozesse unterstützen (soll, G. T.), ohne selbst als Therapie zu gelten" (Dalferth 2003, 11, 86).

Theoretische Bezugspunkte/Überlegungen:

„Dem Snoezelen-Konzept fehlt eine grundlegende, zum Beispiel wahrnehmungspsychologisch begründete Theorie" (ebd., 13). Dies wird von den „Vätern" dieses Konzeptes bewusst in Kauf genommen, um jegliche Einschränkung behinderter Menschen zu vermeiden und um ihren Bedürfnissen „wirklich gerecht werden zu können" (13). Hulsegge und Verheul gehen davon aus, dass geistig schwerst- und mehrfach behinderte Menschen zur Auseinandersetzung mit ihrer Umwelt oft über das körperliche Erleben nicht hinaus kommen (15). Zumeist seien sie sehr komplexen Alltagssituationen ausgesetzt, denen sie hilflos gegenüber stehen. Oft würden die Betroffenen in Wohngruppen „unter erheblicher Spannung und unter Stress" (10) stehen, so dass „ganz besondere Erfahrungen" zur Entspannung notwendig seien, um den Alltag bewältigen zu können. Anders als in Wohngruppen, wo „bestimmte Anforderungen" gestellt würden, benötigten insbesondere geistig schwerst- und mehrfach behinderte Personen Räume, in denen sie ganz selbst sein dürfen und zu sich selber finden könnten.

Setting/Raum:

Es wird zwischen einem sog. *Maxi-Snoezelen* und einem sog. *Mini-Snoezelen* unterschieden. Zum einen geht es um eine eigens für das Snoezelen eingerichtete Abteilung innerhalb einer Behinderteneinrichtung, zum anderen geht es um einzelne wohngruppenintegrierte Räume, die für das Snoezelen speziell gestaltet werden sollen. Das Spektrum möglicher Angebote in speziell eingerichteten Räumen ist breit: z. B. gibt es Räume mit Wasserbett und Baldachin, einen Bällchenbadraum, Räume mit Tastobjekten, Lichtfußboden, Echohall und Mikrophon, Vibrationsboden, Riechobjekten, Angeboten zur Klang- oder Geräuscherfahrung, einen abgedunkelten Raum mit gedämpftem Licht und ruhiger Hintergrundmusik, Liegelandschaft u. a. m.

Medien/Mittel:

Zwischenzeitlich gibt es eine Fülle vermarkteter Snoezel-Mittel wie Lichtorgel, Flüssigkeitsprojektoren, Spiegelkugel, Fieberglasleuchten, Blubbersäulen, Leuchtfäden, Seifenblasenapparat, Spiegelwand, Duftschläuche, Windmaschine, Wasserorgel, Wasserklangbett u.a.m.; Musikanlage; Synthesizer, Kopfhörer etc.

152

Sozialform:
Einzel- und Partnerarbeit; gruppenbezogene Nutzung

Vorgehensweise:
Das Snoezelen ist in keiner Weise festgelegt, da jeder Betroffene jeweils von sich aus auswählen, entscheiden soll, welche Angebote er gerne nutzen möchte. Auch die Verweildauer in den jeweiligen Snoezelen-Räumen richtet sich ganz nach den Bedürfnissen und Interessen der behinderten Menschen.

Rolle des Pädagogen:
Einfühlsam, assistierend, partnerschaftlich

Perspektiven in Bezug auf Verhaltensauffälligkeiten:
Einschlägige Erfahrungsberichte und Untersuchungen lassen vermuten, dass durch Snoezelen nicht nur Entspannung und Wohlbefinden erzeugt, sondern (langfristig) auch Verhaltensauffälligkeiten oder Hospitalisierungsschäden kompensiert bzw. abgebaut werden können (dazu Dalferth 2003, 25f., 42ff., 66f., 76); ferner wird dem Snoezelen als Freizeitangebot eine präventive Bedeutung zugeschrieben.

Repräsentaten/Bezugsliteratur:
Hulsegge & Verheul (1993); Dalferth (2003)

Querverbindungen:
Basale Stimulation; Ästhetische Erziehung; Erlebnispädagogik; Sensorische Integration

Beurteilung aus der Sicht des Verfassers:
Wenngleich für viele Praktiker außer Frage steht, dass das Snoezelen zum basalen Lernen und psychisch-physischen Wohlbefinden von Menschen mit geistiger und mehrfacher Behinderung eine wichtigen Beitrag leisten kann, gibt es jedoch vor allem über die Effektivität in Bezug auf Abbau von Verhaltensauffälligkeiten kaum empirisch gesicherte Erkenntnisse (dazu die Übersicht in Dalferth 2003, 21ff., 27). Eine wegweisende empirische Untersuchung über den Einsatz des Snoezelens bei alten, pflegebedürftigen und an einer Demenz erkrankten Personen wurde soeben von Dalferth (2003) vorgelegt. Sie belegt langfristige positive Effekte des Snoezelens, lässt aber auch den Schluss zu, dass dieses Angebot gegenüber anderen Formen einer (basalen) Aktivierung nicht überbewertet werden sollte. Probleme ergeben sich in Institutionen der Behindertenhilfe dort, wo das Snoezelen zum Dogma erkoren sowie als „Therapiepaket" vermarktet und entsprechend angewandt wird. Hier hat sich gezeigt, dass vor allem das Maxi-Snoezelen in der Gefahr steht, zur Stabilisierung einer Behinderteneinrichtung (Anstalt) beizutragen und damit integrative Prozesse zu unterlaufen. Dies hängt

unter anderem mit den hohen Kosten zusammen, die das Maxi-Snoezelen verursacht, weswegen Einrichtungen, die diesbezüglich viel investieren, das Snoezelen gerne als „Aushängeschild" ihrer Institution anpreisen. Höchst widersprüchlich ist es, wenn Behinderteneinrichtungen einerseits eine Snoezelen-Abteilung haben und andererseits an der klinisch organisierten Regelung des Alltags im Wohngruppenbereich festhalten. In dem Falle bleibt der Alltag für viele behinderte Menschen unpersönlich, kaum beeinflussbar und weithin unkontrollierbar, was in Anbetracht des Fehlens sinnerfüllter Partizipationsmöglichkeiten letztlich Verhaltensauffälligkeiten befördern kann. Derlei Probleme lassen sich aber kaum durch das Snoezelen als freiwilliges Freizeitangebot bewältigen, da nicht das Snoezelen, sondern die primäre Lebenswelt (Wohngruppe) den wichtigsten Einfluss auf menschliche Entwicklung und Wohlbefinden nimmt. Insofern dürfen keine hohen (therapeutischen) Erwartungen an das Maxi-Snoezelen gestellt werden. Demgegenüber kann aber das sog. Mini-Snoezelen eine Bereicherung in der alltäglichen Praxis mit verhaltensauffälligen geistig behinderten Menschen darstellen, wenn es auf sinnvolle Weise im Gruppenalltag integriert ist und auch unter pädagogisch-therapeutischen Gesichtspunkten Anwendung findet (auch Dalferth 2003). So könnten zum Beispiel (Alltags-)Situationen genutzt werden, in denen einzelne Bewohner durch kritisches Problemlösungsverhalten (Aggressionen; sozialer Rückzug) besonders auffallen. Möglicherweise kann das Snoezelen im Wohngruppenalltag eine präventive Wirksamkeit erzeugen und zu einer Atmosphäre des Wohlbefindens beitragen. Die Integration spezifischer Snoezelangebote in den Alltagsbereich wäre damit ein wichtiges Ziel, um „Entfremdungserscheinungen" zuvorzukommen (Hulsegge & Verheul 1993, 46). Zugleich würde dadurch die Abgeschlossenheit der künstlichen Traumwelt des Snoezelens vermieden und eine Verschränkung des Konzepts mit natürlichen Lernfeldern erreicht.

• **Festhaltetherapie**

Zielgruppe:
Menschen mit geistiger Behinderung, Autismus, Verhaltensauffälligkeiten oder psychischen Störungen

Definition und Ziele:
Die Festhaltetherapie versteht sich als eine „Lebensform" (Prekop), die eine „fundamentale Hilfe für die meisten seelischen Störungen" darstellt, „die durch den Verlust der Bindung und der Geborgenheit sowie durch eine chronisch affektive Ambivalenz herauf beschwört wurden" (Prekop 1992, 142).

Theoretische Bezugspunkte/Überlegungen:
Die Festhaltetherapie geht davon aus, dass Menschen „zum biologischen Typus der Traglinge (Hassenstein)" gehören (ebd., 139). Von daher gebe es Grundbedürfnisse nach Bindung, Geborgenheit, Urvertrauen und „Nestwärme", überdies sei das „symbiotische Mitschwingen" als Urerfahrung menschlicher Liebe für die Entwicklung eines Leib- oder Körperbewusstseins, sensorischer Wahrnehmungen, motorischer und auch kognitiver Prozesse von elementarer Bedeutung. Auf dem Hintergrund pränataler Forschung, verhaltensbiologischer Erkenntnisse und auch entwicklungspsychologischer Aspekte versucht Prekop das Festhalten als einen „Urzustand", als eine natürliche Lebensweise zu begründen. Da bei vielen geistig behinderten, vor allem aber autistischen Personen schon im Mutterleib (erst recht im frühen Säuglingsalter) derlei Erfahrungen ausblieben, bedürfe es der Festhaltetherapie zum Nachholen bzw. zum Aufbau der Grundbedürfnisse und Urerfahrungen.

Setting/Raum:
Es wird ein Ruhe- oder Therapieraum empfohlen, an den keine besonderen Ansprüche gestellt werden.

Medien/Mittel:
Matte, Decken, gegebenenfalls Festhaltegürtel

Sozialform:
Einzelarbeit

Vorgehensweise:
Die Festhaltetherapie setzt ein, wenn sich ein Adressat in einem starken Erregungszustand oder in einer schweren Krise befindet (akute Angst, Auto- oder Fremdaggressionen, panikartige Katastrophenreaktionen, extreme Zwanghaftigkeit, Essensverweigerung etc.). Durchgeführt werden sollte sie nach Möglichkeit durch die unmittelbaren Bezugspersonen (Mutter, Vater, Gruppenmitarbeiter), ebenso denkbar ist aber auch das Halten durch Therapeuten. Das Festhalten sollte immer in einer günstigen Lage stattfinden, bei Kindern im Sitzen und bei erwachsenen behinderten Menschen eher im Liegen. Es gibt keine zeitliche Begrenzung, die Dauer des Festhaltens richtet sich nach der Kraft des seelischen Widerstands. Der Betreffende wird beim Festhalten aufgefordert, „sich auszuschreien, auszuschimpfen und auszuweinen. ... Die heilende Wirkung des Festhaltens besteht im Aktualisieren des Widerstandes, indem die unechten Ersatzwege verhindert werden. Das Ausleben des Widerstandes ermöglicht sukzessiv das Ausleben der Liebe. ... Bis zur Entspannung des Betroffenen führt zunächst ein anstrengender Weg über die Überbrückung seiner Entzugserscheinungen und über die Äußerung seiner aversiven Gefühle. ... Merkt man, dass die Anspannung

beim Gehaltenen nachlässt, ist er zum freudigen Erleben der Zärtlichkeit zu ver-
locken" (ebd., 148ff.). Zusammengefasst geht es also darum, den behinderten
Menschen aus dem Zustand seiner Krise herauszuholen sowie sein Verhalten in
ein psychisch-physisches Entspanntsein und eine kommunikative Zuwendung zu
überführen.

Rolle des Pädagogen:
Dominant, therapeutisch-beherrschend, beobachtend

Perspektiven in Bezug auf Verhaltensauffälligkeiten:
Repräsentanten der Festhaltetherapie berichten über große Erfolge im Umgang
mit geistig behinderten autistischen und verhaltensauffälligen Kindern und Jugendlichen. Bei „schwierigen" geistig behinderten Menschen im Erwachsenenalter wird vorsichtiger argumentiert.

Repräsentanten/Bezugsliteratur:
Prekop (1989; 1992); Rohmann & Elbing (1990)

Querverbindungen:
Modifizierte Festhaltetherapie (Rohmann); Verhaltenstherapeutisches Wut-
reduzierungsverfahren

Beurteilung aus der Sicht des Verfassers:
Die von Prekop propagierte Festhaltetherapie ist als Methode im Umgang mit
(verhaltensauffälligen) geistig behinderten Menschen sehr umstritten. Die Gründe hierfür sind vielschichtig: so wird zum Beispiel die theoretische Bezugs-
literatur einseitig ausgelegt und stellenweise fehlinterpretiert (z. B. Portmanns
Theorie der „physiologischen Frühgeburt"). Ferner werden von Prekop Behaup-
tungen aufgestellt, die sich in keiner Weise wissenschaftlich belegen lassen (z. B.
die Festhaltetherapie stelle „die fundamentale Hilfe für die meisten seelischen
Störungen dar" (Prekop 1992, 142). Aussagen wie „der Behinderte (ist, G. T.)
sein ganzes Leben lang von Schutz abhängig" (ebd., 143) tragen kaum zu einer
autonomiefördernden Pädagogik bei und verraten die konservierende, konserva-
tive Grundhaltung der Autorin. Längst widerlegt und damit unhaltbar ist auch
folgende Aussage: „Wegen seines Intelligenzmangels inklusive seiner ungenügen-
den Fähigkeit, Gefühle zu verbalisieren, ist der Geistigbehinderte nicht in der
Lage, eine therapeutische Einsicht auszubilden und an tiefenpsychologisch orientierten Psychotherapien teilzunehmen. Auch die Gesprächstherapie ist ihm unzugänglich" (ebd., 146). Hier tritt ein unreflektiertes statisches Denken zutage, das
den geistig behinderten Menschen einzig und allein vom Nicht-Können oder
seinen „Mängeln" her betrachtet. An anderer Stelle (Lingg & Theunissen 2000)
haben wir bereits auf das Problem der Etikettierung und Stigmatisierung hingewiesen, wo Prekop Mystifikationen in Umlauf setzt wie: das (behinderte) Kind

„ginge den Weg des Bösen" (1989, 113) oder sei „vom Teufel besessen". Neben diesen theoretischen Unzulänglichkeiten muss die Methode selbst kritisch hinterfragt werden. Ihre Widersprüchlichkeit besteht darin, dass ein „echter" Dialog, eine emotional fundierte, zwischenmenschliche Beziehung über ein brutales Vorgehen erreicht werden soll. Dies steht dem Gedanken von Buber (1962) oder auch Spitz (1976) diametral gegenüber. Vor allem Mall (1990) zeigt uns, wie über eine alternative, basale, kommunikationszentrierte Arbeitsweise authentische Dialoge und Beziehungen hergestellt werden können.

Alles in allem sollte von daher die Festhaltetherapie als eine gewaltsame Methode keinen Eingang in der Arbeit mit (verhaltensauffälligen) geistig behinderten Menschen finden. Andererseits wissen wir aus der Alltagspraxis, dass es Situationen gibt, wo anscheinend alle anderen pädagogischen und/oder therapeutischen Maßnahmen versagen. Gerade in solchen Situationen wird die Festhaltetherapie als der „letzte" Versuch legitimiert. Dieser Argumentation können wir folgen, wenn anstelle des erzwungenen Festhaltens nach Prekop das *modifizierte therapeutische Festhalten* nach Rohmann Anwendung findet, das als eine „weiche" Form von Anfang an versucht, über spezifische Kommunikationsmittel wie Laute, Mimik, Sprache und auch Musik „einen Dialog bzw. Austausch zwischen Therapeut und gehaltenem Kind aufzubauen" (Rohmann & Elbing 1990, 170f.) und so schnell wie möglich aus der Haltesituation in eine non-direktive Interaktionssituation hinein zu finden. Im Unterschied zu Prekop ist es zudem den z. g. Autoren um ein wissenschaftlich reflektiertes Vorgehen zu tun, um Gefahren des Missbrauchs und ethische Bedenken weitestgehend ausräumen zu können.

• **Psychomotorik/Motopädagogik**

Zielgruppe:
Behinderte, von Behinderung bedrohte und entwicklungsauffällige Kinder und Jugendliche; auch geistig behinderte Menschen mit Verhaltensauffälligkeiten

Definition und Ziele:
„Psychomotorik ist ein ganzheitlicher Ansatz, der versucht, der engen Verbindung und dem gegenseitigen Bedingtsein von Motorik, Wahrnehmung und Sozial-Emotionalität gerecht zu werden" (Köckenberger 1992, 121). Parallelbezeichnungen sind Motopädagogik oder motopädagogische Entwicklungsförderung.

Theoretische Bezugspunkte/Überlegungen:
Ausgehend von den Erkenntnissen Piagets über die sensomotorische Entwicklung des Menschen wird ein „ganzheitliches Entwicklungsmodell" zugrunde gelegt, in dem die Bereiche der Wahrnehmung, Bewegung, Körpererfahrung, Gefühle, Kognition und Kommunikation in ihrer wechselseitigen Beziehung als

Schrittmacher für menschliches Lernen und selbstbestimmtes Handeln beschrieben werden. Hirnschädigungen wie auch Außeneinflüsse (Über/Unterforderung der einen oder anderen Dimension) können zu Funktionsstörungen bzw. zur Beeinträchtigung einzelner Bereiche sowie der Wechselbeziehung führen, so dass Auffälligkeiten in der sensomotorischen und psychosozialen Entwicklung als Kompensations- bzw. Problemlösungsversuche in Erscheinung treten. Ein in diesem Zusammenhang häufig zu beobachtendes Problem sei der Verlust an Motivation und konstruktiver Eigeninitiative aufgrund von Enttäuschungen, Frustrationen oder Misserfolg. Dieses mangelnde Selbstbewusstsein und Selbstwertgefühl sowie das fehlende Vertrauen in die eigenen Ressourcen soll durch ein lustbetontes, kreatives Handeln (Bewegen und Wahrnehmen) als Vehikel zur allseitigen Persönlichkeitsentwicklung überwunden werden.

Setting/Raum:
Eine psychomotorische Entwicklungsförderung kann am ehesten in Gymnastikräumen oder Turnhallen durchgeführt werden. Verschiedene Sportgeräte sollen zu Bewegungsparcours zusammengestellt werden, wobei Wert gelegt wird auf eine alternative Benutzung bzw. Umgestaltung der Geräte, um den Handlungs- und Erfahrungsraum im Hinblick auf kreatives Handeln zu erweitern. Überdies können auch ästhetische Materialien zur freien Verfügung angeboten werden.

Medien/Mittel:
Übliche Turngeräte, die zu Schaukeln, Rutschen, Kletterberge, Höhlen oder Tunnel zusammengebaut werden; herkömmliche Gymnastikmaterialien wie Bälle, Reifen, Seile, Sandsäckchen etc.; spezielle Psychomotorik-Materialien wie Rollbretter, Pedalos, Schwungtücher, Fallschirm, Airtramp, Kugelbadbälle, Schaumstoffelemente, Holzklötze; ästhetische Materialien und Abfallmaterialien wie: Toilettenpapier, Spülmittelflaschen, Autoreifen, Bettbezüge, Teppichbodenfliesen, Watte, Bierdeckel, Schachteln, Kartons, Wolle, Luftballons, Schminke, Verkleidungsmaterialien; Kinderbücher u. a. m.

Sozialform:
Einzel-, Partner- und Gruppenarbeit

Vorgehensweise:
Diese ist nicht festgelegt, einerseits gibt es vorstrukturierte Räume mit Kletter- oder Bewegungsparcours, die zu individuellen und kreativen Handlungen herausfordern sollen. Andererseits gibt es das freie Materialangebot, das ebenfalls dem leistungsorientierten Hallenturnen diametral gegenübersteht. Grundsätzlich dienen die Materialangebote auch diagnostischen Zwecken, um zu geeigneten (entwicklungs- und problemorientierten) Aktivitäten und stimulierenden Lern- und Erfahrungsfeldern zu gelangen. Im Mittelpunkt der psychomotori-

schen Entwicklungsförderung stehen zumeist Spielaktionen, die in projektartige Unternehmungen übergehen können (z. B. Zirkusprojekt; Theaterprojekt).

Perspektiven in Bezug auf Verhaltensauffälligkeiten:
In der Psychomotorik wird ein geeignetes Mittel gesehen, Verhaltensauffälligkeiten abzubauen und neue Verhaltensweisen sowohl in sozialer als auch in sensomotorischer und kognitiver Hinsicht aufzubauen.

Rolle des Pädagogen:
Beobachtend, anregend, modellhaft, anleitend, unterstützend, kooperativ

Repräsentanten/Bezugsliteratur:
Kiphard (1984); Eggert (1994); Köckenberger (1992)

Querverbindungen:
Ästhetische Erziehung/pädagogische Kunsttherapie; heilpädagogische Rhythmik; Erlebnispädagogik; Bewegungserziehung (n. Frostig)

Beurteilung aus der Sicht des Verfassers:
Die Psychomotorik hat sich in den letzten Jahren von einem eher routinemäßigen Übungsprogramm oder psychomotorischen Funktionstraining zu einem subjektzentrierten Angebot weiterentwickelt (Köckenberger 1992), das für die Arbeit mit verhaltensauffälligen geistig behinderten Menschen empfehlenswert zu sein scheint. Im Unterschied zur heilpädagogischen Rhythmik gibt es keinen spekulativen, irrationalen Überbau, sondern es werden wissenschaftliche Erkenntnisse zugrunde gelegt und für ein Förderangebot aufbereitet. Dadurch ist die Psychomotorik wissenschaftlich tragfähig und leichter zugänglich. Überzeugend ist ihr Grundanliegen, behinderte, entwicklungs- oder verhaltensauffällige Menschen ohne Leistungsdruck, Dressur oder Drill zu einem selbsttätigen, selbstbestimmten und kreativen Handeln anzuregen. Wissenschaftliche Untersuchungen auf dem Gebiete der Psychomotorik lassen den Schluss zu, dass nicht nur positive Effekte im Hinblick auf eine Förderung motorischer, praktischer und sozialer Kompetenzen bei Menschen mit geistiger Behinderung, sondern zugleich günstige Einflüsse auf die gesamte Persönlichkeitsentwicklung erzielt werden können (Schmid 2003). Jedoch besteht ein empirisches Forschungsdefizit in Bezug auf Längsschnittuntersuchungen zu langzeitlichen Effekten sowie im Hinblick auf Studien, die das Thema der Verhaltensauffälligkeiten fokussieren.

• **Heilpädagogische Rhythmik**

Zielgruppe:
Geistig behinderte Menschen, verhaltensauffällige und entwicklungsgestörte Kinder und Jugendliche

Definition und Ziele:
Heilpädagogische Rhythmik (häufig auch rhythmisch-musikalische Erziehung genannt) wird als eine „ganzheitliche" Arbeitsform beschrieben, die mit Körperbewegung, Rhythmus, Musik und Sprache die „schöpferischen Kräfte, die dem Menschen innewohnen" (Klein 1991, 141), zur Entfaltung bringen will und ihn „in seiner Ganzheit zu erfassen, ihn zu beeinflussen, ihn zu erziehen" versucht (Scheiblauer 1991, 234). Ein wesentliches Ziel heilpädagogischer Rhythmik ist die Entwicklung der motorischen Dimension, indem sie dem natürlichen Bedürfnis nach Bewegung entgegenkommen und auch körperliche Funktionen sowie motorische Kompetenzen entfalten soll; ferner werden durch die enge Wechselbeziehung von Bewegen und Wahrnehmen sensorische Bereiche angesprochen, ausgeformt und weiterentwickelt; zudem findet die affektive Dimension Beachtung, indem die heilpädagogische Rhythmik zu einem verbesserten Selbstwertgefühl, zu mehr Selbstvertrauen, zu Selbstsicherheit, zu einem psychischen Wohlbefinden und zu einer realistischen Selbsteinschätzung beitragen soll; darüber hinaus geht es um die Verbesserung des Sozialverhaltens, z. B. um Rücksichtnahme, soziale Anpassung, Hilfsbereitschaft, Kooperation und Entwicklung eines Gemeinschaftssinns. Ebenso wichtig wie die zuvor genannten Dimensionen ist die kognitive Entwicklung (z. B. Begriffsbildung, Wissensaneignung, Verbesserung der Konzentration und Entwicklung eines Aufgabenbewusstseins), die durch rhythmisch-musikalische Erziehung befördert werden soll.

Theoretische Bezugspunkte/Überlegungen:
M. Scheiblauer gilt als Begründerin der heilpädagogischen Rhythmik. Ihr war es um die Entwicklung einer Arbeitsform zu tun, die Erkenntnisse aus der Musikerziehung und „rhythmischen Gymnastik" mit heilpädagogischen Grundsätzen sinnvoll miteinander zu verknüpfen versucht. Dabei wurde die menschliche Bewegung zu einem Schlüsselbegriff: „Bewegung ist ... aller Erziehung Anfang. Sie ist aber in erster Linie aller Entwicklung Anfang, aller Bildung Anfang" (Scheiblauer zit. n. Klein 1991, 142). Die Vielfalt menschlicher Bewegungsmöglichkeiten gilt damit als ein grundlegendes Moment für sämtliche Lern- und Entwicklungsprozesse. Weitere Elemente, die Lernen und Entwicklung befördern sollen, „sind Zeit, Klang – in der Bewegung der Raum – und Dynamik, zu welchen noch die Form kommt, die die drei Erstgenannten in sich schließt. Die Zeit beeinflusst die Motorik, der Klang die Seele, die Dynamik die gestaltenden Kräfte, die Form das Ordnende, Geistige" (Scheiblauer 1991, 234).

Setting/Raum:
Gymnastik- oder Rhythmikraum; gegebenenfalls auch Turnhalle

Medien/Mittel:
Klavier; Orffsche Instrumente; (Scheiblauer) Rhythmikmaterialien; Gymnastik-

materialien wie Reifen, Gymnastikseil, Fäden, Schnüre, Bänder, Bälle, Holz-stäbe, Holzklötze, Holzkugel, Sandsäckchen, Zauberschnur, farbige quadratische Tücher, Rasselbüchsen, Fröbelstäbchen u. a.

Sozialform:
Partner- und Gruppenarbeit

Vorgehensweise:
Ausgangspunkt der heilpädagogischen Rhythmik ist zunächst das „aufmerksame Wahrnehmen" der Verhaltens- und Ausdrucksweisen der behinderten Menschen. Dies soll im Rahmen freier Grundübungen geschehen: zum Beispiel gehen die behinderten Menschen „frei im Raum herum nach den verschiedensten Richtun-gen und in selbstgewähltem Tempo. Nur ein einziger Befehl ist gegeben: Nicht anstoßen! Diese scheinbar primitive Aufgabe gibt uns Einblick in die verschiede-nen charakterlichen Eigenschaften der Kinder (behinderten Menschen, G. T.). Wir sehen solche, die rücksichtslos drauflosstürmend absichtlich anstoßen, sol-che, die ängstlich kaum von der Stelle sich wagen und dadurch immer mehr ange-stoßen werden ... Also ist die Rhythmik auch ein diagnostisches Mittel, sofern es der Pädagoge versteht, aus Bewegung und Reaktion zu lesen, die richtigen Schlüsse zu ziehen" (Scheiblauer 1991, 234f.). Derartige Übungen lassen sich dann allmählich im Niveau steigern und in spezielle Konzentrations-, sensomo-torische, soziale, Phantasie- oder Improvisations-, Begriffsbildungs- und Ord-nungsübungen ausdifferenzieren. Hierzu gibt es in der einschlägigen Literatur zahlreiche Übungsbeispiele, die sich im Schwierigkeitsgrad steigern lassen und an die jeweilige Bedürfnis- oder Problemlage der behinderten Menschen angepasst werden sollen. Diese Übungen dürfen nicht als engmaschige Rezepte für die Pra-xis missverstanden werden, vielmehr haben sie „offenen Charakter", indem sie die Struktur abbilden, unter der die behinderten Menschen die Möglichkeit ha-ben, „eigene Ideen und Vorschläge einzubringen und so den Verlauf der Übungen mitzugestalten" (Sommer 1987, 2). Insofern gibt es in der heilpädagogischen Rhythmik bestimmte Ordnungsstrukturen und verhaltensstrukturierende Vorga-ben, die derart variabel gehalten werden, dass Freude und Selbstvertrauen, Spon-taneität und Phantasie entstehen und entwickelt werden können. Wichtige Ordnungsmuster sind zum Beispiel das Prinzip der Wiederholung wie aber auch ein ritualisierter, gemeinsamer Beginn und Abschluss der jeweiligen Übungs-stunde.

Rolle des Pädagogen:
Beobachtend; therapeutisch-anleitend, führend, unterstützend

Perspektiven in Bezug auf Verhaltensauffälligkeiten:
Scheiblauer (1991) ist davon überzeugt, dass die heilpädagogische Rhythmik

wesentlich dazu beitragen kann, verhaltensauffällige Personen (wieder) „zu innerer Ordnung zu bringen" (234).
Ihrer Ansicht nach haben vor allem die Ordnungsübungen, bei denen es um spezifische Lernziele wie Unterbrechen-, Umschalten- und Durchhalten-Können
geht, für die heilpädagogische Arbeit mit gehemmten, hochgradig passiven,
ängstlichen wie auch „ungehemmten", konzentrationsschwachen oder „undiszi-
plinierten" Kindern und Jugendlichen mit oder ohne Behinderung „einen großen
Wert".

Repräsentanten/Bezugsliteratur:
Scheiblauer (1991); Neikes & Danuser-Zogg (1993); Sommer (1987); auch
Weiss (1999)

Querverbindungen:
Psychomotorik, Eurythmie (anthroposophische Heilpädagogik), Ästhetische Erziehung, Bewegungserziehung (n. Frostig)

Beurteilung aus der Sicht des Verfassers:
Die heilpädagogische Rhythmik zählt zu den wohl ältesten Verfahren, die für die
pädagogische Arbeit mit geistig behinderten und auch verhaltensauffälligen Personen entwickelt worden sind. In erster Linie ist die rhythmisch-musikalische
Erziehung für Kinder und Jugendliche konzipiert, sie hat sich aber auch in der
Arbeit mit geistig behinderten Erwachsenen etabliert. Eine intensive Beschäftigung mit der einschlägigen Literatur erhärtet den Eindruck, dass sich unter dem
Begriff der heilpädagogischen Rhythmik heute zwei Tendenzen verbergen, die
anscheinend unvereinbar gegenüberstehen: einerseits können wir nämlich eine
orthodoxe behandlungsorientierte Richtung ausmachen (Krimm-Fischer 1986),
zum anderen gibt es eine Richtung, die Elemente aus der Psychomotorik und
ästhetischen Praxis aufgreift (Sommer 1987) und die heilpädagogische Rhythmik
bis hin zu einem *modernen Ausdrucksspiel* (Jeux dramatiques) weiterentwickelt
hat (Weiss 1999). Während die erste Richtung in der augenfälligen Gefahr steht,
den behinderten Menschen in seiner Subjekthaftigkeit zu verfehlen und als bloßes Behandlungsobjekt zu betrachten, rückt in der zweiten Position die Subjektzentrierung deutlich in den Mittelpunkt, weswegen hier auch von einem
„teilnehmerorientierten Ansatz" gesprochen wird. Wer die Schriften von
Scheiblauer studiert hat, wird vermuten, dass es ihr angesichts ihrer humanen
Grundhaltung, die von der Würde und Achtung vor der Person geprägt ist, wohl
eher um diese zweite Richtung zu tun war (Neikes & Danuser-Zogg 1993). Von
hier aus ergeben sich unseres Erachtens auch Möglichkeiten, mit verhaltensauffälligen geistig behinderten Menschen zu arbeiten. Grenzen beinhaltet die heilpädagogische Rhythmik dort, wo gewisse soziale und kognitive Kompetenzen zur

Mitwirkung in Gruppen vorausgesetzt werden, die bei geistig (schwer) behinderten Menschen mit Verhaltensauffälligkeiten zum Teil erst durch „Vorübungen" in Kleinstgruppen bzw. Partnerarbeit angebahnt werden müssen. Gerade deshalb bedarf es des offenen Charakters und der Variabilität der Übungsprogramme. Zudem ist in der Arbeit mit geistig schwerst- und mehrfach behinderten Menschen eine Modifikation der allgemeinen heilpädagogischen Rhythmikübungen notwendig, wenn eine „ganzheitliche" und subjektzentrierte Entwicklungsförderung Ziel sein soll. Alles in allem stellen wir somit fest, dass die heilpädagogische Rhythmik sowohl Chancen als auch Probleme beinhaltet, die es in der Arbeit mit geistig behinderten und verhaltensauffälligen Menschen sorgfältig zu reflektieren gilt. Insgesamt besteht ein Forschungsbedarf für den Einsatz der heilpädagogischen Rhythmik zur Förderung von Stärken sowie zum Abbau bzw. zur Kompensation und Prävention von Verhaltensauffälligkeiten.

• **Pränatalraum-Musiktherapie**

Zielgruppe:
Menschen mit schwerster geistiger und mehrfacher Behinderung; geistig behinderte Personen mit Verhaltensauffälligkeiten

Definition und Ziele:
Die Pränatalraum-Musiktherapie versteht sich als ein multisensorieller Förderansatz, der „über die vestibulär-cochleare Stimulation eine bioenergetische Aktivierung des Gesamtorganismus bewirkt, gleichzeitig durch biodynamische Techniken (Massage, Atmung) die funktionale Aufmerksamkeit in Richtung aktiver Informationsaufnahme und Interaktion anregt und fördert" (Schnell 1992, 45). Im Unterschied zu einer tiefenpsychologisch orientierten Psychotherapie geht es bei der musiktherapeutischen Arbeit im Pränatalraum nicht primär um eine therapeutische Konfliktverarbeitung, sondern wesentliche Ziele sind die „Wiederherstellung, Erhaltung und Verbesserung seelischer und körperlicher Gesundheit" (Vogel 1988, 5).

Theoretische Bezugspunkte/Überlegungen:
Die Musiktherapie im Pränatalraum knüpft einerseits an allgemeine musiktherapeutische Verfahren an, die eine „Heilung durch Musik" (Vogel 1988, 2) behaupten. Andererseits bilden Erkenntnisse und Untersuchungen aus der pränatalen Psychologie die theoretische Bezugsbasis des Konzepts. Danach kann davon ausgegangen werden, dass bereits Ungeborene in der Lage sind, Reize wahrzunehmen, zu verarbeiten und zu speichern. Wesentliche Bedeutung kommt hier dem „fetalen Horchen" (Tomatis 1990) zu. Etwa ab der 27. Schwangerschaftswoche gilt das Hörorgan als funktionsfähig; und es wird angenommen,

dass von nun an der Fetus die Herztöne der Mutter wie auch andere Geräusche aus dem Körper der Mutter hören kann. Vor allem der „'Urrhythmus' des mütterlichen Herzschlages" würde dem Fetus ein Gefühl von Sicherheit und Vertrautheit vermitteln (Vogel 1988, 15f.). Ein ebenso wichtiger Anknüpfungspunkt für die musiktherapeutische Arbeit ist die enge Verbindung des Hörorgans mit dem Gleichgewichtsorgan. „Unser Körpergefühl sitzt sozusagen im Ohr, deswegen entspannt sich z. B. unser Muskeltonus bei bestimmten Musikstücken. Ein akustischer Reiz wirkt über das Gleichgewichtssystem im Mittelohr auf den ganzen Körper. Das Vestibularsystem bildet die Basis der organischen Strukturen, alles fängt sozusagen im Ohr an" (Schnell 1992, 35f.). Im Regelfall würde diese vorgeburtliche Phase als angenehm erlebt. Zu Störungen komme es, wenn zu viele inadäquate Reize auf den Fetus eindringen, Stress erzeugen und nicht mehr verarbeitet werden können. Denkbar sei auch eine sensorische Deprivation oder eine Fixierung auf unterentwickelten Strukturen. Durch die musiktherapeutische Arbeit im Pränatalraum (z. B. durch Schaukeln auf dem Wasserbett) sollen diese blockierten oder unterentwickelten psychosomatischen Schichten wieder aktiviert werden, „um die Harmonisierung dieses Systems im Gesamtkörperverhalten wiederherzustellen" (Schnell 1992, 36).

Setting/Raum:
Der Pränatalraum besteht aus einem wohltemperierten Wasserbett, über dem sich eine Stoffkuppel befindet, die von einem rötlich gedämpften Licht beleuchtet werden soll. Im Wasserbett ist ein Sound-System eingebaut, durch das akustische und vibratorische Schallschwingungen durch das Wasser gefiltert auf die Oberfläche des Wasserbettes übertragen werden.

Medien/Mittel:
Musikanlage mit Mikrofon und Kopfhörer, Sortiment unterschiedlicher Musik, verschiedene Musikinstrumente wie Xylophon, Trommeln, Glocken, Gong, Orffsche Instrumente und Synthesizer

Sozialform:
Einzelarbeit

Vorgehensweise:
Vogel (1991) gliedert den therapeutischen Prozess in mehrere aufeinander aufbauende Phasen: Ausgangspunkt ist eine vier- bis sechswöchige Beobachtungsphase, um sowohl musikalische Interessen eines Klienten herauszufinden als auch die Schritte für die musiktherapeutische Arbeit zu bestimmen und festzulegen. Danach folgt eine Einstiegsphase, bei der der Betroffene behutsam an das Wasserbett herangeführt werden soll. Liegt er entspannt auf dem Wasserbett, sollen durch sanftes Wiegen und Schaukeln Bewegungsreize erzeugt werden. Dadurch

werden Erfahrungen der Tiefensensibilität vermittelt. Zugleich werden auch Gefühle von Wohlbefinden und Geborgenheit erfahrbar. In der nachfolgenden Phase geht es um intermodale Verknüpfungen von Gehör, Vibration und Wärmeempfindung. Danach wird mit akustisch-vibratorischen Effekten und tiefen Frequenzen gearbeitet, um Entspannungsreaktionen zu erzeugen. Erweitert wird das Programm durch Bio-Feedback-Phasen und akustische Rückmeldungen von Atem- oder Herzgeräuschen, was mit einem Mikrofon, Kopfhörer und auch Stethoskop geschieht. Über gemeinsames Atmen sollen Kommunikationsformen aufgebaut und ein Beziehungsdialog eingeleitet werden. Der therapeutische Prozess soll langsam von innen nach außen führen und dabei durch sanfte Hautmassage nach Leboyer (1984) unterstützt werden. Musik, Massagebewegungen und Atemrhythmus werden hierbei aufeinander abgestimmt. Dies mündet in ein sog. Musikalisches Streicheln, bei dem zum Beispiel der Körper mit Musikinstrumenten berührt bzw. stimuliert wird (mit Stimmgabel, Leier, Schellenrassel). Der Einsatz von Musikinstrumenten wird allmählich ausgeweitet, um die Orientierung nach außen und Interaktionen zu verstärken. Dies alles endet letztlich damit, dass der Betroffene schließlich wieder in „seine Welt" entlassen wird (Schnell 1992, 38).

Rolle des Pädagogen:
Einfühlsam, dialogisch, therapeutisch-führend

Perspektiven in Bezug auf Verhaltensauffälligkeiten:
„Neben der Lockerung des gesamten Körpers zählen zu den typischen Verhaltensweisen im Pränatalraum das Nachlassen von Autoaggressionen und Stereotypien" (Vogel 1988, 22; auch Schnell 1992, 34).

Repräsentanten/Bezugsliteratur:
Vogel (1988; 1991); Schnell (1992); auch Goll (1993)

Querverbindungen:
Musiktherapie; Snoezelen; Basale Stimulation; Sensorische Integration

Beurteilung aus der Sicht des Verfassers:
Die Pränatalraum-Musiktherapie zielt darauf ab, geistig schwerst und mehrfach behinderte Menschen oder auch Personen mit Verhaltensauffälligkeiten in die vorgeburtliche Phase zurückzuversetzen, damit wohltuende Pränatalerfahrungen nachgeholt werden können. Dieses Konzept ist höchst spekulativ und hypostasiert den von Störmer (1989, 157) konstatierten „neuen Kult der Innerlichkeit und der Gefühle". Die Erfahrung, dass sich viele geistig behinderte Menschen auf einem Wasserbett entspannen und wohlfühlen, wollen wir damit keineswegs in Abrede stellen, doch ist dies längst noch nicht ein Beweis für ein neues Lebendigwerden pränataler Erfahrungen. Die Basale Stimulation und das Snoezelen zeigen

auf, dass die Arbeit mit Wasserbett und Musik auch auf einfache Weise begründet werden kann. Ein weiteres Problem der Musiktherapie im Pränatalraum ergibt sich dort, wo sie dem Zusammenhang von Individuum und Lebenswelt in keiner Weise gerecht wird. Was nutzt es einem behinderten Menschen, wenn er im Pränatalraum Geborgenheit findet, die ihm sein Lebensalltag nicht bietet? Der Widerspruch zwischen Therapie und Alltag ist hier eklatant, weswegen auch die Pränatalraum-Musiktherapie nur dann ein probates Mittel einer speziellen Pädagogik sein kann, wenn eine Integration des Verfahrens im Lebensalltag der behinderten Menschen stattfindet. Dies aber scheint sehr selten der Fall zu sein. So wird „für einen aufmerksamen Beobachter deutlich, dass die behandelten Kinder, Jugendlichen und Erwachsenen nach dem therapeutischen Setting wieder ohne Beschäftigung und ohne Möglichkeit einer geregelten Tätigkeit nachzugehen in der Wohngruppe ,herumsaßen'. Daraus kann geschlossen werden, dass dieser Ansatz eine Erweiterung der Realitätskontrolle nicht einschließt" (ebd., 168).

Anders ist dagegen der von Goll (1993) entworfene Ansatz einer *„heilpädagogischen Musiktherapie"* einzuschätzen. Hier werden auf der Basis eines „offenen Curriculums" über (einfache) musikalische Mittel dialogische Begegnungs- und basale Lernprozesse angeregt und mit Alltagsgeschehnisse verknüpft. Auf eine spekulative Bezugstheorie wird dabei zu Recht verzichtet. Wünschenswert wäre, wenn durch kontrollierte Einzelfallstudien über die Wirksamkeit dieses Ansatzes im Hinblick auf Förderung von Stärken und Abbau von Verhaltensauffälligkeiten ein Beitrag zur sog. Therapieforschung (Grawe u. a.) geleistet werden könnte.

• **Psychomotorische Therapie (nach Aucouturier)**

Zielgruppe:
Geistig behinderte Menschen mit autistischen Verhaltensweisen oder Verhaltensauffälligkeiten

Definition und Ziele:
Die psychomotorische Therapie will durch die „Wiederaneignung des Körpers" Körperbewusstsein, Kommunikation und sensomotorisches Erleben (wieder-) herstellen, entwickeln und fördern.

Theoretische Bezugspunkte/Überlegungen:
Verhaltensauffälligkeiten wie auch autistische Verhaltensweisen sind nach Aucouturier und Lapierre (1982) Ausdruck einer schweren gestörten zwischenmenschlichen Beziehung. Außerdem wird insbesondere bei Menschen mit geistiger Behinderung ein Mangel an kommunikativen Ausdrucksmöglichkeiten konstatiert. Ursache dafür seien häufig sensorielle hirnorganische Funktionsstörungen, die häufig schon in der vorgeburtlichen Phase ihren Ursprung haben. Da nach der Geburt die ersten Lebenserfahrungen über den Körper gemacht werden,

setzt die psychomotorische Therapie genau an dieser Stelle an, indem ein „archaischer kommunikativer Dialog" zwischen Therapeut und behinderten Menschen initiiert und aktualisiert werden soll (ebd., 30). Dabei soll der Betroffene zugleich zu basalem, sensomotorischem Handeln angeregt werden, so dass sowohl kommunikative als auch dingliche Beziehungen zur Welt aufgebaut und entfaltet werden können.

Setting/Raum:
Benötigt wird ein mit Matten ausgestalteter Gymnastik- oder Mehrzweckraum für körperorientiertes, kommunikationszentriertes Arbeiten.

Medien/Mittel:
Schaumstoffelemente, Spiegel, Mittel zur Massage (Creme, Öle), (Spiel-)Mittel aus dem Interessenbereich des jeweiligen Betroffenen, Klanginstrumente

Sozialform:
Einzelarbeit

Vorgehensweise:
In der psychomotorischen Therapie gibt es kein festes Übungsprogramm. Sie richtet sich ganz nach der Situation des jeweiligen behinderten Menschen. Sie ist „nicht im voraus programmierbar. Sie wird jeden Augenblick erlebt, sie ist ein ständiges Werden" (ebd., 71). Insofern lassen sich nur einige Schwerpunkte nennen, die immer wieder aufgegriffen werden: Anbahnung von Körperkontakt und Austausch von Lauten, „mothering" („bemutterndes Einhüllen"), Imitation von Körperbewegungen, Selbst- und Fremdwahrnehmung im Spiegelbild, Massagen, vestibuläre Stimulation, gemeinsame Bewegungsaktivitäten (ebd., 31ff.).

Rolle des Pädagogen:
Beobachtend, einfühlsam, dialogisch, therapeutisch-führend

Perspektiven in Bezug auf Verhaltensauffälligkeiten:
Nach Aucouturier und Lapierre (1982) können schwere Verhaltensauffälligkeiten wie auch autistische Verhaltensweisen durch die psychomotorische Therapie erfolgreich abgebaut werden.

Repräsentanten/Bezugsliteratur:
Aucouturier & Lapierre (1982); Esser (1992)

Querverbindungen:
Sensorische Integration; Integrative Körpertherapie (nach Besems & v. Vugt)

Beurteilung aus der Sicht des Verfassers:
Die psychomotorische Therapie nach Aucouturier und Lapierre ist ein subjektzentrierter Förderansatz, der auf theoretischen Überlegungen fußt, die auf Ir-

rationalismen weitgehend verzichten. Einerseits wird der Betroffene in der Therapie als Akteur seiner Entwicklung begriffen, andererseits bleibt der Ansatz nicht bei einer bloßen Widerspiegelung des Verhaltens oder einem reinen „Gewährenlassen" stehen, sondern er setzt zugleich neue Impulse der Entwicklungsförderung, indem die betreffende Person zu einem alternativen entwicklungsgemäßen Handeln aufgefordert, ja herausgefordert wird. Die therapeutische Kunst besteht darin, sich ganz auf den behinderten Menschen einzulassen und ihn zugleich zu neuem Verhalten anzuregen. Dies stellt hohe Ansprüche an den Pädagogen, da er nicht auf eine bestimmte Methodik zurückgreifen, sondern allenfalls Elemente aus anderen Verfahren (z. B. Massage, Sensorische Integration, Basale Stimulation, integrative Körpertherapie) aufgreifen und in einem integrierten Zusammenhang verwerten kann. Entsprechende methodische Kenntnisse sind daher ebenso unabdingbar wie eine praxisbegleitende Supervision, um ein Abdriften der psychomotorischen Therapie in ein beliebiges oder konzeptionsloses Agieren zu vermeiden. Auch bei diesem Verfahren darf der Lebensweltbezug nicht aus dem Blick geraten. Alles in allem wird nach einschlägigen Berichten die hier beschriebene Methode der psychomotorischen Therapie positiv eingeschätzt (auch Theunissen 2000, 225ff.). Allerdings scheinen qualitative Effektivitätsstudien noch rar zu sein.

• Erlebnispädagogik

Zielgruppe:
Kinder, Jugendliche und Erwachsene mit dissozialem Verhalten; Menschen mit Behinderungen, v. a. auch mit geistiger Behinderung und Auffälligkeiten im Verhalten und Erleben

Definition und Ziele:
Erlebnispädagogik „im engeren Sinne" zielt auf die Schaffung von sog. Grenzsituationen, in denen die Teilnehmer „Erlebnisse mit sich, mit anderen Mitmenschen und der Natur machen können, die in der gegebenen Alltagssituation nicht möglich sind" (Nickolai 1993, 93). Die heilpädagogische Bedeutung erlebnispädagogischer Unternehmungen liegt vor allem darin, dass Betroffene auf dem Hintergrund eines handlungsbezogenen und problemlösenden Lernens sich selbst entdecken, eine realistische Selbst- und Fremdeinschätzung des Handelns entwickeln, Ängste überwinden und Emotionen kontrollieren lernen sowie ermutigt werden, selbstbewusster auf zukünftige (Leistungs-)Anforderungen zu reagieren. Darüber hinaus kommt es zur Entwicklung, Erprobung und Entfaltung sozialer Kompetenzen: gegenseitige Unterstützung, Anerkennung, Kooperation. Schließlich dient die Erlebnispädagogik der Aneignung psychomotorischer und sozialer Fertigkeiten. Dieses Ziel kommt auch in einer Erlebnis-

pädagogik „im weiteren Sinne" zum Ausdruck, der es in erster Linie um die erlebnisbezogene Bereicherung des (pädagogischen) Alltags durch eine „polyästhetische Erziehung" zu tun ist. Aspekte wie Natur, Erlebnis, Bewusstsein, Gemeinschaft, Bewegung sowie die Beziehung zwischen Mensch und natürlicher Umwelt sollen in diesem Konzept harmonisch miteinander verknüpft werden.

Theoretische Bezugspunkte/Überlegungen:
Die Erlebnispädagogik hat ihren Ursprung in der Reformpädagogik der Jahrhundertwende. Als Antwort auf die damals weit verbreitete Drillpädagogik gründete K. Hahn (1954) sog. Kurzschulen, die Jugendliche in mehrwöchigen Kursen für Einsätze im Rettungs-, Bergwacht- oder Seenotdienst ausbilden sollten. Dadurch wollte er spezifischen „Verfallserscheinungen" in der alltäglichen Lebensführung vieler Jugendlicher entgegenwirken. Vertreter der Erlebnispädagogik nehmen an, dass durch herausfordernde, natursportliche und soziale Aktivitäten Persönlichkeitseigenschaften gefestigt und entwickelt werden können, die den Betroffenen bei der Bewältigung von Lebenssituationen helfen können. Zum einen versteht sich die Erlebnispädagogik als ein kritisches Korrektiv gegenüber einer medial gesteuerten Sozialisation. Zum anderen will sie zugleich präventiv wirksam sein, indem sie Anreize schafft, die identitätsstabilisierenden Charakter haben.

Setting/Raum:
Die Erlebnispädagogik besteht im Wesentlichen aus Unternehmungen wie Hochgebirgswanderungen, alpine Klettertouren, Kajakwanderungen, Floßfahrten, Wildwassertouren, Meeresfahrten in alten Segelschiffen, Überlebenstraining in der Wildnis, Hüttenbau, Zeltlager, Abenteuerwochenende, Bergwandern, Übernachtungen im Freien, Nachtwanderungen, Naturbeobachtungen, Gestaltung sog. Erlebnisräume.

Medien/Mittel:
Ski-, Zelt-, Kletter-, Wanderausrüstung; Boote; Feldstecher, Seile etc.; Natur- und ästhetische Materialien

Sozialform:
In erster Linie Gruppenarbeit

Vorgehensweise:
Die Arbeit mit geistig behinderten Menschen richtet sich ganz nach ihrer Situation, der subjektiven Befindlichkeit und den individuellen Voraussetzungen, die mit der jeweiligen Unternehmung abgestimmt sein müssen (Reinert & Leven 1999). Insofern gibt es keine feste Vorgehensweise, sondern attraktive Angebote, die subjektzentriert aufbereitet werden. Erlebnispädagogische Unternehmungen sind ganz nach dem Prinzip vom Leichten zum Schweren aufgebaut: „Eine langsame Steigerung der Schwierigkeit führt von Spaziergängen auf angelegten

Wegen hin zu Wanderungen in unwegsamen Geländen durch den Wald, über Geröll, steile Grashänge und durch ausgetrocknete Bachbetten. Während anfangs bereits kleine Unebenheiten von den Teilnehmern als nur schwer überwindbare Hindernisse empfunden werden, lassen sich durch bewusst langsame Steigerung im Verlauf des Kurses sichtbare Erfolge erzielen. Vielfältige Bewegungserfahrungen werden durch Geschicklichkeitsübungen gesammelt" (Harder 1990, 15).

Rolle des Pädagogen:
Beobachtend, einfühlsam-ermutigend, partnerschaftlich, kooperativ, assistierend, ggf. pädagogisch-führend

Perspektiven in Bezug auf Verhaltensauffälligkeiten:
Einschlägigen Berichten zufolge kann davon ausgegangen werden, dass die Erlebnispädagogik zur Prävention wie auch zum Abbau von Verhaltensauffälligkeiten (Ängste, mangelndes Selbstwertgefühl, kritisches Sozialverhalten) einen wichtigen Beitrag leisten kann.

Repräsentanten/Bezugsliteratur:
Harder (1990); Theunissen (1997c); Reinert & Leven (1999)

Querverbindungen:
Ästhetische Praxis; Snoezelen; Psychomotorik

Beurteilung aus der Sicht des Verfassers:
Da die Erlebnispädagogik für Menschen mit geistiger Behinderung und Verhaltensauffälligkeiten von großem pädagogischen und auch therapeutischen Nutzwert sein kann, sollte sie grundsätzlich einen festen Platz im Spektrum der speziellen Pädagogik erhalten und das notwendige Maß an Aufmerksamkeit erfahren. Hinzu kommt, dass erlebnispädagogische Projekte auch einen prominenten Beitrag zur gesellschaftlichen Integration und Partizipation von Menschen mit Behinderungen leisten können. Darum ist es zum Beispiel dem Programm von Reinert und Leven (1999) zu tun. Es erbringt den Nachweis, dass gemeinsame Unternehmungen mit (geistig) behinderten und nichtbehinderten Kindern und Jugendlichen sinnvoll und von hohem Erfahrungswert sind (ebd., 15ff.). Freilich ist vor allzu großer Euphorie und dem unreflektierten Einsatz erlebnispädagogischer Aktivitäten zu warnen. Dies gilt vor allem für die Erlebnispädagogik „im engeren Sinne", der viel Exklusives anhaftet und die nur dann ein sinnvolles Angebot darstellt, wenn sie den Alltagsbezug herzustellen vermag. Mit anderen Worten: Erlebnispädagogik „im engeren Sinne" muss sichergehen, dass sich ihre Wirkung auch im alltäglichen Leben der Betroffenen bewähren kann. Gerade deshalb bedarf es einer sorgfältigen Vorbereitung wie auch einer gewissenhaften Nachbereitung der Projekte. Spektakuläre Unternehmungen sind noch

kein Garant für eine gelingende heilpädagogische Arbeit. Unseres Erachtens sollten vor allem die Chancen der Erlebnispädagogik „im weiteren Sinne" genutzt werden. Zum Beispiel können Zirkusprojekte oder auch das schwarze Theater zu einem „Grenzerlebnis" werden, wenn sowohl die Akteure als auch die Zuschauer von einer Faszination angesteckt werden, die Performance und Atmosphäre erzeugen. Zur psychischen Stabilisierung und zum emotionalen Wohlbefinden bedarf es nicht ausschließlich „gesteigerter" Anforderungen oder Höchstleistungen, sondern häufig genügen schon alltägliche ästhetische Erfahrungen, die für den Einzelnen wertvoll sein können. Ein attraktives Angebot ist die Gestaltung und Aneignung sogenannter *Erlebnisräume*. Neben den Erlebnismöglichkeiten in der freien Natur können vielfältige und sinnvolle Erfahrungen durch einen bewusst gestalteten Fußparcours aus unterschiedlichen Naturmaterialien, durch Tastwände oder durch Höhlen-, Kletter- und Liegelandschaften mit basalen Aktivitätszonen gewonnen werden. Im Unterschied zum Snoezelen werden hier den Betroffenen keine Erlebnisfelder „präsentiert", sondern es werden von Grund auf entsprechende Erfahrungsräume (naturnah) erarbeitet, gemeinsam geplant, kooperativ gestaltet und sozial-emotional verwirklicht. Einschlägige Praxiserfahrungen und Beobachtungen lassen den Schluss zu, dass ein solches Konzept kompetenzfördernd ist und zum Abbau von Verhaltensauffälligkeiten bei Menschen mit geistiger Behinderung beitragen kann. Diese Annahme sollte Gegenstand zukünftiger Forschungen sein.

• Problemlösende Alltagsgeschehnisse (nach Affolter)

Zielgruppe:
Vor allem Kinder und Jugendliche mit Wahrnehmungsstörungen, Sprachstörungen und Entwicklungsauffälligkeiten; Menschen mit geistiger Behinderung und autistischen Entwicklungsstörungen

Definition und Ziele:
Das Konzept der „problemlösenden Alltagsgeschehnisse" (PLAG) zielt darauf ab, durch Alltagshandeln Wahrnehmungsstörungen und Verhaltensauffälligkeiten abzubauen und neue Erfahrungen, Lern- und Entwicklungsprozesse anzuregen.

Theoretische Bezugspunkte/Überlegungen:
Ausgangspunkt des Ansatzes ist die Entwicklung der menschlichen Wahrnehmung, der zur Aneignung von Welt größte Bedeutung zugemessen wird. Der wichtigste Sinnesbereich ist nach Affolter (1991) der taktil-kinästhetische, das Spüren, welches die Grundlage der Wahrnehmung bildet. Jede Kontaktaufnahme mit der Umwelt geschieht durch Berühren und Spüren: „Wir sprechen von ‚Kontakt', ‚takt' verweist aufs Spüren, ‚kon' heißt ‚mit' – mit-spüren! Wenn ich dich

spüre und du mich, dann spüren wir miteinander, dann stehen wir in ‚Kon-
Takt'" (Affolter 1991, 19). In Orientierung an Piaget (1975) beschreibt Affolter
die Entwicklung und den Prozess des Spürens in der Wechselwirkung von Assi-
milation und Akkommodation. Zunächst geht es um die Aufnahme von Um-
weltreizen und deren Integration in bekannte Schemata. Dieser Assimilations-
prozess vollzieht sich nach Affolter auf dem Hintergrund von „Widerständen",
die in ihrer Unterschiedlichkeit (Veränderung) einverleibt werden. Durch
Widerstandsveränderungen (Spüren einer Unterlage, der Seitenlage, Spürinformationen im Arm der Mutter) wird der Säugling mehr und mehr mit der
Welt vertraut. „Stets aufs Neue benötigen wir solche Widerstandsveränderungen,
um uns der eigenen und zugleich der Existenz der Welt zu vergewissern" (ebd.,
19). Diese „gespürte Wahrnehmung" umfasst im engeren Sinne die sog. körper-
nahen Sinne (Tast- und Hautsinn; Gleichgewichtssinn; Tiefensensibilität,
Stellungs- und Spannungssinn), im weiteren Sinne schließt sie die sog. körper-
fernen Sinne (Sehen, Hören, Riechen, Schmecken) mit ein. Hinzu kommt das
Umfassen und Loslassen von Dingen (ebd., 52ff.). Dieser Prozess ist zugleich
wegbereitend für die Akkommodation als Form der aktiven Anpassung an die
jeweiligen Umweltbedingungen. Hierbei experimentiert nun das Kind mit vertrauten Handlungsschemata, um „Probleme von Alltagsgeschehnissen" zu lösen
(z. B. Hebel eines Spielzeugbaggers nach hinten drücken, damit sich die Schaufel
öffnet und senkt). Auf dieser Entwicklungsstufe findet eine „seriale Integration"
statt, indem einzelne Sinne nicht nur miteinander koordiniert und assoziiert werden (intermodale Stufe), sondern auch zu kausalen Wirkungsketten in Zeit und
Raum integriert werden. Diese Stufen der Wahrnehmungsentwicklung, die mit
dem Aufbau der einzelnen Sinnesorgane ihren Ausgangspunkt nimmt (sog.
modalspezifische Leistungen), stellen für die Diagnostizierung von Wahrnehmungsstörungen eine wichtige Orientierungshilfe dar: „Um zu entscheiden, ob
ein Kind auf der serialen Stufe primär geschädigt ist, müssen die Leistungen der
vorausgehenden intermodalen und modalitätsspezifischen Stufen intakt sein. Ist
ein Kind auf der intermodalen Stufe primär beeinträchtigt, dann wirkt sich diese
Störung hindernd aus auf intermodale seriale Leistungen, jedoch nicht auf Leistungen modalitätsspezifischer Art" (Affolter 1975, 226). Folglich sollte vor jeder
Fördermaßnahme oder Therapie der genaue Entwicklungsstand der verschiedenen Wahrnehmungsstufen festgelegt werden, um dort ansetzen zu können, wo
sich der Betreffende gerade befindet.
Auf dem Hintergrund langjähriger Beobachtungen und Studien ist Affolter zu
der Auffassung gekommen, dass Wahrnehmungsstörungen stets durch zu wenig
Spürinformationen verursacht werden. Dadurch käme es zu „falschen Erfahrungen" bei der Auseinandersetzung mit der Umwelt. Es entstünden Auffälligkeiten
insbesondere in den Bereichen der Bewegung, Sprache und des Sozialverhaltens.

Zum Beispiel gäbe es im feinmotorischen Bereich die Tendenz „aller wahrnehmungsgestörten Kinder, Dinge nur mit einer Hand zu greifen" (Affolter 1991, 132). Häufig würden statt fünf Finger nur zwei gebraucht, weswegen es nicht zum „Umfassen" der Dinge käme. Solche Schwierigkeiten würden zugleich auch Auffälligkeiten im Sozialverhalten befördern, da das Alltagshandeln dieser Kinder mit Misserfolgen, Frustration, Versagungsängsten, mangelndem Selbstwertgefühl oder fehlendem Vertrauen in die eigenen Leistungen verknüpft sei. In den Augen ihrer Bezugspersonen würden die Betroffenen als gereizt, aggressiv oder erziehungsschwierig erlebt und eingeschätzt.

Setting/Raum:
Natürlicher Lebensraum (z. B. Wohnküche; freie Natur)

Medien/Mittel:
Es gibt im PLAG-Konzept keine besonderen Materialien; es werden vornehmlich Alltagsgegenstände benutzt.

Sozialform:
Einzelarbeit

Vorgehensweise:
Nach einer sorgfältigen Verhaltensbeobachtung und Entwicklungsdiagnose werden pädagogisch-therapeutische Maßnahmen festgelegt, die hauptsächlich darauf abzielen, dem Betreffenden angemessene Spürinformationen zu vermitteln. Hierzu werden Alltagssituationen genutzt. Zum Beispiel können Spürinformationen über das Führen verschiedener Körperteile erfolgen. Bei Arbeiten am Tisch können über Hände, Arme, Rücken, Tischkante wie auch Tischplatte neue Informationen angeboten werden. Vor allem sollen über „problemlösende Geschehnisse" Widerstandsinformationen verdeutlicht werden, so zum Beispiel die „Veränderung der Widerstandsverhältnisse beim Berühren, beim Umfassen, beim Bewegen, beim Loslassen – zwischen Unterlage und Gegenständen und meinem eigenen Körper" (ebd., 285). Bei all diesen Prozessen legt Affolter stets großen Wert auf das „richtige Führen". Wichtige Grundsätze zum Führen sind: Tempo und Zeitintervalle (z. B. Einlegen von Pausen zwischen verschiedenen Handlungen), Wiederholungen, Verzicht auf begleitende Sprache, um die taktile Spürinformation besser zu verdeutlichen, Einbeziehung des ganzen Körpers bei der Vermittlung von Widerstandsinformationen, Führung beider Hände, um das Zusammenspiel von rechts und links zu verdeutlichen.

Rolle des Pädagogen:
Beobachtend, dominant, therapeutisch-führend

Perspektiven in Bezug auf Verhaltensauffälligkeiten:
Das PLAG-Konzept soll zum Abbau von Verhaltensauffälligkeiten beitragen.

Repräsentanten/Bezugsliteratur:
Affolter (1975; 1991); Ewald & Hofer (2001)

Querverbindungen:
Sensorische Integration; Basale Stimulation

Beurteilung aus der Sicht des Verfassers:
Das PLAG-Konzept nach Affolter, dessen Effektivität in einigen Forschungs-
studien nachgewiesen werden konnte, unterscheidet sich von den meisten anderen Ansätzen einer speziellen Pädagogik oder Therapie durch eine eindeutige
Alltagsorientierung. Indem Alltagsgeschehnisse zur Förderung von Handlungskompetenz aufgegriffen werden, wird zugleich all jenen übenden Verfahren zur
Wahrnehmungsförderung eine Absage erteilt, die unter einem therapeutischen
Setting unter besonderen Bedingungen außerhalb der natürlichen Lebenswelt
durchgeführt werden. Dies ist ohne Frage ein Vorzug des Konzepts, dem es um
ein „natürliches Lernen" in realen Lebenssituationen zu tun ist. Gerade für Menschen mit geistiger Behinderung können „problemlösende Alltagsgeschehnisse",
die durch Tätigkeiten erschlossen werden, zur Bewältigung von Lebenssituationen nicht hoch genug eingeschätzt werden. Trotzdem sollten einige Probleme
nicht unerwähnt bleiben, die dem PLAG-Konzept anhaften. Dies gilt allein für
die Diagnose „Wahrnehmungsstörung", die allzu leichtfertig bei Kindern mit
auffälligem Sozialverhalten gestellt wird. Fokussiert wird eine individuumzentrierte Diagnostik, bei der soziale Aspekte (familiale Beziehungsstörungen;
Umweltbedingungen) weitgehend ausgeblendet werden. Psychosoziale Faktoren
kommen für Affolter als Ursache von Verhaltensauffälligkeiten nicht primär in
Betracht. Diese Blickverengung und theoretische Unzulänglichkeit hat zugleich
Konsequenzen für die Praxis, die einzig und allein eine individuumzentrierte Behandlung vorsieht und damit ein schiefgewichtiges Bild pädagogischen Handelns
erzeugt, indem die Umwelt (Bezugspersonen) nicht als ein zu veränderndes System in die Arbeit mit einbezogen wird. Befördert wird damit eine Ent-
kontextualisierung der Praxis, obwohl gerade der Alltag als wichtigster Lernort
erkannt worden ist. Neben der Vernachlässigung der Arbeit mit den Bezugspersonen ist die Ausblendung der subjektiven Befindlichkeit, des sog. emotionalen
Faktors, im PLAG-Konzept evident. Hinzu kommt die Entwertung des Spiels für
Alltagsgeschehnisse, wenngleich der Argumentation, dass eine heilpädagogische
Spielförderung allein nicht genügt, um Handlungsprobleme im Alltag zu überwinden, gefolgt werden kann. Ungeklärt bleiben darüber hinaus Fragen zur
Beziehungsgestaltung und insbesondere zur Kontaktsituation zwischen der ge-

führten und führenden Person (dazu Ewald & Hofer 2001, 93f.). So wissen wir beispielsweise wenig darüber, welche Bedeutung Kontaktsituationen für die geführten Personen haben. Ferner besteht „auch heute noch ein großer Mangel an systematischer Forschung über die Vermittlung von Spürinformation durch das Führen" (ebd.). Schwierigkeiten der Konzeptumsetzung ergeben sich dort, wo die Vermittlung von Spürinformationen auf Ablehnung oder Abwehr stößt. Denkbar ist, dass ein Betroffener, zum Beispiel eine Person mit einer autistischen Störung oder hochgradigen Hospitalisierung, nicht geführt werden will. Es können aber auch andere Gründe eine Rolle spielen, zum Beispiel ein zu hoher Komplexitätsgrad der vermittelten Informationen, zwischenmenschliche Kontaktprobleme oder ausgewählte Geschehnisse, die die betreffende Person nicht für sich als subjektiv bedeutsam bewertet hat. Derlei Fragen bedürfen einer Klärung (ebd., 93); sozio-kommunikative Abwehrhaltungen lassen sich möglicherweise dann kompensieren, wenn das PLAG-Konzept auf dem Hintergrund einer sozio-emotional fundierten, subjektzentrierten und flexiblen Vorgehensweise zum Einsatz kommt. Damit könnte zugleich auch die Rolle des Pädagogen zu einem dialogisch-kooperativen Partner weiterentwickelt werden. Zu guter Letzt sei nicht unerwähnt, dass der PLAG-Ansatz Menschen mit geistiger Behinderung eher den Weg für ein problemlösendes Handeln ebnet, indem Voraussetzungen angebahnt oder verbessert werden, die im Hinblick auf ein eigenständig-verantwortliches Lösen von Problemen noch weiter ausgebaut werden sollten (z. B. durch ein systematisches [soziales] Problemlösetraining).

• **Sensorische Integration**

Zielgruppe:
Kinder und Jugendliche mit Entwicklungsverzögerungen oder Wahrnehmungsstörungen, geistig behinderte Menschen mit autistischen Verhaltensweisen oder Verhaltensauffälligkeiten

Definition und Ziele:
„Sensorische Integration ist der Prozess des Ordnens und Verarbeitens sinnlicher Eindrücke (sensorischen Inputs), so dass das Gehirn eine brauchbare Körperreaktion und ebenso sinnvolle Wahrnehmungen, Gefühlsreaktionen und Gedanken erzeugen kann. Die Sensorische Integration sortiert, ordnet und vereint alle sinnlichen Eindrücke des Individuums zu einer vollständigen und umfassenden Hirnfunktion" (Ayres 1984, 37). Ziel der Entwicklungsförderung oder Therapie ist damit die Verbesserung der „Hirnkapazität" durch einen Rückgriff auf phylogenetisch frühe Wahrnehmungs- und Bewegungsmuster, so dass Entwicklungsstörungen kompensiert und neue Verhaltensweisen aufgebaut werden können.

Theoretische Bezugspunkte/Überlegungen:

Die Sensorische Integration ist ein therapeutisches Konzept, das Kenntnisse in der sensomotorischen Entwicklung, Neurologie und Neurophysiologie voraussetzt. Nach Ayres (1984) gibt die Verarbeitung von Reizen im Zentralnervensystem Hinweise auf Fähigkeiten, Wahrnehmungsstörungen und Möglichkeiten einer sensorischen Integrationsbehandlung. Dem Hirnstamm als dem ältesten Teil des Gehirns kommt nach Ansicht von Ayres die wichtigste Bedeutung in der Sensorischen Integration zu, da alle Reize an das Gehirn zunächst über die Nervenbahnen des Hirnstamms (Formatio reticularis) laufen. „Die meisten Kinder mit gestörtem Lernen zeigen irgendeine Dysfunktion, die mit dem Hirnstamm in Verbindung gebracht werden kann" (1979, 34). Dies gelte auch für hyperaktives Verhalten oder für einen auffälligen Muskeltonus. Für Ayres bedeutet eine Störung in der Verarbeitung des Hirnstamms stets eine deutliche Beeinträchtigung anderer, insbesondere der höheren Hirnareale. Diese Auffassung ist zugleich grundlegend für die Therapie, die an der niedrigeren Funktionsebene anzuknüpfen habe. Insofern seien jene Wahrnehmungsbereiche besonders relevant, die im Hirnstamm verarbeitet werden. Dies gilt vor allem für die taktile, vestibuläre und kinästhetische Wahrnehmung. Grandic (1992, 181) nimmt an, dass Menschen mit geistiger Behinderung vor allem in diesen Bereichen beeinträchtigt seien. Dies bedeutet mit den Worten Ayres „nichts anderes, als dass das Gehirn nicht in seiner natürlichen, wirkungsvollen Weise funktioniert" (Ayres 1984, 71). Demzufolge sind Wahrnehmungsstörungen Störungen in der Sensorischen Integration: „Sensorisch bedeutet in diesem Zusammenhang, dass die ungenügende Leistung des Gehirns besonders die Sinnesorgane betrifft" (ebd., 71). Derartige Störungen sind nach Ansicht von Ayres zugleich auch Ursache für Verhaltensauffälligkeiten.

Setting/Raum:

Für die Sensorische Integration wird ein speziell eingerichteter, möglichst großer Therapieraum vorgeschlagen.

Medien/Mittel:

Um verschiedenartige Reize zu vermitteln, werden Materialien eingesetzt wie Geräte zum Schaukeln (Schaukelbrett, Hängematte), Rollbrett, Vibrator, Massagemittel (Öl, Creme), Geräte zum Klettern oder Kriechen, Funktionsspielzeug zum Experimentieren, Bällchenbad u. ä. m.

Sozialform:

Vorwiegend Einzelarbeit

Vorgehensweise:

Ausgangspunkt der Sensorischen Integration ist zunächst die Diagnose von sensorischen Integrationsstörungen durch Verhaltensbeobachtungen oder spezielle

Tests (z. B. Southern California Sensory Integration Test). Nach Ansicht von Ayres ist es häufig schwierig, bei Menschen mit geringfügigen Auffälligkeiten eine sensorische Integrationsstörung eindeutig zu diagnostizieren. Da neurologische Untersuchungen hier auch nur selten weiterhelfen könnten, sollten die Beobachtungen über einen längeren Zeitraum nicht nur in Testsituationen, sondern auch in freien, spielerischen Situationen erfolgen. Die Entwicklungsförderung oder Therapie richtet sich ganz nach dieser Ausgangslage. Die Hauptschwerpunkte sind Angebote im Bereich der taktilen, vestibulären und kinästhetischen Stimulation. Hierzu gibt es kein engmaschiges Übungsprogramm, sondern ein Rahmenkonzept mit immer wiederkehrenden Elementen und Prinzipien (z. B. ein zehnminütiges Schaukelangebot, das drei Wochen lang täglich durchgeführt wird). Grandic (1992, 189) hält es für denkbar, spezielle kurzfristige Förderangebote aus dem Bereich der Sensorischen Integration auch in der alltäglichen Arbeit in der Schule oder in der Wohngruppe einzusetzen.

Rolle des Pädagogen:
Beobachtend, einfühlsam, partnerschaftlich, therapeutisch-führend

Perspektiven in Bezug auf Verhaltensauffälligkeiten:
Vertreter der Sensorischen Integration gehen davon aus, dass Verhaltensauffälligkeiten wie auch selbstverletzende Verhaltensweisen bei geistig behinderten Menschen erfolgreich abgebaut werden können (Grandic 1992, 186).

Repräsentanten/Bezugsliteratur:
Ayres (1979; 1984); Augustin (1989); Doering & Doering (1990); Grandic (1992); Fischer, Murray & Bundy (1998); Rüller-Peters (2001)

Querverbindungen:
Basale Stimulation; Ästhetische Erziehung; PLAG-Konzept (Affolter), Psychomotorik

Beurteilung aus der Sicht des Verfassers:
Die Sensorische Integration ist ein inzwischen weit verbreitetes therapeutisches Konzept, das einen wichtigen Beitrag zur basalen Lernförderung leistet (Rüller-Peters 2001, 293). Ebenso bemerkenswert sind Erfolge in Bezug auf Abbau selbststimulierenden Verhaltens, autistischer sowie autoaggressiver Verhaltensweisen. Es muss aber zugleich auch vor einer Überschätzung des Verfahrens ausdrücklich gewarnt werden. Die Sensorische Integration stellt eine Art Basistherapie dar, der weitere Aktivitäten/Angebote folgen müssen, wenn eine Stabilisierung neu erworbener Verhaltensweisen sowie eine allgemeine Persönlichkeitsentwicklung Ziel sein soll. Dies ist auch den Ausführungen von Grandic (1992) zu entnehmen, der die Sensorische Integration für die Arbeit mit geistig behinderten Menschen ausgewertet hat.

Insgesamt betrachtet kommt die Sensorische Integration der Basalen Stimulation sehr nahe, wenngleich erheblich Unterschiede in der Theorie bestehen. Gerade Ayres' Theorie ist in letzter Zeit scharf kritisiert worden. So wird heute nicht mehr angenommen, dass höhere Hirnfunktionen ohne adäquate niedrigere Funktionen nicht optimal funktionieren können. Stattdessen wird von kompensatorischen, selbstregulativen Fähigkeiten höherer Hirnareale ausgegangen (Doering & Doering 1990, 11; Fischer, Murray & Bundy 1998). Außerdem sollte nach Pflüger (1991, 188) anerkannt werden, dass „einfache Vorgänge wie Greifen und Ausschütten von Sand aus einem Becher bereits eine große Anzahl von kognitiven Leistungen beinhaltet und nicht nur aus einfachen moto-sensorischen Vorgängen besteht." Sowohl Augustin (1986, 347) als auch Ayres verkennen die Komplexität der Verarbeitungsprozesse im Gehirn (hierzu Lurija 1998), indem sie ein Lernen auf Hirnstammebene losgelöst von anderen Bereichen des Zentralnervensystems (insbesondere der Neocortex) betrachten. Nach Kaufmann-Hayoz (1988), die zahlreiche Forschungsergebnisse zusammengetragen hat, kann die Vorstellung, „dass die taktil-kinästhetische Wahrnehmung entwicklungsgemäß als primär zu betrachten ist und dass die Entwicklung der übrigen Sinnessysteme, insbesondere die Entwicklung des visuellen und auditiven Systems auf ihr aufbaut und ihre Intaktheit voraussetzt" (Breitenbach 1996, 418), nicht länger aufrechterhalten werden. Es hat den Anschein, dass „eine primitive Einheit der Sinne (besteht, G. T.), welche dem aktiven, multimodalen Erkunden der Welt vorangeht und nicht eine Folge davon ist" (Kaufmann-Hayoz 1988, 20). Wenig überzeugend ist Ayres auch an jener Stelle, wo es um die Beurteilung von Verhaltensauffälligkeiten geht. Diese werden in erster Linie funktionellen Störungen des Gehirns zugeschrieben, weswegen eine individuumzentrierte Vorgehensweise gegenüber soziotherapeutischen Maßnahmen unmissverständlich priorisiert wird. „Bevor Sie viel Zeit und Geld verschwenden, um die zwischenmenschlichen Beziehungen durch Psychotherapie zu ändern, ist es besser, einen Versuch zu unternehmen, und dafür zu sorgen, dass das Gehirn ihres Kindes besser arbeitet. Wenn nach einem solchen Behandlungsversuch immer noch Probleme bestehen, kann die Psychotherapie gegebenenfalls weiterhelfen" (Ayres 1984, 224). Der Vernachlässigung des sozialen Faktors sind wir auch schon im PLAG-Konzept begegnet. Beide Ansätze sind an dieser Stelle in ihrer Reichweite begrenzt. Im Unterschied zum eng gestrickten Affolter-Konzept wird in der Arbeitsweise nach Ayres allerdings mehr Wert auf spielerische Aktivitäten (Fischer, Muray & Bundy 1998), auf die emotionale Befindlichkeit und auf die aktuelle Situation der betroffenen Person gelegt, so dass alles in allem die Sensorische Integration als ein subjektzentriertes Förderkonzept gekennzeichnet werden kann.

• Wahrnehmungsförderung und Bewegungserziehung (nach Frostig)

Zielgruppe:
Kinder mit Lernstörungen, Entwicklungsverzögerungen, Lern- und Erziehungs-schwierigkeiten; hyperaktive und hypoaktive Kinder

Definition und Ziele:
Der Wahrnehmungsförderung und Bewegungserziehung nach Frostig liegen all-gemeine Zielsetzungen zugrunde: „Steigerung der Lebensfreude, Förderung des Selbstbewusstseins, Besserung emotionaler Störungen, Förderung kognitiver Fä-higkeiten, Förderung der Sprachkompetenz, Besserung der Aufmerksamkeit, Förderung der Bewegungsqualitäten, Förderung der Bewegungskreativität, För-derung des sozialen Bewusstseins" (Kiphard 1986, 12).

Theoretische Bezugspunkte/Überlegungen:
Das sog. Frostig-Programm stützt sich ebenso wie das PLAG-Konzept auf die Erkenntnisse Piagets (1975), insbesondere auf die Zusammenhänge zwischen der sensomotorischen und kognitiven Entwicklung. Frostig misst dabei der visuellen Wahrnehmung, d. h. der Fähigkeit, „optische Reize aufzufassen, zu unterschei-den, mit früheren Erfahrungen zu verbinden und zu interpretieren" (Kerkhoff & Kerkhoff 1990, 10), besondere Bedeutung zu. „Die Fähigkeit, sich etwas bildlich vorzustellen, ist deshalb so entscheidend, weil sie grundlegend für die geistige Tätigkeit und Abstraktion ist und damit für das Verständnis dessen, was nicht gegenwärtig ist" (Frostig 1975, 95). Störungen in der Wahrnehmung, die sich häufig schon in der sensomotorischen Entwicklung anzeigen, sind demnach haft-bar zu machen für Lernstörungen, Anpassungsstörungen und Entwicklungs-verzögerungen, die ihrerseits Verhaltensauffälligkeiten hervorrufen können (auch FEW 1982, 44). Frostig unterscheidet fünf visuelle Wahrnehmungsleistungen, in denen spezifische Lernstörungen sichtbar werden können:
1. *visuo-motorische Koordination* (Kinder mit entsprechenden Störungen gelten als ungeschickt, z. B. beim Ausschneiden, Zeichnen, Kleben oder auch Schrei-ben);
2. *Figur-Grund-Wahrnehmung* (Kinder mit entsprechenden Störungen gelten als „unkonzentriert" oder „unaufmerksam"; Schwierigkeiten ergeben sich beim Er-fassen relevanter Details, bei der Unterscheidung von Wesentlichem bzw. Unwe-sentlichem);
3. *Wahrnehmungskonstanz* (entsprechende Störungen beziehen sich auf das Wie-dererkennen geometrischer Figuren, wodurch das Lesenlernen erheblich er-schwert ist);
4. *Wahrnehmung der Raumlage* (als eine typische Störung gilt hier die Legasthe-nie);

5. *Wahrnehmung der räumlichen Beziehung* (Kinder mit entsprechenden Störungen haben Schwierigkeiten, die Lage von zwei oder mehreren Dingen in Bezug zu sich selbst und zu einander wahrzunehmen).

Da die (visuelle) Wahrnehmung nicht von motorischen Aktivitäten getrennt werden kann, bestehen nach Frostig (1975, 135) enge Zusammenhänge zwischen Wahrnehmungsproblemen und motorischen Störungen, zum Beispiel Koordinationsprobleme, ein misserfolgsbehaftetes Bewegungserleben oder ein unzureichendes Körperbewusstsein, welches für eine ausgeglichene emotionale Entwicklung unabdingbar ist (Reinartz 1990). Im Hinblick auf das Körperbewusstsein werden drei Bereiche unterschieden, in denen spezifische Störungen sichtbar werden können:

1. *Körperimago* (Störungen in diesem Bereich können kinästhetischer oder taktiler Art sein, die gesamten Empfindungen des eigenen Körpers betreffen);

2. *Körperschema* (Störungen kommen in falschen Bewegungsmustern zum Ausdruck, z. B. bei Kraftdosierung, Koordination, Gleichgewicht, bei der Unterscheidung zwischen der rechten und linken Körperseite);

3. *Körperbegriff* (Störungen zeigen sich hier in der faktischen Kenntnis des Körpers, z. B. bei der richtigen Benennung und Angabe von Körperteilen) (Frostig 1975, 44f.).

Setting/Raum:
Es werden keine besonderen Ansprüche an einen Raum gestellt, günstig ist die Benutzung einer Turnhalle oder eines Gymnastikraumes, ebenso denkbar sind Klassenräume oder auch Spielanlagen/Spielplätze.

Medien/Mittel:
Sportgeräte wie Klettergerüst, Schwebebalken, Balancier-Brett, Trampolin, Schaukeln, Rutschen, Reck, Barren etc.; Bälle, Bohnensäckchen, Stäbe, Stangen, Stöcke, Reifen, Holzklötze, Seile, Matten; Musikinstrumente wie Trommeln, Tamburin, Rumbakugeln, Glocken; audiovisuelle Mittel: Tonbandgerät, CD-Player

Sozialform:
Einzel-, Partner- und Gruppenarbeit

Vorgehensweise:
Angesichts der Zusammenhänge zwischen Wahrnehmungsproblemen und motorischen Störungen sollte die Wahrnehmungsförderung mit der Bewegungserziehung eng verschränkt sein (Reinartz 1990). Grundlegend für die pädagogisch-therapeutische Arbeit sind neurologische Untersuchungen, spezielle Entwicklungstests (z. B. FEW) und Verhaltensbeobachtungen, um Formen von und Zusammenhänge zwischen visuellen Wahrnehmungsstörungen, motorischen Ent-

wicklungsbeeinträchtigungen, bestimmten Lernstörungen und Verhaltensauffälligkeiten zu diagnostizieren. Sowohl für die Wahrnehmungsförderung als auch
für die Bewegungserziehung gibt es eine Fülle an Übungsvorschlägen. Das Programm zur visuellen Wahrnehmungsförderung orientiert sich an den fünf o. g.
Wahrnehmungsbereichen. Es besteht aus einer Übungsfolge mit Arbeitsblättern,
die Aufgaben wie das Nachziehen oder Umfahren von Spuren, Schneiden, Kleben, Malen, Perlen auffädeln, mit Bausteinen bauen, Punkte-Striche-Muster
nachbauen, Formen spannen etc. vorsehen.
Das Programm zur Bewegungserziehung beinhaltet Aktivitäten zur Körper-
wahrnehmung (auch Matschen, Spiele im Sand und Wasser, Malen, Kneten etc.),
Übungen zur Koordination (Muscheln sammeln, Gehen wie ein Troll, Seiltänzer-
gang, Kriechen mit verbundenen Augen etc.), zur Geschicklichkeit (z. B. Sprin-
gen über Bohnensäckchen, Bodenrolle vorwärts, Saltos etc.), zur Kraft (Wippen
und Kniebeugen, Schulterstand, Beine seitwärts heben etc.), zur Flexibilität
(beim Gehen die Fußgelenke umfassen, Elefantengang, Beinschwingen, Ballett-
tänzer etc.), zum Gleichgewicht (auf Zehenspitzen stehen, Vorwärtsbalance,
Wasserträger, Schwebebalken etc.), zur Geschwindigkeit (Laufspiele, Wettläufe)
und zur Entspannung sowie Atemübungen und kreative Bewegungsspiele.

Rolle des Pädagogen:
Beobachtend, partnerschaftlich, therapeutisch-führend, assistierend

Perspektiven in Bezug auf Verhaltensauffälligkeiten:
Nach Frostig (1975, 154) können neben Kindern mit Lern- und Erziehungs-
schwierigkeiten insbesondere auch Heranwachsende mit hyperaktivem und
hypoaktivem Verhalten von den genannten Angeboten profitieren.

Repräsentanten/Bezugsliteratur:
Frostig (1975); Reinartz, Reinartz & Reiser (1990); Merkens (1984)

Querverbindungen:
Psychomotorik; heilpädagogische Rhythmik; Sensorische Integration

Beurteilung aus der Sicht des Verfassers:
Das Frostig-Programm ist in erster Linie für Kinder mit Lernbeeinträchtigungen
und Teilleistungsstörungen gedacht. Es kann aber gleichfalls in der Arbeit mit
geistig behinderten Menschen hilfreich sein. Allerdings bedarf es hierzu spezifischer Modifikationen des „regulären" Programms (Merkens 1984). Dies bezieht
sich insbesondere auf die visuelle Wahrnehmungsförderung, die sich nicht auf
das zweidimensionale Arbeiten am Tisch beschränken darf (Schmitz 1992, 16),
sondern auch großflächig angelegt sein sollte. Überhaupt wird heute die Verwendung der Arbeitsblätter kritisch gesehen, „wenn diese Übungen nicht mit einer
entsprechenden Bewegungserziehung verbunden werden" (Reinartz 1990, 50).

Insofern sollte das Frostig-Programm nicht als ein isoliertes Funktionstraining missverstanden werden. Gerade die visuelle Wahrnehmungsförderung hat häufig zu einer solchen einseitigen Praxis verleitet, was keineswegs im Sinne Frostigs war (Kiphard 1986). Im Gegenteil: Ihr war es schon immer um ein ganzheitliches und kreatives Lernen zu tun, was vor allem im Programm der Bewegungserziehung zum Ausdruck kommt. Die Affinität zur Psychomotorik ist dabei nicht zu übersehen. Überdies berücksichtigt sie auch Zusammenhänge zwischen Wahrnehmungsstörungen, motorischen Auffälligkeiten und psychosozialen Aspekten. Die Hauptkritik richtet sich letztlich gegen den Einsatz des Frostig Entwicklungstests, dessen Wissenschaftlichkeit in Frage gestellt wird. „Die weitaus vernichtendste Kritik des Frostig-Tests betrifft die unzulänglichen Stichproben, mit denen die Teststandardisierung erfolgte" (Hallahan & Cruickshank 1979, 86). Bemerkenswert ist, dass heute selbst im Frostig Center (Pansadena, USA) kaum mehr auf den Entwicklungstest zurückgegriffen wird. Ein weiteres Problem, welches die Wahrnehmungsförderung betrifft, ergibt sich dort, wo das Programm nicht genügend in konkrete Handlungen eingebettet und somit nur unzureichend in die Lebenswelt übertragen wird (Fischer 1983b, 27).

• **Selbstsicherheitstraining**

Zielgruppe:
Menschen mit mangelndem Selbstvertrauen, Ängsten, apathischem, depressivem oder selbstunsicherem Verhalten

Definition und Ziele:
Unter einem Selbstsicherheitstraining fassen wir Programme, die im weiteren Sinne „als Einübung in Selbstvertrauen und soziale Kompetenz" umschrieben werden können (Ullrich de Muynck & Ullrich 1976a, 19). Im engeren Sinne geht es um die Vermittlung von Fertigkeiten, mit denen Betroffene soziale Situationen selbstsicher bewältigen können. Wesentliche Ziele erstrecken sich dabei auf:
„1. den Abbau handlungsblockierender Ängste und Hemmungen
2. das Neulernen sozialer Fertigkeiten und Strategien und
3. die Änderung der Einstellung zu sich selbst" (ebd., 17).
Das *Assertiveness-Training-Programm* (ATP) gilt als das prominenteste Konzept eines Selbstsicherheitstrainings, welches von Ullrich de Muynck und Ullrich (1976a-c) für den allgemeinen klinischen Bereich und von Wehmeyer, Agran und Hughes (1999, 218ff.) als spezielles Angebot zur Förderung von Selbstbestimmung geistig behinderter Menschen aufbereitet worden ist.

Theoretische Bezugspunkte/Überlegungen:

Ausgangspunkt des von Ullrich de Muynck und Ullrich konzipierten Konzepts ist die Kritik am klassischen „medizinischen Modell", das Auffälligkeiten wie selbstunsicheres Verhalten, depressive Reaktionen, Störungen des Selbstwertgefühls oder soziale Ängste „lediglich als Hinweis auf eine zugrunde liegende Krankheit betrachtet" (1976a, 70). Soziale Aspekte, genauer gesagt Bedingungen, die das auffällige Verhalten beeinflussen, verstärken, aufrechterhalten oder steuern, bleiben dabei weitgehend unberücksichtigt. Genau an dieser Stelle setzt das ATP an, das sich an lerntheoretischen Positionen orientiert. Demzufolge werden psychosoziale Auffälligkeiten wie mangelndes Selbstvertrauen, Hemmungen oder Verhaltensunsicherheiten als Ausdruck von Ängsten vielfach durch soziale Verstärkung, vor allem durch die Erwartung von negativen Konsequenzen, aufrechterhalten. Fehlende positive Rückmeldungen begünstigen in der Regel ein Vermeidungsverhalten, indem Betroffene sozialen (unangenehmen) Situationen ausweichen. Außerdem verstärken Defizite im sozialen Verhaltensrepertoire diesen Prozess (1980, 9).

Setting/Raum:

Es wird einerseits ein (geräumiger) Raum zur Einübung selbstsicheren Verhaltens benötigt; andererseits soll das Selbstsicherheitstraining in realen Lebenssituationen stattfinden (Lernorte wären: Straße, Verkehrsmittel, Behörden, Fahrstuhl, Lokal, Geschäfte etc.).

Medien/Mittel:

Videoanlage; Kassettenrecorder

Sozialform:

Einzel-, Partner-, Gruppenarbeit

Vorgehensweise:

Ausgangspunkt eines Selbstsicherheitstrainings ist die genaue Situations- und Verhaltensanalyse auf lerntheoretischer Basis (funktionales Assessment). Dabei geht es vor allem um die Registrierung angstauslösender Situationen, um die Beschreibung des Verhaltens, der gefürchteten oder erlebten unangenehmen Reaktionen sowie der Erwartungshaltungen auf angstauslösende Situationen. Durch Befragungen und Verhaltensbeobachtungen in kritischen Situationen soll herausgefunden werden, welche Denk- und Handlungsmuster einem selbstsicheren Verhalten im Wege stehen und welche Strategien zum Aufbau neuer Verhaltensweisen bzw. zur Erweiterung des Verhaltensrepertoires angewandt werden können. Programme zur Einübung von Selbstsicherheit basieren in der Regel auf einer Sammlung von Beschreibungen problematischer Situationen, die nach Schwierigkeiten hierarchisiert zunächst in Lernsituationen als Rollenspiel mit klaren Instruktionen, Tonband- und Videofeedback und Rollenaustausch aufbereitet werden, bevor neue Verhaltensweisen in realen Lebenssituationen erprobt werden (Wehmeyer, Agran & Hughes 1999, 219). Zentrale methodische Bezugspunkte sind das Lernen am Modell (Bandura 1979) sowie kognitive Therapieansätze (Zimmer 1980, 146ff.; auch Fliegel u. a. 1998, 184ff.). Folgende Ausschnitte aus dem Trainingsprogramm von Ullrich de Muynck & Ullrich (1976b, 38ff.) sollen das Vorgehen verdeutlichen:

„Sie erkundigen sich bei einem Passanten nach einer Straße, von der Sie annehmen, dass sie sich in unmittelbarer Nähe befindet.
Die Person ist freundlich und gibt Ihnen genaue Auskunft.
Beginnen Sie Ihr Gespräch etwa mit: ‚Guten Tag, ich suche die ... Straße', ‚Guten Tag, wissen Sie, wie ich am besten zur ... Straße komme?', ‚Ach bitte, können Sie mir sagen, wo die ... Straße ist?'
Ziel:
Sie sollen bei diesen Übungen lernen, dass bereits einfache zwischenmenschliche Handlungen, wie Auskünfte einholen oder Auskünfte geben, besser auf einer gleichberechtigten, partnerschaftlichen Ebene ablaufen.
Sie werden sehen, dass Sie auch ohne Entschuldigungen die gewünschten Auskünfte erhalten.
Beachten Sie:
Sprechen Sie laut und deutlich, verwenden Sie einen freundlichen Tonfall. Vermeiden Sie auf jeden Fall überflüssige Entschuldigungen wie ‚Entschuldigen Sie bitte' ... oder ‚Ich bin fremd hier.' ... Sie fragen jemanden auf der Straße nach einem komplizierten Weg. ... Die gefragte Person gibt Ihnen nur ungenau die Richtung an und will dann weitergehen. Sie erscheint Ihnen diesmal etwas ungehalten.
Sie fragen nachdrücklich noch einmal und erhalten eine kurze, aber präzise Auskunft, die Ihnen zunächst weiterhilft.
Ziel:
Sie werden sehen, dass Sie auch weniger gesprächsbereite Personen nicht mit Ihrem Anliegen belästigen. Eine kurze Auskunft können Sie dennoch erhalten.
Beachten Sie:
Sie lassen sich nicht durch die schlechte Laune von anderen beeinflussen, Sie bleiben freundlich und bestimmt".

Rolle des Pädagogen:
Beobachtend, therapeutisch-unterstützend, ggf. modellhaft

Perspektiven in Bezug auf Verhaltensauffälligkeiten:
Programme zur Einübung selbstsicheren Verhaltens gelten als wirksam und effektiv im Hinblick auf die Gewinnung von mehr Selbstvertrauen und den Erwerb

sozialer Kompetenzen zur Bewältigung sozialer Situationen (Ullrich de Muynck & Ullrich 1980, 19; Nezu, Nezu & Arean 1991).

Repräsentanten/Bezugsliteratur:
Ullrich de Muynck & Ullrich (1976a; b; c); Pfingsten & Hinsch (1991)

Querverbindungen:
Kognitive Verhaltenstherapie; Soziales Kompetenztraining; Programme zum Sozialen Lernen; Problemlösungstraining

Beurteilung aus der Sicht des Verfassers:
Im Unterschied zu den meisten der bisher vorgestellten Konzepte sind die Programme zur Einübung selbstsicheren Verhaltens nicht aus der heilpädagogischen Arbeit hervorgegangen. Sie stammen aus dem klinischen Bereich und finden insbesondere im Umfeld von Psychotherapie und Psychiatrie Anwendung. Ihre Wirksamkeit wird durch Forschungsergebnisse belegt (Grawe u. a. 1980). Allerdings scheinen individuelle und soziale Faktoren (z. B. kognitive Voraussetzungen, Schweregrad einer depressiven Störung, zwischenmenschliche Beziehungen) für den (langfristigen) Erfolg eine wichtige Rolle zu spielen (Grawe 1980, 185ff.). Insofern lassen sie sich nicht vorbehaltlos auf die Arbeit mit Menschen übertragen, die als geistig behindert und verhaltensauffällig gelten. Wenn wir dennoch Konzepte wie das ATP an dieser Stelle anführen, hängt dies damit zusammen, dass wir das damit verknüpfte Grundanliegen für wichtig erachten. Viele Menschen mit geistiger Behinderung leiden an einer „erlernten Hilflosigkeit", zeigen selbstunsicheres Verhalten, mangelndes Selbstvertrauen, erhöhte soziale Ängstlichkeit oder Hemmungen, die die Bewältigung sozialer Lebenssituationen erheblich beeinträchtigen. Hier kann der Aufbau bisher nicht gelernter adäquater Verhaltensweisen in sozialen Interaktionen sowie eine damit verknüpfte Veränderung der Einstellung zu sich selbst im Hinblick auf Realitätskontrolle und Realitätsbewältigung, insbesondere auch im Hinblick auf die Bewältigung unbekannter Situationen, wesentlich weiterhelfen. Eine wissenschaftliche Dokumentation von Programmen zum Einüben selbstsicheren Verhaltens bei Menschen mit geistiger Behinderung steht allerdings für den deutschen Sprachraum noch aus. Ohne Zweifel können die in der klinischen Rehabilitation und Therapie erprobten Konzepte (ATP) nur in modifizierter und vereinfachter Form (z. B. im Hinblick auf soziale Situationen, Sprachinstruktion, Körpersprache) bei Menschen mit geistiger Behinderung eingesetzt werden (Nezu, Nezu & Arean 1991, 377f.; Wehmeyer, Agran & Hughes 1999, 218ff.). Ferner sind den Verfahren dort Grenzen gesetzt, wo wir es nicht nur mit einer mangelnden Verbalisierungsfähigkeit, sondern auch mit einer schweren intellektuellen Beeinträchtigung zu tun haben. Insofern können in erster Linie nur Menschen mit leichter geistiger Behinderung und selbstunsicherem Verhalten davon profitieren. Für sie kann das

Selbstsicherheitstraining, in dem vor allem Lösungsstrategien und kognitive Fertigkeiten zur Bewältigung sozialer (schwieriger) Situationen angestrebt werden, eine wirksame *Hilfe zur Selbsthilfe* sein. Besonders günstig scheint eine Kombination des ATP mit einem Problemlösungstraining (dazu später) zu sein. Diesbezüglich konnten Nezu et al. (1991) bei einer Stichprobe von 28 eher leicht geistig behinderten Erwachsenen mit unterschiedlichen Formen psychosozialer Auffälligkeiten (z. B. Ängste, Anpassungsprobleme, Persönlichkeitsstörungen) signifikante positive Verhaltensänderungen nachweisen.

• **Soziales Lernen**

Zielgruppe:
Kinder, Jugendliche und Erwachsene mit Verhaltensauffälligkeiten; Menschen mit Behinderungen

Definition und Ziele:
Spielte in den 70er Jahren der Begriff des Sozialen Lernens eine prominente Rolle, wird heute zumeist die Bezeichnung *„soziales Kompetenztraining"* bevorzugt. In Anbetracht der unterschiedlichen Auslegungen, die dem Begriff der Kompetenz anhaften (z. B. aus rechtlicher Sicht definiert als „Zuständigkeit" und aus psychologischer als „Fähigkeiten"), möchten wir jedoch weiterhin an der älteren Bezeichnung des Sozialen Lernens festhalten. Zudem ist dieser Begriff breiter gefasst, indem er sich nicht nur auf systematisch aufbereitete, eng gestrickte Programme erstreckt, soziale Fähigkeiten und Fertigkeiten zu vermitteln bzw. einzuüben (wie z. B. das ATP), sondern auch „offene" Spiel- und Lernräume ermöglicht und wertzuschätzen weiß. Im angloamerikanischen Sprachraum stoßen wir auf die Bezeichnung *Social Skills Training*, die den systematischen Lernprogrammen weithin entspricht.
Der Begriff des Sozialen Lernens steht für Arbeitsformen, die zum Aufbau, zur Stabilisierung und Differenzierung sozialer Verhaltensweisen sowie zur Bewältigung kommunikativer Situationen beitragen sollen. Dabei geht es nicht nur um ein selbstunsicheres Verhalten, sondern um das ganze Spektrum an (auffälligem) Sozialverhalten. Unter Sozialverhalten werden dabei insbesondere Wahrnehmungs-, Denk- und Handlungsweisen gefasst, die für ein positives Zusammenleben mit anderen Menschen notwendig sind, zum Beispiel:
• Fähigkeit, sich selbst wahrzunehmen und realistisch einzuschätzen;
• Fähigkeit, sich in andere hineinzuversetzen und Absichten, Bedürfnisse und Gefühle anderer zu erkennen;
• Fähigkeit, Handlungen im kooperativen Zusammenhang auszuführen;
• Fähigkeit, Konflikte durchzustehen und divergierende Rollenerwartungen zu tolerieren, ohne seine eigene Identität zu gefährden;

- Fähigkeit, anderen zu helfen ohne dabei Abhängigkeiten und Hilflosigkeit aufrechtzuerhalten oder zu erzeugen;
- Fähigkeit, individuelle und kollektive Lebensumstände zu erkennen und sich gegenüber Rollen und Normen reflektierend und distanzierend zu verhalten;
- Fähigkeit, eigene Wünsche oder Interessen zu erkennen, zu formulieren und gegenüber anderen wirksam zu vertreten, ohne dabei die Wünsche und Bedürfnisse anderer zu ignorieren;
- Fähigkeit, individuelle und gemeinsame Bedürfnisse zu erkennen und gemeinsam mit anderen Betroffenen wirksam (sozial verträglich) zu vertreten.

Theoretische Bezugspunkte/Überlegungen:
Arbeitsformen zum Sozialen Lernen basieren wesentlich auf Erkenntnissen des Symbolischen Interaktionismus und der Kritischen Rollentheorie (dazu Goffman 1967; Krappmann 1972). Danach kann ein humanes, sozial verträgliches Zusammenleben nur von Individuen geleistet werden, die zu einem erfolgreichen Rollenhandeln (Ich-Identität) befähigt wurden. Gemeint ist damit die Kompetenz, personale Ich-Ansprüche (Bedürfnisse, Interessen) mit sozialen Erwartungen (zugeschriebene Rolle aufgrund individueller Merkmale) auszubalancieren. Entsprechende Fähigkeiten sollen durch Programme zum Sozialen Lernen erworben werden. Damit soll schon in der Vorschule (Kindergarten) begonnen werden. In diesem Zusammenhang wird in Anlehnung an Piaget (1974) davon ausgegangen, dass kognitive Fähigkeiten und Erfahrungen stets Bestandteil von Sozialverhalten sind. Deshalb geht es bei vielen Programmen des Sozialen Lernens nicht nur um die Einübung sozialer Verhaltensweisen (skills), sondern auch um den Erwerb von Kenntnissen und Fähigkeiten, „die man als ‚Soziales Verstehen' beschreiben kann" (Croissier u.a. 1979, 14). „Das Erkennen, Unterscheiden, Benennen und Bewerten sozialer Merkmale und Situationen gehört unserer Meinung nach zu solchen Kenntnissen und Fähigkeiten, die Vorschulkinder zur Bewältigung sozialer Situationen brauchen" (ebd., 14). Entwicklungspsychologisch betrachtet dominiert bis zum Alter von etwa vier Jahren ein sog. Egozentrismus (Piaget), in dem Kinder Ereignisse in ihrer Umwelt ganz aus ihrem eigenen Standpunkt aus beurteilen. Im Alter von etwa fünf bis sieben Jahre beginnen sie allmählich sich von der unmittelbaren (egozentristischen) Anschauung zu lösen, indem sie verschiedene Sichtweisen berücksichtigen und nicht nur von ihrem Standpunkt aus soziale Situationen beurteilen. Das Kind lernt nun, dass ein und dieselbe Person (z. B. Mutter) verschiedene Rollen einnehmen kann (z. B. Mutter für das Kind, Frau für den Vater, Lehrerin von Schülern, Sprecherin einer Bürgerinitiative). Derlei Erfahrungen konstituieren die Fähigkeit zur „Dezentrierung" (Piaget), die den „Egozentrismus" ablöst, und befördern die Fähigkeit zur Empathie (Einfühlungsvermögen) und Rollenübernahme. Diese Momente werden in den Programmen zum Sozia-

len Lernen aufgegriffen und unter kognitiven wie auch emotionalen Zielsetzungen aufbereitet. Denn die Fähigkeit zur Rollenübernahme ist stets an gefühlsbetonte Fähigkeiten gebunden (Empathie), weswegen es im Sozialen Lernen immer auch um die Entwicklung und Förderung „sozialer Sensibilität" geht.

Setting/Raum:
Arbeitsformen zum Sozialen Lernen sind nicht an bestimmte Räumlichkeiten gebunden. Ein wichtiger Ort des Lernens ist der natürliche Lebensraum.

Medien/Mittel:
Audiovisuelle Mittel; ästhetische bzw. Spielmaterialien (z. B. Handpuppen); Spielprogramme (Karteien) zum Sozialen Lernen

Sozialform:
Partner- und vorwiegend Gruppenarbeit

Vorgehensweise:
Am Anfang der Entwicklung eines Programms zum Sozialen Lernen steht (wie so üblich) ein *Verhaltensassessment.* Hierzu bieten sich Verhaltensbeobachtungen in Alltagssituationen an. Außerdem können Explorationsgespräche mit Bezugspersonen und Entwicklungsberichte in die Erstellung einer individuellen Ausgangslage im Hinblick auf soziales, emotionales, kognitives, psychomotorisches und interessenbezogenes Verhalten eingehen. Ein modernes Assessment erfasst nicht nur Defizite im Sozialverhalten, sondern ist immer darauf ausgerichtet, gleichfalls Stärken aufzuspüren und zu registrieren. Leider kommt dieser Doppelaspekt allzu oft in Trainingsprogrammen zu kurz. Auf dem Hintergrund dieser Informationen sind gemeinsam mit den Betroffenen Lernziele und Übungseinheiten zu entwickeln, die zum Erwerb neuer sozialer Verhaltens- und Erlebensweisen beitragen sollen. Die Palette solcher Übungseinheiten reicht von „Elementarspielen zum Sozialen Lernen" über „kooperative Spiele" bis hin zu freien Spielaktionen, Interaktions- und Rollenspielen, projektartigen Maßnahmen oder Theaterarbeit (Garner & Sandow 1996, 67ff.). Was den curricularen Aufbau eines Programms zum Sozialen Lernen betrifft, so empfiehlt sich eine Verbindung von freien Spielaktivitäten mit „geschlossenen" Einheiten (Croissier u.a. 1979, 17; Theunissen 1984, 134; 1992, 138ff.; Petermann, Bandemer & Mayer 1987; Brattig 1997; Strittmacher 1997). Der Ablauf eines Programms zum Sozialen Lernen kann durch folgende Elemente bestimmt sein:
• Freie Spielaktion (Interaktionsspiele; Sketche)
• Beobachtung und Beschreibung bestimmter Verhaltensweisen (Selbst- und Fremdwahrnehmung)
• Rollenspiel (Alltagssituationen; oder basierend auf Trainingsmaterialien)
• Ggf. zwischengeschaltete Entspannungsphase

- Videofeedback; Beobachtung und Beschreibung der Handlungsabläufe und Verhaltensweisen
- Rollentausch und Rollenspiel
- Ggf. zwischengeschaltete Entspannungsphase
- Videofeedback; Meinung, Kritik, Gefühle äußern
- Problemzentrierte Rollenspiele (Spielen von Konfliktsituationen)
- Ggf. zwischengeschaltete Entspannungsphase
- Videoanalyse; Auswertung und Reflexion
- Rollentausch und problemzentrierte Rollenspiele im Hinblick auf alternative Verhaltensweisen
- Videoanalyse; Auswertung und Reflexion
- Entwicklung eines Projektes (z. B. Theaterprojekt; Videoprojekt)
- Realisierung der typischen Projektphasen
- Ergänzend oder alternativ zur Projektarbeit: Einübung erlernter Verhaltensweisen in realen Lebenssituationen (Transfer- und Reflexionsphase)

Ein solches Programm basiert gleichermaßen wie das Selbstsicherheitstraining auf den Prinzipien des Modelllernens, des Rollenspiels mit Rollentausch und der operanten Kontrolle durch direkte differentielle Verstärkung durch den Pädagogen (Wehmeyer, Agran & Hughes 1999, 224f.). Der Gang der Aktivitäten des von uns favorisierten Ansatzes vollzieht sich hierbei von subjektzentrierten Arbeitsformen, bei denen lustbetontes Handeln im Vordergrund steht, über themenzentrierte (konfliktzentrierte) Spielangebote, die der Selbst- und Fremdwahrnehmung sowie der Verhaltensänderung dienen, bis hin zu sachzentrierten Arbeitsformen (Theaterprojekt; auch in vivo). Die themen- und sachbezogenen Angebote dienen zugleich der Einübung von Kooperation. Neben einem solchen langfristigen Programm sind gleichfalls mittel- oder kurzfristige Maßnahmen denkbar, die sich auf eng umschriebene Spieleinheiten (z. B. kooperative Spiele; Spiele zur Selbst- und Fremdwahrnehmung; Spiele zur Erfassung von Gefühlen) beziehen können. Um langfristige Lernerfolge zu erreichen, sollten Programme zum Sozialen Lernen nicht absolut gesetzt, sondern immer lebensweltbezogen realisiert werden. Ferner empfehlen Petermann u. a. (1987, 147f.) die Einbeziehung wichtiger Bezugspersonen (z. B. Eltern im Rahmen begleitender Abendtreffen).

Rolle des Pädagogen:
Beobachtend, therapeutisch-führend, kooperativ, assistierend

Perspektiven in Bezug auf Verhaltensauffälligkeiten:
Programme zum Sozialen Lernen sind oft nicht explizit auf den Abbau von Verhaltensauffälligkeiten angelegt, sondern es wird eher von einer indirekten therapeutischen Wirksamkeit (Aufbau von Sozialverhalten) ausgegangen (hierzu

auch Garner & Sandow 1996, 87f.). Darüber hinaus wird ihnen eine präventive Bedeutung zugeschrieben. Insgesamt gelten sie als effektiv, was für Konzepte gilt, die sowohl indirekt, als auch direkt zum Abbau psychosozialer Auffälligkeiten beitragen (Nezu & Nezu 1994, 37).

Repräsentanten/Bezugsliteratur:
Croissier u.a. (1979); Orlick (1982); Shaftel & Shaftel (1973); Theunissen (1987); Petermann, Bandemer & Mayer (1987); Strittmacher (1997); Fiedler (2003); Häußler u. a. (2003)

Querverbindungen:
Selbstsicherheitstraining; Problemlösungstraining; Ästhetische Erziehung; Psychomotorik

Beurteilung aus der Sicht des Verfassers:
Die meisten Programme zum Sozialen Lernen, die hierzulande angeboten werden, stammen aus der allgemeinen Vorschulerziehung, Schulsozialarbeit oder Sozialpädagogik mit nichtbehinderten, sozial-benachteiligten oder verhaltensauffälligen Kindern und Jugendlichen. Zudem gibt es zahlreiche soziale Kompetenztrainingsprogramme aus dem klinischen Bereich. All diese Ansätze lassen sich wie auch das ATP nur in modifizierter (vereinfachter) Form bei Menschen mit geistiger Behinderung und Verhaltensauffälligkeiten einsetzen. Ohne Umstrukturierung und Individualisierung der Verfahren (dazu Castles & Glass 1986, 37) im Hinblick auf Verhaltens- und Erlebensweisen und Situationen, die für geistig behinderte Menschen bedeutsam sind, kann kein erfolgreiches soziales Lernen erwartet werden.

Programme zur Förderung sozialer Fähigkeiten und Fertigkeiten, die sich explizit auf Menschen mit geistiger Behinderung beziehen, haben weithin nur im angloamerikanischen Sprachraum Tradition. In Untersuchungen konnte ihre Effektivität nachgewiesen werden (Garries, Hazinski & Hollenweger 1992; Carr, Horner & Turnbull 1999, 82; auch Castles & Glass 1986, 36). Allerdings scheint der Transfer neu erlernter Verhaltensweisen in alltäglichen Situationen schwer vorhersagbar und nicht gesichert zu sein (Bates 1980, 247; Garries, Hazinski & Hollenweger 1992, 144ff.). Insgesamt gelten aber soziale Lernprogramme (social skills training) mit Blick auf einen Kompetenzzuwachs und Abbau von Verhaltensauffälligkeiten bei Menschen mit geistiger Behinderung erfolgversprechender als eine traditionelle Psychotherapie (Matson & Senatore 1981, 379f.; Nezu & Nezu 1994, 38). Wenngleich Programme zum Sozialen Lernen in erster Linie in der Arbeit mit behinderten Menschen zum Einsatz kommen, die keine schwere intellektuelle Beeinträchtigung aufweisen (Kinze, Barchmann 1993, 167; Wehmeyer, Agran & Hughes 1999), bestehen gleichfalls Möglichkeiten der Modifikation, so dass auch Personen mit schwerer geistiger Behinderung davon profitieren können. Das gilt ebenso für Menschen mit autistischer Entwicklungs-störung; hierzu wurde soeben von Häußler u. a. (2003) ein vielversprechendes gruppenbezogenes Programm zur Förderung sozialer Kompetenzen vorgestellt. Unseres Erachtens werden hierzulande Chancen, die das Soziale Lernen Men-schen mit geistiger Behinderung (unabhängig von zusätzlichen Verhaltens- oder Entwicklungsstörungen) bietet, noch viel zu wenig genutzt.

• **Problemlösungstraining**

Zielgruppe:
Menschen mit geistiger Behinderung und/oder Verhaltensauffälligkeiten

Definition und Ziele:
Konzepte eines Problemlösungstrainings, die speziell für Menschen mit geistiger Behinderung entwickelt worden sind, stammen in erster Linie aus den USA. Wehmeyer, Agran und Hughes (1999, 121) verstehen darunter ein spezielles päd-agogisches Angebot, das zur Ausbildung von Denk- und Handlungsmustern bei-tragen soll, durch die Aufgaben, Anforderungen, Situationen, Konflikte oder Probleme besser bewältigt werden können. Unter einem „Problem" fassen die Autoren in Anschluss an D'Zurilla und Goldfried (1971, 108) „eine Aufgabe, Aktivität oder Situation, für die nicht unmittelbar eine Lösung identifizierbar, bekannt oder verfügbar ist." Lösungen dienen dazu, „die Lücke zwischen einer gegenwärtigen Situation und einem wünschenswerten Ergebnis zu überbrücken" (Agran & Wehmeyer 1999, 2). Geht es um das Lösen *sozialer Probleme* (z. B. im interpersonellen oder sozio-kulturellen Bereich), gibt es ohne Zweifel enge Bezie-hungen und Überlappungen zwischen einem Problemlösungstraining, dem ATP und dem Sozialen Lernen. Dennoch sollte zwischen den Angeboten ein spezifi-scher Unterschied gesehen werden (dazu auch Nezu, Nezu & Arean 1991; Castles & Glass 1986), der uns veranlasst hat, das Problemlösungstraining geson-dert aufzuführen: während das ATP enger umschrieben wird (Zielsetzung Selbst-sicherheit, Selbstvertrauen) und das Soziale Lernen in erster Linie die Erweite-rung des Verhaltensrepertoires, den Erwerb sozialer Fertigkeiten (social skills) bzw. den Zugewinn an sozialen Verhaltensweisen sowie die Verbesserung von Sozialverhalten zum Ziele hat, fokussieren Trainingsprogramme zur Lösung so-zialer Probleme *kognitive Strategien*, die einen Betroffenen dazu befähigen bzw. in die Lage versetzen sollen, Probleme zu identifizieren, effektive Handlungs-möglichkeiten zu erarbeiten und Entscheidungen in Bezug auf eine geeignete Lösung zu treffen (Wehmeyer, Agran & Hughes 1999, 121).

Theoretische Bezugspunkte/Überlegungen:
Die Bedeutung eines Problemlösungstrainings wird damit begründet, dass viele

Menschen mit geistiger Behinderung Schwierigkeiten haben, planvoll zu handeln, kognitive Strategien (innerer, verhaltenssteuernder Dialog; Selbstinstruktion) zur Bewältigung von Aufgaben anzuwenden, flexibel zu denken und zu handeln oder sich in unbekannten Situationen zurechtzufinden (ebd., 123). Dadurch würde zugleich die Fähigkeit zur Selbstbestimmung erheblich geschwächt (ebd., 122). Ferner wird davon ausgegangen, dass zwischen der Vulnerabilität bei Menschen mit geistiger Behinderung und dem Fehlen geeigneter Strategien zur Bewältigung von Stress ein enger Zusammenhang besteht (Nezu, Nezu & Arean 1991, 372; Gardner & Willmering 1999, 25), dass Verhaltensauffälligkeiten nicht selten Ausdruck fehlgeschlagener Problemlösungsversuche sind (D'Zurilla & Goldfried 1971) und dass durch ein systematisches Training allgemeiner Problemlösungsstrategien Verhaltensprobleme abgebaut bzw. die Ausbildung von (weiteren) Verhaltensstörungen vermieden werden können. Ein solches Angebot zur Prävention von Verhaltensproblemen habe bislang – so Wehmeyer, Agran und Hughes (1999, 120) – in der Arbeit mit geistig behinderten Menschen eine untergeordnete Rolle gespielt. Viele Jahre habe es die Heilpädagogik versäumt, Menschen mit geistiger Behinderung gezielte Strategien zur Lösung von Problemen beizubringen sowie Entscheidungsprozesse zu unterstützen, und stattdessen sei die Bewältigung von Situationen eher dem Zufall überlassen worden.

Setting/Raum:
Therapeutisches Setting und reale Lebenswelt

Medien/ Mittel:
Videoanlage

Sozialform:
Einzel- und Gruppenarbeit

Vorgehensweise:
In Anlehnung an D'Zurilla und Goldfried (1971) lassen sich fünf aufeinander aufbauende Stadien eines Problemlösungstrainings unterscheiden, die Agran und Wehmeyer (1999) für die Arbeit mit geistig behinderten Menschen aufbereitet haben. Diese fünf Stadien sollen nacheinander entweder in Einzel- oder in Gruppenarbeit erarbeitet werden.
1. Problemorientierung
Für ein erfolgreiches Problemlösen ist es von grundlegender Bedeutung, dass Betroffene Problemen nicht aus dem Weg gehen und bestrebt sind, Schwierigkeiten zu lösen. Hierzu bedarf es einer entsprechenden Motivation und der Überzeugung, dass sich Probleme lösen lassen. Nach Agran und Wehmeyer (1999, 15) sollen in dieser Phase des Programms Betroffene zu einer Selbstinstruktion ange-

stiftet werden (z. B. „Ich will versuchen, das Problem zu lösen.“). Oftmals ist es für Betroffene sehr schwierig, Probleme überhaupt zu erkennen. Daher besteht eine weitere Aufgabe darin, Betroffene zu befähigen, Probleme überhaupt wahrzunehmen. Fliegel u. a. (1998, 240) schlagen in dem Zusammenhang vor, dem Einzelnen „konkrete Hinweise oder Zeichen zu nennen, an denen er Problemsituationen erkennen kann, etwa Situationen,

– die für ihn belastend sind,
– die er möglichst meidet,
– auf die er gereizt oder ärgerlich reagiert,
– in denen er sich unsicher fühlt,
– vor denen er Angst hat
– in denen er nicht recht weiß, wie er sich verhalten soll,
– in denen er sich nicht entscheiden kann,
– in denen er mit sich unzufrieden ist,
– in denen er sich von anderen nicht richtig behandelt oder beurteilt fühlt,
– in denen er Angst hat zu versagen.“

2. Problembeschreibung und -definition

Nachdem ein Problem bzw. eine Situation als problematisch (an-)erkannt worden ist, soll in einem nächsten Schritt eine möglichst genaue Beschreibung und Definition des Problems erfolgen. Hierzu sollen die konkrete Situation beschrieben, das Ziel des Betroffenen genannt sowie Hindernisse (einschließlich Gefühle) herausgearbeitet werden. Je eindeutiger ein Problem bestimmt wird, desto einfacher ist es, zu Lösungswegen zu gelangen, die in der dritten Phase erarbeitet werden sollen.

3. Sammeln von alternativen Problemlösungen

Dieser Schritt fällt nach Ansicht von Agran und Wehmeyer Menschen mit geistiger Behinderung oftmals schwer (1999, 6). Eine hilfreiche Methode, die zur Sammlung von alternativen Lösungswegen beiträgt, ist das *Brainstorming* (Osborn 1962). Hierbei sollen möglichst viele Ideen gesammelt und festgehalten werden, wobei „vier Grundregeln zu befolgen sind:

1. Jegliche Kritik und Bewertung der Ideen ist verboten; frühzeitige Kritik würde möglicherweise kreative, aber noch vage Lösungsansätze verhindern ...

2. ‚Verrückte‘ Ideen sind sehr erwünscht. Je ungewöhnlicher eine Idee, desto besser. ...

3. Quantität ist erwünscht. Je mehr Lösungswege gefunden sind, desto größer ist die Wahrscheinlichkeit, wenigstens eine gute und brauchbare Idee zu finden.

4. Kombinationen und Verbesserungen von Lösungswegen sind erwünscht. Verbindungen zwischen zwei oder mehreren Ideen zu einer neuen sollten hergestellt werden, und bereits vorgetragene Vorschläge können verbessert werden“ (Fliegel u. a. 1998, 243).

4. Eine Entscheidung treffen

Alle genannten Ideen bzw. Vorschläge zur Problemlösung sollen im Hinblick auf ihre Realisierbarkeit und Zweckmäßigkeit, vor allem auch im Hinblick auf ihre subjektive Bedeutung und Nützlichkeit für den Betroffenen reflektiert und eingeschätzt werden. Dabei ist es wichtig, mögliche Folgen bzw. Konsequenzen abzuschätzen (zeitlich, personell, sächlich). Eine Lösung soll dann vom Betroffenen selbst ausgewählt werden, von der angenommen wird, dass sie am günstigsten und am besten zu realisieren sei. Agran und Wehmeyer zufolge fallen vielen Menschen mit geistiger Behinderung solche Entscheidungsprozesse schwer. Dies hängt damit zusammen, dass ihnen in ihrem Leben allzu oft Entscheidungen abgenommen wurden und werden (hierzu auch Bambara, Cole & Koger 1998, 28f.). Daher kann es in dieser Phase notwendig sein, Entscheidungsprozesse gezielt zu unterstützen (z. B. durch die Auswahl von zunächst zwei Lösungswegen, bei denen einer ausgewählt werden soll).

5. Umsetzung und Überprüfung

Zu guter Letzt soll der ausgewählte Lösungsweg umgesetzt werden. Hierzu bietet es sich oftmals an, Lösungswege zunächst im Rahmen eines *Rollenspiels* zu erproben. Danach sollte die Realisierung in der *realen Lebenssituation* erfolgen. Erst dann kann letztlich die Effektivität der Problemlösungsstrategie beurteilt werden. Erweist sie sich als ungünstig, besteht einerseits die Möglichkeit, den gewählten Lösungsweg zu modifizieren, andererseits kann aber auch auf eine alternative Lösung zurückgegriffen werden.

Rolle des Pädagogen:

Therapeutisch-anleitend, partnerschaftlich, beratend, modellhaft, unterstützend

Perspektiven in Bezug auf Verhaltensauffälligkeiten:

Ein Problemlösungstraining zielt nicht auf die Lösung aktueller Probleme, wohl aber auf den Erwerb allgemeiner Strategien zur Lösung von Problemen. Da Verhaltensauffälligkeiten, vor allem Störungen im Sozialverhalten, nicht selten auf unzureichende Problemlösefertigkeiten zurückzuführen sind bzw. mit Defiziten einhergehen, Probleme adäquat zu lösen oder auch zu bewältigen, erhoffen sich Repräsentanten des Problemlösungstrainings zugleich auch positive Auswirkungen dieser Methode im Hinblick auf Abbau bzw. Prävention von Verhaltensauffälligkeiten. Diesbezüglich konnten Castles und Glass (1986) in einer empirischen Studie bei einer Stichprobe von 33 Erwachsenen mit geistiger Behinderung (durchschnittlicher IQ 62.5) signifikante positive Effekte bei einem doppelgleisigen Konzept, bestehend aus einem interpersonalen Problemlösungstraining und einem social-skills-Training, nachweisen. Ebenso gilt die Kombination von ATP und Problemlösungstraining als effektiv (Nezu, Nezu & Arean 1991; Nezu & Nezu 1994, 37).

Repräsentanten/Bezugsliteratur:
D'Zurilla & Goldfried (1971); Liebeck (1993); Fliegel u. a. (1998, 237ff.); Agran & Wehmeyer (1999); Wehmeyer, Agran & Hughes (1999)

Querverbindungen:
Soziales Lernen; Selbstsicherheitstraining; kognitive Verhaltenstherapie

Beurteilung aus der Sicht des Verfassers:
Dass Menschen mit geistiger Behinderung von einem Problemlösungstraining profitieren, ist unstrittig. Sein prominenter Beitrag liegt vor allem in der Förderung eines Entscheidungs- bzw. Wahlverhaltens sowie von effektiven Handlungsmöglichkeiten zur Bewältigung alltäglicher Situationen. Damit werden zugleich wichtige Voraussetzungen zur Gewinnung von mehr Autonomie (Selbstbestimmung) sowie zu einer verbesserten Verfügung und Kontrolle über die eigenen Lebensumstände geschaffen. Dieser Aspekt kann in Anbetracht des inzwischen rechtlich kodifizierten Wunsches behinderter Menschen nach gesellschaftlicher Partizipation und einem selbstbestimmten Leben nicht hoch genug eingeschätzt werden, weshalb das Problemlösungstraining als ein modernes, richtungsweisendes Konzept betrachtet kann. Die einschlägigen Studien von Wehmeyer u. a. lassen den Schluss zu, dass das Problemlösungstraining im Hinblick auf einen Zugewinn von Autonomie effektiv ist und insbesondere Entscheidungsprozesse signifikant verbessern kann. Untersuchungen, die sich explizit auf die Wirksamkeit des Problemlösungstrainings im Hinblick auf Abbau bzw. Prävention von Verhaltensauffälligkeiten beziehen, sind jedoch noch rar. Werden die Ausführungen von Castles und Glass (1986) oder Nezu et al. (1991) sowie Einzelbefunde zugrunde gelegt, darf eine Effektivität des Problemlösungstrainings angenommen werden, wenn es (am besten in Verbindung mit einem weiteren sozialen Lernangebot) Bestandteil eines Gesamtkonzepts ist (dazu Kapitel 5.3.2). Das gilt aber auch für viele andere Verfahren. Wir können uns dies an der Förderung des Entscheidungsverhaltens verdeutlichen. Hat ein Betroffener in seinem Alltag nur begrenzte Gelegenheiten, Dinge auszuwählen und Entscheidungen für seine eigenen Belange zu treffen, bleibt ein Konfliktpotential, das sich durch ein Problemlösungstraining schwer auflösen lässt, weil die Situation für die Bedürfnisse des Betroffenen abträglich ist. Zwar lassen sich durch ein Problemlösungstraining auch „adaptive Verhaltensweisen" befördern, die wichtigste Zielsetzung liegt jedoch in der Förderung von Selbstbestimmung (Wehmeyer, Agran & Hughes 1999, 16f., 63, 122). Lebensbedingungen, insbesondere institutionelle Settings, sollten somit als zu verändernde Momente im Rahmen eines Trainings zur Lösung sozialer Probleme stets mitgedacht werden. Soziale Probleme resultieren nämlich sehr oft aus der Verbindung eines individuellen Problems mit einer gesellschaftlichen Problematik.

Zu guter Letzt sei noch erwähnt, dass das Problemlösungstraining nicht als ein rein defizitorientiertes Konzept verstanden werden sollte, wenngleich es durch eine Defizitdiagnose seine Legitimität erfährt. Denn die Erarbeitung von Lösungen bezieht sich stets auf Probleme, die für den Einzelnen subjektiv bedeutsam sind bzw. aus seinem Lebensgeschehen stammen (z. B. Schwierigkeiten in der Partnerschaft; Schwierigkeiten, sich in einer fremden Stadt zu orientieren; Probleme mit Alkohol; Probleme bei der Nutzung öffentlicher Verkehrsmittel; Nachbarschaftsprobleme; Probleme mit einem Mitarbeiter ...). Neben dieser Subjektzentrierung werden zugleich bei der Suche nach Lösungen kreative Potentiale freigesetzt, die, wenn sie gewürdigt werden, zur Gewinnung von Selbstvertrauen bzw. Vertrauen in eigene Ressourcen befördernd sind.

• Mediation

Zielgruppe:
Menschen, die miteinander in Konflikt geraten sind

Definition und Ziele:
Der Begriff der Mediation bedeutet „Vermittlung" und steht für einen Ansatz, bei dem eine unparteiliche dritte Person (Mediator) „Konfliktparteien darin unterstützt, gegenseitig zufriedenstellende Lösungen in Bezug auf ihre Differenzen zu finden... Mediation ist weder Therapie noch eine ‚Gerichtsverhandlung'. Vielmehr soll Mediation den Konfliktparteien einen sicheren, vertrauensstiftenden ‚Gelegenheitsraum' bieten, um ihre Meinungsverschiedenheiten auszutragen und eine gegenseitig zufriedenstellende Lösung zu erreichen" (ADA 2003; Besemer 1995, 14). Zentraler Gegenstand der Mediation sind somit *soziale Konflikte*, d. h. Konflikte zwischen Personen und nicht etwa „intrapsychische" bzw. persönliche Konflikte (Montada & Kals 2001, 60). Im Fokus stehen somit Gegensätzlichkeiten „von Interessen und Wünschen zwischen (mindestens) zwei Menschen" (Wüllenweber 2003, 4), die zu einem Konflikt führen, wenn sich eine Partei in der Verwirklichung eigener Vorstellungen oder Absichten durch das Denken und Handeln der anderen beeinträchtigt fühlt (Glasl 2002, 23). Eine häufige Austragungsform von Konflikten ist Gewalt, die psychisch, physisch, institutionell oder strukturell zu Tage treten kann (Theunissen 2001b) und am Beispiel des Wohnens geistig behinderter Menschen im Heim von Michalek (2000) wissenschaftlich untersucht worden ist. Dabei zeigte sich, dass Verhaltensauffälligkeiten sehr oft Auslöser für Konflikte sein können; zudem wurden allgemeine Erkenntnisse weithin bestätigt, dass sich Konflikte als Streit, Auseinandersetzung, Sachbeschädigung, Aggression, Kampf oder auch Rückzug oder Distanz repräsentieren können (Wüllenweber 2003, 4). Durch die Bearbeitung sozialer Konflikte besteht einerseits die Chance, drohende Eskalationen oder Krisen zu vermeiden,

weshalb der Mediation eine prominente Bedeutung der *Prävention* von Krisen, Gewalt oder „asozialer" Einstellungen (Fremdenfeindlichkeit u. ä.) zukommt (Faller, Kerntke & Wackmann 1996; Wandtke & Wüllenweber 2004). Andererseits werden Lernprozesse im Bereich sozialer Kommunikations- und Konfliktfähigkeit angeregt (Faller u. a. 1996, 111ff.; Besemer 1996, 12), so dass Betroffene (Mitglieder von Konfliktparteien) im Hinblick auf soziale Kompetenzen (im Verhaltens- und Einstellungsbereich; z. B. gegenseitige Achtung, Empathie...) und (mutual) Empowerment gestärkt werden. An dieser Stelle ergibt sich eine starke Affinität zum Konzept des *Sozialen Lernens*. Die Mediation sollte dabei aber nicht auf eine Methode des Sozialen Lernens reduziert werden, sie kann zwar sehr wohl soziale Lernprozesse befördern, stellt jedoch immer ein darüber hinausgehendes eigenständiges Konzept zur Konfliktbearbeitung dar.

Theoretische Bezugspunkte/Überlegungen:
Der Mediationsansatz stammt aus den USA, wo er seit den 60er Jahren im Umfeld von Bürgerrechtsbewegungen insbesondere bei Rechtsstreitigkeiten Tradition hat (Besemer 1996). In dem Zusammenhang spielt er bis heute im Bereich der Behindertenarbeit (vor allem auf institutioneller und gesellschaftlicher Ebene) eine wichtige Rolle, wenn es darum geht, bei Verstößen gegen das US-amerikanische Antidiskriminierungsgesetz zwischen den Konfliktparteien (z. B. behinderte Menschen und private Geschäftsleute) zu vermitteln. Hierzu gibt es von amerikanischen Justizministerien sog. ADA-Mediationsprogramme sowie auch eigens eingerichtete „Disability Mediation Centers", die bei Betroffenen eine hohe Wertschätzung erfahren und den Nachweis erbringen, dass Mediation ein effektiver Ansatz zur Sicherung von Rechten behinderter Menschen sowie zur Umsetzung des Inclusion- und Partizipationsgedankens ist (ADA 2003; Disability Mediation Center 2003). Darüber hinaus wird schon seit geraumer Zeit ebenso in anderen Bereichen, in denen soziale Konflikte ein Zusammenleben oder –arbeiten erschweren, auf Mediation als *Programm zur Streitschlichtung* zurückgegriffen, so zum Beispiel im Wirtschaftsleben, in der Familientherapie, in der Jugendhilfe oder im schulischen Bereich bei Konflikten zwischen Schülern oder zwischen Schülern und Lehrern. Auch in Deutschland findet inzwischen die Mediation in Scheidungs- oder Mietauseinandersetzungen, Schulen, in der Organisationsberatung, internationalen Krisen- und Konfliktprävention, Politik, Alten- und Krankenpflege sowie Jugendhilfe immer häufiger Anwendung. In der hiesigen Heilpädagogik und Behindertenhilfe steckt sie dagegen erst in blassen Anfängen. Berichte aus den USA sowie erste Erfahrungen aus Deutschland (Friedensbildungswerk Köln 2002), die sich auf Mediation in der Arbeit mit geistig behinderten Menschen beziehen, lassen aber den Schluss zu, dass es sich lohnt, das Konzept näher zu betrachten.

Diesbezüglich ist zunächst einmal anzumerken, dass sich die Mediation mit ihrer Philosophie und ihrem Anliegen in Bahnen der humanistischen Psychologie (Rogers 1974; Cohn 1975) und des Empowerment-Konzeptes bewegt, so wie es ursprünglich von den US-amerikanischen Bürgerrechtsbewegungen grundgelegt wurde (Herriger 2002; Theunissen & Plaute 2002). Wie bereits in der Definition vermerkt geht es im Konzept der Mediation um Konfliktbewältigung, und dabei kommt dem Mediator (Vermittler) eine Schlüsselfunktion zu. „Mediatoren sind keine Richter" (ADA 2003), daher dürfen sie keine Lösungen vorgeben oder Entscheidungen treffen, sondern sie sind „nur für das Setting, das Verfahren und die Fairness zuständig" (Besemer 1996, 11). Ihre Aufgabe besteht darin, Prozesse so zu managen, dass die Konfliktparteien selbst zu Lösungen gelangen können. Dabei sollten sich Mediatoren vergewissern, dass Regeln der Fairness eingehalten werden, wechselseitige Kommunikationen statthaben und alle Beteiligten mit ihren Bedürfnissen, Sichtweisen und Emotionen zu Wort kommen (Montada & Kals 2001, 133ff.). Eine entscheidende Rolle spielen dabei die innere Einstellung und Haltung eines Mediators (Allparteilichkeit, Akzeptanz, Anerkennung, positive Bestätigung), sog. Ich-Botschaften (Cohn), die Fähigkeit des einfühlenden und aktiven Zuhörens, spezifische Techniken wie das „Spiegeln" (in eigenen Worten das wiedergeben, was ein anderer gesagt hat oder fühlt) oder methodische Kunstgriffe, wie sie insbesondere in der systemischen Konsultation handlungsbestimmend sind (Aussagen umformulieren; Reframing; Perspektivwechsel; zirkuläres Fragen [Lingg & Theunissen 2000; Besemer 1995, 116ff.]). Damit werden unzweifelhaft hohe Anforderungen an die Person des Mediators gestellt, der letztlich dafür Sorge zu tragen hat, dass Ergebnisse entstehen, bei denen es keine Verlierer gibt. Insofern geht es um Lösungen, die mit den Bedürfnissen der Konfliktparteien im Einklang stehen und von ihnen akzeptiert werden. „Eine erfolgreiche Mediation zeichnet sich durch eine bindende Vereinbarung zwischen den Parteien aus" (ADA 2003).

Grundsätzlich wird in der Mediation von einer freiwilligen Teilnahme der Konfliktparteien ausgegangen. Trotzdem besteht die Gefahr, dass schwache oder machtlose Personen, die womöglich Schwierigkeiten haben, ihre Interessen angemessen zu vertreten, von anderen „an die Wand gedrückt werden". „Gerade bei Konflikten in heterogenen Gruppen muss dieses Argument ernstgenommen werden" (Biewer 2001, 3). Ist die Verhandlungs- oder Kommunikationsfähigkeit zwischen den Parteien sehr unterschiedlich, greifen auf jeden Fall Vorstellungen zu kurz, bei denen ein Mediator in einem Streitgespräch bzw. Konflikt eine neutrale Haltung einnimmt. Im Sinne von Empowerment genügt es aber ebenso wenig, nur auf die Allparteilichkeit zu achten, so dass jede Partei mit ihren Interessen, Sichtweisen und Bedürfnissen zu Wort kommt. Vielmehr sollten durch gezielte Unterstützung (aktives Zuhören, Freilegung verborgener Interessen,

Bewusstmachung eigener Gefühle und Interessen, Spiegeln, Dolmetschen...) Schwache oder Machtlose so gestärkt werden, dass sie im Prozess der Mediation zur Selbstbestimmung befähigt werden können (Breidenbach 1995, 127; Montada & Kals 2001, 39ff.). In dem Falle wie gleichfalls bei massiven Konflikten bietet es sich an, die Mediation mit mehreren Mediatoren durchzuführen und gegebenenfalls auch Vertrauenspersonen (als „Übersetzer" mit advokatorischer bzw. fürsprechender Funktion) einzubeziehen. Dies hat den Vorteil, dass insbesondere bei Ausdruckschwierigkeiten oder schwer verständlicher Aussprache Menschen mit geistiger Behinderung nicht benachteiligt werden. Eine weitere wichtige Hilfe bieten Formen der Unterstützten Kommunikation sowie alternative Ausdrucksmittel wie Bilder malen, Rollenspiele u. ä.

Insgesamt betrachtet stoßen wir auf verschiedene Möglichkeiten der Mediation und Konfliktbearbeitung (Breidenbach 1995, 213ff.), die von einer „selbstbestimmten Konsensfindung" der Parteien bei einem annähernd gleichen Machtverhältnis oder von einem „Vergleich" zur Konfliktbeendigung über eine „schnelle Einigung" der Parteien, die über ausreichend personale Ressourcen verfügen, um Konflikte zu bearbeiten, bis hin zu einer „Versöhnung" reichen können, welche in einem deutlichen Gegensatz zu einer selbstbestimmten Entscheidungsfindung der Parteien sowie in der augenfälligen Gefahr steht, soziale Konflikte zu verdecken. Mit Blick auf Anwendungsmöglichkeiten der Mediation in der Arbeit mit geistig behinderten Menschen haben wir uns dem Empowermentansatz verschrieben, welcher sicherstellt, dass Menschen in marginaler Position ernst genommen und nicht übervorteilt werden. Diese Orientierung ist insbesondere für pädagogische Arbeitsfelder notwendig, wo die Macht ungleich verteilt ist.

Setting/Raum:
Mediation ist an kein spezielles Setting gebunden, bevorzugte Orte sind: Besprechungsraum, „Friedensecke" in einem Klassenzimmer oder in einem Gemeinschaftsraum einer Wohngruppe.

Medien/Mittel:
Keine speziellen Medien oder Mittel erforderlich; ggf. Flipcharts

Sozialform:
Vorrangig Gruppenarbeit

Vorgehensweise:
Eine Mediation lässt sich in der Regel auf recht unkomplizierte Weise arrangieren und kommt dann zum Einsatz, wenn Konfliktparteien bereit sind, gemeinsam an einer Auflösung des Konfliktes zu arbeiten. Am besten ist es, wenn ein „externer" Vermittler den Mediationsprozess unterstützt, weil bei „internen" Mediatoren,

die z. B. in einer betroffenen Institution tätig sind (Psychologe, Lehrer), ein gewisses Maß an Befangenheit (als Repräsentant einer Einrichtung oder Trägers) bestehen kann. Eine Mediation beinhaltet mehrere aufeinander folgende Schritte:

1. Eröffnung durch den Mediator, der sich zuvor über das Konfliktfeld orientiert haben sollte und der das Mediationsverfahren vorstellt, seine Rolle erläutert, Ziele und den geplanten Ablauf abspricht; Vorstellung der Teilnehmer und Schaffung einer guten Arbeitsatmosphäre.

2. Darlegung des Konfliktes durch alle am Konflikt beteiligten Personen; Verständnisfragen von den Konfliktparteien; Nachfragen und Zusammenfassung des Gesagten durch den Mediator bzw. durch mehrere Vermittler.

3. Spiegeln, indem jede Partei die Position bzw. das Gesagte der anderen noch einmal wiedergeben soll.

4. Beschreibung der Gefühle, die bei der Wiedergabe der Position der anderen Partei entstanden sind; Gemeinsamkeiten und Differenzen sollen durch den Mediator zusammengefasst und festgehalten werden.

5. Konflikterhellung durch Befragung zu den einzelnen Problemen; Herausarbeitung bisher nicht genannter Hintergründe, Interessen, Wünsche etc. (Aufdeckung der sog. Tiefenstrukturen des Konflikts); funktionale Analyse des Konflikts (Bedingungen, Handlungen, Reaktionen...).

6. Suche nach möglichen Lösungen (z. B. durch ein Brainstorming, Rollenspiele o. ä.).

7. Auswertung der möglichen Lösungen und Auswahl einer „win-win"-Lösung, die bei beiden Parteien Zustimmung findet.

8. Erstellung einer schriftlichen Vereinbarung und Beendigung der Gesprächsrunde; ggf. Vereinbarung eines weiteren Termins zur Überprüfung des Ergebnisses (Schrumpf, Crawford & Usadel 1991; Besemer 1995, 14, 57ff.; Faller u. a. 1996, 133ff.; Montada & Kals 2001, 179ff.).

Die prominente Bedeutung dieses Modells liegt unzweifelhaft im schulischen Bereich, wo es als *peer mediation program* als eine (freiwillige) Alternative zu traditionellen, schuldisziplinarischen Maßnahmen zur Bewältigung von sozialen Konflikten zwischen Schülern oder zwischen Schülern oder Lehrern hoch gehandelt wird (Schrumpf et al. 1991; Simsa 2001). Eine Peer-Mediation zeichnet sich dadurch aus, dass Klassen bzw. Schülergruppen, die miteinander streiten oder „verfeindet" sind, die Konfliktbearbeitung unter eigener Regie vornehmen sollen. Hierzu werden eigens „Schülermediatoren" ausgebildet, die allerdings nicht in der eigenen Klasse vermitteln sollen. An die betreffenden Schülermediatoren (dies können auch [ehemalige] verhaltensauffällige Schüler sein) werden – wie bei professionellen Vermittlern – nicht nur hohe Anforderungen an soziale Kompetenzen, sondern gleichfalls an sprachliche (Vermittlungs-)Fähigkeiten sowie an

spezielle Fähigkeiten zur Führung von Gruppen im Sinne einer Mediation gestellt. Vor diesem Hintergrund dürfte es schwierig sein, geeignete Peer-Mediatoren in Schulen oder Institutionen für Menschen mit geistiger Behinderung zu
finden. Daher übernehmen bei Menschen mit geistiger Behinderung wie auch
bei Familien mit einem behinderten Angehörigen in erster Linie externe professionelle Helfer (in Mediation geschulte Berater, Psychologen...) die Vermittlerrol-
le, was nicht ausschließt, dass im Einzelfalle Menschen mit geistiger Behinderung
auch zu Peer-Mediatoren ausgebildet werden können (z. B. Heim- und
Werkstatträte). Zur Konzipierung einer solchen Schulung sind die allgemeinen
Anregungen eines Peer-Ausbildungsprogramms hilfreich, wie es Jefferys-Duden
(1999) zusammengestellt hat.

Prinzipiell gilt zu bedenken, dass der Mediationsansatz ein gewisses Maß an
sprachlichem Ausdrucksvermögen voraussetzt bzw. davon ausgeht, dass die einzelnen Mitglieder der Konfliktparteien ihre eigene Position mit sprachlichen Mitteln (ggf. unter Hinzuziehung von unterstützenden Kommunikationshilfen) darstellen können. Zudem unterstellt er die Bereitschaft, anderen zuzuhören sowie
die Fähigkeit, in Unabhängigkeit von anderen eigenständig-verantwortlich Entscheidungen zu treffen. Insofern wird von bestimmten Voraussetzungen ausgegangen, weshalb nach Biewers Auffassung für einen Teil der Menschen mit geistiger Behinderung die Mediation als Verfahren zur Konfliktlösung ausscheidet
(2001, 3). Diesbezüglich hat Biewer wohl in erster Linie Menschen mit
schwer(st)er geistiger Behinderung und (verbalen) Kommunikationseinschrän-
kungen vor Augen, bei denen ebenso die Teilnehmer des Friedensbildungswerks
Köln (2002, 1, 10f.) „Grenzen der Mediation" konstatieren, die sich vor allem
auch auf das hohe Maß der Abhängigkeit der Betroffenen sowie auf ein mangelndes Maß an „Konflikteinsichtsfähigkeit" und „Selbstreflexionsfähigkeit zum
Konflikt" beziehen. Außerdem sei in der Arbeit mit diesem Personenkreis „die
Gefahr der Interpretation" zu groß (ebd., 11). Nichtsdestotrotz kommen die Teilnehmer jedoch zu der Überzeugung – und dies in Übereinstimmung mit Berichten aus den USA -, dass Mediation in der Arbeit mit geistig behinderten Menschen möglich ist (13). Denn schließlich bestehen Möglichkeiten einer gezielten
Unterstützung; zudem lassen sich spezifische Fähigkeiten und Fertigkeiten (z. B.
Fähigkeiten, erfolgreich zu verhandeln; Erlernen von Gesprächsregeln) unmittelbar im Mediationsprozess als Lernziele in den Blick nehmen, es können aber auch
spezielle (mediations- oder empowermentorientierte) „Vorübungen" konzipiert
werden, die in dem Falle Bestandteil eines Sozialen Lernens (mit Rollenspielen
etc.) wären.

Rolle des Pädagogen:
Vermittelnd, ausgleichend, assistierend

Perspektiven in Bezug auf Verhaltensauffälligkeiten:
Der Mediationsansatz gilt in den eingangs genannten Anwendungsbereichen als
ein effizientes und erfolgreiches Verfahren zur Bewältigung sozialer Konflikte (z.
B. Simsa 2001, 77; auch Montada & Kals 2001, 238f.). Die Mediation zielt dabei
aber nicht direkt auf den Abbau von Verhaltensauffälligkeiten, wohl aber können
indirekt positive Wirkungen erzeugt werden und eintreten, wenn soziale Konflikte durch spezifische Verhaltensauffälligkeiten (Beschimpfen, Schlagen...) zum
Ausdruck gebracht wurden bzw. bestimmt waren. Ferner wird der Mediation eine
präventive Bedeutung im Hinblick auf Vermeidung von Krisen oder auch Gewalt
zugeschrieben.

Repräsentanten/Bezugsliteratur:
Faller u. a. (1996); Besemer (1995; 1996); Jefferys-Duden (1999); Simsa (2001);
Montada & Kals 2001; Friedensbildungswerk Köln (2002)

Querverbindungen:
Soziales Lernen in Gruppen

Beurteilung aus der Sicht des Verfassers:
Wenngleich die Mediation nicht aus der Pädagogik stammt, findet sie seit geraumer Zeit in allgemeinen pädagogischen Arbeitsfeldern, in Schulen, in der Ju-
gend- oder Sozialarbeit viel Zuspruch. Dagegen ist sie hierzulande in der Heilpädagogik oder Behindertenhilfe bislang kaum zur Kenntnis genommen worden.
Dafür sind zwei zentrale Gründe haftbar zu machen: Zum einen die Orientierung an „traditionellen Helfermodellen" (hierzu Theunissen & Plaute 2002,
32ff.), in denen die Betroffenen-Perspektive (z. B. Interessen, Wünsche behinderter Menschen) nahezu keine Beachtung findet, und zum anderen die Auffassung,
dass angesichts eingeschränkter Reflexions- und Kommunikationsfähigkeiten
Mediation bei Menschen mit geistiger Behinderung letztlich ungeeignet sei. Der
Empowermentansatz zeigt dagegen auf, dass sich das Rollenverständnis grundsätzlich zum Positiven (z. B. Wertschätzung der Autonomie des Anderen) geän-
dert hat, und die moderne Behindertenarbeit greift heute auf Formen Unterstützter Kommunikation zurück (dazu die entsprechenden Ausführungen im vorliegenden Band), um Menschen mit Behinderungen Möglichkeiten einer selbstbestimmten Kommunikation bzw. kommunikativen Partizipation zu eröffnen.
Insofern sollten Chancen genutzt werden, die die Mediation zur Bearbeitung sozialer Konflikte in verschiedenen Kontexten bietet (z. B. bei Konflikten innerhalb
eines Mitarbeiterteams, in Familien mit einem behinderten Angehörigen, zwischen Bewohnern, zwischen Bewohnern und Mitarbeitern, zwischen verschiedenen Systemen wie Wohngruppe, WfbM, Elternhaus). Wie attraktiv Mediation in
der Behindertenarbeit sein kann, führt uns unter anderem Wüllenweber (2003,
5) mit seinen Beobachtungen vor Augen: „In der Behindertenhilfe ergeben sich

viele soziale Konflikte in der pädagogischen Interaktion. Die Gegensätzlichkeiten in den Wünschen und Interessen zwischen beruflichen Helfern und behinderten Klienten eskalieren bis hin zu aggressiven Übergriffen." Freilich bedarf es einer realistischen Einschätzung der Möglichkeiten. So darf zum Beispiel Mediation nicht als ein „Allheilmittel" zur Bewältigung sozialer Konflikte oder gegen Gewalt missverstanden werden. Nicht jeder soziale Konflikt lässt sich durch Mediation lösen (Montada & Kals 2001, 232). Dass zeigen Evaluationen auf, denen zu entnehmen ist, dass es nicht nur Einschränkungen im Hinblick auf das oben anskizzierte notwendige Fähigkeitsprofil gibt, sondern auch Grenzen im Falle von psychischen Störungen (z. B. bei psychopathologischem Verhalten), wenn diese ursächlich für einen sozialen Konflikt sind: „Persönlichkeitsstörungen, aus denen Konflikte entstehen, können durch die Mediation nicht bewältigt" (Friedensbildungswerk Köln 2002, 11), wohl aber im Einzelfalle verdeutlicht und für eine weiterführende Psychotherapie zugänglicher gemacht werden (dazu auch Faller u. a. 1996, 12). Des Weiteren ergeben sich Grenzen dort, wo „keine Bereitschaft zum Einhalten von vereinbarten Regeln und kein Wunsch nach einer konstruktiven Konfliktbearbeitung erkennbar sind" (Wandtke & Wüllenweber 2004; Montada & Kals 2001, 233). In dem Falle wäre zu prüfen, inwieweit im Vorfeld, zum Beispiel durch Einzelarbeit, auf eine konstruktive Mitarbeit hingearbeitet werden könnte. Zu guter Letzt sei erwähnt, dass der Mediationsansatz nur dann erfolgreich sein kann, wenn er auch zugleich von den gegebenen Systemen (Institutionen) unterstützt wird. Steht z. B. ein Kollegium einer Schule, einer Schulleitung oder aber auch eine Leitung einer Behinderteneinrichtung dem Verfahren eher ablehnend gegenüber, bestehen von vornherein nur geringe Erfolgschancen. Mit anderen Worten: Ein gegebenes System muss eine der Mediation entsprechende Konfliktkultur mittragen, wenn eine „gute Pädagogik" fruchtbar werden soll.

• **Gentle Teaching**

Zielgruppe:
Menschen mit geistiger Behinderung und Verhaltensauffälligkeiten

Definition und Ziele:
Das Gentle Teaching versteht sich als eine präventive und problemlösende Methode. Es ist darauf ausgerichtet, soziale Kommunikation bei Menschen mit geistiger Behinderung und Verhaltensauffälligkeiten wiederherzustellen, „indem man ihnen durch eine tiefmenschliche Anerkennung als den Mittelpunkt aller Interaktionen ein Sicherheitsgefühl vermittelt" (v. Loon 1993, 25; McGee et al. 1987; McGee & Menolascino 1991).

Theoretische Bezugspunkte/Überlegungen:
Das Gentle Teaching knüpft an M. Bubers Philosophie (1962) an und versucht Verhaltensauffälligkeiten bei Menschen mit geistiger Behinderung auf dem Hintergrund der sog. Bindungstheorie (dazu Irblich 2003, 364ff.) und entwicklungsdynamisch (hierzu Dosen 1993) zu erklären. Dabei wird davon ausgegangen, dass viele psychische Störungen in der frühen Kindheit entstanden sind und sich als Beziehungsproblem oder Interaktionsstörung manifestiert haben. Insofern ist es dem Gentle Teaching um die Veränderung von Interaktionssystemen und um die Schaffung von neuen Beziehungen zu tun, die als Vehikel zur Persönlichkeitsentfaltung gelten. Bezugspunkt der Beziehungsarbeit ist die für die humanistische Psychologie C. Rogers' (1974) charakteristische therapeutische Grundhaltung, die „vom Wert der Gegenwart eines Menschen" (v. Loon) ausgeht, von gegenseitigem Respekt, bedingungsloser Akzeptanz, Empathie, Authentizität, Wärme, Freundschaft, Kongruenz, Freiheit, Solidarität und Partizipation getragen ist (McGee & Menolascino 1991, 139ff.).

Setting/Raum:
Ort des Gentle Teaching ist der „natürliche" Lebensraum.

Medien/Mittel:
Es werden keine speziellen Materialien benötigt.

Sozialform:
Einzelarbeit

Vorgehensweise:
Ausgangspunkt des Gentle Teaching ist eine entwicklungsdynamische und milieuorientierte Aufbereitung der Verhaltensproblematik. Danach richten sich alle weiteren pädagogisch-therapeutischen Prozesse, die stets in der vertrauten Lebenswelt des behinderten Menschen stattfinden sollten. Der Gang der Beziehungsarbeit vollzieht sich in mehreren aufeinander aufbauenden Phasen: Zunächst geht es um eine bedingungslose Toleranz und Akzeptanz des behinderten Menschen sowie um Herstellung einer positiven Beziehung. Dabei soll der behinderte Mensch spüren, dass jemand (z. B. Gruppenmitarbeiter) ganz für ihn da ist und ihn als Person bedingungslos wertschätzt („valuing domination" McGee & Menolascino 1991, 48ff.). Hat sich eine positive Beziehung entwickelt, so soll der Betroffene über „Supportive Techniques" (ebd., 149), z. B. über gemeinsames, partnerschaftliches Tun, facilitatorische Assistenz (hierzu Theunissen 2000, 131f.), Arrangement entwicklungsfördernder Situationen, Wahlmöglichkeiten u. a. m., behutsam an Anforderungen (Aufgaben) herangeführt werden, so dass langfristig eine Anpassung an gesellschaftliche Bedingungen, gesellschaftliche Integration und ein gemeindeintegriertes Leben (community living) statthaben können.

Rolle des Pädagogen:
Einfühlsam, dienend, dialogisch-partnerschaftlich

Perspektiven in Bezug auf Verhaltensauffälligkeiten:
Das Gentle Teaching gilt aus der Sicht seiner Repräsentanten als erfolgreiche Methode zum Abbau von Verhaltensauffälligkeiten bei Menschen mit geistiger Behinderung.

Repräsentanten/Bezugsliteratur:
McGee et al. (1987); McGee & Menolascino (1991); v. Loon (1993)

Querverbindungen:
Gesprächs- oder supportive (ressourcenorientierte) Psychotherapie; psychomotorische Therapie (n. Aucouturier)

Beurteilung aus der Sicht des Verfassers:
Das Gentle Teaching zeichnet sich durch eine Lebensweltorientierung aus. Ferner sind eine bedingungslose positive Betrachtungsweise und eine konsequente non-direktive Haltung grundlegend für die Methode. Damit werden zugleich hohe Anforderungen wie Ausdauer, Geduld, Einfühlungsvermögen, Sensibilität und Frustrationstoleranz an die Person des professionellen Helfers gestellt, muss er doch gegebenenfalls Kränkungen ertragen, auf sich nehmen und durchstehen sowie sich über einen längeren Zeitraum ganz auf den behinderten Menschen einstellen. Entscheidend ist, dass dieser non-direktive Anspruch durchgehalten wird, denn jede Unterbrechung des Konzepts oder jedes inkonsequente pädagogisch-therapeutische Handeln führt zu einer intermittierenden Verstärkung des auffälligen Verhaltens. Schwierigkeiten ergeben sich dort, wo das Gentle Teaching den Rahmen der allgemeinen Alltagsarbeit sprengt, indem dem Betroffenen „Sonderrechte" eingeräumt werden (z. B. Frühstück im Bett, beliebiges Zu-Bett-Gehen), die auch von allen anderen (Mitarbeitern und Mitbewohnern einer Gruppe) akzeptiert werden müssen. Insofern ist der Ansatz der bedingungslosen Akzeptanz auf die wohlwollende Mitarbeit der Bezugswelt angewiesen, und er kann nicht einzig und allein einem Fachdienst überantwortet werden. Zudem ist das Gentle Teaching personalintensiv. Grenzen ergeben sich auch dort, wo die Strategie der bedingungslosen Toleranz unverstanden bleibt, in eine Verfestigung von Verhaltensauffälligkeiten mündet, so dass der Betroffene letztlich nicht seinen Weg aus der Isolation findet. Angesichts derlei Probleme ist das Gentle Teaching nur auf dem Hintergrund von Supervision vertretbar. Wenngleich Repräsentanten des Gentle Teaching den Ansatz als ausgesprochen fruchtbar (erfolgreich) einschätzen (Mudford 1995, 347), sollte seine Wirkung nicht überschätzt werden. Dies geht aus einer Analyse von Mudford (1995) hervor, die einige Ergebnisse in Zweifel zieht und davor warnt, das Gentle Teaching als eine

effektive Methode bei schweren Fremd- und Autoaggressionen unkritisch zu rezipieren (ebd., 351, 353; hierzu auch Mühl, Neukäter & Schulz 1996, 116f.).

• **Pädagogische Kunsttherapie**

Zielgruppe:
Kinder und Jugendliche mit Verhaltensauffälligkeiten; Menschen mit geistiger Behinderung und psychosozialen Problemen

Definition und Ziele:
Ziel pädagogischer Kunsttherapie ist das Bemühen, mit einem (behinderten) Menschen, der als verhaltensauffällig gilt, in eine partnerschaftliche Beziehung zu treten und ihn auf dem Hintergrund dieses kommunikativen Verhältnisses mittels ästhetischer Materialien und Prozesse zur Selbstverwirklichung in sozialer Bezogenheit zu befähigen. Der Begriff der „pädagogischen Kunsttherapie" stammt von H.-G. Richter (1984) und wird mit Bezeichnungen wie „therapeutisch-ästhetische Erziehung" (Theunissen) oder auch „heilpädagogische Kunsttherapie" (Menzen) synonym benutzt.

Theoretische Bezugspunkte/Überlegungen:
Konzepte der pädagogischen Kunsttherapie bauen auf einer Tradition und Entwicklung auf, die sich auf Bereiche der Kunstphilosophie, Kunstwissenschaft und Kunstpädagogik, Kunstunterricht und Fachdidaktik sowie Sonderpädagogik/Rehabilitation erstreckt. Sie sind nicht unabhängig dieser Einflüsse zu denken. Dies hat Konsequenzen für den Begriff des „Ästhetischen", der sich nicht nur auf den Aspekt des „Schönen", sondern auf die „Vollkommenheit der sinnlichen Wahrnehmung" bezieht. Damit wird ein „ganzheitliches" Phänomen beschrieben, das in doppelter Hinsicht bedeutsam ist: Nicht der Leib-Seele-Geist-Einheit des Menschen ausschließlich, sondern der Relation zwischen der Individualsphäre und der sozialen, mitmenschlichen, natürlichen und kulturellen Umwelt gilt das pädagogisch-therapeutische Interesse. Pädagogische Kunsttherapie in dem hier verstandenen Sinne ist damit systemökologisch orientiert, indem sie passende Relationen, d. h. eine schöne Subjekt-Objekt-Beziehung herzustellen versucht. Der Begriff des Schönen steht hier als Symbol des mit sich selbst identisch gewordenen Subjekts. Durch diesen Theoriebezug ergeben sich zugleich Unterschiede zu jenen Kunsttherapien, die als tiefenhermeneutische, deutungsorientierte Verfahren insbesondere im klinischen Bereich anzutreffen sind. Diese Verfahren stehen zumeist ganz im Dienste einer Psychotherapie. Pädagogische Kunsttherapie versteht sich dagegen als eine „Therapie im weiteren Sinne", indem sie sich keiner speziellen tiefenpsychologischen Behandlungsmethode verschreibt, sondern (heil-)pädagogische Aspekte priorisiert (Richter 1984; Theunissen 2003b;

Menzen 1994a). Insofern spielen basalpädagogische, entwicklungsgemäße Lernprozesse durch bildnerisches oder kreatives Gestalten zur Kompensation psychosozialer Probleme oder als Katharsis im Hinblick auf eine Befreiung von Bedrückendem eine wichtige Rolle.

Setting/Raum:
Pädagogische Kunsttherapie kann sowohl in speziellen Räumen (Malatelier; Werkraum; Matschraum; Bewegungs- oder Mehrzweckraum; Aula; Turnhalle) als auch in „natürlichen" oder alltäglichen Lebensräumen (Klassenzimmer; Gruppenraum; Spielplatz; Grünbereiche; Wald) stattfinden.

Medien/Mittel:
audiovisuelle Medien; ästhetische Materialien und Abfallprodukte wie: Sand, Wasser, Kleister, Pappmache, Ton, Knete, Wachsmalstifte, Pappe, Stöcke, Steine, Perlen, Kugeln, Knöpfe, Kartoffeln, Kordel, Fäden, Lederreste, Stoffe, Styropor, Türmatten, Schaumstoffelemente, Papierbögen, Toilettenpapier, Kork, Makulaturpapierrollen, Kreide, Luftballons, Bälle, Luftschlangen, Strohhalme, Pinsel, Deckfarben, Fingerfarben, Klebstoff, Scheren, Kreppband, Kartons, Taschenlampen, Dia-Projektor, Leinwand, Spiegel, Schminke, Gardinen, Tücher, Kostüme, Masken, Gipsbinden, Styroporkugeln, Käseschachteln, Filzstifte, Klötze, Äste, Blätter, Moos, Erde, Farbpulver, Pustefix, Wolle, Bettbezüge, Bierdeckel, Watte etc.

Sozialform:
Einzel-, Partner- und Gruppenarbeit

Vorgehensweise:
Pädagogische Kunsttherapie ist ein Oberbegriff für unterschiedlichste Arbeitsformen aus dem ästhetischen Bereich, zum Beispiel Musik-Malen, Fingermalen, dialogisches Malen, Gruppenmalen, spontanes Malen, plastisches Gestalten, therapeutisches Werken, Spielaktionen, Interaktions- und Rollenspiele, projektartige Unternehmungen wie Video- oder Theaterprojekt, Filmdrehen etc. Insofern haben wir es mit einer breiten Palette an Angeboten zu tun, die sich in ihrer Methodik/Vorgehensweise zum Teil erheblich unterscheiden. Ähnlich wie beim Ansatz des Sozialen Lernens lassen sich auch die Arbeitsformen aus dem ästhetischen Bereich als kurz- oder mittelfristige (Lern-)Einheiten wie aber auch unter langfristiger Perspektive auf dem Hintergrund einer Verknüpfung unterschiedlicher Einheiten realisieren. Auch in diesem Falle haben wir es mit einem mehrperspektivischen Phasenmodell (dazu Theunissen 2004b) zu tun: Am Anfang der pädagogisch-therapeutischen Arbeit steht eine *Orientierungsphase* zum Kennenlernen und Aufbau einer zwischenmenschlichen Beziehung, in der beziehungsstiftende und unstrukturierte Aktivitäten dominieren, zum Beispiel freies Malen

oder Spielen, aktionistische Arbeitsweisen, Spiele zum Kennenlernen, Gestaltungen zur Selbstdokumentation; dann folgt eine *Aufbauphase*, in der subjektzentrierte Arbeitsformen angeboten werden, die der pädagogisch-diagnostischen Ausgangslage entsprechend basale Lern- und Entwicklungsstörungen, Verhaltensauffälligkeiten etc. berücksichtigen, danach eine *Stabilisierungsphase*, in der die wiederentdeckten Stärken oder neu erworbenen Fähigkeiten bzw. Kompetenzen gesichert werden sollen. Jetzt überwiegen auf Interaktionsprobleme bezogene Verfahren wie zum Beispiel Rollenspiel, Gruppen-Malen, Aktivitäten mit Symbol- und Sozialcharakter sowie projektartige Maßnahmen. Damit soll in dieser Phase die ich-bezogene Arbeitsweise von tendenziell gruppen- und sachbezogenen Aktivitäten abgelöst werden. Den Schluss bildet eine *Differenzierungsphase*, die „im Dienste der Übertragung von erlernten Fähigkeiten/Einsichten auf soziale und sozio-kulturelle Problemstellungen" (Richter 1984, 136) steht. Hier dominiert die themen- und sachzentrierte Projektarbeit, die als mehrperspektivisches Lern- und Erfahrungsfeld dazu geeignet ist, auch ein gemeinsames Lernen und Tun von Menschen mit oder ohne Behinderungen zu arrangieren und zu befördern. Die Vorzüge dieses Verknüpfungsmodells liegen darin, dass eine bloße beliebige Aneinanderreihung von kunsttherapeutischen Arbeitsformen vermieden wird.

Rolle des Pädagogen:
Beobachtend, non-direktiv, facilitatorisch, dialogisch-partnerschaftlich, assistierend

Perspektiven in Bezug auf Verhaltensauffälligkeiten:
Angebote aus dem ästhetischen Bereich gelten in der Arbeit mit verhaltensauffälligen Personen als therapeutisch wirksam und effektiv.

Repräsentanten/Bezugsliteratur:
Richter (1977; 1984); Theunissen (1997b; 2003b, 2004b); Menzen (1994a; 2001; 2004); Domma (1993); Bröcher (1999); Lichtenberg (1997)

Querverbindungen:
Psychomotorik; Soziales Lernen; heilpädagogische Rhythmik; Basale Stimulation; Sensorische Integration

Beurteilung aus der Sicht des Verfassers:
Einschlägigen Arbeiten ist zu entnehmen, dass durch Angebote einer pädagogischen Kunsttherapie Verhaltensauffälligkeiten bei Menschen mit geistiger Behinderung abgebaut und (insbesondere) ein positives Selbstbild und Vertrauen in eigene Stärken (wieder-)aufgebaut werden können. Vorzüge des Konzeptes liegen vor allem in der Subjektzentrierung, Alltagsorientierung und Offenheit der ästhetischen Sache. Diese Momente kommen vor allem den Lernbedürfnissen, der

psychosozialen Problemlage sowie den Stärken und Voraussetzungen betroffener Menschen sehr entgegen. Nicht zu übersehen sind Überlappungen oder enge Zusammenhänge zwischen „allgemeinen" Arbeitsformen aus dem ästhetischen Bereich sowie der Basalen Stimulation, Psychomotorik und Sensorischen Integration. Auch das Snoezelen kann Bestandteil einer pädagogischen Kunsttherapie bzw. therapeutisch-ästhetischen Erziehung sein, die als „basales Prinzip" etwas „ganz Elementares und Allgemeines" will, nämlich „den Menschen von klein auf die Gestaltbarkeit der Welt erfahren zu lassen, ihn anzuhalten, mit der Mächtigkeit der ästhetischen Wirkungen zu experimentieren und die unendlichen Variationen nicht nur der Ausdrucksmöglichkeiten, sondern gerade auch der Aufnahme- und der Genussmöglichkeiten zu erkennen" (v. Hentig 1970, 93). Wertvoll sind damit basal-pädagogische Prozesse, basale ästhetische Erfahrungen und ästhetisches Erleben an sich wie auch die Zweckfreiheit ästhetischer Aktivitäten, denen im Hinblick auf psychosoziale Probleme kompensatorische, identitätsstiftende und ich-stabilisierende Qualitäten zugeschrieben werden.

Kritisch muss jedoch vermerkt werden, dass die positiven Ergebnisse, über die sehr gerne im Kontext von Kunst- wie auch Musik-, Tanz oder anderen kreativen Therapien berichtet wird, weithin auf Alltagsbeobachtungen beruhen und in der Regel nicht wissenschaftlich nachgewiesen worden sind (dazu Grawe u. a. 1994). Das gilt gleichermaßen für die Basale Kommunikation, die Basale Stimulation, das Snoezelen sowie die körperorientierten Ansätze. Kontrollierte Einzelfallstudien sind daher dringend erforderlich, um den Verdacht der Scharlatanerie zu vermeiden, der nicht wenigen Angeboten aus dem derzeitigen Therapie-Supermarkt anhaftet (auch Menzen 2001, 135ff.).

• **Validation**

Zielgruppe:
Verwirrte, desorientierte ältere Personen; Menschen mit einer Demenz

Definitionen und Ziele:
Die Validation ist eine non-direktive, empathisch-verstehende Methode, die dazu beitragen soll, dass desorientierte alte Menschen ein würdevolles Leben verwirklichen können. Insbesondere bietet die Validation Unterstützung in der Bewältigung der individuellen Vergangenheit und der aktuellen Gefühle betroffener Menschen. Dabei geht es nicht um eine Verhaltensänderung dementer Personen, sondern um die Vermittlung von Gefühlen, angenommen, wertgeschätzt und verstanden zu werden. Wichtige „Validationsziele sind:
• Wiederherstellen des Selbstwertgefühls
• Reduktion von Stress
• Rechtfertigung des gelebten Lebens

- Lösung der unausgetragenen Konflikte aus der Vergangenheit
- Reduktion chemischer und physikalischer Zwangsmittel
- Verbesserung der verbalen und nonverbalen Kommunikation
- Verhindern eines Rückzugs in das Vegetieren
- Verbesserung des Gehvermögens und des körperlichen Wohlbefindens" (Feil 1992, 11).

Theoretische Bezugspunkte/Überlegungen:
Die Methode der Validation wurde von Feil (1992) quasi kontrapunktisch zu „realitätsorientierten Interventionen" entwickelt. Sie ist aus langjähriger Arbeit mit desorientierten älteren Menschen hervorgegangen. Ausgehend von Beobachtungen und Erfahrungen, dass eine an der konkreten Situation (Realität) orientierte Betreuung dementer oder verwirrter alter Menschen häufig Frustrationen, Ablehnung und zusätzliche Verhaltensauffälligkeiten hervorruft, ist die Autorin von der Unzulänglichkeit und Unzweckmäßigkeit eines solchen Umgangs überzeugt. Die Autorin nimmt an, dass eine bloße Realitätsorientierung viele der betroffenen Menschen auf Grund ihrer kognitiven und sprachlichen Beeinträchtigungen überfordern würde. Zudem würden sich Betroffene eher durch Poesie, Klänge, Körperbewegungen oder freie Assoziationen als durch eine realitätsorientierte Logik auszudrücken versuchen (ebd., 29). Ferner hat Feil beobachtet, dass sich desorientierte alte Menschen mit ihren Erlebens-, Verhaltens- und Ausdrucksweisen immer wieder auf ihre Vergangenheit beziehen. Das liege nicht an den kognitiven Beeinträchtigungen, sondern vielmehr gebe es emotionale Gründe für dieses Verhalten, die mit ungelösten Fragen oder unbewältigten Lebensaufgaben, Erlebnissen oder Konflikten zusammenhängen. Bezugspunkt dieser Annahme ist die Theorie der Entwicklungsstadien und Lebensaufgaben nach Erikson (1966). Sie geht davon aus, dass in jedem Lebensabschnitt bestimmte Entwicklungsaufgaben bestehen, die von jedem Menschen gelöst werden müssen. „Ob wir sie nun in einem bestimmten Alter erfüllen oder nicht, hängt davon ab, wie gut wir die frühere Aufgabe in einem früheren Lebensabschnitt gelöst haben. Von der Geburt bis zum Lebensende mühen wir uns ab, unsere Aufgaben zu erfüllen" (Feil 1992, 13). Damit besteht nach Feil eine wesentliche Entwicklungsaufgabe im hohen Alter darin, solche unbewältigten Ereignisse oder Erlebnisse der Vergangenheit zu verarbeiten. Insofern lassen sich Ausdrucksformen, Erlebens- oder Verhaltensweisen dementer oder desorientierter alter Menschen als Versuche einer Vergangenheitsbewältigung auffassen. Genau an dieser Stelle setzt nun die Methode der Validation an, der es um die Aufarbeitung unbewältigter Vergangenheitserfahrungen zu tun ist. Dabei kann es jedoch „niemals ein vollständiges Verarbeiten geben" (21), da es für eine Einsicht, zu einem klaren Erkennen der ungelösten Vergangenheitskonflikte, zu spät sei. Wohl aber können die Gefühle bzw. der betreffende Mensch in seinem Verarbeitungsprozess bestä-

tigt werden, so dass er sich psychisch darauf vorbereiten kann, „in einem ‚aufge-räumten Haus' zu sterben" (21).

Setting/Raum:
Ort der Validation ist die primäre Lebenswelt.

Medien/Mittel:
Es werden keine speziellen Materialien oder Medien benötigt.

Sozialform:
Alltagsarbeit, Einzel- und Gruppenarbeit

Vorgehensweise:
Im Rahmen der Validation lassen sich zwei Vorgehensweisen unterscheiden: Zum einen kann die Validation als eine auf Empathie, Wertschätzung, Achtung und Wärme aufbauende *psychotherapeutisch-tiefenpsychologisch geprägte Technik* aufgefasst werden, die die Bearbeitung ungelöster Probleme zum Ziel hat. Im Mittelpunkt dieses Ansatzes steht eine Symboldeutung, nach der die Gefühle des Angenommen- und Verstandenwerdens vermittelt werden sollen. Feil nennt hier-zu einen Katalog mit typischen persönlichen Symbolen dementer oder desorien-tierter alter Menschen und mit den möglichen Bedeutungen (z. B. eine Hand – ein Baby; ein Tuch – wichtige Papiere, Backteig; Kinder – Kleider; Stange des Rollstuhls – eine Straße; Flüssigkeit – männliche Kraft; ein mächtiger Sessel – Penis, Mann, Ehemann, Sex; Griff – Penis; tiefe Stimme – männliche Person; Messer, Gabel – Wut; Löffel oder gebogener Gegenstand – Frau, weibliches Ge-schlecht; Socken, Schuh – Kind, ein Kind anziehen, Sexualorgan; ein anzuzie-hendes Kleidungsstück – Geschlechtsakt, Freiheit, Herausforderung; die Pflege-abteilung – Nachbarschaft; [ebd., 51f.]).

Zum anderen kann die Validation auch als eine *deutungsfreie Kommunikations-und Interaktionsmethode* verstanden werden, die grundsätzlich die Sichtweise der Betroffenen als valide (gültig) betrachtet und dabei auf jegliche Form einer Über-prüfung des Verhaltens oder der Lebensäußerungen nach Maßstäben der Norma-lität oder Realität verzichtet. Die Äußerungen einer verwirrten alten Person wer-den somit nicht etwa als sinnlos abgetan oder auch korrigiert, stattdessen ver-sucht der validierende Helfer nachzuerleben und nachzuempfinden, welche Vergangenheitskonflikte, Bedürfnisse und Gefühle sie ausdrücken bzw. mitteilen möchte. Auch in dem Falle gelten die Grundprinzipien des Einfühlungsvermö-gens, der Wertschätzung des Anderen sowie der uneingeschränkten Anerkennung seiner Lebensäußerungen oder Gefühle. Dabei wird jedoch kein psychotherapeu-tischer Ansatz mit dem Ziel erhoben, ungelöste Vergangenheitsprobleme symbo-lisch bearbeiten zu wollen. Stattdessen versucht der validierende Helfer durch bestimmte Formen der verbalen Begegnung (z. B. Verbalisierung der Erlebnisinhalte oder Ausdrucksformen, Wiederholung von individuell bedeutsamen „Schlüsselworten") dem Betroffenen zu zeigen, dass seine Äußerungen und Gefühle ernst genommen, angenommen und verstanden werden. Je nach Schweregrad der Demenz genügt es nicht, nur auf verbaler Ebene zu validieren. Ebenso hilfreich können auch non-verbale Techniken des „Berührens" sein (ebd., 77ff.). Durch eine besondere Art der körperlichen Berührung (z. B. bestimmte ruhige auf- und abstreichende Berührungen am Rücken, an der Schulter) wie aber auch durch eine Widerspiegelung von Verhaltensweisen (ebd., 79) sollen Gefühlsinhalte aus dem Altgedächtnis stimuliert werden, die üblicherweise mit solchen Berührungen verbunden sind, so z. B. das Gefühl des „Getröstetwerdens" bei einem behutsamen, leichten und regelmäßigen Streichen über den Rücken.

Am besten ist es, wenn die Validation auf der Basis einer Bezugsassistenz im Rahmen der *Alltagsarbeit* oder als *Einzelhilfe* durchgeführt wird. Hierzu sollen nach Feil (62ff.) drei Schritte beachtet werden. Der erste Schritt bezieht sich auf das Sammeln von Informationen, z. B. durch einen mündlichen Bericht, durch Beobachtungen der körperlichen Charakteristika sowie auch durch das Befragen von Angehörigen. Hinzu kommt die Aufbereitung der Lebensgeschichte mit „'Damals- und Dort'-Fragen" (64) sowie mit „'Hier- und Jetzt'-Fragen" (63). Durch das Sammeln von Informationen soll insbesondere das Stadium der Desorientierung in Erfahrung gebracht werden. Dieses gilt es im zweiten Schritt zu bestimmen; und der dritte Schritt bezieht sich dann auf einen darauf abgestimmten „Arbeitsplan" für „individuelle Validation" (68), bei dem die betreffende Person regelmäßig in ihrem Lebensalltag besucht, begleitet und validiert werden soll. Neben der „individuellen Validation" kann die Methode aber auch als ein *gruppenbezogenes Angebot* aufbereitet werden. Bei einer Gruppen-Validation sollte allerdings auf eine sorgfältige Auswahl der Teilnehmer geachtet werden. So sei eine Einbindung von desorientierten Personen, die „rastlos" seien oder sich ständig laut artikulieren würden, ausgesprochen schwierig (89). Ein Prinzip für Validationsgruppen ist es, jedem Teilnehmer eine ihm vertraute soziale Rolle zuzuweisen, die für ihn einmal möglicherweise lebensbedeutsam war. Solche Rollen haben eine gruppenstrukturierende Funktion und vermitteln zugleich das Gefühl, „in der Gruppe nützlich zu sein und gebraucht zu werden" (90). Zudem stiften sie Sicherheit und tragen zur Wiederherstellung der Würde und eines positiven Selbstwertgefühls bei.

Rolle des Pädagogen:
Einfühlsam, verstehend, dialogisch, wertschätzend, non-direktiv interagierend

Perspektiven in Bezug auf Verhaltensauffälligkeiten:
Erklärtes Ziel der Validation ist nicht der direkte Abbau von Verhaltensauffälligkeiten, sondern die Methode kann in präventiver und therapeutischer Hin-

sicht zu einem psychischen Wohlbefinden desorientierter oder dementer alter Menschen beitragen.

Repräsentanten/Bezugsliteratur
Feil (1992); Scharb (1996); Heck (1998)

Querverbindungen:
Klientenzentrierte Gesprächspsychotherapie; Basale Kommunikation; Logotherapie

Beurteilung aus der Sicht des Verfassers:
Die Validation stellt eine wichtige Methode in der Arbeit mit dementen und desorientierten alten Menschen dar (Buijssen 1997, 178ff.). Forschungsergebnisse lassen den Schluss zu, dass dieses non-direktive, empathisch-verstehende Verfahren in zweifacher Hinsicht bedeutsam ist: Zum einen werden günstige emotionale Wirkungen nachgewiesen, etwa eine ausgeglichene Stimmungslage, psychisches Wohlbefinden und vermehrte positive Interaktionen. Zum anderen lassen sich auch bei Mitarbeitern positive Tendenzen beobachten, so z. B. ein verbessertes Verständnis den Betroffenen gegenüber sowie ein größeres Maß an Vertrauen zwischen Mitarbeitern und den betreffenden Personen (Feil 1992, 40ff.). Kritisch muss allerdings die Symboldeutung gesehen werden. Sie darf auf keinen Umständen zu dem Trugschluss verleiten, dass es ein festgelegtes Symbolverständnis gäbe, nach dem sich die therapeutische Arbeit richten könnte. Wenngleich Feil von „möglichen Bedeutungen" (51) typischer, persönlicher Symbole desorientierter Menschen spricht, verleitet ihr Symbolkatalog allzu leicht zu einer Blickverengung, die den betreffenden Menschen verfehlen kann. Um dies zu vermeiden, sollte mit Symboldeutungen, die sowieso nur lebensgeschichtlich entschlüsselt werden können, so behutsam wie möglich umgegangen werden. Zudem zählen eine Symboldeutung im Kontext einer tiefenpsychologisch fokussierten Arbeitsweise sowie einer entsprechenden psychotherapeutischen Konfliktbearbeitung nicht zu einem originären Bestandteil einer Alltagsarbeit oder pädagogisch-therapeutischen Einzelarbeit (dazu auch Theunissen 2003b). Insofern sollten sich pädagogische bzw. helfende Berufe auf die Validation als ein deutungsfreies Kommunikations- und Interaktionsangebot konzentrieren. Auch hierzu sind selbstverständlich spezifische Kenntnisse des Verfahrens notwendig, die am besten im Rahmen einer speziellen Fort- oder Ausbildung in der Validationstechnik angeeignet werden können (Scharb 1996, 478).
Trotz unseres Einwandes betrachten wir insgesamt gesehen die Validation als ein interessantes, ja faszinierendes Verfahren, von dem wir annehmen, dass es auch in der Arbeit mit geistig behinderten Menschen fruchtbar sein kann. Wenngleich bislang noch keine einschlägigen (empirisch verifizierten) Erfahrungen vorliegen, drängt sich nach unseren Beobachtungen auf gerontopsychiatrischen Stationen,

die nach der Methode der Validation arbeiten (z. B. das LKH Rankweil/Österreich), der Eindruck auf, dass sowohl ältere Menschen mit geistiger Behinderung und Demenz als auch ältere geistig schwerst- und mehrfach behinderte Personen von dieser Methode profitieren können. Zentrale Momente der Validation sind nämlich die Wertschätzung des Anderen, der Respekt vor seinen Äußerungen und Verhaltensweisen, das Ernstnehmen der Betroffenen-Perspektive, die positive Konnotation von Verhaltensauffälligkeiten wie auch der Blick für Stärken sowie die Unterstützung von vorhandenen Fähigkeiten und Fertigkeiten. Genau diesen Aspekten hat sich auch die moderne Behindertenarbeit, insbesondere das von uns favorisierte Empowerment-Konzept, verschrieben. Von Ingersoll-Dayton et al. (2003) stammt der Versuch, die Stärken-Perspektive im Sinne von Empowerment für die Arbeit mit dementen Personen fruchtbar zu machen. Diese Anregungen lassen den Schluss zu, dass die Validation im Hinblick auf Empowerment als anschlussfähig betrachtet sowie als ein methodisches Instrument des Empowerment-Ansatzes in der Arbeit mit älter werdenden und alten Menschen genutzt werden kann, die als dement oder als geistig schwerst- und mehrfach behindert eingeschätzt werden. Wünschenswert ist dabei eine Anwendung des Verfahrens im Rahmen der Alltagsarbeit.

In jüngster Zeit ist die Validation von Heck (1998) noch weiterentwickelt worden. Während Feil davon ausgeht, dass die von dementen alten Menschen benutzten Körperbewegungen, die der Wiederbelebung von Vergangenheit dienen, Symptome von Desorientierung sind, betrachtet Heck diese Bewegungen als „eine durchaus praktische Strategie zum Herstellen eines *ressourcenreichen Zustandes*" (1998, 2). Daher ist es ihm weniger um die Deutung dieser Bewegungen als vielmehr um ihre gezielte Unterstützung zu tun, um verwirrten alten Menschen zu helfen, „einen Moment von Freude, von Glück zu erleben und eine Zeitlang zu halten" (ebd., 2). Ferner verzichtet Heck auf die von Feil vorgenommene Einteilung der Desorientierung in vier Stadien, um ein „Schubladen-Denken" zu vermeiden. Zugleich hält er eine entsprechende diagnostische Beurteilung aus systemischer Sicht für entbehrlich. Im Sinne der von uns genannten deutungsfreien Kommunikations- und Interaktionsmethode will auch Heck mit seinem alltagsbezogenen Ansatz „nicht in den Menschen hineinschauen, Schwerpunkt ist die Kommunikation, das System in dem diese Kommunikation stattfindet, beziehungsweise ein Teil davon" (ebd., 3).

• **Unterstützte Kommunikation**

Zielgruppe:
Körper-, geistig- und mehrfach behinderte Kinder, Jugendliche und Erwachsene, die Probleme haben, sich sprachlich zu verständigen, die nicht sprechen oder

kaum verständlich kommunizieren können; behinderte Menschen mit schweren Kommunikationsstörungen

Definition und Ziele:
Der Begriff der Unterstützten Kommunikation ist eine Sammelbezeichnung für unterschiedliche Methoden, Ansätze oder Konzepte, deren gemeinsames Ziel darin besteht, die individuellen Ausdrucks- und Verständigungsmöglichkeiten bei behinderten Menschen mit Kommunikationsproblemen (insbesondere fehlender Lautsprache) zu verbessern, zu erweitern, zu ersetzen (alternative) oder auch zu ergänzen (augmentative). Im angloamerikanischen Sprachraum stoßen wir diesbezüglich auf die Bezeichnung *Augmentative and Alternative Communication* (AAC); diese wird mit dem Begriff der Unterstützten Kommunikation weithin synonym verwendet (Lage 1995, 152) und bezieht sich auf Konzepte, die körpereigene Kommunikationsformen, nicht-elektronische Kommunikationshilfen oder EDV-gestützte (elektronische) Kommunikationshilfen didaktisch-methodisch nutzen, um Menschen, die in ihrer Fähigkeit, sich verbal oder non-verbal zu verständigen, eingeschränkt oder gestört sind, zu einer Kommunikation über Gebärden bzw. visumotorische Zeichen (dynamische Symbole), Sprachzeichen oder Bildsymbole (statische Symbole) zu befähigen.
Mitunter wird der Begriff der Unterstützten Kommunikation mit der Bezeichnung *Gestützte Kommunikation* verwechselt bzw. gleichgesetzt. Bei der Gestützten Kommunikation handelt es jedoch nur um eine spezielle Kommunikationshilfe, die bis vor kurzem heftig umstritten war (Biermann 1999).

Theoretische Bezugspunkte/Überlegungen:
Dass menschliche Kommunikation in vielerlei Hinsicht eine herausragende Bedeutung hat, ist unstrittig (hierzu Watzlawick u. a. 1990). Menschliche Kommunikation vollzieht sich auf verbaler und nichtverbaler Ebene, sie hat Mitteilungscharakter, dient dem Informationsaustausch, der Wissensvermittlung sowie der Herstellung und Gestaltung von Beziehungen (Interaktionen); zugleich repräsentiert sie aber auch Identität, dokumentiert einen Ausdruck des „inneren Zustandes" einer Person, drückt ihre Gefühle, Haltungen sowie die Art und Weise des „In-der-Welt-Seins" aus.
Aktuelle Untersuchungen lassen den Schluss zu, dass viele Menschen (ca. 30%), die als geistig behindert bezeichnet werden, zum Teil erhebliche Schwierigkeiten haben, sich sprachlich zu verständigen (Theunissen & Ziemen 2000; Theunissen & Schirbort 2003, 42). Unstrittig ist, „dass geistige Behinderung meist mit einer Beeinträchtigung kommunikativer Fähigkeiten einhergeht" (Adam 1996, 3), was letztlich bedeutet, dass viele Betroffene in ihren Möglichkeiten eingeschränkt sind, sich zu unterhalten, an Gesprächen zu beteiligen, Wünsche, Bedürfnisse oder Interessen mitzuteilen sowie ihren Gefühlen oder ihrer Befindlichkeit ange-

messen (verständlich) Ausdruck zu verleihen. „Menschen, die nicht sprechen können, erleben sich, vor allem wenn sie weitere schwere Behinderungen haben, als Personen, die nur geringen Einfluss auf ihre Umgebung ausüben können... Vielfach bleiben sie trotz aller Umsicht letztlich das weitgehend fremdbestimmte Objekt pflegerischer, therapeutischer und pädagogischer Bemühungen. Oft werden kaum Anforderungen an sie gerichtet und das bedeutet auch, ihnen wird nichts zugetraut. Folge ist ein geringes Selbstwertgefühl, eine schlechte Meinung von sich selbst. Das wird noch bekräftigt, wenn auf die wenigen aktiven Äußerungen wie z. B. schreien, wütend werden und sich verweigern Ablehnung folgt" (Graf-Frank & Denecke 2001, 163). Zudem kommt es häufig zu einer sozialen Isolation – und dies nicht zuletzt aufgrund der Schwierigkeit, die Betreffenden zu verstehen, ihre Bedürfnisse, Stimmungen, Befindlichkeiten oder auch Wirklichkeitskonstruktionen adäquat zu entziffern und subjekthaft zu erschließen. Nicht selten werden individuelle Wünsche, Bedürfnisse oder Befindlichkeiten verkannt, wodurch Dialoge, Kommunikationen oder Interaktionen entgleisen können. Solche Verständigungsschwierigkeiten können ein fruchtbarer Boden für Verhaltensauffälligkeiten sein (Adam 1996, 139; Sarimski 2001, 109). Auf jeden Fall befördern sie emotionale Belastungen, Frustrationen, Hilflosigkeit und Stress, den es zu bewältigen gilt. Bevorzugte Bewältigungsstrategien sind assertive (z. B. fremdaggressive), evasive (ausweichende) und defensive Techniken auf ‚einfachem‘ Niveau (auch *Anmerkung* 9). Allein aus diesem Grunde ergibt sich die Notwendigkeit einer gezielten Kommunikationsförderung zur Verbesserung der Handlungskompetenz (Coping) in Alltagssituationen. Oder anders gesagt: Es sind „gerade die Alltagssituationen, auf die die Förderung in Unterstützter Kommunikation abzielt" (Boenisch & Bünk 2001b, 10; dazu auch Bober 2002). Möglichkeiten und Methoden der Unterstützten Kommunikation lassen sich in drei zentrale Bereiche einteilen:

1. Körpereigene Kommunikationsformen

Körpereigene Kommunikationsformen sind z. B. Vokalisation, Lautsprache, Mimik, Gestik, Blickbewegungen, individuelle Körpersprache, Zeichen und Gebärden, Fingeralphabet. Sie gelten als „dynamische Symbole", die nur vorübergehend existieren und von Betroffenen selbst produziert bzw. angewandt werden. Dazu bedarf es spezifischer Voraussetzungen (z. B. körperliche Fähigkeiten; Objektkonstanz; Blickkontakt; Nachahmungsfähigkeit; Symbolverständnis; Symbolhandlungen), was letztlich bedeutet, dass eine *Gebärdensprache* (hierzu *Anmerkung* 20) oder ein *spezielles Handzeichensystem* (Bernhard-Opitz, Blesch & Holz 1992) nicht in jedem Fall bei Menschen mit geistiger oder mehrfacher Behinderung als Kommunikationshilfe geeignet ist. Körpereigene Kommunikationsformen können einerseits als eine individuelle Mitteilungs- und Verständigungsstrategie die Lautsprache ersetzen und dementsprechend unterstützt werden. Andererseits können Handzeichen die Lautsprache begleiten, um sich zum Beispiel verständlicher mitzuteilen. Dieser Aspekt ist speziell im Bereich der Frühförderung aufgegriffen und als Methode der *Gebärden-unterstützten Kommunikation* (Wilken 2002b) aufbereitet worden.

2. Externe, nichtelektronische Kommunikationshilfen

Hierunter werden Kommunikationsmöglichkeiten über Bilder, Fotos, graphische Symbole, Strichzeichnungen und Piktogramme gefasst. Es handelt sich dabei um „statische Symbole", die nicht vom Benutzer über Gebärden bzw. eine Körpersprache hergestellt werden, sondern „lediglich wiedererkannt und ausgewählt werden" müssen (Kristen 1994, 60). Ebenso wie die Gebärdensprache bzw. Handzeichensysteme gelten auch sie als eine mögliche Alternative zur verbalen Kommunikation (Lautsprache). Während eine Kommunikation mit Realobjekten oder Fotos für eine sehr große Anzahl an Menschen mit geistiger Behinderung leicht zugänglich ist, setzen Piktogramme oder auch graphische Symbole ein „elaborierteres" Symbolverständnis voraus.

Zum einen besteht die Möglichkeit, durch ein *selbsterarbeitetes Bildkartensystem* (persönliche Sammlung [Kommunikationsbücher] mit individuell bedeutsamen Fotos, Begriffsabbildungen...) Kommunikation zu fördern (hierzu Theunissen 2000, 239), zum anderen können *„vermarktete" Bild- und Symboltafeln* genutzt werden. Diesbezüglich gibt es inzwischen weit über 40 verschiedene Symbolsammlungen, so z. B. die sog. *Löb-Sammlung (Anmerkung 21)*, die weithin aus der Arbeit mit geistig schwer behinderten Schülerinnen und Schülern hervorgegangen ist (Löb 1983; 1985). Einen Bekanntheitsgrad haben darüber hinaus hierzulande insbesondere die *Touch'n-Talk-Sammlung (Anmerkung 22)* sowie die *Aladins Bildersammlung* (hierzu *Anmerkung 23*) und das sog. *BLISS-System (Anmerkung 24)*, das allerdings zum Teil hohe Wahrnehmungs- und Abstraktionsleistungen abverlangt, die in der Arbeit mit geistig behinderten Menschen nicht in jedem Fall erwartet werden können. Insofern ist das BLISS-System für viele der Betroffenen schwerer zugänglich als die anderen Bildsysteme. Wenngleich Bildsysteme stets mitgeführt werden müssen, was im Einzelfall hinderlich oder aufwendig sein kann, besteht ein Vorteil gegenüber der Gebärdensprache bzw. den Handzeichensystemen darin, dass Bezugspersonen nicht ein spezielles methodisches Know-how (Beherrschen bestimmter Gebärden) benötigen. Dadurch sind Betroffene von der Sach- und Handlungskompetenz ihrer Bezugspersonen (Umwelt) weniger abhängig.

3. Elektronische Kommunikationshilfen

Hierunter werden Computer mit digitalisierter (natürlicher) Sprachausgabe bzw. speziellen Kommunikationsgeräten wie z. B. der *Touch Talker (Anmerkung 25)* und Symbol-Kommunikations-Programmen gefasst, die der Mitteilung und Verständigung dienen sollen. Mittlerweile ist das Angebot an elektronischen Kommunikationsmitteln, z. B. an transportablen Kommunikationsgeräten, speziellen Tastaturen, Joystickvarianten und Bedienungssystemen sowie speziellen Textverarbeitungs- und Kommunikationsprogrammen (mit und ohne Sprachausgabe) für PC und Notebooks nahezu unüberschaubar geworden. Das erleichtert keineswegs die Auswahl geeigneter Kommunikationshilfen, sondern verlangt genaue Sachkenntnisse und einen gewissen Überblick in Bezug auf die Angebotspalette. Wichtig sind zudem Kenntnisse über die Motivationsstruktur, das Lern-, Entwicklungs- und Handlungsniveau des Betroffenen, denn nicht jede elektronische Kommunikationshilfe ist für Menschen mit geistiger Behinderung geeignet. Allerdings gibt es bereits einfache elektronische Kommunikationshilfen, die nur eine Aussage bzw. sehr wenige Aussagen speichern, was für die Arbeit mit geistig schwerst und mehrfach behinderten Menschen hilfreich sein kann. „Der Vorteil dieser Geräte liegt darin, dass sie nur eine Aktivierung benötigen, damit etwas passiert… Viele Kinder mit schwer(st)en Mehrfachbehinderungen müssen dann nicht erst die richtige Taste suchen, finden und aktivieren. Jede ihrer Aktivitäten ist ein Erfolg – und das macht natürlich viel mehr Spaß!" (Lage 1995, 157).

Setting/Raum:
Zur Anbahnung von Kommunikation wird häufig ein „therapeutisches Setting" genutzt (Bernhard-Opitz, Blesch & Holz 1992, 31), ansonsten gilt die reale Lebenswelt als (Lern-)Ort der Kommunikation und begleitenden Hilfe.

Medien/Mittel:
Den methodischen Möglichkeiten entsprechend können körpereigene Mittel, externe nicht-elektronische und elektronische Materialien und Medien eingesetzt werden.

Sozialform:
In der Regel Einzelarbeit

Vorgehensweise:
Da es sich bei der Unterstützten Kommunikation nicht um ein eng gestricktes Verfahren, sondern um einen Ansatz handelt, dem unterschiedliche Methoden und Systeme zugrunde liegen (Biermann 2003), bietet sich es sich an, allgemeine Grundzüge und übereinstimmende Momente des Vorgehens zu skizzieren. Diesbezüglich sei zunächst erwähnt, dass im Rahmen der Unterstützten Kommunikation die Tendenz deutlich zugenommen hat (Graf-Frank & Denecke 2001), die Praxis nach einigen der von uns favorisierten Leitprinzipien (Subjektzentrierung, Entwicklungs-, Situations- und Lebensweltorientierung) zu gestalten sowie Formen kooperativen Handelns wertzuschätzen. Zudem zeichnet sich eine Abkehr von einer eher defizitorientierten Praxis ab, indem Bedürfnisse, Wünsche, Zukunftsperspektiven und Partizipationsmöglichkeiten Betroffener stärker beachtet

werden. Nach Antener (2001) handelt es sich hierbei um den Wechsel vom sog. Kandidatenmodell zum sog. Partizipationsmodell.

1. Zur Diagnostik

Ausgangspunkt der Unterstützten Kommunikation sind diagnostische Überlegungen. Hier geht es zunächst einmal um die Beobachtung und Erfassung des kommunikativen Verhaltens und der alltäglichen Partizipationsmuster der betroffenen Person (dazu Bradley 2001, 57ff.). Entscheidend ist dabei eine „ganzheitliche" Aufbereitung des kommunikativen Verhaltens unter besonderer Berücksichtigung situativer, zwischenmenschlicher und interaktionaler Aspekte. „Leitendes Prinzip sollte es sein, einen positiven dialogischen Austausch zu gestalten, der von beiden Interaktionspartnern emotional positiv erlebt werden kann" (Kloe, Schönbach & Weid-Goldschmidt 2001, 234). Ebenso wichtig wie die Erfassung individueller Kommunikationsprobleme in Alltagssituationen sind das Aufspüren kommunikativer Stärken, Bedürfnisse und persönlicher Interessen sowie die Einschätzung des aktuellen Lern- und Handlungsniveaus im Hinblick auf potenzielle Fähigkeiten und die nächst höhere Entwicklung (Kane 2002). Zudem sollte die Lebensgeschichte beachtet werden (Rehistorisierung), um das aktuelle Verhalten zu verstehen. Zum Beispiel können kommunikative Verstehenskrisen oder entgleiste Dialoge in der frühen Kindheit Frustrationen und spätere mangelnde Kommunikation, sprachliche Isolierungstendenzen u. a. m. befördert haben. Des Weiteren bedarf es der Identifizierung von Kommunikations- oder Partizipationsbarrieren in alltäglichen lebensweltlichen Zusammenhängen (Antener 2001, 261ff.), so zum Beispiel auch der Kommunikations- und Interaktionsmuster und Einstellungen relevanter Bezugspersonen (Eltern, Lehrer, Gruppenmitarbeiter).

2. Zur Zielbestimmung

Der diagnostischen Phase folgt die Bestimmung konkreter Lernziele zur Erweiterung individueller Kommunikationsmöglichkeiten in Alltagssituationen. Wurden früher Lernziele als Behandlungsziele dem Betroffenen weithin aufoktroyiert (Modell der traditionellen heilpädagogischen Übungsbehandlung), so stehen heute Bemühungen hoch im Kurs, Ziele gemeinsam auf einer kollaborativen Basis zu erschließen, wobei die Bedürfnisse, Interessen und Lebenszukunft des Betroffenen die zentrale Richtschnur bilden. An dieser Stelle haben die sog. Zukunftskonferenzen oder Unterstützerkreise (Circles of Support; Circles of Friends) im Kontext der Unterstützten Kommunikation an Bedeutung gewonnen (Hömberg 2001), und es werden Chancen genutzt, die herkömmliche Förderplanung durch eine persönliche Lebens- oder Zukunftsplanung (siehe hierzu Buchkapitel 5.2.8) zu ersetzen. Um zu einer realistischen Zielplanung und -umsetzung zu gelangen, werden somit der Betroffene und das relevante Umfeld (Bezugspersonen) von vornherein mit einbezogen. Denn was nutzt es, wenn ein betroffener behinderter Mensch in einer heilpädagogischen Förderstunde eine spezielle Kommunikationsform erlernt, die er in seiner Lebenswelt aber nicht anwenden kann, weil seine Umkreispersonen die Technik nicht kennen oder aus unterschiedlichen Gründen (Überlastung, Desinteresse) nicht mitspielen.

3. Zur Auswahl der Methoden und Hilfsmittel

Eng verschränkt mit der Diagnostik und Zielsetzung ist die geeignete Auswahl der Kommunikationshilfe (Biermann 2003). Unter Beachtung der individuellen Voraussetzungen, Motivationsstruktur, Fähigkeiten und Lernmöglichkeiten sowie der Kooperations- und Unterstützungsbereitschaft relevanter Bezugspersonen gilt es die Vor- und Nachteile der unterschiedlichen Kommunikationshilfen zu reflektieren, um zu einer optimalen Auswahl zu gelangen. So ist z. B. das Erlernen von einfachen Hand-, Finger- oder Kopfbewegungen zur Bekundung von individuellen Entscheidungen (Ja/Nein-Gesten) mit weniger kognitiven Anforderungen verbunden als die Aneignung eines Handzeichensystems (Bernhard-Opitz, Blesch & Holz 1992). Bild- oder Zeichensysteme setzen neben einem Objekt-, Symbol- und Zeichenverständnis visuelle Diskriminationsleistungen voraus (Adam 1996). Elektronische Kommunikationshilfen tragen zu einer aktiven Gesprächsgestaltung und größeren Unabhängigkeit nichtsprechender Personen von ihren Kommunikationspartnern bei; andererseits ist ihre Anwendung häufig aufwendig, und die meisten Kommunikationsprogramme setzen Lese- und Schreibfähigkeiten sowie eine relativ hohe Abstraktionsfähigkeit des Anwenders voraus, was ihre Einsatzmöglichkeiten in der Arbeit mit geistig behinderten Menschen erschwert und begrenzt. Außerdem kann die Arbeit mit elektronischen Kommunikationshilfen nur dann zum Erfolg gereichen, wenn die Geräte und Programme vom Betroffenen und seinen Bezugspersonen akzeptiert werden. Günstig für das Vertrautwerden mit neuen Mitteln und Medien zur Kommunikationsförderung sind Situationen, in denen zunächst motivationsfördernde Spiel- und Erlebnisräume geschaffen sowie attraktive, kommunikations- und interaktionsorientierte (Spiel-)Angebote fokussiert werden. Solche Ausgangssituationen scheinen sich insbesondere in der Arbeit mit schwerst und mehrfach behinderten Menschen zu bewähren (Fessel, Grosser & Hentzelt 2001; Andres & Gülden 2001), die zudem von basalen Kommunikations- und Interaktionsformen (Basale Kommunikation; Basale Stimulation) bzw. einer basalen, kommunikationsorientierten Aktivierung (z. B. auch basale ästhetische Praxis) besonders profitieren (Braun & Kristen 1997; Theunissen & Stichling 2004). Diese Angebote haben für eine weiterführende, gezielte Unterstützte Kommunikation propädeutischen und grundlegenden Charakter. Des Weiteren besteht die Möglichkeit, auch ein multimodales Kommunikationssystem zu erarbeiten und zu nutzen. Ein solches System könnte „sowohl körpereigene Kommunikationsformen wie den gezielten Einsatz von Blicken, Lauten, Gesten und Gebärden vermitteln, aber auch nicht-elektronische Hilfsmittel einbeziehen, wie den referentiellen Gebrauch von Gegenständen, die Nutzung von Fotos, Bildern, Zeichnungen und spezifischen Symbolen. Sprech-Ersatz-Geräte sollten den individuellen jetzigen und zu erwarteten Entwicklungsbedürfnissen des unterstützt kommunizierenden Menschen entsprechen. Welche dieser Komponenten des multimodalen Systems vorrangig benutzt werden, hängt von den individuellen Gegebenheiten des einzelnen Menschen (und der Bezugswelt bzw. der gegebenen Situation, G. T.) ab. Ideal wäre es, wenn der unterstützt sprechende Mensch lernen könnte, unterschiedliche Modalitäten in unterschiedlichen Situationen adäquat zu benutzen" (Kloe, Schönbach & Weid-Goldschmidt 2001, 234).

4. Zur Durchführung

Eine gezielte Kommunikationsförderung sollte „ganzheitlich" konzipiert und durchgeführt werden. Ohne Motivation bzw. Lust zur Kommunikation ist ein noch so gut geplantes Angebot zum Scheitern verurteilt. Wie schon zuvor angedeutet macht es daher Sinn, mit subjektzentrierten Aktivitäten zu beginnen. Ist eine ausreichende Motivation zur Kommunikation geschaffen, folgt eine sachzentrierte Arbeitsphase (systematisches Erlernen von Handzeichen; Herstellung von Bildkarten und Gebrauchserprobung im Umfeld; Vertrautwerden mit einem PC, Kommunikationsgerät und Kommunikationsprogramm). Dabei kann es Sinn machen, ein „therapeutisches Setting" zu nutzen. Zugleich müssen aber Lernprozesse im Alltag bzw. Anwendungsmöglichkeiten der neuerworbenen Kommunikationsmöglichkeiten in alltäglichen Lebenssituationen sichergestellt sein. Die Arbeit im realen Lebensraum unter Einbeziehung relevanter Umkreispersonen zählt damit zum wichtigsten Bestandteil einer Unterstützten Kommunikation, und sie lässt sich nicht etwa durch eine heilpädagogische Förderung in separaten Therapiestunden und -räumen ersetzen.

5. Zur Programmüberprüfung

Um ein sinnerfülltes Lernen bzw. subjektzentrierte Hilfen sicherstellen zu können, bedarf es der Kontrolle und Reflexion der Fördermaßnahme. Eine solche Programmüberprüfung, die zu einer Modifikation des ursprünglichen Konzepts führen kann, ist eine gemeinsame Aufgabe aller beteiligten Akteure.

6. Zur Entpflichtung

Das Ziel jeder Kommunikationsförderung ist die Verbesserung von Kommunikationsmöglichkeiten in Alltagssituationen durch eine möglichst selbstständige, autonome Anwendung von Kommunikationshilfen. Wenngleich dies im Einzelfalle ein mehrjähriges Üben erfordert, sollte die Förderung auf eine Entpflichtung hinauslaufen. Die autonome bzw. souveräne Performance neuer Kommunikationsmöglichkeiten in der realen Lebenswelt wäre hierfür ein Kriterium. Freilich darf aus dem Ende der Förderung kein Verzicht auf assistierende Hilfen zur Kommunikation geschlossen werden. Sehr oft bleiben im Alltag, vor allem in der Arbeit mit schwerst und mehrfach behinderten Menschen, Formen einer (praktischen) Unterstützung notwendig, um für den Einzelnen kommunikative Partizipationsmöglichkeiten sicherstellen zu können.

Rolle des Pädagogen:
Beobachtend, beratend, dialogisch, therapeutisch, führend

Perspektiven in Bezug auf Verhaltensauffälligkeiten:
Wenngleich keine empirischen Untersuchungen vorliegen, darf vor dem Hintergrund bisheriger Erfahrungen auf dem Gebiete der Unterstützten Kommunikation davon ausgegangen werden, dass Verhaltensauffälligkeiten (z. B. selbstverletzendes Verhalten), die in unmittelbarem Zusammenhang mit verringerter kommunikativer Kompetenz stehen, erfolgreich abgebaut bzw. kompensiert werden können (Kane & Hettinger 1987; Adam 1996, 187; Biermann 2000). „Auch schwer geistig Behinderte und extrem Verhaltensauffällige haben z. T. differenzierte Kommunikation gelernt. Oft ging die verbesserte Fähigkeit sich auszudrükken einher mit einem Rückgang an Verhaltensauffälligkeiten" (Bernhard-Opitz, Blesch & Holz 1992, 8, auch 32).

Repräsentanten/Bezugsliteratur:
Adam (1996); Kristen (1994); Braun (1994); Boenisch & Bünk (2001a); Biermann (2000; 2003); Bradley (2001); Wilken (2002a)

Querverbindungen:
Basale Kommunikation; Gebärdensprache für gehörlose Menschen, TEACCH-Konzept

Beurteilung aus der Sicht des Verfassers:
Bis vor wenigen Jahren war der Ansatz der Unterstützten Kommunikation als ein heilpädagogisches Förderangebot weithin unbekannt. Erst seit kurzem, befördert durch die wegweisende Schrift von Adam (1996), ist seine Bedeutung für die Arbeit mit geistig behinderten Menschen erkannt worden. Wenngleich die Zahl derer, die von dem Nutzen der Unterstützten Kommunikation überzeugt sind, stetig wächst, ist die Anwendung dieses Ansatzes in der Praxis (Schule, Wohngruppe, Werkstatt für behinderte Menschen) noch vergleichsweise wenig verbreitet (Theunissen & Ziemen 2000). Um dies zu ändern ist eine verstärkte Fort- und Weiterbildung auf dem Gebiete der Unterstützten Kommunikation vonnöten. Denn es gilt zu bedenken, dass ihr Erfolg in besonderem Maße abhängig ist von der Empathie, Beobachtungs- und Begeisterungsfähigkeit, dialogischen Kompetenz wie auch Sachkenntnis und Medienkompetenz der professionellen Helfer (Bernhard-Opitz, Blesch & Holz 1992, 7). Zudem bedarf es einer Aufgeschlossenheit und Unterstützung des sozialen Umfeldes. Wie wichtig eine spezielle Medienkompetenz ist, lässt sich am Beispiel der Kommunikations-

geschwindigkeit bei einigen Kommunikationsgeräten mit Sprachausgabe verdeutlichen: „In Anbetracht der Tatsache, dass natürliche Sprecher/Sprecherinnen in einer Geschwindigkeit von 126-172 Wörter pro Minute kommunizieren ..., bedeuten die langen Wartezeiten im Gespräch mit Computerbenutzern/-benutzerinnen selbst für erfahrene Kommunikationspartner/-innen häufig eine harte Geduldsprobe. In einer Kommunikation mit ungeübten Partnern/Partnerinnen kann die lange Vorbereitungsdauer eines Gesprächsbeitrages zu erheblichen Verstehenskrisen, wenn nicht sogar zum Abbruch der Interaktion führen" (Braun 1991, 9). Elektronische Kommunikationsgeräte mit Sprachausgabe verlangen darüber hinaus nicht nur Geduld, sondern auch die Bereitschaft, sich auf eine „künstliche Stimme" einzulassen: „Ein atypisches Element wiegt zudem in den AAC-Modi selbst: Die natürliche Sprecherin muss sich auf neue, für sie fremde und vielleicht angsteinflößende Medien einlassen. Eine elektronische Kommunikationshilfe z. B. stellt einen so unüblichen Kommunikationsmodus dar, dass manche potentielle Gesprächspartnerinnen einer kommunikativen Begegnung möglicherweise ausweichen" (ebd. 1994, 73). Natürlich beschränkt sich die Arbeit mit elektronischen Kommunikationshilfen nicht nur auf möglichst selbstständige Anwendungsmöglichkeiten, sondern sie setzt ebenso wie die anderen Kommunikationshilfen ein partnerschaftlich-dialogisches Verhältnis voraus. Es hat den Anschein, dass mitunter durch die Faszination der Technik dieses grundlegende Moment einer Beziehung, der Begegnungsaspekt, zu kurz kommt. Denn nur auf dieser Grundlage kann eine gezielte Kommunikationsförderung von geistig behinderten Menschen, denen Verhaltensauffälligkeiten in Anbetracht spezieller Kommunikationsprobleme nachgesagt werden (dazu auch Carr et al. 2000), überhaupt fruchtbar werden. Ein solcher Dialog, der eine empathisch-verstehende Zuwendung implizieren muss, ist darüber hinaus auch aus einem anderen Grunde wichtig, nämlich dann, wenn im Rahmen einer Kommunikationsförderung mit graphischen Mitteln, Fotos oder Bildern von bildlichen Darstellungen auf die Bedeutung des Dargestellten geschlossen werden muss. Um zu vermeiden, dass zum Beispiel ein Foto der Werkstatt für behinderte Menschen für den einen Gesprächspartner das Arbeiten, für den anderen jedoch nur die Stätte des Geschehens symbolisiert, müssen Bedeutungen dargestellter Dinge geklärt werden. Daher sollte es immer auch Ziel Unterstützter Kommunikation sein, die Bedeutung einzelner Fotos, Abbildungen oder Symbole gemeinsam mit der betroffenen Person in konkreten Alltagssituationen zu erschließen (Westling & Fox 1995, 274ff., 284ff.; Bradley 2001; Bober 2002). Das alles befördert Empowerment (Kontrollbewusstsein, Verfügung und Kontrolle über die eigenen Lebensumstände, Autonomie), Lebenszufriedenheit und letztlich auch psychische Gesundheit. Diese Blickrichtung wird in einigen Konzepten der Unterstützten Kommunikation bereits fokussiert, zum Beispiel dort, wo explizit auf

Zukunftskonferenzen Wert gelegt wird (Hömberg 2001) oder dort, wo die Rolle des Unterstützers als „Ermöglicher und Kooperationsmanager" beschrieben wird. Hierzu heißt es bei Graf-Frank und Denecke (2001, 168): „Er beobachtet die Kommunikationsstrukturen und -bedürfnisse und er ordnet sich den Kommunikationsbedürfnissen und -möglichkeiten des Nutzers und seiner Umfelder unter. Er ermöglicht deren Handlungsfähigkeit in ihrem Alltag. Er unterstützt sie darin, Akteure der eigenen Entwicklung zu sein und er erschließt Lernwege. Er stellt förderliche Rahmenbedingungen bereit, er bringt Fachkenntnisse ein, er ist parteilich für den Nutzer und er verfolgt keine eigenen Interessen. Er sucht Verbündete, er nutzt die Ressourcen, die sich bieten, er initiiert die Entwicklung gemeinsamer realistischer fachlicher Auffassungen und er weiß, dass nicht jeder gleichermaßen intensiv kooperieren kann. Er lässt die Verantwortung bei dem Nutzer und er managt die Kooperation." Dieser am Empowerment-Konzept orientierte Wegweiser (dazu auch Theunissen & Plaute 2002, 32ff.) darf freilich nicht zum Ausschluss von Menschen führen, die wir als geistig schwer(st) behindert bezeichnen. Eine solche Gefahr ist nicht von der Hand zu weisen, wenn die Reflexionsfähigkeiten überschätzt bzw. zu hohe Erwartungen an die Selbstverantwortlichkeit betroffener Personen geknüpft werden. Aus diesem Grunde ist es wichtig, Formen einer *basalen Kommunikationsförderung* in Erinnerung zu rufen (Braun & Kristen 1997), die es mit dem Unterstützerprofil zu verknüpfen gilt, so dass auf dem Hintergrund einer dialogischen Beziehungsgestaltung individuelle Ausdrucks-, Verständigungs- und Mitteilungsformen eruiert, erarbeitet, gestärkt und weiter ausgebaut werden können. Davon können zudem geistig schwer(st) behinderte Menschen profitieren, die zusätzlich als verhaltensauffällig gelten.

• **TEACCH-Konzept**

Zielgruppe:
Menschen mit autistischen Entwicklungsstörungen, geistiger Behinderung und Kommunikationsschwierigkeiten

Definition und Ziele:
Beim TEACCH-Konzept handelt es sich um ein von E. Schopler ins Leben gerufenes Forschungs- und Unterstützungsprogramm für therapeutische Angebote, pädagogische Förderung und Lebensbegleitung von Menschen mit Autismus oder ähnlichen Kommunikationsstörungen (Schopler, Reichler & Lansing 1983; Division TEACCH 2003 [Internetpräsentation]). Wörtlich übersetzt heißt TEACCH: Therapie und pädagogische Förderung autistischer und in ähnlicher Weise kommunikationseingeschränkter Kinder (Treatment and Education of Autistic and Communication-Handicapped Children). Eine solche Übersetzung

greift jedoch zu kurz, da sich das TEACCH-Konzept nicht nur auf Kinder und Jugendliche, sondern gleichfalls auf Erwachsene und relevante Lebensbereiche wie Familie, Kindergarten, Schule, Arbeit, Freizeit und Wohnen bezieht. Zentrales Ziel des TEACCH-Konzepts „ist die größtmögliche Selbstständigkeit und Maximierung der Lebensqualität für Menschen mit Autismus" (Häußler 1998, 206), um Betroffenen im Rahmen ihrer Möglichkeiten ein aktives und sozial verträgliches Leben in der Gemeinschaft zu offerieren. Das erfordert eine enge und gute Zusammenarbeit zwischen den helfenden Instanzen und der sozialen Bezugswelt (Eltern, Nachbarn, Geschäftsleute...).

Theoretische Bezugspunkte/Überlegungen:
Grundlegend und richtungsweisend für das TEACCH-Konzept sind vier Leitgedanken:
1. Autismus gilt als eine biologisch bedingte Störung, die spezifische Merkmale und Probleme kognitiver, sensorischer und sozialer Art (z. B. mangelnde Planungs- und Organisationsfähigkeit; Transferschwächen; Ablenkbarkeit; Fehleinschätzung sozialer und emotionaler Signale; Schwierigkeiten bei der Kontaktaufnahme; Probleme, Interaktionen aufrechtzuerhalten; Überselektivität) zur Folge hat und typische Bedürfnisse nach sich zieht, so z. B. das Bedürfnis nach räumlicher und zeitlicher Überschaubarkeit, einfacher und klarer Kommunikation, subjektiv bedeutsamer (nicht selten lebenspraktischer) Tätigkeiten und positiver Wertschätzung.
2. Autistisches Verhalten wird als Ergebnis reziproker Interaktionsprozesse betrachtet. Damit wird eine Position vertreten, die monokausale Erklärungen ablehnt und mit der unsrigen Überzeugung korrespondiert, dass Verhaltensauffälligkeiten oder auch Krisen als Ausdruck gestörter Individuum-Umwelt-Verhältnisse bzw. kontextbezogen betrachtet und aufbereitet werden müssen.
3. Es wird davon ausgegangen, dass eine Person mit autistischer Störung wie jede andere Person mit oder ohne Behinderung lern- und entwicklungsfähig ist und dass sich im Laufe des Lebens die sog. Autismen verändern können (Schopler, Reichler & Lansing 1983, 24f.). Damit wird einer statischen Betrachtungsweise von Autismus eine Absage erteilt.
4. Als vierter Gesichtspunkt wird die „Angemessenheit" von Verhaltensweisen herausgestellt. In der einen Situation kann ein bestimmtes Verhalten zweckmäßig sein und einen hohen Anpassungswert haben, in der anderen kann es dagegen völlig unangemessen sein. Schopler u. a. leiten daraus das Prinzip der „Relativität des Verhaltens" (1983, 25) ab und heben die Notwendigkeit hervor, jedes Verhalten in Relation zu bestimmten Situationen zu betrachten und kontextbezogen aufzubereiten. Dabei spielt „die Anpassung der Umwelt an die Bedürfnisse und Motivationen des Individuums eine besondere Rolle" (Probst 1998, 171).

Ausgehend von dieser Grundposition kommen Schopler und Mitarbeiter zu dem Schluss, dass heilpädagogische oder therapeutische Methoden in der Arbeit mit autistischen Menschen stets „vom Betroffenen aus" entwickelt werden sollten (hierzu auch Division TEACCH 2003). Für die Umsetzung dieses Aspekts steht der Begriff der *Individualisierung.* „Jede Technik, jede Methode ist so zu gestalten, dass sie auf das Kind (den Betroffenen, G. T.) ‚hier und heute' passt. Es gilt, die Methode an das Kind (den Betroffenen) und nicht das Kind (den Betroffenen) an die Methode anzupassen!" (Probst 1998, 107). Insofern handelt es sich beim TEACCH-Konzept um ein „offenes" Curriculum, das den Rahmen einer Förderung oder auch Therapie absteckt, aber nicht um eine eng umschriebene Methode, die sich unvermittelt, aus der Retorte eines rein pädagogischen oder therapeutischen Interesses, anwenden ließe.

Setting/Raum:
Reale Lebenswelt

Medien/Mittel:
Bilder, Fotos, Bildtafeln, Symbole, „normale" Arbeits- und Spielmaterialien

Sozialform:
Vorwiegend Einzelarbeit

Vorgehensweise:
Um zu einer angemessenen Förderung und Unterstützung zu gelangen, bedarf es zunächst einer „ganzheitlichen und funktionellen" Entwicklungs- und Verhaltensdiagnostik (Schopler, Reichler & Lansing 1983, 38ff.; auch Schopler & Mesibov 1995; Division TEACCH 2003), deren Mittel herkömmliche Verfahren (Intelligenztests, Entwicklungsgitter u. ä.), Verhaltensbeobachtungen in strukturierten und freien Spiel-, Lern- und Arbeitssituationen und Gespräche mit Bezugspersonen (z. B. Eltern) sind. Grundsätzlich sollen Schwächen und Stärken erfasst und in kontextuellen und funktionellen Entwicklungszusammenhängen aufbereitet werden. Dabei (v. a. mit Blick auf Arbeiten) gilt es zu klären, inwieweit dem Betroffenen klar ist, was er tun soll, wo sich die erforderlichen Materialien befinden und wie die Arbeiten auszuführen sind. Einen wichtigen Stellenwert hat die *funktionale Verhaltensanalyse* (Thomas & Williams 2000; auch Kapitel 2.4), die zum Verständnis autistischer Verhaltensweisen bzw. spezifischer Besonderheiten oder Auffälligkeiten im Verhalten und Erleben eines Betroffenen beitragen und somit wertvolle Anhaltspunkte für die Konzeptentwicklung bieten soll, dessen Ausgangspunkt individuelle Stärken (z. B. auch vorhandene Handlungsstrategien) sind, die es sowohl in einer Strukturierung (Visualisierung) des Umfeldes (häusliches Milieu, Klassenzimmer, Wohngruppe, Arbeitsstätte) als auch in der konkreten Förderung zu nutzen gilt. Hierzu sollen auf der Basis eines

„Zwei-Wege-Ansatzes" – Anpassung der Umwelt an die Bedürfnisse des Betroffenen und Förderung der individuellen Fähigkeiten in Bezug auf soziale Anpassung, Integration und Autonomie – für jeden Betroffenen spezielle Strukturierungshilfen (Materialien) erarbeitet werden (Schopler, Mesibov & Hearsey 1995; Häußler 2002, 139ff.), z. B. durch:

• eine übersichtliche und anschauliche Strukturierung der räumlichen Verhältnisse (durch Markierungen, Einteilungen durch Bodenlinien, Einzelarbeitsplätze mit Sichtblenden, Symbole, Piktogramme, Hinweisschilder ...),

• eine klare Strukturierung von zeitlichen Abläufen (z. B. bildliche Abfolge von Arbeits-, Pausen- oder Essenszeiten; anschaulich gestaltete Tages- oder Wochenkalender mit Markierungsmöglichkeiten; Abreißpläne; Sanduhr zur zeitlichen Veranschaulichung von Arbeits- oder Erholungsphasen) und

• eine übersichtliche Strukturierung von Arbeiten (z. B. klare Gestaltung von Aufgaben, die Menge, Dauer oder Reihenfolge angeben; überschaubares Arbeitspensum; bestimmte Ablaufschemata wie von links nach rechts arbeiten und Anordnungen wie linker Korb für unerledigte Arbeiten, Mitte als unmittelbarer Arbeitsplatz, rechter Korb für fertige Arbeiten; visuelle Anleitungen für Aufgaben oder Arbeiten).

Wie wir uns solche Hilfen konkret vorstellen können, macht das folgende Beispiel zur Strukturierung der häuslichen Umgebung deutlich: „Christoph, 12 Jahre alt, besucht die Geistigbehindertenschule (zusätzliche Behinderungen: Anfallsleiden, Hyperaktivität). Er verfügt über ein gutes visuelles Vorstellungsvermögen und hat Talent zum Bauen und Konstruieren. Christoph ist sehr leicht ablenkbar und pendelt ruhelos von einem Ort zum anderen. Die Eltern Christophs haben das Kinderzimmer so gestaltet, dass der Raum für den Jungen überschaubarer wurde. Sie haben beispielsweise die Bereiche ‚Arbeiten/Erledigen von Aufgaben‘ und ‚freies Spiel‘ räumlich voneinander getrennt. Der Arbeitsbereich ist am Boden mit farbigen Teppich-Klebestreifen umrandet und damit gut sichtbar markiert. Christophs Vater hat einen aufklappbaren Arbeitstisch gebaut, an dem Christoph zunehmend selbstständig und über längere Zeit Aufgaben durchführt. Beispielsweise malt er Figuren aus, legt Puzzles oder sortiert Gegenstände. Er tut dies mit eigener Motivation und ist stolz über die erzielten Ergebnisse. Die Wände des Kinderzimmers sind vergleichsweise karg gestaltet, weil Christoph durch optische ‚Reize‘ leicht abgelenkt wird und sich nicht konzentriert beschäftigen kann" (Probst 1998, 167). An dieser Stelle wird deutlich, dass die individuelle Unterstützung im Sinne des TEACCH-Konzepts wesentlich von Strukturen und visuellen Hilfen geprägt ist (hierzu auch Theunissen, Paul & Stichling 2003; Schatz & Schellbach 2003). Dies wird damit begründet, dass viele Menschen mit autistischer Störung visuelle Reize besser und schneller verarbeiten können als andere Reize (Häußler 2002, 137). Visuelle Stützen sind einerseits hilfreich, wenn Menschen Schwierigkeiten haben, Informationen aus unterschiedlichen Sinneskanälen miteinander zu kombinieren. Andererseits können sie in sozialen Situationen einen Halt und somit Chancen bieten, soziale Konflikte, Eskalationen oder Verhaltensauffälligkeiten zu minimieren, da die betroffene Person unabhängiger von anderen agieren kann. Strukturen können dem einzelnen quasi als vorgegebenes Regelwerk eine wertvolle Hilfe dafür sein, Zusammenhänge zu erkennen, Orientierungshilfe und Sicherheit zu geben, Entscheidungen leichter zu treffen, soziale und emotionale Signale besser einzuschätzen, Kontakte aufzunehmen oder Interaktionen aufrechtzuerhalten. Freilich wäre es eine verkürzte Sicht, wenn als methodisches Instrument des TEACCH-Konzepts nur die Strukturierungshilfe (structured teaching) angenommen würde. Einen wichtigen Stellenwert zur Förderung sozialer Interaktionen in alltäglichen Lebenszusammenhängen haben gleichfalls spezielle soziale Lernprogramme, von denen allerdings in erster Linie nur Menschen profitieren, deren Lernbasis weniger stark reduziert erscheint (Mesibov 1986, 272). Methodisch wird dabei auf die allgemein bekannten Formen eines sozialen Lernens (social skills training) einschließlich spezifischer Techniken zur Gestaltung einer Konversion oder Problemlösungsstrategien zurückgegriffen, die mit gezielten Bekräftigungen (Verstärker) sowie mit passgenauen Strukturierungshilfen kombiniert werden.

Rolle des Pädagogen:
Einfühlsam, beobachtend, partnerschaftlich, direktiv-wegbereitend, anleitend, unterstützend

Perspektiven in Bezug auf Verhaltensauffälligkeiten:
Effektivitätsstudien lassen den Schluss zu, dass das Setting des TEACCH-Konzepts nicht nur kognitive, pragmatische und soziale Fähigkeiten und Fertigkeiten, Selbstständigkeit und Autonomie fördert, sondern zugleich auch günstige Auswirkungen auf eine Prävention sowie (bei langfristiger Arbeit) einen Abbau von Verhaltensauffälligkeiten hat (Schopler & Mesibov 1986; 1994; Campbell et al. 1996; Häußler u. a. 2003). Allerdings sind die Ergebnisse im Hinblick auf eine positive Beeinflussung problematischer Verhaltensweisen selten signifikant (Panerai; Ferrante & Zingale 2002). Die eindeutig nachgewiesenen Stärken des TEACCH-Konzepts liegen in der signifikanten Verbesserung von Alltagskompetenzen (ebd.).

Repräsentanten/Bezugsliteratur:
Schopler [et al.] (1983; 1986; 1994; 1995); Theunissen, Paul & Stichling (2003); Probst (1998); Häußler (1998; 2002; [u. a.] 2003)

Querverbindungen:
Unterstützte Kommunikation (v. a. Picture Exchange Communication System [dazu Biermann 2000]), kognitive Verhaltenstherapie

Beurteilung aus der Sicht des Verfassers:
Insgesamt betrachtet wirkt das hier vorgestellte TEACCH-Konzept, welches sich durch „Offenheit" auszeichnet und vor dem Hintergrund der Subjektzentrierung eine Integration unterschiedlicher Methoden zulässt, verheißungsvoll; und tatsächlich scheint das Konzept in vielerlei Hinsicht (z. B. auch in Bezug auf eine gute Zusammenarbeit zwischen Eltern, Professionellen und Betroffenen) für den schulischen und außerschulischen Bereich erfolgversprechend zu sein (Kusch & Petermann 2001, 233; Schatz & Schellbach 2003). Das ist letztlich auch ein Grund dafür, dass es in vielen Einrichtungen in den USA und in Europa (v. a. skandinavische Länder) hohe Wertschätzung erfährt. Dennoch sollten wir dem TEACCH-Konzept nicht gänzlich unkritisch begegnen. Zum Beispiel können auf den ersten Blick einige (ältere) Ausführungen und Vorschläge zu der Auffassung verleiten, dass Menschen mit autistischer Entwicklungsstörung weithin „emotionslos" seien und daher nur einer funktionalen Verhaltenssteuerung bedürfen. Menschen mit Autismus sind aber keine „gefühllosen Wesen", sie können wie jede andere Person empathisch, leidenschaftlich, zärtlich oder auch fürsorglich sein. Folgerichtig führt uns Sacks (1995; 1997) vor Augen, dass bei aller Notwendigkeit strukturierter Programme als Vehikel zu mehr Handlungskompetenz und Autonomie das Recht auf Eigensinn, auf ein „volles Menschsein" und insbesondere auch (womöglich brachliegende oder versandete) Gefühle für Schönheit und Symmetrie, Musik oder Kunst sowie Stärken und Kompetenzen im ästhetischen Bereich autistischer Personen nicht eliminiert werden dürfen. Im Prinzip stoßen wir hier auf zwei völlig unterschiedliche Zugänge: fokussiert TEACCH die Fähigkeit, visuelle Systeme zu erkennen und zu nutzen, wird im zweiten Fall die Fähigkeit aufgegriffen, Bilder, Klänge oder dergleichen hervorzubringen. Da beide Zugänge ihre Richtigkeit haben, sollten sie nicht gegeneinander ausgespielt werden, sondern im Hinblick auf ihren gemeinsamen Nenner der Stärken- und Subjektorientierung so miteinander verschränkt werden, dass ein Höchstmaß an Lebensqualität, Lebensfreude und Lebenssinn aus der Perspektive der betroffenen Person erreicht werden kann (hierzu Theunissen, Paul & Stichling 2003). Durch den offenen Rahmen des TEACCH-Konzepts ist eine solche Verschränkung möglich. Wie sie sich konkret realisieren lässt, muss im Einzelfall eruiert werden. Aus der Praxis gibt es Hinweise, dass es häufig günstig zu sein scheint, zuerst durch Strukturierung ein gewisses haltgebendes Milieu zu schaffen, in dem dann selbstbestimmte „kreative" Freiräume offeriert werden sollten. Zu guter Letzt sei erwähnt, dass Praxisberichten zufolge nicht nur Menschen mit autistischer Störung, sondern ebenso Menschen mit schwerer geistiger Behinderung (und zusätzlichen Verhaltensauffälligkeiten) vom TEACCH-Ansatz, insbesondere mit Blick auf die oben genannten Strukturierungshilfen, profitieren können.

• Neuropsychologisch orientierte Lernförderung und Therapie

Zielgruppe:
In erster Linie Menschen mit neuropsychologisch umschreibbaren Hirnschädigungen oder Hirnverletzungen; darüber hinaus Personen mit frühkindlicher Hirnschädigung (Menschen mit geistiger Behinderung)

Definition und Ziele:
Unter einer neuropsychologisch orientierten Lernförderung und Therapie fassen wir Ansätze, die Erkenntnisse der klinischen Neuropsychologie und modernen Neurowissenschaft aufgreifen und für die konkrete praktische Arbeit aufzubereiten versuchen (Jantzen 1990; Pickenhain 1998; Lurija 1998; Wais 1990, 118ff.; Sturm 1989a, 362; 1989b). Das gilt im Prinzip auch für Konzepte wie *Basale Stimulation* (Fröhlich), *Sensorische Integration* (Ayres) oder den *PLAG-Ansatz* (Affolter), die wir aufgrund ihres originären Charakters und ihrer prominenten Rolle in der Arbeit mit geistig (schwerst) behinderten Menschen als „eigenständige" bzw. spezielle Verfahren dargestellt haben. An dieser Stelle ist es uns dagegen in erster Linie um Ansätze zu tun, die sich an neurologisch begründbaren Lern- und Lehrformen orientieren und die darüber hinausgehend als eng umschriebene Methoden darauf zielen, „kortikal nie entwickelte, verkümmerte Funktionen kompensatorisch neu zu organisieren" (Menzen 1994b, 393; 1994a, 54) bzw. „alte gestörte Funktionen ersetzend zu behandeln" (ebd. 1990, 8). Hierzu ist es unumgänglich „in der Art einer ‚heuristischen Diagnostik' die neuropsychologisch umschreibbare Schädigung dieses uns anvertrauten Menschen über eine längere Dauer zu beobachten, um nicht nur die Störung, sondern weitergehend: die verbleibend aufbaubaren Kompetenzen einzuschätzen" (ebd., 8), sowie zusätzliche Stärken und Ressourcen wahrzunehmen (hierzu die faszinierenden Beispiele von Sacks 1995, 235ff.; auch 1997).

Theoretische Bezugspunkte/Überlegungen:
Ziel der Neuropsychologie ist es, „Zusammenhänge zwischen den Funktionen des Zentralnervensystems, vor allem des Gehirns und den psychischen Prozessen aufzuklären" (Orgass 1989a, 1), wobei in klinischer Hinsicht „die entweder durch angeborene *Missbildungen* oder aber erworbene *Schädigungen* des Gehirns verursachten Verhaltensabweichungen oder -änderungen analysiert" werden (Sturm & Hartje 1989a, 8). Im Blickpunkt stehen dabei Funktionsausfälle oder – störungen nach reversiblen und irreversiblen Hirnverletzungen oder Hirnschädigungen, „wobei die Frage nach der Lokalisierbarkeit bestimmter psychischer Funktionen" (ebd., 17) besondere Aufmerksamkeit erfährt. Um von vornherein Missverständnissen vorzubeugen sei gesagt, dass sich die moderne Neuropsychologie gegen ein starres Lokalisieren isolierter Fähigkeiten wendet, den Be-

griff der „Lokalisation" im Prinzip nur für sehr wenige Fälle reserviert und dem russischen Neuropsychologen Lurija (1998, 27) folgend die Theorie der „funktionellen Systeme" zu Grunde legt (Poeck 1998a; Jantzen 1990; Markowitsch 2002). Sie besagt, dass verschiedene Teile des Gehirns (hierzu *Anmerkung* 26) miteinander verbunden sind, um unterschiedliche Funktionen zu erfüllen. Lurija (1998) gliedert das Gehirn (ZNS) in *drei grundlegende Funktionseinheiten* (hierzu auch Jantzen 1990, 72ff.):

erstens in Teile, die den Tonus, die Wachheit, psychischen Zustände und Aktivierung (arousal) regulieren (entsprechende Strukturen liegen in den tieferen Schichten des Subkortex und des Hirnstamms, betreffen das Zwischenhirn [Diencephalon], die mediale Region der Hirnrinde, v. a. die Formatio reticularis),

zweitens in Teile, die für die Aufnahme, Verarbeitung (Analyse) und Speicherung von Informationen zuständig sind (diese Strukturen sind „in den lateralen Regionen des Neokortex an der konvexen [nach außen gewölbten] Oberfläche der Hemisphären lokalisiert, von denen sie die hinteren Regionen einschließlich der visuellen [okzipitalen], akustischen [temporalen] und allgemein sensorischen [parietalen Regionen]" [Lurija 1998, 64] umfassen, also die Sehrinde, das Hörzentrum und den sensorischen Cortex) und

drittens in Teile, die die Planung, Programmierung, Steuerung und Kontrolle von Tätigkeiten regulieren (diese Strukturen betreffen die Stirnlappen bzw. die präfrontalen Regionen des Gehirns, das Kleinhirn und den motorischen Cortex). Diese drei Funktionseinheiten arbeiten in den verschiedenen Gehirnarealen auf unterschiedlichen Funktionsebenen zusammen und sind an jedem Verhalten beteiligt. Vor dem Hintergrund dieses Modells ist Lurija zu dem Schluss gekommen, „dass unterschiedliche Hirnschädigungen zu qualitativ verschiedenen Beeinträchtigungen bei der gleichen Aufgabe führen können" (Hartje & Sturm 1989a, 313f.) (hierzu *Anmerkung* 27). Interessant ist in dem Zusammenhang die Frage, wie jede Struktur und Funktion miteinander interagieren und wie bestimmte Störungen lokalisiert sind (Ramchandran 2001, 43). Sie lässt sich am besten durch ein Beispiel beantworten: „Wenn wir eine Uhr ablesen, so setzt sich dieser Vorgang zusammen aus mindestens folgenden elementaren Verarbeitungsprozessen... 1. Die räumliche Stellung der Zeiger zueinander und zu den Ziffern muss richtig analysiert werden. 2. Die Ziffern müssen in ihrem Zahlenwert verstanden werden. 3. Es muss eine Zeitvorstellung vorhanden sein. 4. Es muss in die räumliche Analyse der Zeigerstellung das ‚Wissen' eingebracht werden, dass die Zeiger von links nach rechts laufen – eben im Uhrzeigersinn. 5. Die Uhr muss als Uhr erkannt werden. – *Diese verschiedenen Verarbeitungsprozesse sind das, was man lokalisieren kann.* – Bestimmte Hirnrindenabschnitte sind darauf spezialisiert, räumliche Informationen zu analysieren; andere Hirnrindenabschnitte haben die Aufgabe, Symbole, Ziffern und Buchstaben zu verstehen; wieder andere machen nichts anderes, als Gegenstände zu erkennen; und schließlich sind es wieder andere Hirnrindenabschnitte, die die Richtungsdynamik ‚von links nach rechts' in die räumliche Analyse einbringen. – Schon ein so schlichter Vorgang wie das Ablesen einer Uhr erfordert somit das Zusammenspiel mindestens der genannten räumlich durchaus getrennten Hirnabschnitte. Insofern kann man das Uhrablesen gar nicht lokalisieren, sondern eben nur die Verarbeitungsprozesse, aus denen es sich zusammensetzt.

Wenn nun bei Schädigung eines Hirnabschnitts, der, sagen wir, die Ziffern-analyse leistet, das Uhrablesen gestört ist, so dürfen wir folglich nicht schließen, in diesem Abschnitt ‚sitze' das Uhrablesen. Vielmehr ist durch diese Schädigung *eine* Komponente des komplizierten Vorganges gestört; erst als Folge davon misslingt auch der Gesamtvorgang. ... Je nach Lokalisation der Schädigung ist also die Art des Misslingens, d. h. die Art des Symptoms verschieden. D. h. jede Normalfunktion ist meist von meist sehr vielen verschiedenen Stellen her störbar. Umgekehrt ist nahezu jeder Hirnrindenabschnitt an mehreren Funktionen beteiligt. Eine Schädigung *eines* solchen Hirnabschnitts muss folglich zu *mehreren* Symptomen führen, d. h. es sind dann meist mehrere Funktionen gestört.

Wenn z. B. das Ziffernverständnis gestört ist, so wird als Folge davon natürlich nicht nur das Uhrablesen misslingen; vielmehr ist ein solcher Patient dann auch beeinträchtigt in solchen Funktionen wie dem Rechnen; er würde auch Zahlen-angaben auf Kochrezepten falsch verstehen und folglich Ungenießbares kochen ..." (Wais 1990, 16f.).

Dieses Beispiel des Uhrablesens zeigt auf, dass an kognitiven Prozessen (Denken) immer viele verschiedene Teile des Gehirns beteiligt sind, und es eröffnet uns zugleich auch einen wichtigen Zugang zur Frage der funktionellen *Spezialisierung der Großhirnhemisphären,* die zum Verständnis und zu den Behandlungsmöglich-keiten bestimmter Funktionsstörungen von besonderer Bedeutung ist (Hartje 1989a; Jantzen 1990, 120ff.; Ramchandran 2001, 45, 219ff., 285; auch Sacks 1995, 181ff.). Neuropsychologische Untersuchungen lassen den Schluss zu, dass den Hemisphären, die die jeweils gegenüberliegende Körperhälfte regulieren, be-stimmte Leistungen zugeordnet werden können:

Zur linken Hemisphäre:
• Sprache: Ausgeprägte funktionelle Spezialisierung für Sprachleistungen (z. B. Benennen, Erkennen von Wörtern);
• Denken: Spezialisierung auf einen sequenzanalytischen Informationsverarbei-tungsprozess (z. B. besseres Speichern von Zahlenreihen; Addieren; Erfassen von Grammatik; Analyse von Sätzen); Spezialisierung in Bezug auf Planung und Produktion von Handlungsfolgen;

- Gedächtnis: Spezialisierung in Bezug auf ein sog. verbales Gedächtnis;
- Wahrnehmung/Denken: Spezialisierung in Bezug auf ein genaues Erfassen von Details (z. B. eine auf Einzelheiten gerichtete Aufmerksamkeit; sequenzielle Erfassung von Einzelheiten; sequenzielle Analyse von Wörter, Sätzen); Spezialisierung in Bezug auf eine Rekonstruktion von Details als analytische Komponente, wo z. B. ein Zusammenhang als Reihenfolge (Bilderserie) besteht oder Details auf Bildern erkannt werden müssen; Spezialisierung in Bezug auf eine sprachlich-begriffliche Verarbeitung von Mimik oder Gestik (z. B. die Bedeutung von Gesten erkennen; Erfassen symbolischer Mitteilungen durch Mimik oder Gestik);
- Musik: Spezialisierung in Bezug auf eine analytische Verarbeitung musikalischer Stimuli (Reihenfolge einzelne Töne; Rhythmus);
- Hände: Spezialisierung der rechten Hand in Bezug auf manuelle Geschicklichkeit; „besondere kinästhetische Fähigkeit der rechten Hand" (Jantzen 1990, 120);

Zur rechten Hemisphäre:
- Sprache: Spezialisierung in Bezug auf ein auditives Sprachverständnis (expressives Sprachpotential);
- Gedächtnis: Spezialisierung in Bezug auf ein sog. Formengedächtnis; „Repräsentanz des Körperschemas" (ebd.);
- Wahrnehmung/Denken: Ausgeprägte Spezialisierung in Bezug auf eine Rekonstruktion von Gesamtzusammenhängen einer Sache (als integrative Leistung); insbesondere Erschließung räumlicher Zusammenhänge; Verschaffung eines Gesamteindrucks und Integration von Einzelheiten in ein Ganzes (z. B. Erfassung eines atmosphärischen Gesamteindrucks); pars-pro-toto-Fähigkeit (Rekonstruktion von Ganzheiten aus verschiedenen Details); Spezialisierung in Bezug auf die Fähigkeit, „figural komplexe, gestalthafte und schwer verbalisierbare visuelle Informationen" (Hartje 1989a, 45) zu verarbeiten (z. B. Erkennen und Unterscheiden von Gesichtern);
- Musik: Spezialisierung in Bezug auf Erkennen und Produzieren von Melodien (Gesamteindruck);
- Emotionen: Spezialisierung in Bezug auf eine Identifikation eines affektiven Stimmausdrucks, Identifikation von emotionalen Stimmlauten (weinen, lachen); Verarbeitung von Wörtern mit emotionalem Gehalt (Angst);
- Hände: „größere taktile Empfindlichkeit der linken Hand" (Jantzen 1990, 120);

Diese Beispiele demonstrieren die funktionale Asymmetrie der Hemisphären, die es in dieser Ausprägung allerdings nur bei Rechtshändern gibt (ebd., 121). Zugleich zeigen sie aber auch auf, dass eindeutige Zuordnungen von bestimmten

Fähigkeiten zu einer Hemisphäre kaum möglich sind, da nicht selten beide Hemisphären eng zusammenarbeiten. Das wird z. B. an der Sprache sichtbar. Ebenso ist zum Beispiel „das Malen eines Bildes als Handlung ein sequentieller Vorgang, wenngleich die Konzeption des Bildes natürlich hauptsächlich eine rechtshirnige Angelegenheit ist" (Wais 1990, 38). Dennoch ist insgesamt gesehen das Wissen um die Dominanz bestimmter hemisphärischer Leistungen wichtig und grundlegend, um Hirnfunktionsausfälle oder Hirnfunktionsstörungen neuropsychologisch beschreiben zu können. Im Folgenden haben wir nun einige neuropsychologische Syndrome und Symptome zusammengestellt (dazu auch Lurija 1998), denen wir auch in der Arbeit mit Menschen, die als geistig behindert und verhaltensauffällig gelten, Beachtung schenken sollten – wohl wissend, dass wir es bei dieser Personengruppe zumeist mit diffusen Hirnschädigungen zu tun haben, die im Prinzip keine speziellen Zuordnungen zulassen (auch Hartje & Sturm 1989a).

Neuropsychologische Syndrome und Symptome nach linkshemisphärischen Läsionen
• Ideomotorische Apraxie
Diese Störung besagt, dass an sich intakte Bewegungselemente nicht richtig ausgewählt und nicht in eine richtige Reihenfolge gebracht werden: Wird z. B. jemand aufgefordert zu winken, kann es sein, dass er nur die Hand ausstreckt, eine Faust macht o. ä. Die ideomotorische Apraxie kann als Gesichts- oder Gliedmaßenapraxie auftreten, wird häufig bei Menschen mit aphasischen Syndromen, Schlaganfallpatienten und Personen mit Hirntumoren beobachtet (Poeck 1989b; Wais 1990, 56).
• Ideatorische Apraxie
Sie wird „als eine Unfähigkeit beschrieben, komplexe Handlungsfolgen auszuführen" (Poeck 1989b, 202). Ein Betroffener kann z. B. in Alltagssituationen bestimmte Handlungen, die einen korrekten Gebrauch von Gegenständen erforderlich machen, nicht in einer richtigen, logischen Reihenfolge organisieren und ausführen (Sequenzierungsstörung). Die einzelnen Handlungselemente sind jedoch intakt. Möchte jemand z. B. mit einer Kaffeemaschine Kaffee kochen, schüttet er das Kaffeepulver in die Tasse, das Wasser in die Kaffeedose ... (hierzu Wais 1990, 57).
• Konstruktive Apraxie
Diese Störung zeigt sich nach linkshirnischen Läsionen als eine deutliche Differenzierungsschwäche. Soll z. B. ein Fahrrad abgezeichnet werden, so werden einfache, geometrisch-schemenhafte Gebilde produziert, ohne Details zu berücksichtigen. „Die Zeichnungen linkshirngeschädigter Menschen wirken in ihrem Schematismus überaus ängstlich, geradezu pedantisch und zwanghaft repitiv" (Menzen 1994a, 56). Ähnliches gilt für Planzeichnungen, für das Bauen nach

Vorlagen, für das Anfertigen von Werkstücken u. ä., die zumeist sehr vergröbert (re-)konstruiert werden (Hartje & Sturm 1989b, 261f.; Wais 1990, 59).

• Ankleideapraxie
Diese Störung tritt bei rechtsseitigen Läsionen häufiger auf als bei linksseitigen (Poeck 1989c, 277). Bei linksseitigen Läsionen äußert sie sich als Sequenzierungsstörung, indem ein Betroffener zum Beispiel erst den Pullover anzieht, dann die Schuhe, dann die Hose, dann das Unterhemd ...

• Aphasien
Aphasien gelten als zentrale Sprachstörungen. Es werden zahlreiche aphasische Syndrome unterschieden, die auf die für linkshemisphärische Hirnschädigungen typische detail- und sequenzanalytische Grundstörung hinweisen. Häufig gehen aphasische Syndrome, die wir hier aus Platzgründen nicht im einzelnen darstellen können (hierzu Huber, Poeck & Weniger 1989; Jantzen 1990, 128ff., 138), mit anderen Störungen (Apraxien) einher.

Neuropsychologische Syndrome und Symptome nach rechtshemisphärischen Läsionen
• Konstruktive Apraxie
Ein typisches Merkmal der konstruktiven Apraxie bei rechtsseitigen Läsionen ist die „zusammenhanglose, fragmentarische Gestalt" (Menzen 1990, 10). Greifen wir hierzu wieder das Beispiel des Abzeichnens eines Fahrrads nach Vorlage auf: Ein Betroffener „hat alle Einzelheiten aufs Blatt gezeichnet, aus denen sich ein Fahrrad zusammensetzt (und sogar noch einige mehr, von denen nicht zu erkennen ist, inwiefern sie zum Fahrrad gehören könnten); aber es gelingt ihm nicht, den Gesamtzusammenhang zu rekonstruieren. Die Gestalt des Fahrrads als Ganzes ist ihm verloren gegangen. Die Produktion hat etwas Fragmentarisches, Auseinanderfallendes. Auch die Art, wie der (Betroffene, G. T.) zeichnet, ist typisch – flott, lächelnd, als sei es ihm das Leichteste ..., oft auch noch die Unterlage mit der Zeichnung bedeckend – um schließlich triumphierend dem Untersucher die misslungene Produktion vorzuhalten" (Wais 1990, 22; 59f.; Hartje & Sturm 1989b, 265). Bei rechtshirngeschädigten Personen erscheint die konstruktive Apraxie als eine Raumanalysestörung, die auch Schwierigkeiten beinhaltet, räumliche Richtungen richtig zu erfassen.

• Ankleideapraxie
Betroffene Menschen mit einer Rechtshirnschädigung haben „beim Ankleiden die größten Schwierigkeiten, sich topographisch an ihren Kleidungsstücken zurecht zu finden und eine räumliche Beziehung zwischen Teilen ihres Körpers und den dazu passenden Teilen der Kleidungsstücke herzustellen. Sie drehen eine Jakke oder ein Hemd ratlos hin und her, wissen die äußere nicht von der inneren Seite und vor allem den rechten Ärmel nicht vom linken zu unterscheiden... In schweren Fällen versuchen sie, mit den Beinen in die Hemdsärmel zu steigen

oder sich die Hosen über den Kopf zu ziehen" (Poeck 1989c, 276). Diese hier beschriebene Ankleideapraxie, die als eine räumliche Orientierungsstörung erscheint, kann auch in anderen Situationen als Störung des Körperselbstbildes auftreten. Zum Beispiel kann ein Betroffener Schwierigkeiten bekommen, wenn er seinen eigenen Körper räumlich analysieren muss. „Er wird dann plötzlich unsicher, in welche Richtung sich der Unterarm vom Oberarm abbiegt. Wo komme ich heraus, wenn ich mit der Hand in diese Öffnung am Pullover fahre? Wie muss ich das Unterhemd halten, damit das Etikett nach dem Anziehen hinten ist? usw." (Wais 1990, 67).

• Neglect

Der Begriff ‚Neglect' steht für eine halbseitige Aufmerksamkeitseinschränkung, z. B. für die Vernachlässigung einer Raumhälfte oder Körperseite, dies zumeist links, da dieses Syndrom zumeist nach rechtshemisphärischen Schädigungen beobachtet wird (Sacks 1995, 111ff.; Hartje & Sturm 1989b, 256; Sturm 1989c, 316ff.; Ramchandran 2001, 192). Menschen mit einem linksseitigen Neglect-Syndrom fallen z. B. dadurch auf, dass sie beim Betreten eines Raumes am linken Türrahmen anstoßen, dass sie linksseitig gegen Stühle oder Tische stoßen, dass sie beim Zeichnen einer Tanne die linke Baumhälfte völlig vernachlässigen, dass sie selten spontan nach links blicken, dass sie nicht von links angesprochen werden können... (hierzu auch Wais 1990, 78f.). Neuropsychologischen Untersuchungen zufolge kann das Neglect-Syndrom als Störung des Körperselbstbildes und/oder als selektive Aufmerksamkeitsstörung betrachtet werden, die bei Schädigungen des Thalamus, der Basalganglien und des Parietalbereichs beobachtet wird. Offensichtlich spielt „die rechte Hemisphäre für die Aufrechterhaltung der Aufmerksamkeit und für die Kontrolle des Aktivierungsniveaus bei Reaktionen auf Stimuli in beiden Raumhälften eine besondere Rolle" (Sturm 1989c, 317). Des Weiteren ist bemerkenswert, dass Menschen mit einem Neglect-Syndrom diese Störung anscheinend häufig affektiv verleugnen.

• Aufmerksamkeitsstörungen

Neuropsychologische Untersuchungen legen den Schluss nahe, dass Störungen der Vigilanz, Aufmerksamkeit oder Konzentration in erster Linie bei Schädigungen der rechten Hemisphäre auftreten (Sturm 1989c, 318). Diese Feststellung korrespondiert mit den Ausführungen zum Neglect-Syndrom (selektive Aufmerksamkeitsstörung).

• Prosopagnosie

Unter einer Prosopagnosie als Spezialfall einer „Agnosie im weiteren Sinne" werden Störungen im Erkennen vertrauter Gesichter gefasst (auch Sacks 1995, 39; Lurija 1998, 240). Diese Störungen, die weithin bei rechtshirngeschädigten Personen beobachtet werden (Orgass 1989b, 224), treten im Zusammenhang mit der raumrekonstruktiven Grundstörung auf. Betroffene erkennen z. B. vertraute

Personen nicht an ihrem Gesicht, sie können zwar Einzelheiten eines Gesichtes beschreiben, kommen aber nicht zu einem Gesamteindruck, durch den sie die betroffene Person erkennen. Menschen „mit einer Prosopagnosie sind kommunikativ stark eingeschränkt. Denn die fehlende oder gestörte Gesichtserkennung geht auch einher mit einer Unfähigkeit oder mindestens Schwierigkeit, emotionale Gesichtsausdrücke zu interpretieren... Für die Erkennung des emotionalen Gesichtsausdrucks sind sie (dann auf andere Sinneskanäle, G. T.), auf die Analyse der Sprachmelodie und Gestik angewiesen" (Wais 1990, 77).

• „Sozialagnosie"
Der Begriff „Sozialagnosie" (Wais) steht für die Schwierigkeit von Menschen mit Rechtshirnschädigungen, den Gesamtzusammenhang sozialer Situationen zu erfassen. Auch hierbei haben wir es mit einer gestörten Raumrichtungsanalyse zu tun, indem Betroffene z. B. Richtungen von Handlungen und Interaktionen unzureichend erfassen. Legt man einem betreffenden Menschen ein Bild mit einer sozialen Situation vor, so erfasst er zwar alle Einzelheiten, kann jede einzelne Person beschreiben, nicht aber einen interaktionellen Zusammenhang herstellen. Das Erkennen und Interpretieren sozialer Situationen wie auch von Stimmungen, Haltungen oder Gesichtsausdrücken ist somit erschwert bzw. gestört. Derlei Probleme können Ängste, soziale Rückzugstendenzen oder auch eine Depression befördern.

• Sozioemotionale Auffälligkeiten
Darüber hinaus werden sozioemotionale Auffälligkeiten in Verbindung mit einer rechtshemisphärischen Funktionsstörung (right hemisphere dysfunction) diskutiert (Rourke 1987; Rourke et al. 1989). Dies gelte vor allem für Personen (Schüler) mit „nonverbal learning disabilities". Typisch für eine rechtshirnige Funktionsstörung seien – so Rourke u. a. – psychomotorische Koordinationsprobleme, taktile Wahrnehmungsprobleme, Schwierigkeiten auf dem Gebiete visuell-räumlicher Organisationsfähigkeiten, Probleme bei der Wahrnehmung und Beurteilung sozialer Situationen, Defizite auf dem Gebiete „sozialer Interaktionen" und Bewältigungsstrategien (Coping), Schwierigkeiten auf dem Gebiete der nonverbalen Problemlösung sowie mangelnde Fähigkeiten, sich sozial bzw. an Umgebungen anzupassen. Bei Menschen, die davon betroffen seien, bestünde ein erhöhtes Risiko für eine „sozioemotionale Pathologie" (schwere Ängste, Depression, sozialer Rückzug) bis hin zur Suizidalität (ebd. 1989).

Damit keine Missverständnisse auftreten, sei noch einmal gesagt, dass die oben aufgeführten Störungen *häufig* nach links- bzw. rechtsseitigen Hirnschädigungen auftreten. Das bedeutet, dass sie nicht grundsätzlich nach einer links- bzw. rechtshirnigen Schädigung auftreten müssen. Zudem gibt es zur Genüge Funktionsstörungen, an denen beide Hemisphären beteiligt sind, so z. B. bei Störungen der Konstruktion von Gegenwart und Zukunft (Jantzen 1990, 122f.; auch *An-*

merkung 28). Ebenso ist eine hirnlokalisatorische Zuordnung *affektiver Störungen* „in den meisten Fällen nicht möglich" (Poeck 1989d, 324). So werden z. B. Auffälligkeiten wie Antriebsmangel, Teilnahmelosigkeit, Gleichgültigkeit der Empfindungen vor allem bei bilateralen Stirnhirnläsionen beobachtet. Alles in allem verbieten sich somit starre Annahmen (Jantzen 1990, 122f.). Das gilt z. B. auch für das Gedächtnissystem, welches gegenwärtig neben dem zeitabhängigen Einteilungsmodell (Ultrakurzzeit-, Kurzzeit- und Langzeitgedächtnis) in vier Gedächtnisarten (episodisches Gedächtnis für autobiographische Ereignisse; Wissenssystem für Weltkenntnisse, Schulwissen etc.; prozedurales Gedächtnis für mechanische, motorische Fertigkeiten; Priming für erleichtertes Erinnern von ähnlich erlebten Situationen) unterschieden wird und im Hinblick auf Einspeicherung und Abruf von Inhalten in verschiedenen Teilen des Gehirns lokalisiert und nicht in einer Hemisphäre lateralisiert zu sein scheint (Markowitsch 2002, 55; auch Sarimski 2003a, 165ff.). „Schwere, weitgehend irreversible Gedächtnisstörungen sind fast nur nach bilateralen Schädigungen verschiedener Strukturen des limbischen und des dienzephalen Systems zu beobachten" (Hartje & Sturm 1989c, 227). Vor diesem Hintergrund müssen neben der Hemisphärenspezialisierung auch andere (bilaterale) Strukturen und Funktionssysteme des Gehirns beachtet werden, so z. B. das Zwischenhirn, die Basalganglien und das limbische System, das für die klinische Neuropsychologie und Psychiatrie im Hinblick auf Verhaltensauffälligkeiten, affektive Störungen oder psychische Erkrankungen von besonderem Interesse zu sein scheint. Das limbische System gilt als Vermittlungssystem und Regulator für (elementare) Bedürfnisse und Emotionen und „es sichert im wesentlichen die Herausbildung der emotional-motivationalen Gerichtetheit, also die Herausbildung der ‚Modelle des Künftigen' nach dem Maß emotionaler Erfülltheit" (Jantzen 1990, 104f.). Es wird angenommen, dass Störungen des limbischen Systems affektive Störungen bis hin zur Schizophrenie begünstigen können, wenngleich der Nachweis spezifischer Defekte im limbischen System ausgesprochen schwierig zu sein scheint (Andreasen 1990, 140ff.). Solche Zusammenhänge werden insbesondere vor dem Hintergrund von Untersuchungen des chemischen Haushalts des Gehirns sowie der Effekte von Psychopharmaka (Neuroleptika) vermutet (hierzu *Anmerkung* 29). So haben z. B. die Basalganglien als Regulations- und Vermittlungssystem für Bewegungen und sensorische Informationen mit dem limbischen System den Neurotransmitter Dopamin gemeinsam, der im Überschuss als eine mögliche Ursache von Schizophrenie diskutiert wird (biologische Psychiatrie). Sacks (1995, 135) zur Folge scheinen u. a. auch Menschen, die am sog. Touretteschen Syndrom leiden (starke affektive, motorisch-zwanghafte Erregung), über einen Überschuss an Dopamin zu verfügen. Darüber hinaus betreffen Hirnareale, deren Schädigung *aggressives Verhalten* freisetzt, insbesondere das limbischen System. Aber auch der gesamte Stirnlappen (Sacks 1997, 90, 395f.) gilt als ein wichtiger Regulator für emotional-motivationale Prozesse, für Willenskräfte wie auch für das Urteilsvermögen. Schädigungen des unteren Teils des Frontallappens können zu deutlichen Persönlichkeitsveränderungen führen wie z. B. zu Beeinträchtigungen des Sozialverhaltens, zum Nachlassen von Spontaneität oder zu einem auffälligen Sexualverhalten; und „eine Schädigung des Teils des Frontallappens direkt hinter der Stirn führt in der Regel dazu, dass ein Mensch unflexibel und wenig kreativ wird; er neigt dazu, an einer bestimmten Art der Problemlösung festzuhalten und seine Fehler immer und immer wieder zu wiederholen" (Andreasen 1990, 162). Schließlich sei noch die Bedeutung des Balkens (Corpus callosum) erwähnt, der für die Kommunikation beider Gehirnhälften zuständig ist. Es wird angenommen, dass eine Schädigung des Balkens in Form einer abnormen Vergrößerung mit einer erhöhten elektrischen Aktivität (Kommunikation) zwischen beiden Hemisphären korrespondiert, was bei betreffenden Personen zu einem erhöhten Maß an Empfindlichkeit, Reizbarkeit (Vulnerabilität), Misstrauen oder Verfolgungswahn (Schizophrenie) führen kann (ebd., 225).

Setting/Raum:
Je nach Art der Funktionsstörung bzw. Hirnschädigung kann es günstig sein, die neuropsychologisch orientierte Hilfe in einem „therapeutischen Setting" anzubieten, ansonsten sollte grundsätzlich die reale Lebenswelt (Alltag) Ort der Lernförderung oder Therapie sein.

Medien/Mittel:
Die neuropsychologisch orientierte Arbeit verlangt keine speziellen Medien oder Mittel; Alltagsdinge und ästhetische Materialien sind in der Regel gut geeignet.

Sozialform:
Einzelarbeit

Vorgehensweise:
Der neuropsychologisch orientierten Lernförderung oder Therapie – so wie wir sie für vertretbar halten – geht zunächst eine sorgfältige *Syndromanalyse* (Lurija 1998, 34ff.) im Rahmen einer *verstehende Diagnostik* (Jantzen) voraus, die spezielle Kenntnisse in Neuropsychologie bzw. Neurologie verlangt und daher nur von eigens hierzu ausgebildeten oder geschulten Fachleuten durchgeführt werden sollte. Für die helfenden Berufe (Heilpädagogen, Heilerziehungspfleger, Sozialarbeiter usw.) ist daher eine Kooperation mit Neurologen oder sachkundigen klinischen Psychologen unabdingbar. Ein wesentliches Ziel der neuropsychologischen Diagnostik ist es, mögliche Zusammenhänge zwischen Schädigungen bestimmter Hirnbereiche und Funktionsstörungen zu erfassen, wobei neben der üblichen diagnostischen Vorgehensweise (Test, Explorationsgespräch, Anamnese, Lebens-

geschichte) genaue Bobachtungen (vor allem *wie* eine Aufgabe misslingt) eine wichtige Rolle spielen. Darüber hinaus werden immer häufiger „bildgebende" Verfahren (Computertomographie; Kernresonanzspektroskopie; Positronen-Emissions-Tomographie) genutzt, um strukturelle Veränderungen im Gehirn zu erkennen, die für die *Syndromanalyse* aufschlussreich sein können. Diese spielt zum *Verständnis* von Verhaltens- und Erlebensweisen sowie des Selbst- und Weltbildes eines Betroffenen eine zentrale Rolle (Jantzen 1998; 2000). Welche Bedeutung die Syndromanalyse haben kann, macht Jantzen (1990, 107) am Beispiel der Schädigung der Amygdala (Mandel) deutlich, die ein Teil des limbischen Systems ist: „*Zerstörungen der Amygdala* haben dramatische Folgen. Sie sind in der Literatur als *Klüver-Bucy-Syndrom* beschrieben, das bei Affen folgende Verhaltensauffälligkeiten beinhaltet: Psychische Blindheit (Essbares kann von Nichtessbarem nicht unterschieden werden); ausgeprägtes orales Verhalten (alle Gegenstände werden in den Mund genommen); Hypersexualität; starke Angstminderung, Rückfall innerhalb der Sozialordnung. Die Ursache der Störungen wird als ‚Unfähigkeit der Verknüpfung sensorischer Reize mit eigenen affektiven Zuständen'... bzw. Störung des intermodalen Wiedererkennens... beschrieben. Pribram (1981, S. 112) beschreibt bei einer Patientin, die nach einer bilateralen Amygdalatonomie (ein bei bestimmten Formen von Epilepsie stattfindender Eingriff, bei dem beidseitig Teile des Temporallappens sowie die Mandelkerne entfernt wurden) einhundert Pfund zugenommen hatte, folgendes Verhalten: Befragt um die Essenszeit, ob sie Hunger hat, antwortet sie ‚Nein'. Ebenso will sie kein Steak, keine Schokolade usw., die ihr mündlich in Aussicht gestellt werden. Aber als wenige Minuten später die Türen des Essraumes sich öffnen und sie die anderen Patienten essen sieht, hastet sie zum Tisch und beginnt, mit beiden Händen Essen in sich hineinzuschaufeln." Durch derlei Analysen (hierzu auch Lurija 1998, 57ff.; Ramachandran 2001, 141f.) lassen sich im Einzelfalle bislang unverstandene Verhaltens- und Erlebensweisen von Menschen mit geistiger Behinderung entschlüsseln und spezifische Auffälligkeiten oder Handlungen erscheinen somit in einem neuen Licht, wie dies z. B. Sacks (1995; 1997) oder Ramchandran (2001) in zahlreichen Geschichten demonstrieren. Die Syndromanalyse „vermag jedoch nicht aus sich heraus die Genesis intellektuellen Zurückbleibens im Sinne sekundärer Folgen (z. B. im Kontext von Interaktionen: Unterentwicklung der höheren psychischen Funktionen, G. T.) und die Herausbildung von ‚Primitivreaktionen' im Sinne tertiärer Folgen (z. B. Stereotypien, Auffälligkeiten vor dem Hintergrund traumatischer Einflüsse bzw. eines traumatisierten Erlebens, G.T.) zu erklären" (Jantzen 2000, 5). Daher sollten entwicklungspsychologische Aspekte sowie soziologisch-sozialwissenschaftliche Erklärungsansätze auf jeden Fall mit berücksichtigt werden. Natürlich versteht sich die hier anskizzierte Syndromanalyse als ein sozialer Akt, indem das reziproke Zusammenspiel zwischen Biologischem, Psychischem und Sozialem im Blickfeld bleibt. Für Jantzen (2000, 6) sind die Syndromanalyse gleichermaßen wie die Entwicklungspsychologie und Entwicklungspsychopathologie sowie die Theorien sozialer Verhältnisse „eine nicht redundante, jedoch keineswegs hinreichende und nicht immer notwendige Bedingung der Rehistorisierung" bzw. der „verstehenden Diagnostik", an der eine neuropsychologisch orientierte Lernförderung oder Therapie anzuknüpfen hat – will sie einen *subjektzentrierten* Beitrag (Sacks 1995; 1997; Ramchandran 2001) leisten (personale Wertschätzung; Beachtung des Welt- und Selbstbildes des Betroffenen) und keine Verdinglichung und Entwertung betreiben. Dadurch unterscheidet sich der hier vorgestellte Ansatz von Konzepten im Umfeld der orthodoxen oder biologischen Psychiatrie (auch Jantzen 2000, 7).

Was die konkreten Förder- oder Therapiemöglichkeiten betrifft, so sollten zwei allgemeine Aspekte beachtet werden:

Zum einen wird davon ausgegangen, dass jeder Mensch in den ersten Lebensmonaten durch das Zusammenspiel von Biologischem und Sozialem (im Rahmen von Interaktionen mit der Umwelt) ein *Grundmuster* ausbildet, das Einfluss auf seine weiteren Wahrnehmungs- und Denkprozesse nimmt, für die Entwicklung seines Lernstils und späteren Verhaltens von zentraler Bedeutung ist (Vester 1978, 31ff.). Diese Prägung sollte allerdings nicht – wie es bei Vester anklingt – als eine unveränderbare Festlegung missverstanden werden. Konkret bedeutet sie, „dass der eine gesehene Dinge besser behält, also ein gutes visuelles Gedächtnis hat, der andere eher durch Zuhören lernt und der dritte vielleicht erst durch Tun, durch Anfassen" (ebd., 38f.). Außerdem beeinflusst sie den zwischenmenschlichen Bereich (Entwicklung von Sympathien). Pädagogischerseits kommt es darauf an, entsprechende Grundmuster und „Lerntypen" (Vester) bzw. Lernwege zu erschließen: Je besser die Angebote, Informationen, Situationen und Arbeitsweisen zu einem individuellen Grundmuster passen (also subjektiv bedeutsam sind), desto günstiger können die Lernbedingungen und erfolgreicher die Lernprozesse eingeschätzt werden (person-environment-fit).

Zum anderen gilt die Erkenntnis, dass Hirnschädigungen oder Defekte nicht dadurch ausheilen, indem sich zerstörte Gewebe bzw. abgestorbene Hirnzellen regenerieren. Es können aber bei einer Hirnschädigung Informationen durch andere (intakte) Verbindungen gesendet werden und es kann eine allmähliche Übernahme von bestimmten Funktionen durch andere im Umkreis der Läsion liegende Hirnareale erfolgen (Sturm 1989a, 362f.), wenngleich bei einem Ausfall eines Hirngebiets auch andere damit in enger Verbindung stehende Bereiche mitbeeinträchtigt sein können. Dennoch bestehen *Kompensationsmöglichkeiten*, was für eine neuropsychologisch orientierte pädagogische Praxis bedeutet, Menschen mit Hirnschädigungen so zu fördern, dass sie ihre intakten Hirnareale optimal zu nutzen lernen und somit Ausfälle ausgleichen können. Insofern besitzt das Gehirn „eine erstaunliche adaptive Kapazität" (Andreasen 1990, 127) und Fähigkeit, die als „Plastizität" (Neuhäuser 1996) bezeichnet wird und zur Neubildung neuronaler Netzwerke und selbstregulatorischer funktioneller Systeme führen kann, welche die Prozesse der Realitätsbewältigung und Daseinsgestaltung (Lernen) steuern und zugleich durch sie eine Umgestaltung erfahren (Aoki & Sievitz 1989; Pickenhain 1998, 54; Sacks 1997, 14, 70).

Die Beachtung dieser allgemeinen neurowissenschaftlichen Einsichten verlangt eine pädagogische Grundhaltung, die von einem positiven Denken, einem Verständnis und einer Wertschätzung dem Anderen gegenüber getragen sein sollte. Ferner ist ihr eine vertrauensvolle, auf gegenseitige Sympathie hin angelegte, emotional fundierte Beziehungsgestaltung aufgegeben und sie hat eine *basale Pädagogik* zu fundieren (Jantzen 1990), wie sie z. B. im Konzept der Basalen Stimulation (Fröhlich), Motopädagogik (Köckenberger), Ästhetischen Erziehung (Theunissen) oder „heilpädagogischen Musiktherapie" (Goll) angedacht ist; zudem hat sie pädagogische Vorhaben und Situationen so zu gestalten, dass:

• nicht unter Zeitdruck gearbeitet wird;
• der Lernende sein Tempo selbst bestimmen kann;
• an lebensgeschichtlichen Erfahrungen oder vertrauten Sachverhalten angeknüpft wird;
• Neugierde geweckt werden kann;
• Lernen Spaß macht;
• der Lernstoff als subjektiv bedeutsam (persönlich einsichtig) erfahren werden kann;
• keine Über- oder Unterforderung statthat;
• der Lernstoff mit vertrauten Begleitumständen ‚verpackt' wird;
• die Lernzeit der Aufmerksamkeitsspanne angepasst wird;
• auf Vermeidung von Ermüdung und Langeweile geachtet wird;
• Anforderungen so gestellt werden, dass sie erfolgreich bewältigt werden können, bevor eine Ermüdung eintritt;
• Lernanforderungen nicht auf einer Frustrationsebene gestellt werden;
• die Aufgabenstellung klar und präzise ist;
• ablenkende Reize ausgeschaltet werden;
• neue Informationen „ganzheitlich" über verschiedene Sinne (multisensorisch) und insbesondere über die am besten ausgebildete Sinnesqualität (Grundmuster) erfahrbar werden;
• Eigenaktivitäten gefördert werden;
• Interferenzen vermieden werden;
• Strukturierungshilfen gegeben werden, so dass die betreffende Person planmäßig, Schritt für Schritt vorgehen kann;
• über einen längeren Zeitraum Wiederholungen statthaben...

Darüber hinaus sind auf der Basis eines positiven pädagogischen Bezugs spezielle Aspekte zu beachten, wenn wir es mit *neuropsychologisch eng umschriebenen Störungen* zu tun haben: So macht es z. B. im Falle einer Rechtshirnschädigung, bei der Raumanalyse bzw. Raumrichtungsstörungen vorliegen, wenig Sinn, eine funktionale Reorganisation der Leistungen durch Aktivierung anzustreben, bei denen aus Einzelteilen ein Ganzes gebildet werden soll, da solche Aufgaben genau jene Fähigkeiten voraussetzen, die zunächst aufzubauen wären. Vielmehr müsste mit einer räumlich gegliederten Ganzheit begonnen werden, die zerlegt und verändert werden könnte (Wais & Wais-Köster 1986; Wais 1990, 102f.). Bei linkshirngeschädigten Menschen mit sequenzrekonstruktiven Störungen könnte nach dem Prinzip des „backward chaining" verfahren werden, indem Handlungssequenzen von hinten aufgebaut werden: „Nehmen wir als Beispiel das Kaffeekochen. Der Therapeut wird dem Patienten zunächst die Aufgabe erklären, sodann wird er dokumentierend alle Handlungsschritte selbst durchführen... Den *letzten* Handlungsschritt, also das Eingießen des heißen Wassers in die Tasse, die einen Löffel löslichen Kaffees enthält, lässt er aus. Der Patient wird jetzt meist selbst wissen, welcher Schritt jetzt notwendig ist, und ihn auch selbst ausführen können... Gelingt ihm das, so bauen wir wieder die gleiche Sequenz auf und lassen nun die *beiden* letzten Schritte weg. Also wir haben noch nicht das Pulver in die Tasse geschüttet. Nun ist es wieder die Aufgabe des Patienten, die fehlenden Schritte zu ergänzen und sie dann vorauszusagen ..." (Wais 1990, 114). Wichtig in dem Zusammenhang ist, dass die pädagogisch-therapeutische Arbeit über nichtgestörte Areale beider Hemisphären erfolgt, also an *vorhandenen Stärken und Fähigkeiten* anknüpft und darauf aufbaut (ein linkshirngeschädigter Mensch, der die Handlungsschritte beim Kaffeekochen völlig durcheinander bringt, führt die einzelne Handlung richtig aus, also braucht diese nicht geübt zu werden). Eine spezielle Therapie erfordert auch das Neglect-Syndrom (z. B. durch bewusste Hinlenkung der Aufmerksamkeit zur vernachlässigten [linken] Seite; Greifübungen mit der linken Hand ...; [ebd., 108f.; Sturm 1989b, 376]).

Rolle des Pädagogen:
Beobachtend, dialogisch, therapeutisch, führend

Perspektiven in Bezug auf Verhaltensauffälligkeiten:
Neuropsychologische Erklärungen können zum *Verständnis* von Menschen mit geistiger Behinderung und Verhaltensauffälligkeiten beitragen, zudem lassen sich durch eine neuropsychologisch orientierte Rehabilitation Verhaltensprobleme als Folge- oder Begleiterscheinungen im Falle spezifischer Funktionsstörungen vermeiden, abbauen oder kompensieren.

Repräsentanten/Bezugsliteratur:
Poeck (1989a); Jantzen (1990; 1998; 2000); Wais (1990); Menzen (1994a); Sacks (1995; 1997); Lurija (1998); Ramachandran (2001)

Querverbindungen:
Basale Stimulation; Sensorische Integration; PLAG; Wahrnehmungs- und Bewegungsförderung nach M. Frostig; Konzept der sog. Verhaltensphänotypen

Beurteilung aus der Sicht des Verfassers:
Den vorausgegangenen Ausführungen ist zu entnehmen, dass es Sinn macht, bei der Planung und Durchführung pädagogisch-therapeutischer Konzepte auch allgemeingültige, neurowissenschaftliche Erkenntnisse und Grundlagen zu beachten. In diesem Sinne kann inzwischen das Konzept der Basalen Stimulation (Fröhlich) neurowissenschaftlich begründet werden (Pickenhain 1998). Ferner lassen sich mit Hilfe neuropsychologischen Wissens Leitprinzipien (Subjektzentrierung; Du-Bezug; basales Lernen; sinnerfülltes Lernen; handelndes Lernen) für eine angemessene Lernförderung (geistig) behinderter Menschen begründen und beschreiben. Wenngleich es sich hierbei nicht um sensationelle Neuentdeckungen handelt (Breitenbach 1996), so erfahren zumindest einige pädagogische Erkenntnisse und Grundsätze (z. B. die Leitprinzipien in unserer Schrift), die bislang eher aus der praktischen Arbeit hervorgegangen sind, weithin ihre Bestätigung. Es sind aber auch in letzter Zeit bemerkenswerte Erkenntnisse aus dem Arbeitsgebiet der Neuropsychologie hervorgegangen, die eine Erweiterung und Spezifizierung der pädagogisch-therapeutischen Arbeitsformen erlauben und in Zukunft verstärkt berücksichtigt werden sollten. Als richtungsweisend können hierzu die Arbeiten von Sacks (1995; 1997) und von Jantzen (1990; 1998; 2000) gelten. Freilich bewegen wir uns auf dem Gebiete einer neuropsychologisch orientierten Arbeit mit Menschen, die als geistig behindert gelten, noch am Anfang, und es bleibt abzuwarten, ob es sich hier um eine fruchtbare Perspektive für das pädagogisch-therapeutische Arbeiten handelt. Wichtig ist es, sich neben den Chancen auch der Ideologieanfälligkeit eines „schädigungsorientierten Konzepts" vor allem im Hinblick auf psychosoziale Auffälligkeiten bewusst zu sein (monokausale Erklärungen; Defizitorientierung). Ferner gilt zu bedenken, dass wir es bei Menschen, die als geistig behindert bezeichnet werden, zumeist mit diffusen Hirnschädigungen zu tun haben, die weite Gebiete des Gehirns betreffen, also nicht eng umschrieben werden können. Demgegenüber spielen als Ursachen neuropsychologisch eng umschreibbarer Funktionsstörungen Hirntumore, vaskuläre Erkrankungen oder Hirntraumen eine zentrale Rolle, weshalb die neuropsychologische Sichtweise für die klinische Rehabilitation (Ergotherapie) von besonderer Bedeutung ist. Nichtsdestotrotz sollten neuropsychologische Erkenntnisse in die (pädagogische) Arbeit mit geistig behinderten Menschen einfließen und dort, wo eine Hemisphärenschädigung oder Funktionsstörung ausgemacht werden kann, besonders beachtet werden.

• „Verhaltensphänotypisch" orientierte Förderung und Lebenshilfe

Zielgruppe:
Vor allem Menschen mit geistiger Behinderung

Definition und Ziele:
Wie bei der neuropsychologisch orientierten Lernförderung und Therapie verstehen wir unter einer „verhaltensphänotypisch" orientierten Förderung und Lebenshilfe kein eng umschriebenes Verfahren, sondern einen *subjektzentrierten Ansatz,* der ausgehend von der Beschreibung eines sog. Verhaltensphänotyps darauf zielt, Stärken und Fähigkeiten betroffener Menschen aufzugreifen, zu unterstützen und zu entfalten sowie im Hinblick auf syndromspezifische Entwicklungs- und Verhaltensprobleme lebensbegleitende, entwicklungsfördernde und „passgenaue" pädagogisch-therapeutische Hilfen zu geben (Sarimski 1997).

Theoretische Bezugspunkte und Überlegungen:
Das im angloamerikanischen Sprachraum (Dykens 1995; Dykens & Hodapp 2001) mittlerweile viel diskutierte Konzept der Verhaltensphänotypen (behavioral phenotypes) gewinnt auch hierzulande zur Erklärung von Verhaltensauffälligkeiten bei Menschen mit geistiger Behinderung zusehends an Bedeutung (Seidel 2002a). Unter einem Verhaltensphänotyp versteht Sarimski (1997, 15) „eine Kombination von bestimmten Entwicklungs- und Verhaltensmerkmalen, die bei Kindern und Erwachsenen mit einem definierten genetischen Syndrom mit einer höheren Wahrscheinlichkeit auftritt als bei Kindern und Erwachsenen mit einer Behinderung anderer Ursache." Mit dieser Definition grenzt sich Sarimski von monokausalen Sichtweisen ab, die z. B. eine genetische Determinierung bestimmter Verhaltensauffälligkeiten (z. B. aggressives Verhalten) behaupten und diese nur durch Gendefekte zu erklären versuchen. Unter seriösen Forschern auf dem Gebiete der Humangenetik, Verhaltensmedizin und Psychiatrie, die „klinische Syndrome" geistiger Behinderung zu bestimmen und zu beschreiben versuchen, besteht Übereinstimmung darin, dass es unzulässig ist, Verhaltensauffälligkeiten oder psychische Störungen auf ein einzelnes Gen oder auf eine bestimmte Gen-Konstellation zurückzuführen (dazu auch Kusch & Petermann 2001, 46f.). Stattdessen wird bei bestimmten klinischen Bildern (Genotypen) nur von einer genetisch determinierten Prädisposition im Sinne einer *erhöhten Vulnerabilität* für spezifische Verhaltensauffälligkeiten ausgegangen. „Eigenschaften, Merkmale oder auch krankhafte Abweichungen des Organismus bilden sich in der Wechselwirkung von Genotyp und Umweltfaktoren heraus. Sie werden also nicht unmittelbar vererbt, sondern können nur als Genotyp, als Erb*anlage,* vererbt werden" (Seidel 2002b, 4); und das bedeutet, dass Umweltfaktoren einen ausgeprägten Einfluss darauf haben, wie sich eine genetisch determinierte Vulne-

rabilität auf der Verhaltens- und Gefühlsebene manifestiert. Insofern ist bei einem bestimmten Gendefekt (z. B. Schädigung des 15. Chromosoms), der einem bekannten klinischen Syndrom bei geistiger Behinderung (z. B. Prader-Willi-Syndrom) zugrunde liegt, lediglich das Risiko erhöht, auffälliges Verhalten (z. B. zwanghafte Suche nach Nahrung) zu entwickeln, woraus aber nicht schlussgefolgert werden darf, dass bei einer erhöhten Vulnerabilität „verhaltensphänotypische" Auffälligkeiten auftreten *müssen*. Daher ist es „wichtig, um inter- und intraindividuelle Unterschiede zu wissen. Nicht alle Kinder mit Prader-Willi-Syndrom entwickeln die ungebremste Neigung zum Essen in gleichem Maße, nicht alle Kinder mit Cornelia-de-Lange-Syndrom entwickeln autoaggressive Verhaltensweisen, nicht alle Kinder mit fragilem-X-Syndrom sind gleichermaßen überaktiv" (Sarimski 1997, 8). Diese Erkenntnis, die ebenso für das Lesch-Nyhan-Syndrom gilt, welches – wie schon an anderer Stelle erwähnt – auch ohne Selbstverstümmelungstendenz beobachtet worden ist, unterstreicht geradezu die Notwendigkeit, Festschreibungen, Etikettierungen, deterministische, voreilige oder gar nihilistische Schlussfolgerungen und Prognosen zu vermeiden, um den pädagogischen und therapeutischen Handlungsspielraum nicht unnötiger Weise einzuengen. Allein die Mitteilung von charakteristischen Entwicklungs- und Verhaltensmerkmalen im Sinne eines Verhaltensphänotyps kann nämlich Irritationen oder Unsicherheiten in der Einstellung, Kommunikation und Interaktion befördern „und zu einer sich selbst erfüllenden Prophezeiung werden" (ebd., 8). Entscheidend ist somit immer auch die Frage, unter welchen Bedingungen Menschen mit einem bekannten klinischen Syndrom die verhaltensphänotypisch erwarteten Auffälligkeiten zeigen und unter welchen Bedingungen das Verhalten in sozial erträglicher Weise selbstgesteuert werden kann und die Umwelt oder Bezugspersonen mit den Betroffen weithin unkompliziert kommunizieren und interagieren können. Alles in allem dürfen somit „verhaltensphänotypische" Auffälligkeiten nicht einzig und allein als personinhärente Merkmale oder Probleme ausgelegt werden – und erst recht nicht als „genetisch festgelegte" Verhaltensmuster (ebd., 22) – sondern erst das reziproke Zusammenwirken biologisch-organischer, psychischer und sozialer Aspekte trägt zur Erklärung sowohl von Verhaltensproblemen wie auch – und das sollte nicht in Vergessenheit geraten – von „verhaltensphänotypischen" Stärken und Fähigkeiten bei, die im Einzelfalle für die Konzeptentwicklung genutzt werden können. In diesem Sinne kann Sarimskis (1997, 216) Einschätzung syndromspezifischer Verhaltensprobleme beim Cornelia-de-Lange-Syndrom als allgemeine Richtschnur für den Umgang mit sog. Verhaltensphänotypen betrachtet werden: „Die Hintergründe dieser selbstverletzenden Verhaltensweisen sind bisher kaum geklärt. Es ist jedoch wahrscheinlich, dass sie in einigen Fällen Ausdruck körperlicher Schmerzen und Missbehagens sind (z. B. bei Reflux, Infektionen der oberen Luftwege oder des Mittelohrs, Zahn- und Kopfschmerzen). In anderen Fällen sind sie durch Überforderung und Reizüberflutung bedingt. Eine sorgfältige Analyse der Bedingungen und kommunikativen Funktionen der schwierigen Verhaltensweisen (...) ist Voraussetzung für eine erfolgreiche Intervention." Im Folgenden haben wir nun auf Wunsch vieler in der Behindertenarbeit Tätigen ähnlich wie im vorausgegangenen Kapitel einige klinische Syndrome stichwortartig aufgeführt, bei denen mit hoher Wahrscheinlichkeit Entwicklungsbeeinträchtigungen (geistige Behinderung) und Verhaltensauffälligkeiten auftreten können (genauere Ausführungen Sarimski 1997; 2003b; Neuhäuser 1999; auch Luckasson et al. 2002, 138f.).

• *Fragiles-X-Syndrom* (1: 2000 – 1: 5000 geschätzte Häufigkeit)
Klinische Besonderheiten:
Gendefekt: brüchige Stelle am langen Arm des X-Chromosoms; überstreckbare Gelenke; anfallsgefährdet; kardiologische Auffälligkeiten als „Phänotypmerkmale"; Vergrößerung des Hodens
(Häufige) Entwicklungsbesonderheiten und Verhaltensprobleme:
Überaktivität; mangelnde Impulskontrolle; Vermeiden von Blickkontakt; Beißen in die eigene Hand; soziale Scheu; depressive Tendenzen, sprachliche Perseverationen; Probleme bei der visuellen Gestaltgliederung; Diskrepanz zwischen Verbal- und Handlungs-IQ
(Typische) Stärken:
freundlich; bewegungsfreudig; lässt sich begeistern; interessiert an Umwelt; lebenspraktische Selbstständigkeit und Fähigkeiten; soziale Kooperationsfähigkeiten (mit Beginn der Pubertät)
• *Prader-Willi-Syndrom* (1: 15000 geschätzte Häufigkeit)
Klinische Besonderheiten:
Gendefekt (Erkrankung des 15. Chromosoms); gesteigerter Appetit; Übergewicht; Herz-Kreislaufprobleme; leicht vermindertes Wachstum; Skoliose; mangelnde Ausbildung der Genitale
(Häufige) Entwicklungsbesonderheiten und Verhaltensprobleme:
Passivität; „dranghaftes" Essen; häufige Zornesausbrüche; Impulsivität; zwanghafte Suche nach Nahrung; Schläfrigkeit; Langsamkeit; Stimmungsschwankungen; Sturheit; verzögerte Sprachentwicklung
(Typische) Stärken:
freundlich; lustig; gutmütig; hohe Ausdauer und Konzentration; starker Ordnungssinn; hohe lebenspraktische Kompetenzen; gute visuelle Gestaltgliederungsfähigkeit; ausgesprochene Vorlieben für bestimmte Interessen (z. B. Puzzle); bestehend auf feste Gewohnheiten

• *Rett-Syndrom* (1: 15000 – 1: 23000 geschätzte Häufigkeit)
Klinische Besonderheiten:
Unregelmäßiger Entwicklungsverlauf; Wachstumsverlangsamungen; sekundäre Mikrozephalie; Rumpfataxie/apraxie; Spastizität; Skoliose; Vorkommen fast ausschließlich bei Mädchen
(Häufige) Entwicklungsbesonderheiten und Verhaltensprobleme:
Selbstverletzendes Verhalten wie Handbeißen, Kopfschlagen; depressive Stimmungen, Gefühlsschwankungen; autistische Tendenzen; Sprachverlust; Schlafstörungen; verändertes Schmerzempfinden; stereotype Handbewegungen und „Waschbewegungen"; Gangstörungen; Zähneknirschen; häufig schwere geistige Behinderung
(Typische) Stärken:
lächeln; interessiert an Musik und Rhythmusinstrumenten; bringt Emotionen gerne zum Ausdruck; kommuniziert gerne auf non-verbale Weise (z. B. mit Bildkarten); Interesse an der zielgerichteten Manipulation mit Gegenständen (Effekte erzeugen)
• *Williams-Beuren-Syndrom* (1: 20000 – 1: 50000 geschätzte Häufigkeit)
Klinische Besonderheiten:
Mikrodeletion am Chromosom 7; niedriger Muskeltonus; Überstreckbarkeit der Gelenke; typische Gesichtsdysmorphien („Elfengesicht"); sternförmiges Irismuster; auditive Hypersensibilität; Herzfehler; Minderwuchs
(Häufige) Entwicklungsbesonderheiten und Verhaltensprobleme:
schwere Ernährungsschwierigkeiten in den ersten Lebensjahren; Probleme der motorischen Koordination und beim Krafteinsatz; leichte Ablenkbarkeit; Überempfindlichkeit für Geräusche; Probleme bei der visuell-räumlichen Wahrnehmung und Bewältigung entsprechender Aufgaben; Konzentrationsschwierigkeiten; soziale Isolierungstendenz; Überaktivität
(Typische) Stärken:
sozial zugewandt; freundlich; ausgeprägte Redegewandtheit; gute sprachliche Ausdrucksfähigkeiten und Gedächtnisleistungen; Stärken im Umgang mit sprachlichen Begriffen
• *Cornelia-de-Lange-Syndrom* (1: 30000 – 1: 50000 geschätzte Häufigkeit)
Klinische Besonderheiten:
Dysmorphiesyndrom; multiple angeborene Fehlbildungen; Mikrozephalie; Minderwuchs; schwere Ernährungsprobleme (in den ersten Lebensjahren); häufiges Erbrechen
(Häufige) Entwicklungsbesonderheiten und Verhaltensprobleme:
Selbstverletzendes Verhalten wie Kopf schlagen, beißen, sich kratzen; „exzessives" Schreien (mitunter Hinweis auf körperliche Schmerzen); Probleme bei der visuellen Perzeption; Zornesausbrüche; stereotype Verhaltensweisen (rhythmisches Schaukeln)

(Typische) Stärken:
lächeln; „schmusig"; interessiert an der Sachwelt; originelle Bewegungen; lebens-praktische Fähigkeiten; differenzierte gestische Ausdrucksmittel; Interesse an so-zialer Kommunikation

• *Smith-Lemli-Opitz-Syndrom* (1: 40000 geschätzte Häufigkeit)
Klinische Besonderheiten:
autosomalrezessiv vererbte Mutation wird vermutet; Mikrozephalie; Strabismus oder Katarakt, die das Sehvermögen behindern; hohe frühe Sterblichkeitsquote (Pneumonie); Verminderung des Hirnvolumens, Fehlen von Hirnteilen (z. B. Frontallappenhypoplasie)
(Häufige) Entwicklungsbesonderheiten und Verhaltensprobleme:
Ernährungsprobleme im Säuglingsalter; Tendenzen zu autoaggressivem Verhal-ten (evtl. durch Sehbehinderung befördert)
(Typische) Stärken:
müssen individuell erkundet werden (allg. Beschreibungen fehlen)

• *Lesch-Nyhan-Syndrom* (1: 380000 geschätzte Häufigkeit)
Klinische Besonderheiten:
Metabolischer Defekt; X-Chromosomerkrankung; progrediente – vorwiegend dyskinetische Cerebralparese; in Bezug auf Autoaggressionen werden Störungen im Dopamin-Neurotransmittersystem angenommen (Übersensitivität für Dopamin); begrenzte Lebenserwartung
(Häufige) Entwicklungsbesonderheiten und Verhaltensprobleme:
zwanghaftes selbstverletzendes Verhalten wie Beißen an Fingern, Händen, Lip-pen; dabei Tendenzen zur Selbstverstümmelung; Kopfschlagen
(Typische) Stärken:
sprachliches Verständnis und schlussfolgerndes Denken; kommunikativ; sozial zugewandt; hilfsbereit und sozial sensibel; interessiert an der Umwelt

• *Sanfilippo-Syndrom* (1: 500000 geschätzte Häufigkeit)
Klinische Besonderheiten:
Enzymdefekt (Mukopolysacharidose); Minderwuchs; Gelenkversteifung; Kon-trakturen; anfallsgefährdet; Schlafstörungen; frühe Entwicklung zu Demenz; be-grenzte Lebenserwartung
(Häufige) Entwicklungsbesonderheiten und Verhaltensprobleme:
Überaktivität; Reizbarkeit; aggressiv-impulsive Reaktionen; Ängstlichkeit; Kontaktstörung
(Typische) Stärken:
müssen individuell erkundet werden (allg. Beschreibungen fehlen)

• *Rubinstein-Taybi-Syndrom* (1:500 geschätzte Häufigkeit)
Klinische Besonderheiten:
Deletion oder Mutation auf Chromosom Nr. 16q; Kleinwuchs, Mikrozephalie, körperliche Anomalien;

(Häufige) Entwicklungsbesonderheiten und Verhaltensprobleme:
Essprobleme im Säuglingsalter; verlangsamte Sprachentwicklung; steifer, unsicherer Gang; gelegentliche Impulsivität verbunden mit Stimmungsschwankungen, oft ängstlich; Neigung zu Tics, drang- und zwanghaftem sowie autoaggressivem Verhalten, hohe Irritierbarkeit
(Typische) Stärken:
kontaktfreudig, freundlich und zugewandt; imitieren gerne; starkes Interesse für Musik
• *Smith-Magnesis-Syndrom*
Klinische Besonderheiten:
Ursache: Deletion am Chromosom Nr. 17; Kleinwuchs, Mikrozephalie; Mittelohrschwerhörigkeit
(Häufige) Entwicklungsbesonderheiten und Verhaltensprobleme:
keine oder stark verzögerte Sprachentwicklung, auffallend tiefe Stimme; schwere Schlafstörungen, phasenhafte Müdigkeit; Neigung zu Stereotypien, Jaktationen und selbstverletzenden Verhaltensweisen, mangelnde Impulskontrolle, Hyperaktivität; eigenartige Arm- und Handbewegungen (Selbstumarmung)
(Typische) Stärken:
müssen individuell erschlossen werden (allg. Beschreibungen fehlen)
• *Katzenschrei-Syndrom* (1: 50000 geschätzte Häufigkeit)
Klinische Besonderheiten:
Ursache: Deletion am Chromosom Nr. 5; oft pränatale Dystrophie; Mikrozephalie; Atemstörungen, Trinkschwäche; Fingerkontrakturen und tiefe Hautfurchen; Herzfehler
(Häufige) Entwicklungsbesonderheiten und Verhaltensprobleme:
charakteristisches (monotones) Schreien wie ein Miauen bei Neugeborenen und Säuglingen; ungelenke Bewegungen; mitunter destruktiv-reizbar und autoaggressiv
(Typische) Stärken:
liebenswert-freundlich

Setting/Raum:
Reale Lebenswelt

Medien/Mittel:
Alltägliche Dinge; in der Regel werden keine speziellen Materialien benötigt.

Sozialform:
In der Regel Einzelarbeit

Vorgehensweise:
Einer „verhaltensphänotypisch" orientierten Förderung und Lebenshilfe geht

eine humangenetische, medizinische (pädiatrische, psychiatrisch-neurologische) und (entwicklungs-)psychologische Untersuchung voraus, um ein bestimmtes klinisches Syndrom mit charakteristischen Verhaltensmerkmalen diagnostizieren zu können (Sarimski 1997; Neuhäuser 1999). Wesentliche diagnostische Orientierungshilfen und Instrumente der (entwicklungs-)psychologischen und medizinischen Untersuchung sind dabei die (Entwicklungs-)Psychopathologie, spezielle Tests und syndromspezifische Beobachtungsverfahren, Befragungsbögen für Bezugspersonen zur Erfassung charakteristischer Merkmale eines sog. Verhaltensphänotyps, qualitative Situations-, Interaktions- und Verhaltensbeobachtungen (am besten mit Videoaufzeichnungen und -analysen, um u. a. Zusammenhänge zwischen dem Verhalten des Betroffenen und seiner Umgebung zu erfassen) sowie die üblichen Explorationsgespräche mit dem Betroffenen und/oder seinen Bezugspersonen (Sarimski 1997, 15ff.). Um eine einseitige Diagnostizierung von Auffälligkeiten zu vermeiden, ist es von Beginn an wichtig, auch typische bzw. individuelle Stärken, syndromspezifische Bedürfnisse wie auch Umweltressourcen zu beachten. Außerdem gilt es – und das darf (auch) im Falle einer „verhaltensphänotypisch" orientierten Praxis nicht zu kurz kommen – die Identität und subjektive Wirklichkeitskonstruktion zu erkunden, die sich ein Betroffener „unter dem Druck der Bedingungen" (klinisch-phänotypischer und sozial-reaktiver Art) erschlossen und erschaffen hat (hierzu auch Sacks 1997, 16, 196). Kein geistig behinderter Mensch mit einem bekannten „klinischen Syndrom" ist wie der andere. Die Verhaltensausprägungen eines Syndroms sind in keinem Fall gleich. Wollen wir daher nicht nur eine Erklärung für bestimmte Verhaltensmerkmale, sondern den Betroffenen auch „verstehen", bedarf es dazu der rehistorisierenden Betrachtung, einer umfassenden Aufbereitung der Lebensgeschichte.

Der Diagnose folgt sodann die Planung spezifischer Maßnahmen und Hilfen, die sich zum einen auf kontextuelle Veränderungen und auf die Arbeit mit den Bezugspersonen beziehen, um möglichst günstige Resonanzen zwischen dem Betroffenen und seiner Umwelt zu erzielen (person-environment-fit; person-environment-interplay). Zum anderen geht es um die konkrete Arbeit mit dem Betroffenen, die wir als Förderung und Lebenshilfe ausweisen: Ihr Ausgangspunkt sollen die individuellen Stärken sein, die es für die Fundierung einer positiven Beziehungsgestaltung sowie für entwicklungsfördernde und identitätsstiftende Prozesse nutzbar zu machen gilt. Wissen wir z. B. um die Stärken (hohe Sprachgewandtheit) eines Kindes mit dem Williams-Beuren-Syndrom, so könnten wir diese Fähigkeit für Rollenspiele und für ein verhaltensmodifikatorisches Selbstinstruktionsprogramm aufgreifen, indem das betreffende Kind angeregt wird, sich bei bestimmten Handlungsschritten selbst Anweisungen zu geben (Sarimski 1997, 95). In dem Falle lernt der Betroffene auf dem Hintergrund seiner Stärken Kompensationstechniken zu nutzen, die ihm eine verbesserte Handlungskontrolle zur Bewältigung von Lebensaufgaben sowie günstigere soziale Austauschprozesse, Kommunikationen und Interaktionen erlauben. Leidet er darüber hinaus an einer Geräuschüberempfindlichkeit, so könnten auf der Basis einer positiven Beziehung entspannte Situationen (z. B. relaxen auf einem Wasserbett oder in einem Snoezel-Entspannungsraum) hergestellt werden, in denen dann eine systematische Desensibilisierung statthat, indem z. B. über einen CD-Player ihm unangenehme Geräusche (Musik) sekundenhaft gesteigert eingeblendet werden (hierzu ebd., 96). Handelt es sich bei dem Erwerb von Kompensationstechniken um eine „verhaltensphänotypisch" orientierte Förderung, so betrachten wir das Angebot der Desensibilisierung als einen subjektzentrierten Beitrag zur Lebenshilfe. Ein solches Unterstützungsmanagement kann freilich nur *individualisiert* erschlossen werden, wobei die speziellen Angebote häufig subjektzentrierte Modifikationen bekannter heilpädagogischer oder therapeutischer Verfahren (Basale Stimulation; Sensorische Integration; heilpädagogische Musiktherapie; Unterstützte Kommunikation ...) darstellen (ebd., 131f., 316ff.).

Rolle des Pädagogen:
Einfühlsam, dialogisch, unterstützend, auch therapeutisch-führend

Perspektiven in Bezug auf Verhaltensauffälligkeiten:
Den Ausführungen Sarimskis (1997; 2003b) zur Folge kann eine im oben beschriebenen Sinne „verhaltensphänotypisch" orientierte Förderung und Lebenshilfe im Hinblick auf Abbau, Bewältigung oder Kompensation von Verhaltensauffälligkeiten als zweckmäßig und hilfreich eingeschätzt werden.

Repräsentanten/Bezugsliteratur:
Dykens (1995); Sarimski (1997; 2003b); Seidel (2002a); Neuhäuser (1999)

Querverbindungen:
Neuropsychologisch orientierte Lernförderung und Therapie

Beurteilung aus der Sicht des Verfassers:
Forschungen auf dem Gebiete der Konzeptualisierung sog. Verhaltensphänotypen werden erst seit wenigen Jahren intensiv betrieben (dies fast ausschließlich im angloamerikanischen Sprachraum), und es gibt deutliche Anzeichen dafür, dass wir in den nächsten Jahren mit einer Fülle an neuen Entdeckungen und Erkenntnissen in Bezug auf „klinische Syndrome", sog. Geno- und Verhaltensphänotypen bei geistiger Behinderung konfrontiert werden. Diese Entwicklung und ihre Resultate stellen ohne Zweifel eine große Herausforderung für die Heilpädagogik dar, die sich damit auseinandersetzen muss, wenn sie ihren Anspruch und ihr fachliches Selbstverständnis in Bezug auf eine qualifizierte Arbeit aufrechterhalten will. Auf den ersten Blick scheint eine „verhaltensphänotypisch"

orientierte Förderung und Lebenshilfe eine vielversprechende Angelegenheit zu sein, und daher wird sie auch von einer immer größer werdenden Zahl an fachlich interessierten Medizinern und Psychologen als ausgesprochen fruchtbar eingeschätzt. „Die sinnvolle Anwendung des Konzepts der Verhaltensphänotypen kann... eine ausgeprägte präventive Funktion für psychische Störungen haben, wenn die konkreten Stärken und Schwächen der Reiz- und Informationsverarbeitung bei einem individuell gegebenen genetischen Syndrom bekannt und in der Gestaltung der Förder- und Betreuungsbedingungen beachtet werden... Als Beispiel diene wiederum das Williams-Syndrom..., bei dem einerseits deutliche Schwächen im Bereich der visuell-räumlichen Fähigkeiten bestehen, die offenkundig in enger Verbindung mit der Beeinträchtigung lebenspraktischer Fähigkeiten und motorischer Fertigkeiten stehen... Die kommunikativen Stärken, verbunden mit einem fast überangepasst freundlichen Wesen, führen leicht zur Überschätzung der intellektuellen Fähigkeiten. Diskrepanzen zwischen Anforderungen an eine Person einerseits und ihren Fähigkeiten und Fertigkeiten andererseits können jedoch zur Ausbildung psychischer Störungen beitragen" (Seidel 2002b, 6). Die Protagonisten des Konzepts der Verhaltensphänotypen erhoffen sich somit sowohl in psychopharmakologischer Hinsicht als auch in sozialer verbesserte, d. h. gezielte Therapie-, Beratungs- und Fördermöglichkeiten (Sarimski 2003b, 403f.). Das ist im Prinzip nicht unredlich und daher sollten die Chancen, die das Konzept der sog. Verhaltensphänotypen bietet (z. B. verbesserte Kommunikation und Interaktionen), auch genutzt werden. Diese dürfen allerdings nicht überschätzt werden und es bestehen nur dann Chancen, wenn eine reflektierte und selbstkritische Betrachtung des Konzepts statthat. Denn machen wir uns nichts vor: so, wie wir in aller Kürze das Konzept der sog. Verhaltensphänotypen für die handlungspraktische Ebene anskizziert haben (vor allem mit dem Blick auf Stärken, Umwelteinflüsse und reziproke Zusammenhänge), ist es längst noch nicht selbstverständlich, und es wäre naiv anzunehmen, dass es in diesem Sinne immer auch seine Anwendung und praktische Umsetzung erfährt. Wohl kein anderes Konzept wie das hier beschriebene ist so ideologieanfällig, birgt so schwerwiegende Risiken im Hinblick auf Missverständnisse, Verkürzungen, Etikettierungen und einen Missbrauch. Dies hängt mit seinem Ausgangspunkt zusammen, den die humangenetische Forschung betrifft (hierzu kritisch Theunissen 1997a, 51ff.). Sie ist alles andere als von einem Missbrauch (z. B. eugenisch orientierte Gesundheitspolitik; Bevölkerungsgenetik) befreit (Fuchs 1996; Rifkin 1998; Habermas 2001). Wer garantiert uns, dass nicht auf Dauer die Suche nach genetischen Schädigungen, die Bestimmung und Beschreibung ‚klinischer Syndrome‘ und sog. Verhaltensphänotypen in eine völlig andere Richtung als in die hier anskizzierte verläuft, indem von der genetischen Struktur anfällige Menschen mit geistiger Behinderung und Verhaltensauffälligkeiten selektiert und für zukünftige humangenetische bzw. biomedizinische, fremdnützige Experimente und „Krankheitsverhütungsmaßnahmen" (Abtreibung, Sterilisation, Gentherapieversuche; Genmanipulationen; Hirngewebstransplantationen; Keimbahntherapie...) in Betracht gezogen werden? „Schließlich entstehen aus dem Konzept von Verhaltensphänotypen *schwierige Fragen bei der pränatalen Diagnostik und Beratung*. Mit den wachsenden Möglichkeiten zu pränataler Diagnostik fragen immer mehr Eltern nach den Entwicklungsmöglichkeiten, die ein identifiziertes Syndrom für ihr werdendes Kind offen lässt, und beziehen sie in ihre Entscheidungsfindung über Fortsetzung oder Abbruch der Schwangerschaft ein. Ethische Grundsatzfragen und Fragen der psychologischen Beratung von Eltern in dieser Grenzsituation ihres Lebens können an dieser Stelle nicht angemessen diskutiert werden. Es sei aber darauf hingewiesen, dass vermehrtes Wissen über Entwicklungsperspektiven und interindividuelle Unterschiede bei Kindern mit definierten genetischen Syndromen den Eltern ihre Entscheidung nicht unbedingt leichter macht" (Sarimski 1997, 9). Und ist nicht die Versuchung, von einer genetischen Schädigung aus unmittelbar auf das Verhalten und Erleben (Charaktereigenschaften) eines Menschen zu schließen, zu verlockend, als dass die Sozial- und Gesundheitspolitik ihr langfristig widerstehen könnte? Aus den USA wissen wir, dass es für Eltern behinderter Kinder, bei denen eine genetische Schädigung (klinisches Syndrom) festgestellt wurde, immer schwieriger wird, eine Krankenversicherung abzuschließen... (Fuchs 1996, 26f.; 216f.). Vor diesem Hintergrund ist es verständlich, ja notwendig, dass es auch Vorbehalte, kritische Positionen (Jantzen & Schnittka 2001) und warnende Stimmen in Bezug auf das Konzept der sog. Verhaltensphänotypen gibt, denn über eines sind wir uns wohl alle einig: Eine Neuauflage biologistischen Denkens und Handelns bis hin zur Definition und Vernichtung „lebensunwerten Lebens" darf nie wieder sein (Theunissen 1997a; Speck 2003, 135ff., 147ff.; Sacks 1997, 401).

5.3.2 Konklusion in Bezug auf ein lebensweltorientiertes Gesamtkonzept

Alles in allem stellen wir fest, dass die Spezielle Pädagogik (Heilpädagogik) über eine breite Palette an zum Teil sehr unterschiedlichen Arbeitsformen verfügt, deren Effektivität in Bezug auf eine Auflösung von Verhaltensauffälligkeiten bei Menschen mit geistiger Behinderung bislang kaum wissenschaftlich erforscht wurde. Zwar gibt es nicht selten positive und ermutigende Berichte aus der Praxis, dennoch bewegen sich viele Verfahren auf einer eher spekulativen Ebene. Daher macht eine wissenschaftliche Konzeptforschung im Bereich der Behindertenarbeit als Beitrag für eine Qualitätsentwicklung Sinn. Ein weiteres Problem, das nicht unterschätzt werden darf, besteht in der Gepflogenheit, die Verfahren und entsprechende Praxis als „Therapie" auszulegen. Damit gehen häufig unreflektierte Denkvoraussetzungen und Vorstellungen eines heilpädagogischen Arbeitens einher, die dem engen Paradigma der klinischen Therapie verhaftet sind (kritisch hierzu Haeberlin 1996, 17ff.). Hier sei nur erwähnt, dass die Spezielle Pädagogik als Zweig der Allgemeinen Pädagogik im Bereich der Erziehungswissenschaften verortet ist und nicht als eine „angewandte Psychiatrie" oder „angewandte Psychopathologie" mit dem Ziel des „Gesundmachens" oder „Heilens" missverstanden werden darf (Speck 2003, 49).

Die Spezielle Pädagogik ist somit auch keine Heil-Hilfsdisziplin, etwa im Sinne einer Beschäftigungstherapie, Ergotherapie oder Physiotherapie. Diese Konzepte setzen häufig die spezielle Arbeit mit geistig behinderten Menschen „absolut", indem sie sich auf das orthodoxe Therapiemodell stützen, ein- oder zweimal wöchentlich individuumzentrierte Behandlungs- oder Förderstunden in speziellen Therapiezentren oder -räumen vorsehen und dabei das klassische Arzt-Patienten-Verhältnis festschreiben. Wie ineffektiv dieses klinische Setting und System in der Arbeit mit geistig behinderten Menschen ist, geht sehr oft aus informellen (inoffiziellen) Berichten von Mitarbeitern aus großen Komplexeinrichtungen hervor, in denen die klinisch-therapeutische Praxis zum Teil noch weit verbreitet ist. Nach Darstellungen vieler Mitarbeiter sowie nach eigenen Beobachtungen kommt es immer wieder vor, dass eine behinderte Person über einen längeren Zeitraum ein- oder zweimal wöchentlich mehreren Spezialisten anvertraut wird bzw. verschiedene Therapie- oder heilpädagogische Förderangebote (Musik-, Kunst-, Beschäftigungs-, Reit- oder körperorientierte Therapie, Basale Stimulation) erhält, die jedoch kaum zu mehr Autonomie und Handlungskompetenz sowie zu einer wesentlichen Verhaltensänderung (Abbau von Verhaltensauffälligkeiten) beitragen. Dies hängt damit zusammen, dass oftmals die Frage nach dem Sinn der Angebote im Hinblick auf Selbstbestimmungsmöglichkeiten, Wünsche und Lebenszukunft eines Betroffenen unzureichend geklärt wird (dazu Turnbull & Turnbull III 2001, 102f.), ein Gesamtkonzept fehlt und somit ein zusammenhangloses heilpädagogisches, therapeutisches und alltägliches Handeln statthat, wobei die Hilfen (bzw. helfenden Berufe) nicht selten miteinander konkurrieren. Zudem gerät bei dieser Art der Übertherapeutisierung der Alltag als zu veränderndes Moment leicht aus dem Blick, indem zum Beispiel klinisch orientierte Versorgungsprinzipien in der primären Lebenswelt (Wohngruppe) aufrechterhalten werden. Was nutzen aber einem geistig behinderten Menschen „schöne" Musik-, Kunsttherapie- oder Snoezelstunden, wenn er tagein, tagaus unter einem „stationären" Wohnmilieu fremdbestimmt wird, keine Möglichkeiten erhält, an der Kontrolle und Verfügung über die eigenen Lebensumstände mitzuwirken? Derlei widersprüchlichen Situationen begegnen wir vor allem in traditionellen Behindertenheimen, in denen zwar viel von Therapie und Förderung, relativ selten aber von einem autonomen Wohnen unter „normalen" (häuslichen) Lebensbedingungen die Rede ist (Theunissen 2004c).

Einige Institutionen haben dieses Problem inzwischen erkannt, indem sie in der Arbeit mit geistig behinderten und verhaltensauffälligen Menschen ein „therapeutisches Wohnmilieu" auf der Basis eines lebensweltorientierten Konzepts gegenüber einem „therapeutischen Zentrum" oder einer Förderstätte mit klinischem Setting priorisieren (so auch Bober 2002, 217; Risley 2001). Der Begriff der Therapie wird hierbei „im weiteren Sinne" benutzt, indem er eine generelle Aktivierung, Ich-Stützung und Autonomieentwicklung eines Betroffenen in seiner vertrauten Lebenswelt zum Ziele hat. Eine Therapie „im engeren Sinne" (*Anmerkung* 19) ist dagegen nur dann angesagt, wenn das spezielle pädagogische Konzept zur (Auf-)Lösung und zur Bewältigung von Verhaltensproblemen nicht ausreicht (Lingg & Theunissen 2000). Die Absolutsetzung bzw. der isolierte Einsatz einer Therapie ist gleichermaßen verfehlt wie ein entkontextualisiertes Angebot aus dem Spektrum der Speziellen Pädagogik. Es geht nicht an, dass heilpädagogische oder therapeutische Dienste ihr Programm fern ab von der Lebenswelt eines geistig behinderten Menschen durchführen und dabei die Lebensumstände als „unabänderlich" erachten (Risley 2001; auch Carr et al. 1999). Entscheidend für ein tragfähiges Konzept ist es, die Zusammenhänge zwischen Verhaltensauffälligkeiten und konkreten Lebensbedingungen mit Blick auf Chancen der Realisierung originärer menschlicher Bedürfnisse und Interessen zu eruieren (auch Kapitel 2.4; 5.2.8). Das heißt, dass Lebensbedingungen von Menschen mit geistiger Behinderung immer dann zu verändern sind, wenn sie einen „totalitären" Charakter implizieren, zum Beispiel den grundlegenden Bedürfnissen nach haltgebender, zwischenmenschlicher Kommunikation, Identität und Autonomie durch Kontrolle und Verfügung über die eigenen Lebensumstände abträglich sind, individuelle Wünsche, Lebensziele, Interessen wie auch Rechte (z. B. Partizipation) ignorieren und letztlich durch entsprechende Einschränkungen (insbesondere von Selbstbestimmung) einen fruchtbaren Boden für Verhaltensauffälligkeiten bilden (auch Bambara, Cole & Koger 1998).

Derlei Zusammenhänge sowie die damit verknüpften Implikationen für die handlungspraktische Ebene, die stets auch politisch begriffen werden muss, sind in den letzten Jahren vor allem im *Empowerment-Konzept* thematisiert worden (Oliver 1996; Theunissen 2000; Ramcharan et al. 2002a). Empowerment verweist auf einen Prozess, in dem Betroffene (hier Menschen mit geistiger Behinderung) mit oder ohne Unterstützung selbst Kräfte entwickeln und Initiative ergreifen, ihre Interessen durchzusetzen und ihre Lebensumstände zu gestalten. Das damit verbundene Bedürfnis nach Autonomie (Selbstbestimmung) bzw. in eigener Sache zu entscheiden und zu handeln, wird im Empowerment-Konzept bei jedem Menschen vorausgesetzt. Dies schließt aber nicht aus, dass im Einzelfalle Selbstbestimmung revitalisiert oder gar erst geweckt und entwickelt werden muss (Bambara, Cole & Koger 1998; Wehmeyer, Agran & Hughes 1999; Theunissen

2000; Tilstone & Barry 2001; Lindmeier & Lindmeier 2003). Entscheidend ist, dass der Einzelne darin unterstützt wird, seinen eigenen Weg zu finden, und hierzu können Unterstützerkreise, sog. „Action Groups" (Turnbull) und Persönliche Zukunftsplanungen wesentlich weiterhelfen (Kapitel 5.2.8). Darauf hat sich nicht nur die allgemeine Alltagsarbeit, sondern gleichfalls die Spezielle Pädagogik einzustellen, die als Einzelhilfeangebot mit dem persönlichen Zukunftsplan kompatibel bzw. abgestimmt sein muss und daher am besten im Rahmen einer solchen Planung Eingang finden sollte (dazu auch Turnbull & Turnbull III 2001, 107; Beck & Lübbe 2003, 225ff.).

Grundsätzlich bedarf es einer sorgfältigen Abstimmung zwischen der Alltagsarbeit und Speziellen Pädagogik, um ein zusammenhangloses Nebeneinander von Angeboten oder gar ein widersprüchliches Agieren von Helfern unterschiedlicher Provenienz zu vermeiden. Mit anderen Worten: Notwendig ist ein *Gesamtkonzept*, in dem Einzelhilfe- und alltägliche Angebote bzw. spezielle Hilfen und Alltagsprozesse miteinander verschränkt werden. Dies kann im Einzelfalle bedeuten, dass Arbeitsweisen oder Elemente aus den eingangs genannten pädagogisch-therapeutischen Verfahren so zu modifizieren und zu vernetzen sind, dass eine sinnerfüllte Entwicklungsförderung (Unterstützung) in der realen Lebenswelt stattfinden kann. Rezepte für ein solches Gesamtkonzept gibt es nicht, wohl aber können wir aufgrund von Beobachtungen und Erfahrungen (hierzu Theunissen 2000; 2003b) Beispiele nennen, die sich sehr oft in der Arbeit mit geistig behinderten und verhaltensauffälligen Menschen bewähren. Ein Aspekt, der schon in unsere Beurteilungen einzelner Arbeitsformen eingegangen ist, bezieht sich auf die Notwendigkeit der engen Verschränkung von beziehungsstiftenden (z. B. körperorientierten) Arbeitsformen mit Aktivitäten, die zur Bewältigung von Lebenssituationen herausfordern (PLAG-Konzept). Ausgangspunkt einer gezielten Unterstützung (Förderung) im Rahmen eines Gesamtkonzepts könnte demnach eine basalkommunikative Arbeit zur physisch-psychischen Entspannung sein, die als Voraussetzung (im Sinne einer Lernbereitschaft und -offenheit) für ein lebenspraktisches Tun betrachtet wird, das für den behinderten Menschen lebensrelevant, sinnvoll und entwicklungsfördernd sein muss. Zentraler Ort der pädagogisch-therapeutischen Arbeit wäre hierbei die Wohnung/Wohngruppe, in der eine Ruhezone oder ein sog. Snoezel-Raum zur Basalen Kommunikation und eine Wohnküche zur lebenspraktischen Tätigkeit vorhanden sein müssten. Der Vorteil dieses Ansatzes besteht darin, dass soziale und sächliche Ressourcen im primären Lebensraum gezielt und alternativ zu bisherigen Erfahrungen, nämlich identitätsstiftend genutzt würden, dass die Aktivierung im Alltagsleben des behinderten Menschen sinnvoll eingebettet ist und dass das Erlernte, die neuerworbenen Verhaltensweisen, eher auf zukünftige Alltagssituationen transferiert werden können als in einer „therapeutischen Lernküche". Alltagshandeln wird damit sinnerfülltes Handeln, wodurch Verhaltensauffälligkeiten als Signal für erlernte Hilflosigkeit und Langeweile abgebaut, kompensiert und präventiv vermieden werden können. Natürlich sind unter dieser Perspektive auch andere Akzentsetzungen oder Verknüpfungen denkbar, indem zum Beispiel der körperorientierten, basalpädagogischen Arbeit Angebote zur Entwicklung von „selbstbestimmten Freizeitkompetenzen" folgen, oder indem eine Bewegungsaktivierung am Anfang eines Konzepts steht, um überflüssige Energie zu kompensieren, die der Konzentration auf lebenspraktisches Tun abträglich ist.

Ein ausgezeichnetes Beispiel für ein lebensweltorientiertes und bewegungsaktivierendes (heilpädagogisches) Programm finden wir bei Kane (1994), der über ein mehrjähriges Projekt mit sieben geistig behinderten Anstaltsbewohnern berichtet, die aufgrund selbstverletzender Verhaltensweisen weder in eine Sonderschule noch in eine Werkstatt für behinderte Menschen aufgenommen wurden (auch Markowetz 1996; Nößner & Klauß 1996). „Alle hatten im Laufe ihres Lebens eine Vielzahl von Therapien und/oder pädagogischen Maßnahmen erhalten, ohne erkennbaren Erfolg. Alle waren zur Zeit der Aufnahme in das Projekt überwiegend in ihren Wohngruppen, einige standen auf der Liste zur Überweisung in die Psychiatrie, weil sich auch die Wohngruppe überfordert sah" (Kane 1994, 89). Ziel des Projekts war es, durch sinnvolle und passende Beschäftigungen den Erfahrungs- und Lebensbereich der Betroffenen zu erweitern, um dadurch (langfristig) einen Abbau von Verhaltensauffälligkeiten zu erreichen. Da alle sieben Bewohner selbstständig gehen konnten, wurde als erster Aufgabenbereich ein Liefer- und Transportdienst eingeführt. Durch wetterfeste Kleidung wurde sichergestellt, dass Aufgaben wie Lieferung von Essen und Medikamenten sowie der Transport von Schmutzwäsche oder Müll unabhängig von Witterungsbedingungen bewältigt wurden. Ein zweiter Aufgabenbereich war ein Holz- und Walddienst. Hier ging es um das Sammeln und die Kompostierung von Ästen und Reisig. Dabei lernten einige der Betroffenen gemeinsam mit ihren Assistenten eine Bogensäge zu benutzen. „Andere fanden großen Spaß daran, Reisig in einen Häcksler zu werfen" (91). Zwei weitere Angebote erstreckten sich auf das Zubereiten von Obstsaft und auf Gartenarbeiten. Alles in allem war das Projekt ein Erfolg; und es konnten nachweislich Verhaltensauffälligkeiten (Fremdaggressionen, selbstverletzende Verhaltensweisen, Schreien) abgebaut werden (Nößner & Klauß 1996, 194ff.). Bemerkenswert ist das Fazit, das Kane zieht: „Das Projekt hat uns gelehrt, Abschied zu nehmen von der Vorstellung, dass zunächst Therapien selbstverletzende Menschen ‚fit machen' müssen, damit sie Aufgaben und Arbeit in bestehenden Einrichtungen wie den Schulen und beschützenden Werkstätten übernehmen können" (94). Vielmehr komme es darauf an, „Beschäftigungen zu finden, die ein Handeln im natürlichen Umfeld ermöglichen und dadurch die Erfahrungsmöglichkeiten erweitern" (ebd.). Dies gelte nicht nur für Anstaltsbewohner, sondern ebenso für geistig behinderte Menschen aus gemeindeintegrierten (städtischen) Wohnformen. In Großstädten, wo keine Möglichkeit für Waldarbeit bestünde, könnten zum Beispiel im Rahmen von Nachbarschaftshilfe oder im Auftrag älterer Mitbürger „Entsorgungsaufgaben" wie Abtransport von Altpapier oder Altglas übernommen werden. Denn für einige der Betroffenen sei „das Einwerfen von Glas in den Container, bei dem es laut scheppert und kracht, eine sehr interessante Beschäftigung" (ebd.).

Dieses Beispiel führt uns vor Augen, dass sich eine Spezielle Pädagogik keineswegs nur durch pädagogisch-therapeutische Verfahren definiert. Vielmehr kommt es auf eine individualisierte, flexible Konzeptentwicklung an, was leider – so Bambara, Cole und Koger (1998, 29f.) – in der heilpädagogischen Praxis zu wenig Beachtung findet. Zudem sollte jedes Unterstützungsangebot lebensweltorientiert angelegt sein, um Entfremdungsprozesse in realen Lebensräumen zu vermeiden und der Bedürfnis- und Rechte-Perspektive Betroffener (Selbstbestimmung, Partizipation, Inclusion) Rechnung tragen zu können. Insofern macht es Sinn, wenn die Spezielle Pädagogik an der primären Lebenswelt (z. B. Wohngruppe) als Ort gezielter Unterstützung oder Förderung ansetzt. Von dort aus ergeben sich Möglichkeiten, mit einem Betroffenen *gemeinsam* neue Lern- und Erfahrungsfelder zu erschließen wie auch weitere Lebensräume zu erkunden. Damit findet eine systematische Öffnung nach außen statt, die ein flexibles Vorgehen und einen Wechsel der Lernorte (z. B. in-vivo-training) beinhaltet. Einige der eingangs genannten Arbeitsformen haben hier einen zentralen Stellenwert (z. B. Soziales Lernen; ATP; Problemlösungstraining, Unterstützte Kommunikation; TEACCH). Wie wichtig ein Lernen in unterschiedlichen Settings bzw. Situationen ist, geht aus der Übersichtsarbeit von Westling und Floyd (1990) hervor, die der Frage nach effektiven Methoden zur Optimierung von Transferleistungen, der Übertragung von neuerworbenen Verhaltensweisen auf neue (unbekannte) Situationen, nachgegangen sind. Demnach genügt es in der Arbeit mit geistig behinderten Menschen nicht, neue Verhaltensweisen (z. B. lebenspraktische Fertigkeiten) nur in simulierten Situationen oder durch Rollenspiele einzuüben. Ein Training ausschließlich in ein und demselben realen Lebensraum reicht aber ebenso wenig aus. Am besten ist es, verschiedene Lernfelder (reale Standorte und simulierte Situationen) zu nutzen und dabei nicht nur an einem Objekt (z. B. Waschmaschine von einem bestimmten Fabrikat/Typ), sondern an (drei) unterschiedlichen Gegenständen mit Ähnlichkeitscharakter (z. B. drei verschiedenen Waschmaschinen) zu üben.

Ein solcher Ansatz kann freilich nur dann zum Erfolg gereichen, wenn neben der schon mehrfach erwähnten *Stärken-Perspektive* (Saleebey 1997; Kapitel 2.3.3) die sozialen Bezugssysteme (einschließlich Träger der Einrichtung bzw. der Behindertenhilfe; Konsiliardienste) mitspielen und die Arbeit unterstützen. Hilfreich sind darüber hinaus Angebote wie Praxisberatung, Supervision oder ein sog. Empowerment-Zirkel (Herriger 2002, 207f.). Ferner kommt es auf profunde Fachkenntnisse und angemessene Rahmenbedingungen (personell, räumlich, sächlich) sowie immer auch auf die Persönlichkeit des einzelnen Mitarbeiters an, auf seine Einstellung (positive Grundhaltung) gegenüber Menschen mit geistiger Behinderung sowie auf seine Bereitschaft und sein Geschick, mit Betroffenen, Kollegen und anderen Bezugspersonen (Eltern, Nachbarn, Geschäftsleuten, Mitarbeitern anderer Institutionen) zusammenzuarbeiten. So selbstverständlich dies klingen mag, so schwierig ist häufig die entsprechende Umsetzung in der Praxis. Ein Konzept kann noch so gut durchdacht sein, wenn die Kooperation mit anderen Diensten oder in einem Mitarbeiterteam nicht funktioniert, lässt der Erfolg in der Regel auf sich warten. Nehmen wir zum Beispiel den Rückgriff auf Gebärden im Wohnalltag eines geistig behinderten Menschen: „Wenn einem Nutzer Gebärden vermittelt werden, dann müssen die Gesprächspartner diese Gebärden verstehen. Sie müssen also die Gebärden erkennen, die der Nutzer beherrscht. Diese Information kann durch Gebärdenkurse für die Mitarbeiter erfolgen, besser noch durch gemischte Kurse für Mitarbeiter und Bewohner" (Bober 2002, 221). Wichtig sind somit eine Aufgeschlossenheit gegenüber Neuem, die Bereitwilligkeit zur Fort- oder Weiterbildung sowie ein positives Arbeitsklima, regelmäßige Gruppenbesprechungen (Erfahrungsaustausch), kollegiale Unterstützung, Achtung und Verlässlichkeit (Einhalten von Teamabsprachen), ein effektiver Informationsfluss, das frühzeitige Erkennen spezifischer Grenzen der Handlungsmöglichkeiten, die Bereitschaft, Unterstützung (z. B. durch Praxisberatung, externe Dienstleistungssysteme oder auch Vorgesetzte) anzunehmen und die Reflexion (Selbstevaluation) der alltäglichen und speziellen Arbeit.

Zu guter Letzt soll an dieser Stelle der von Carr und Mitarbeitern vorgestellte (behaviorale) Interventionsansatz (2000) nicht unerwähnt bleiben, der einige der zuvor genannten Gesichtspunkte berücksichtigt und unter Einbeziehung der von uns favorisierten Leitprinzipien und Stärken-Perspektive für eine Konzeptentwicklung anregend (stellenweise sogar wegweisend) sein kann. Ausgehend von sechs „zentralen Aspekten" (ebd., XIX, 4ff.), dass:

1. ein Problemverhalten sinnvoll ist,
2. ein Assessment den Sinn oder Zweck von Verhaltensauffälligkeiten identifizieren muss,
3. Interventionen nicht einzig und allein auf Beseitigung eines auffälligen Verhaltens zielen dürfen, sondern „im weiteren Sinne" pädagogisch und lebensweltorientiert orientiert sein sollten,
4. ein Problemverhalten unterschiedliche Funktionen implizieren und daher verschiedene Interventionen notwendig machen kann,

5. Interventionen Veränderungen in der Interaktion zwischen Betroffenem und seinen Umkreispersonen bewirken und somit Einfluss auf die Entwicklung und Wandlung sozialer Systeme nehmen und
6. die Förderung eines autonomen, sozial verantwortlichen Lebensstils gegenüber der Beseitigung von Verhaltensauffälligkeiten das ultimative Ziel jeder Intervention sein sollte,

wird ein Ansatz vorgestellt, der sich auf der Basis eines funktionalen Assessment handlungspraktisch

• einer (voraussetzungslosen) positiven Beziehungsgestaltung (rapport-building) als Ausgangspunkt und Grundlage jeder Intervention,
• einer grundlegenden Förderung und Unterstützung positiver kommunikativer Äußerungen als „funktionales Äquivalent" (125) eines Problemverhaltens oder als eine „effizientere Mitteilungsform" (131),
• einem Aufbau von Toleranz gegenüber einer zeitlich verzögerten Zuwendung oder Bedürfnisbefriedigung (building tolerance for delay of reinforcement),
• einer Einlagerung (embedding) von Interventionen in positiven (unterstützenden) Kontexten,
• einer Förderung und Unterstützung von Wahl- und Entscheidungsmöglichkeiten (providing choices),
• einer Übertragung (generalization) neu erlernter bzw. positiver Verhaltensweisen auf andere soziale Situationen innerhalb und außerhalb des primären Lebensraumes sowie
• einer Aufrechterhaltung (maintenance) positiver Interventionseffekte im Rahmen primärer Beziehungen und sozialer Systeme, in der vertrauten Lebenswelt und in anderen gesellschaftlichen Bezugsfeldern

verschrieben hat. In ähnlichen Bahnen bewegen sich die empirisch gestützten Empfehlungen von Reichle et al. (1999) und Favell & Gimsey (1999), die die Notwendigkeit herausstellen, sich bei einem individuumzentrierten Interventionskonzept 1. über ein *emotional haltgebendes*, 2. über ein *subjektiv bedeutsames, aktivitätsförderndes* und 3. über ein *kalkulierbares, überschaubares Lebensmilieu* (environment) zu vergewissern (ebd., 262f.). Fehlen solche grundlegenden Voraussetzungen, dürfen keine hohen Erwartungen an individuumzentrierte Interventionen oder Therapien geknüpft werden.

Dass es sich bei all diesen Vorschlägen um ein lebensweltorientiertes Gesamtkonzept handelt, welches unterschiedliche Methoden, Hilfen, Ansätze oder Modellrudimente aus der Alltagsarbeit und Speziellen Pädagogik (ggf. auch der Psychiatrie/Medizin und Psychotherapie) zu verknüpfen und zu integrieren verspricht, wird zudem daran sichtbar, dass sämtliche Interventionen reale Lebens-, Lern- oder Arbeitssituationen betreffen. Ferner tritt der lebensweltorientierte Focus einer Gesamtkonzeption vor allem bei Carr et al. (2000) dort zu Tage wo:

1. im Rahmen des „rapport-building" individuelle Interessen erkundet oder auch neue Bekanntschaften mit nichtbehinderten Personen aufgebaut und gefördert werden sollen (112ff.),

2. Verhaltensauffälligkeiten mit Kommunikationsproblemen in Verbindung gebracht werden (141, 146), die durch einfache Formen unterstützter Kommunikation aufgelöst werden sollen (115ff., 138f.),

3. (neue) Tätigkeiten sprachlich begleitet oder unterstützt werden (144; dazu auch Koegel & Koegel 1995; Kaiser & Hester 2001),

4. unterstützende Kontexte (z. B. auch durch Rückgriff auf Humor [174]), ein positives Lern-, Arbeits- oder Gruppenklima, eine gute Stimmung (good mood) und ein Vertrauensverhältnis (good rapport) als förderliche Faktoren für Verhaltensänderungen wertgeschätzt werden,

5. Betroffene nicht in einer Passiv-Rolle durch Interventionen fürsorglich belagert werden (96), sondern eine gezielte Aktivierung zur Kontrolle, Bewältigung und Gestaltung ihres Lebens erfahren (z. B. durch Aufgreifen, Unterstützen und Verstärken von bereits ersten Anzeichen einer Eigeninitiative, von positiven Signalen oder Handlungen, spontanen Äußerungen etc.),

6. zum Aufbau von Geduld und Toleranz im Hinblick auf unmittelbare Zuwendung oder Wunscherfüllung alternative, subjektiv bedeutsame und stärkenorientierte Tätigkeiten unter Vermeidung von frustrativen Situationen oder einer Vorenthaltung elementarer Bedürfnisbefriedigung (162ff., 170 [wenn jemand Durst hat und etwas trinken möchte, darf ihm dies nicht verwehrt werden]) behutsam zeitlich und im Niveau gesteigert „zwischengeschaltet" werden (z. B. kann einem ausgeprägten Wunsch nach Zuwendung dadurch entsprochen werden, dass dem Betroffenen noch eine kleine Aufgabe zur Erledigung gegeben wird, bevor die gewünschte Zuwendung statthat),

7. Wahl- und Entscheidungsmöglichkeiten offeriert werden (183ff.), um Autonomie, Kontrollbewusstsein, Kontrolle und Verfügung über die eigenen Lebensumstände zu fördern,

8. neu erlernte bzw. positive Verhaltenweisen in unterschiedlichsten Situationen und lebensweltlichen Systemen systematisch unter Supervision erprobt werden sollen (194ff.),

9. zur Vermeidung von Langeweile oder „Leerlaufzeiten" (212ff.), die nicht selten auffälliges Verhalten befördern, kleine, subjektiv bedeutsame Aufgaben-, Situations- bzw. Stimulusveränderungen nach dem Prinzip der „gemäßigten Neuartigkeit" (Ginsburg & Opper) vorgenommen werden, um neu erlernte bzw. positive Verhaltensweisen in unterschiedlichen Lebenswelten aufrechtzuerhalten,

10. zur Aufrechterhaltung positiver Interventionseffekte weiterführende Lernangebote (207f.) im Sinne einer „Weiterbildung" (functional skills training) vorgeschlagen werden,

11. zur psychischen Stützung von Bezugspersonen (z. B. Eltern, Lehrer, Mitarbeitern) ein Zusammenschluss in einer Selbst-Hilfegruppe oder einem Unterstützerkreis empfohlen wird (215f.) und
– alles in allem – von einem *langfristigen Ansatz* ausgegangen wird, dessen Gang sich von problemzentrierten (functional assessment practise) über kommunikationszentrierte (functional communication-based) und ressourcenorientierte (choice making) bis hin zu gemeindeintegrierten Interventionen (community-based interventions) vollzieht (7, 151f.). Auf diesen Gang legen im übrigen auch andere Autoren (dazu Koegel, Koegel & Dunlap 2001) großen Wert, die sich dem Inclusiongedanken verschrieben haben. Für sie ist die Frage, welchen Beitrag Interventionen zur aktiven sozialen und gesellschaftlichen Partizipation, d. h. zur Nicht-Aussonderung von Menschen mit geistiger Behinderung und Verhaltensauffälligkeiten leisten, der Prüfstein und zugleich Wegbereiter eines tragfähigen Konzepts (Turnbull & Turnbull III 2001, 102f.).

5.3.3 Arbeitsschritte der speziellen Einzelhilfe – ein Leitfaden für Qualitätsentwicklung und -evaluation

Der speziellen Einzelhilfe liegen Überlegungen und Arbeitsschritte (Mühl, Neukäter & Schulz 1996, 193ff.) zugrunde, die wir im Folgenden am Beispiel des institutionellen Wohnens skizziert haben; in ähnlichen Bahnen würden sich Vorschläge für den Arbeits- und schulischen Bereich (dazu auch Kapitel 6) sowie für das familiale Milieu (Arbeit mit Eltern und Familien [dazu Koegel, Koegel & Dunlap 2001]) bewegen.

1. Anlass
Verhaltensauffälligkeiten eines behinderten Menschen lassen sich im Rahmen der Alltagsarbeit (primären Lebenswelt) nicht bewältigen; die Mitarbeiter eines Teams (oder auch Eltern) wünschen sich eine „Fallbesprechung" (anstatt von „Fall" sollte besser von „Problem" gesprochen werden);
2. Interdisziplinäre Teamsitzung (Besprechungsrunde)
Vonseiten der Einrichtungs- oder Gruppenleitung wird eine Teamsitzung (i. S. e. Circle of Support oder Action Group) einberufen, an der nicht nur alle Mitarbeiter der Wohngruppe, sondern zugleich auch andere relevante Bezugspersonen (z. B. Fachberater; Psychiater; Therapeut; Eltern; Werkstattmitarbeiter) teilnehmen sollen. Nach Möglichkeit sollte auch der betreffende behinderte Mensch in das Gespräch miteinbezogen werden bzw. an diesem Treffen partizipieren. Durch dieses Erstgespräch soll ein Überblick über den beklagten Sachverhalt gewonnen werden. Gelingt es den Beteiligten nicht, das Problem im Rahmen oder durch Modifikation des *„persönlichen Zukunftsplans"* (Kapitel 5.2.8) lösungsorientiert aufzubereiten, müssen zusätzliche Schritte, Zuständigkeiten und Aufgaben-

verteilungen (z. B. im Rahmen des diagnostischen Prozesses) festgelegt sowie weitere Absprachen getroffen werden. Am besten ist es, einen „Problemmanager" (synonym „Casemanager") zu benennen, der das weitere Vorgehen koordinieren soll (das kann ein Gruppenleiter sein oder ein persönlicher Assistent, der später auch die Einzelarbeit übernimmt). Zudem sollte zur Konsultation und reflexiven Unterstützung aller weiteren Schritte und Prozesse ein Praxisberater oder Supervisor hinzugezogen werden. Dies könnte auch ein sog. Prozessbegleiter (Appel & Schaars 1999, 38) sein, der nicht direkt (im Rahmen der Alltagsarbeit oder speziellen Hilfe) mit dem Betroffenen arbeiten würde, sondern ausschließlich für eine reflexive Prozesssupervision und ein evaluatives Assessement zuständig wäre.

3. Diagnostischer Prozess
Im Rahmen eines in der Teamsitzung festgelegten Zeitraumes sollen möglichst viele Bausteine im Rahmen der verstehenden Diagnostik (multidimensionales Assessment, Kapitel 2.3) aufbereitet werden (z. B. Erstellung der Lebensgeschichte; Erfassung der beklagten Verhaltensweisen auf sog. Index-Karten; Beobachtung und Registrierung positiver Botschaften; Untersuchung des gesundheitlichen Zustandes; Erfassung sozialer Ressourcen etc.). Je nach Problemsituation bietet sich eine unterschiedliche Gewichtung einzelner Aspekte an.

4. Vorstellung der Ergebnisse und Auswertung
Auf einer nachfolgenden Teamsitzung (Gesprächsrunde) sollen die einzelnen Untersuchungsergebnisse vorgestellt und ausgewertet werden (funktionale Analyse). Ziel sollte dabei eine einheitliche Einschätzung der Problematik sein (durch Problemdefinition und Arbeitshypothesen), um zu einem gemeinsamen Ausgangspunkt für eine individualisierte Konzeptentwicklung zu gelangen.

5. Entwicklung eines Konzepts
Der Ausgangslage folgen Entscheidungen über Ziele, Angebote, situationsverändernde Maßnahmen und Methoden, die in einem schriftlich zu fixierenden Einzelhilfe-Programm im Rahmen eines Gesamtkonzepts einzuarbeiten sind. Grundsätzlich sollte die Einzelhilfe im Sinne unserer Leitprinzipien und der vorausgegangenen Ausführungen lebensweltorientiert sein (dazu auch Carr et al. 1999). Zudem sollten richtungsweisende Erkenntnisse aus der psychotherapeutischen Prozess- und Wirksamkeitsforschung Eingang finden (Grawe, Donati & Bernauer 1994; Grawe 1995; dazu *Anmerkung* 30). Einzelhilfe bedeutet dabei keineswegs nur ein unmittelbar subjektorientiertes Arbeiten mit dem Betroffenen (sog. Symptomträger), sondern ebenso denkbar ist eine kontextorientierte Fokussierung der Einzelhilfe (z. B. Veränderung der situativen Bedingungen [u. a. der auslösenden Faktoren des Problemverhaltens]; Überprüfung und Veränderung von Gruppenregeln; Arbeit mit dem Team; Elternarbeit), die zur Auflösung von Verhaltensproblemen beitragen kann. *Eine ausschließlich symptomzentrierte*

Arbeit sollte grundsätzlich vermieden werden, weil sie das „volle Menschsein" (Portmann) verfehlt, den Betroffenen nur ein „Versagen" vor Augen führt und ihn damit letztlich entwertet. Vorhandene Stärken, Kompetenzen, Interessen, sozial positive Signale, Zukunftswünsche und subjektiv bedeutsame Lernaufgaben zur Erweiterung des Verhaltensrepertoires (z. B. Erwerb einer Mitteilungsform, die ein Schreien ersetzen kann) stellen stets die wichtigsten Anknüpfungspunkte für eine pädagogische und therapeutische Konzeptentwicklung dar. Angesichts verkrusteter Verhaltensprobleme haben wir es häufig mit einer langfristigen Planung zu tun, die mit der allgemeinen Alltagsarbeit abgestimmt werden muss, so dass ein Gesamtkonzept, eine Einheit von allgemeiner Unterstützung und spezieller Assistenz verwirklicht werden kann (dazu Carr et al. 1999, 76).

6. Benennung einer Vertrauensperson

Mit der Konzeptentwicklung eng verknüpft ist die Benennung einer Vertrauensperson (z. B. persönlicher Assistent; Teammitarbeiter; Mitarbeiter aus dem begleitenden Fachdienst), die die speziellen Maßnahmen kontinuierlich durchführen soll und hierzu zunächst eine haltgebende und verlässliche Bezugsbasis (rapport-building) herzustellen hat. Nach eigenen Erfahrungen sowie nach Untersuchungsergebnissen von Carr et al. (1999, 54, 74) hat sich eine spezielle Einzelhilfe durch Bezugspersonen aus der unmittelbaren Lebenswelt eines Betroffenen (z. B. Gruppenmitarbeiter) bewährt, ja ist sogar der Intervention durch Fachdienste (Heilpädagogen, Psychologen o. ä.) überlegen, wenn sie zugleich durch eine regelmäßige Praxisberatung (Konsultation) unterstützt wird. Wichtig ist es, bei Auswahl dieser Person (Einzelhelfer) auf gegenseitige Sympathien zu achten, um die pädagogisch-therapeutischen Angebote fruchtbar werden zu lassen (dazu auch O'Neill et al. 1998, 27). Ebenso wichtig (insbesondere bei Bezugspersonen) ist eine Reflexion möglicher *Übertragungs-* und *Gegenübertragungsphänomene* (dies gilt im Übrigen schon für die diagnostische Phase; dazu *Anmerkung* 31).

7. Durchführung und Dokumentation der individualisierten Einzelhilfe

In Absprache mit allen relevanten Bezugspersonen wird die Vertrauensperson beauftragt, das gemeinsam festgelegte Programm zu vereinbarten Zeiten durchzuführen. Oft müssen auch andere relevante Bezugspersonen (z. B. andere Gruppenmitarbeiter, Angehörige, behandelnder Arzt) ein gewisses Maß an (Mit-)Verantwortung übernehmen und an der individualisierten Arbeit mitwirken (z. B. durch gemeinsam festgelegte symptomzentrierte Interventionen *und* „verhaltensaufbauende" Verkehrsformen und Angebote in der konfliktfreien Zeit; durch Förderung eines positiven Kontextes; durch medizinische Begleitmaßnahmen). Der Erfolg eines Konzepts hängt in entscheidendem Maße davon ab, ob Mitarbeiter eines Teams oder andere relevante Personen hinter den Absprachen und der Einzelarbeit stehen (dazu auch Carr et al. 2000, 135f., 149f.). Außerdem müssen die verschiedenen Systeme (z. B. Wohnheim, WfbM, Elternhaus, Schule) bereit sein, zusammenzuarbeiten und die Problemlösungswege zu unterstützen. Wichtig ist von vornherein eine genaue Dokumentation der speziellen Arbeit und der Entwicklung des behinderten Menschen. Die Vertrauensperson soll hierzu einen Verlaufsbericht erstellen, indem wichtige Beobachtungen und Erfahrungen Eingang finden sollten.

8. Programmüberprüfung und Reflexion

In mehrwöchigen Abständen (regelmäßige Teamsitzungen) soll das vereinbarte Programm unter Regie des Praxisberaters oder Prozessbegleiters mit möglichst allen relevanten Bezugspersonen (wenn möglich auch gemeinsam mit dem Betroffenen) reflektiert werden, um gegebenenfalls Modifikationen des Konzepts vornehmen zu können. Das kann zum Beispiel dann der Fall sein, wenn noch weitere bzw. neue Erkenntnisse im Hinblick auf Verhaltensprobleme, kritische Situationen oder auch Interessen und Stärken gewonnen wurden. Nach Carr und Mitarbeitern (2000, 45, 60, 88) ist daher das funktionale Assessment nicht etwa nach der diagnostischen Phase abgeschlossen, sondern „ein fortwährender und kontinuierlicher Prozess, auf den während der Interventionszeit immer dann zurückgegriffen werden sollte, wenn es Gründe für die Annahme gibt, dass neue Informationen durch ein zusätzliches Assessment gewonnen und genutzt werden können" (45). Grundsätzlich sollte aber eine vorschnelle, tiefgreifende Programmänderung vermieden werden.

9. Allmähliche Beendigung oder zusätzliche flankierende Hilfen

Führt das Einzelhilfe-Programm zum Erfolg, so sollte es durch eine (partielle) Integration in die Alltagsarbeit (z. B. durch Übernahme einzelner Angebote und Stützformen) behutsam ausgeblendet werden. Im anderen Falle sollten weitere zusätzliche Hilfen (z. B. psychiatrische oder psychotherapeutische Behandlung) in Betracht gezogen werden (dazu Wieseler & Hanson 1999a; Lingg & Theunissen 2000). Dies alles muss selbstverständlich interdisziplinär vereinbart (Wieseler & Hanson 1999b), in das Gesamtkonzept integriert und von der Wohngruppe aus koordiniert werden. Natürlich bedarf es auch einer sorgfältigen Dokumentation aller zusätzlichen Maßnahmen. Wenngleich wir eine spezielle Einzelhilfe als ein zeitlich befristetes Angebot betrachten, ist es mitunter sinnvoll, ja notwendig, im Rahmen eines Unterstützerkreises einen *Anschluss- oder auch Krisenintervntionsplan* für die nachfolgende Zeit zu entwickeln, um Rückschläge (Krisen) auffangen sowie (weitere) Generalisierungsprozesse (Übertragung neu erworbener Verhaltensweisen auf neue Lebenssituationen) unterstützen zu können. Eine wichtige Stütze kann der persönliche Assistent (Bezugsassistent) sein, darüber hinaus können aber auch andere Personen aus dem Umfeld (Mitbewohner, Angehörige, Nachbarn, Freunde, Arbeitgeber, gesetzliche Betreuer) als eine haltgebende Ressource fungieren und mit „life arrangement and life coaching strategies" (Risley 2001, 428ff.) vertraut gemacht werden, um in kritischen Lebenssituationen einem Betroffenen Beistand und Kraft zu geben, die Problemlage möglichst eigenständig zu meistern (dazu auch Turnbull & Turnbull III 2001).

5.3.4 Aus der Praxis

Wie wir uns den zuvor dargestellten Ansatz vorstellen können, soll im Folgenden anhand von zwei Beispielen aus der Praxis, einem Einzelhilfe-Konzept und einer gruppenbezogenen Arbeit, skizziert werden. Dass dabei einige Informationen und Detailaspekte eingeebnet werden mussten, war leider aus äußerlichen Gründen (Platzmangel) nicht zu vermeiden. Dennoch dürften die Ausführungen deutlich machen, im welche Richtung sich die pädagogisch-therapeutische Arbeit mit geistig behinderten und verhaltensauffälligen Menschen bewegen sollte.

• Beispiel einer Einzelarbeit:
Herr W. gilt von Geburt an als geistig behindert; in seinem dritten Lebensjahr traten erstmalig cerebrale Krampfanfälle auf, seitdem gilt er zusätzlich als anfallsgefährdet. Herr W. lebte zunächst zuhause bei seinen Eltern, auf Grund hoher Pflegebedürftigkeit wurde er im Alter von drei Jahren mit der Diagnose „schwachsinnig vom Grade einer Idiotie in Folge eines frühkindlichen Hirnschadens mit cerebralem Krampfleiden" in ein Heim für geistig behinderte Kinder und Jugendliche verlegt. Dort wurde er in den ersten Jahren seines Aufenthaltes als ein freundliches, gutmütiges Kind beschrieben. Dank einer gezielten antikonvulsiven Behandlung waren seit seinem Aufenthalt im Kinderheim nur noch sehr selten Anfälle beobachtet worden. Besonderes Interesse fand er für das Spielen auf einer Mundharmonika. Wenngleich er im Rahmen einer musiktherapeutischen Förderung lernte, einfache Melodien zu spielen, galt er als „bildungsunfähig", was an seiner Unselbstständigkeit bei den Verrichtungen des alltäglichen Lebens (Baden, Anziehen…), an seiner motorischen Unbeholfenheit (sein Gang wurde als breitbeinig und watschelnd beschrieben), an deutlichen Schwächen im Lernen, an seinem Desinteresse für Lernspiele, Wahrnehmungsübungen, Gemeinschaftsspielen und sozialen Aktivitäten sowie an seinen Schwierigkeiten, sich sprachlich zu verständigen (Herr W. sprach nur Ein- oder Zwei-Wortsätze) festgemacht wurde. Anstelle eines Schulbesuchs wurde er in einer dem Kinderheim angegliederten heilpädagogischen Kindertagesstätte betreut. Hier wurde er gleichfalls (wie in seiner Wohngruppe) als ein freundliches, an Musik interessiertes Kind beschrieben, mit dem jedoch insgesamt gesehen die heilpädagogischen Mitarbeiter „wenig anfangen konnten".

Das war neben organisatorischen Gründen (Platzmangel im Kinderheim) mit ein Grund dafür, dass Herr W. im Alter von 16 Jahren in eine „Pflegeabteilung" einer psychiatrischen Anstalt verlegt wurde. Diese Verlegung war für ihn unzweifelhaft ein „kritisches" Ereignis, einerseits waren seitdem die regelmäßigen, von ihm sehr geschätzten Wochenendbesuche seiner Eltern weggefallen, andererseits musste er sich auf einer großen Station mit überwiegend schwerst- und mehrfach behinderten, pflegebedürftigen Männern zurechtfinden. Schon kurz nach der Verlegung regredierte er auf ein gänzlich unselbständiges, frühes Entwicklungsniveau, ferner reagierte er mit einem Mutismus und einem „dranghaften", desorientiert oder verwirrt anmutenden Verhalten, indem er Ordnungen, die Alltagsroutine und Dinge ständig durcheinander brachte (z. B. durch Vertauschen von Betten, planloses Abziehen von Bettwäsche und Umherwerfen von Bettlaken, Wäsche und Schuhe anderer Bewohner, Rütteln an den Betten pflegebedürftiger Bewohner, ständiges Entkleiden am Tage, Essen verschütten bzw. Ausleeren von Essennäpfen, Ignoranz bzw. entgegengesetzte Reaktionen bei Anweisungen des Personals [wurde er z. B. aufgefordert zu kommen, ging er in die entgegengesetzte Richtung weg], Versuche, auf Stühle oder Tische zu klettern). Daraufhin gab es das Bestreben, ihn tagsüber im Bett zu halten, was ihm jedoch offensichtlich missfiel. Herr W. versuchte, sich (weiterhin) durch verschiedene Verhaltensauffälligkeiten zu behaupten (z. B. durch Zerreißen und Umherwerfen von Kleidung und Bettwäsche; durch Umkippen von Wäschesäcken und Wäschewagen, durch Verstopfen von Klos durch Wäsche, durch Klettern auf Stühle und Wippen auf den Armlehnen, durch Umkippen von Stühlen und Tischen, durch Beschimpfen und Bespucken von Mitarbeitern sowie durch Versuche, das Personal zu schlagen oder an den Haaren zu ziehen). Damit galt er in den Augen der Mitarbeiter als ein „schwieriger Fall", der einer ständigen Aufsicht bedurfte. Neben der Idiotie und dem Anfallsleiden wurde nun zusätzlich eine „organische Wesensveränderung" diagnostiziert, die unter anderem mit zwei Anfällen kurz nach der Verlegung in Verbindung gebracht wurde. Herr W. war daraufhin untersucht (EEG) und mit Antiepileptika neu eingestellt worden. Es hieß, dass seitdem keine Anfälle mehr beobachtet worden seien. Um seine Verhaltensauffälligkeiten einzugrenzen und „zu seiner eigenen Sicherheit" wurde er von nun ab häufig im Bett fixiert, ferner erhielt er eine hohe sedierende Arznei.

Anfang der 90er Jahre kam es zu einer Enthospitalisierungsreform, indem durch Übernahme der behinderten Menschen durch verschiedene Träger der Behindertenhilfe die psychiatrische Pflegeabteilung gänzlich aufgelöst wurde. Seitdem lebt Herr W. in einem Wohnheim für geistig behinderte Menschen in einer sog. intensiv betreuten Wohngruppe für ehemalige Psychiatriepatienten. Erklärtes Ziel der Mitarbeiter dieser Wohngruppe ist es, Hospitalisierungsschäden abzubauen und durch eine heilpädagogische Förderung die einzelnen Bewohner zu mehr

Handlungskompetenz und Autonomie (Selbstbestimmung) zu befähigen. Alle acht Bewohner dieser Wohngruppe gelten als „anstaltsgeschädigt", stark hospitalisiert, psychisch gestört oder verhaltensauffällig, so auch Herr W., der durch mehrere der bereits genannten Auffälligkeiten (v. a. durch ein zwanghaft anmutendes Ausziehen und Zerreißen seiner Kleidung, durch Zerlegen und Zerreiben seiner Windeln und durch Kot schmieren) schon an den ersten Tagen seit Bestehen der Wohngruppe die Aufmerksamkeit der Mitarbeiter auf sich zog. Bei Versuchen, ihn von seinen „Kletteraktionen" und dem Entkleiden abzuhalten, reagierte er wie schon zuvor mit einem resistenten Verhalten durch Schlagen, Bespucken oder Haare reißen. Da er auch in den nachfolgenden Wochen durch dieses Verhalten immer wieder imponierte, wurde vonseiten des Mitarbeiterteams unter Einbeziehung des zuständigen Psychiaters, Wohnbereichsleiters (mit beratender Funktion) und seiner Schwester als gesetzliche Betreuerin (die Eltern waren nicht mehr erreichbar gewesen) alsbald ein Einzelhilfe-Konzept entwickelt. Dabei orientierten sich die Mitarbeiter an den Grundzügen der „verstehenden Diagnostik" (hierzu Kap. 2.3) und fokussierten zunächst die Frage nach der Bedeutung, der Funktion und dem Sinn seiner Verhaltensauffälligkeiten. Unter Berücksichtigung der Informationen aus der Lebensgeschichte wurden alltägliche, auf Video aufgezeichnete Situationen im Hinblick auf auslösende Bedingungen, Umgebungsreize, individuelle Variablen, Problemverhalten, Reaktion der Mitarbeiter und Mitbewohner sowie Konsequenzen im Team ausgewertet und funktional beurteilt. Es ergaben sich hierbei eine ganze Palette an Hypothesen:
• Klettern auf Stuhl und Tisch sowie Umherwerfen von Dingen: als provokantes Verhalten, um Aufmerksamkeit auf sich zu lenken oder um Zuwendung einzufordern; als ein Verhalten zur „Belustigung des Publikums"; als Ausdruck von Langeweile; als Ausdruck eines Bedürfnisses, um sich zu betätigen;
• sich tagsüber entkleiden: als Ausdruck eines Sich-Unwohlfühlens, wenn er eingenässt oder eingekotet hat; als Ausdruck von Selbstbestimmung; als ein Zeichen dafür, dass er neue Kleidung haben möchte; als Ausdruck von Langeweile (das Ausziehen war nicht nur beim Einnässen oder Einkoten aufgetreten);
• Kotschmieren: als Ausdruck einer Regression; als Bedürfnis nach Wärme, Urvertrauen und Zuwendung; als Bedürfnis nach ästhetischer Betätigung; als Bedürfnis, selbst etwas zu produzieren bzw. als Bedürfnis nach Autonomie;
• Zerreißen von Kleidung oder Zerstören anderer Dinge: als provokantes Verhalten; als Experimentier- bzw. exploratives (Neugier-)Verhalten (Dinge erkunden); als Ausdruck von Langeweile oder eines Betätigungsbedürfnisses (Unterstimulation; Unterforderung);
• Schlagen, Bespucken von Mitarbeitern und Haare ziehen: als Ausdruck von Selbstverteidigung, Selbstbehauptung, Selbstbestimmung; als Zeichen von Frustration bzw. als Zeichen eines defizitären psycho-sozialen Bewältigungsmusters

(geschlechtsspezifische oder Sympathieaspekte [Frage nach Mitarbeiterin oder Mitarbeiter] spielten dabei keine Rolle).

Des Weiteren erfolgte ein Stärken-Assessment, indem Anknüpfungspunkte eruiert und gezielte Aktivitäten zur Erkundung individueller Interessen, Stärken und Bedürfnisse durchgeführt wurden (z. B. im musikalischen Bereich, Snoezel-Raum, sportliche Spiele, Ausflüge mit Einkehren in Cafés oder Gasthäuser, bildnerisches Gestalten). Ferner wurde eine positive Konnotation der Verhaltensauffälligkeiten vorgenommen sowie das aktuelle, alltägliche Verhalten und Erleben im Hinblick auf positive Signale genauestens beobachtet (per Video aufgezeichnet) und im Team ausgewertet. Es traten eine Fülle an Stärken, Interessen bis hin zu versandeten Fähigkeiten zum Vorschein:

• motorisch: geschicktes Klettern (wenngleich dies unbeholfen wirkte), Freude an Bewegung, starker Krafteinsatz, Interesse an Händeklatschen;

• musikalisch: kleine Kinderlieder auf Mundharmonika spielen; Musik hören, rhythmisches Schaukeln nach Musik, summen nach Musik und trommeln;

• bildnerisch/ästhetisch: Interesse an Farben schmieren, sudeln, matschen;

• emotional: lächeln, Freude zeigen, genießen können (beim Essen; Vorlieben für Eis, Schokolade und Pudding);

• kognitiv: Fähigkeiten, sich mitzuteilen (z. B. nachdem er eingekotet hatte); Fähigkeiten, seinen Willen zu bekunden (z. B. bei Mahlzeiten, bei Auswahl seiner Kleidung); passives Sprachverständnis; Fähigkeit, Wünsche in ein oder zwei Wortsätzen zu artikulieren (der Mutismus hatte sich zwischenzeitlich wieder „gelegt").

Generell zeigten die Beobachtungen, dass Herr W. in Situationen, in denen im Wohnraum der Gruppe der Fernseher lief oder das Radio angeschaltet war, weniger Auffälligkeiten zeigte, als in der übrigen Zeit. Zudem war sein Bedürfnis auf Stühle oder Tische zu klettern sowie Dinge umherzuwerfen immer besonders groß, wenn die Mitarbeiter mit Alltagsarbeiten beschäftigt waren oder sich um Mitbewohner kümmerten.

Aus all diesen Informationen wurde folgendes Einzelhilfe-Konzept entwickelt und erfolgreich durchgeführt: Ein Gruppenmitarbeiter hatte die Bezugsassistenz übernommen und sich für die Einzelarbeit (spezielle Pädagogik) verantwortlich erklärt. Diese erfolgte in der Regel drei- bis viermal wöchentlich als „Intensivzeit" im Rahmen der Alltagsarbeit des betreffenden Mitarbeiters. Wurde in der Gruppe bzw. im heiminternen „Therapieraum" gearbeitet, dauerte die Intensivzeit 30-45 Minuten, Außenaktivitäten nahmen dagegen mehr Zeit in Anspruch. Parallel dazu wurden mit Herrn W.'s Schwester regelmäßige Treffen bzw. gemeinsame Ausflugsnachmittage (mit Bezugsmitarbeiter und Herrn W.) vereinbart, um Kontakte zu revitalisieren (die Schwester hatte die Jahre zuvor Herrn W. nur noch einmal jährlich zu Weihnachten aufgesucht und war nun bereit, einmal monatlich Herrn W. zu besuchen). Mit dem Psychiater, der die Wohngruppe konsiliarisch begleitete, wurde die Absprache getroffen, die sedierende Arznei (Neuroleptika) behutsam (mittel- bis langfristig) abzubauen.

Begonnen wurde im Rahmen der Einzelarbeit mit einer Phase der Kontaktaufnahme und eines Beziehungsaufbaus (z. B. durch Anstiften zu gemeinsamen Spaziergängen, Snoezelen, [freies] Musik hören, Musizieren, Farben schmieren...). Während dieser Zeit wurden die genannten Auffälligkeiten vor dem Hintergrund der Absprache, möglichst präventiv durch Umlenken auf eine Mithilfe bei alltäglichen Arbeiten zu intervenieren, von den Mitarbeitern situativ „gemanagt". Grundsätzlich sollte eine Überbewertung der Auffälligkeiten vermieden werden – galten sie doch als ein entwicklungslogisches, aus der Sicht des Betroffenen subjektiv bedeutsames Produkt. Stattdessen sollten alle Mitarbeiter versuchen, sich möglichst auf das positive Verhalten bzw. auf positive Signale zu konzentrieren, d. h. Herrn W. freundliche Blicke, Lob, augenblickhafte Zuwendung o. ä. in Zeiten zukommen zu lassen, in denen er unauffällig war (z. B. beim Musik hören, Melodien nachsummen).

Nachdem sich nach Ansicht des Bezugsmitarbeiters eine positive Beziehung zwischen ihm und Herrn W. angebahnt hatte, wurden die Eingangsaktivitäten im Niveau gesteigert (z. B. durch Einstudieren neuer, einfacher Melodien; Musik-Malen; sportliche Spiele; Ballspiele; Klettern auf Spielplätzen; Waldausflüge, Wandern und Klettern auf unebenem Gelände; Nutzung eines Gymnastikraumes und einfacher Sportgeräte). Darüber hinaus wurde in der Gruppe ein verhaltenstherapeutisch gestricktes Absetzprogramm (unter Verzicht auf Windeln) durchgeführt (es gab Schokolade als Verstärker), was dazu führte, dass Herr W. nach ca. vier Monaten tagsüber trocken und sauber war und nachts nur noch gelegentlich (je nach Menge der Flüssigkeitszufuhr am Abend) einnässte. Zeitgleich wurde die Häufigkeit der eingangs genannten Auffälligkeiten (Klettern, Umherwerfen von Dingen, Entkleiden, negatives Sozialverhalten gegenüber Mitarbeitern) tagsüber registriert (Strichliste). Zuvor hatten die Mitarbeiter mit der Begründung, dass Herr W. quasi ständig auffällig sei, darauf verzichtet. Der Registrierung der Auffälligkeiten war eine deutliche Abnahme des Ausziehens (bis zum Verschwinden) und ein leichter Rückgang der übrigen Auffälligkeiten zu entnehmen. Insgesamt wurde diese Entwicklung (begleitet durch einen Abbau der sedierenden Arznei) positiv eingeschätzt, und die meisten Mitarbeiter waren davon überzeugt, mit ihrem Konzept auf dem „richtigen" Weg zu sein. In dem Zusammenhang sei erwähnt, dass das Team seine Möglichkeiten „real optimistisch" eingeschätzt und an das Einzelhilfe-Konzept keine überzogenen bzw. überhöhten Erwartungen geknüpft hatte. Darauf war auch im Rahmen einer Supervision geachtet worden, die dem gesamten Team regelmäßig angeboten wurde.

Dieser zweiten Phase des Konzepts folgte eine weitere sog. Aufbauphase, bei der es darum ging, dass Verhaltensrepertoire von Herrn W. systematisch zu erweitern. Dies bezog sich nicht nur auf die bereits genannten interessenbezogenen Angebote, sondern auch auf neue Aktivitäten aus dem alltäglichen Leben, z. B. im Rahmen der Mithilfe bei hauswirtschaftlichen Tätigkeiten, im Hinblick auf die alltägliche Selbstversorgung sowie in Bezug auf Teilnahme an Gemeinschaftsaktivitäten. Damit kam es zugleich zu einer Verlagerung der Einzelhilfe in den Alltag bzw. zu einer Verschmelzung der Einzelarbeit mit den alltäglichen Abläufen in der Wohngruppe. Wenngleich an den Tagen, an denen der Bezugsassistent im Dienst war, eine intensive Einzelarbeit stattfand, leisteten die übrigen Mitarbeiter auf dem Hintergrund einiger (behavioraler) Grundregeln (Verstärken positiver Verhaltensweisen; Nutzung der konfliktfreien Zeit für positive Begegnungen und sinnvolle [kleine] Aktivitäten) eine wichtige Zuarbeit im Hinblick auf das Generalziel der Förderung und Unterstützung neuer Verhaltensweisen und autonomer Handlungsräume für Herrn W. Dies alles führte in einem Zeitraum von sieben Monaten zu einer Verselbstständigung im lebenspraktischen Bereich (Waschen, Anziehen) sowie zu einem weiteren Rückgang der eingangs genannten Verhaltensauffälligkeiten.

An dieser Stelle muss die Berichterstattung jedoch leider enden, da über die weitere Entwicklung keine Informationen vorliegen. Geplant war eine Fortschreibung des bisherigen Programms mit dem Ziel, Herrn W. so weit wie möglich in alltägliche Prozesse einzubinden, ihn mittelfristig in eine Fördergruppe einer Tagesstätte (Werkstatt) zu integrieren und die Einzelhilfe behutsam ausschleichen zu lassen.

Alles in allem zeigt das Beispiel auf, wie im Sinne des von uns vertretenen Konzepts gearbeitet werden kann und sollte. Vor dem Hintergrund der „verstehenden Diagnostik" wurde von Mitarbeitern im Rahmen eines „Unterstützerkreises" ein Gesamtkonzept erstellt, in dem Angebote einer pädagogisch-therapeutischen Einzelhilfe (speziellen Pädagogik) subjektzentriert aufbereitet, mit der psychiatrischen Behandlung und der wohngruppenbezogenen Alltagsarbeit abgestimmt und in lebensweltliche Zusammenhänge überführt bzw. integriert wurden. Dieser Fokus lag eindeutig auf einer Stärkenorientierung und Ressourcenaktivierung und entsprach damit Grundzügen moderner Behindertenarbeit und Therapie. Was die Rolle des Betroffenen betrifft, so wurde Herr W. zwar nicht unmittelbar in die Konzeptentwicklung (Unterstützerkreis, Planungsrunde) einbezogen (was mit der Schwere seiner kognitiven Beeinträchtigung begründet wurde). Es wurde aber auch nicht gänzlich „für" ihn geplant, sondern es gab Bemühungen, mit ihm gemeinsam Stärken, Interessen und Wünsche zu erschließen, die zugleich Ausgangspunkt der Praxis waren. Insofern wurden Interventionen zum Abbau von Verhaltensauffälligkeiten nicht priorisiert und absolut gesetzt, vielmehr wurde von „indirekten" Abbaueffekten im Rahmen des Gesamtkonzepts ausgegangen. Dazu war es notwendig, dass nicht nur ein Mitarbeiter eine wichtige Vertrauensperson und für die gesamte Arbeit verantwortlich war, sondern dass alle eine spezifische Verantwortung übernehmen mussten. Zu guter Letzt sei erwähnt, dass insgesamt betrachtet die Rahmenbedingungen zur Durchführung des Konzepts (Personalsituation [1:1,5], Räumlichkeiten, Supervision bzw. Praxisberatung) sehr günstig waren. Unter solchen Bedingungen lassen sich erfahrungsgemäß pädagogische Handlungsmöglichkeiten adäquat ausschöpfen (hierzu auch Theunissen 2000), so dass dann im Falle von Verhaltensauffälligkeiten (nicht bei psychischen Störungen mit Krankheitswert) zusätzliche therapeutische Dienste (psychiatrische Behandlung, Psychotherapie) weithin überflüssig werden oder erst gar nicht erforderlich sind (Rössert & Steiger 2003).

- **Beispiel einer Gruppenarbeit zur Förderung sozialer Kompetenz (von Dörte Fiedler)**

Vorüberlegungen
Trainingskonzepte zur Förderung sozialer Kompetenz beinhalten die Vermittlung bzw. Verbesserung sozialer Fertigkeiten und Verhaltensweisen (hierzu Kapitel 5.3.1 „Soziales Lernen"). Bevor ein entsprechendes Konzept erarbeitet werden kann, muss zunächst der Begriff soziale Kompetenz definiert und ausdifferenziert werden, um die Kriterien für ein entsprechendes Trainingsprogramm festzulegen. Das ist ein nicht gerade einfaches Unterfangen, da der Begriff soziale Kompetenz von verschiedenen Autoren unterschiedlich weit gefasst oder nicht direkt beschrieben wird (Leppin 1999, 204). Bis heute gibt es auch keine allgemein akzeptierte Definition sowie keine klare begriffliche Abgrenzung (Karkoschka 1998, 9). In neueren Veröffentlichungen wird soziale Kompetenz als Konstrukt beschrieben (Wollersheim 1993, 89; Karkoschka 1998). Damit soll wohl der Unübersichtlichkeit, Schwammigkeit und vor allem Uneinheitlichkeit des Begriffes Rechnung getragen werden.
Das wirkt sich auch auf die Konzepte und Trainingsprogramme zur Förderung sozialer Kompetenz aus, die eher willkürlich und auf individueller Erfahrung basierend zusammengestellt sind (Goetze 1997, 37). Dabei möchten wir es jedoch nicht belassen.
Daher sollte auf dem Hintergrund verschiedener Definitionsansätze (Wollersheim 1993; Rose-Krasnor 1997; Karkoschka 1998, Fiedler 2003) versucht werden, gemeinsame Aspekte um den Begriff soziale Kompetenz herausfiltern, so dass darunter eine (alters)adäquate und situationsangemessene Anwendung eigener Fähigkeiten und Fertigkeiten zum Zweck der Auseinandersetzung mit der Umwelt (einschließlich notwendiger Anpassungsleistungen) verstanden werden

Die Ergebnisse sollen mit der Aufbereitung der herausfordernden Verhaltensweisen verglichen und ausgewertet werden. Dabei ist oft zu beobachten, dass den Stärken des Schülers im Vergleich zu den Verhaltensproblemen wesentlich weniger Aufmerksamkeit während des Unterrichts gezollt wird (vgl. *Anmerkung* 10).

Stärken:
zeigt Interesse für Spiel mit Lego;
kann sich über längere Zeit mit Lego beschäftigen;
zeigt Handgeschick beim Bauen mit Klötzen;
baut gerne Turngeräte auf;
hilft gerne beim Rollstuhlschieben;
hilft einem Mitschüler beim Binden der Schnürsenkel, beim Zuknöpfen der Jacke ...

Schon bei dem Bemühen, die Funktion auffälliger/herausfordernder Verhaltensweisen des Schülers zu beschreiben und im Team zu diskutieren und auszuwerten, treten positive Botschaften und Stärken des Schülers zutage. An diese muss der Lehrer anknüpfen, wenn er herausfordernde Verhaltensweisen mindern oder abbauen will. Das heißt für den Lehrer zunächst, die positive Konnotation des Verhaltens des Schülers in der jeweiligen Lernsituation zu erkennen. Im Weiteren ist wichtig, das didaktisch-methodische Handeln des Lehrers an den positiven Botschaften, die sich hinter dem herausfordernden Verhalten des Schülers verbergen, zu überprüfen und auszurichten.

Beispiel: Der Lehrer sieht in Maiks Verhalten ein Vollendungsstreben.
Er erkennt diese positive Konnotation des auffälligen Verhaltens, weil Maik nicht nur herausfordernd reagiert, wenn er beim Spiel unterbrochen wird. Maik reagiert fast immer verärgert, wenn er von einer Tätigkeit ablassen soll, die er noch nicht beendet hat.
Dieser Vollendungswille zeigt sich auch bei der Lösung von Lernaufgaben.
Wenn die kognitiven Anforderungen einer Lernaufgabe Maik aber überfordern, reagiert er schnell aggressiv und gibt auf. Besonders gutes Durchhaltevermögen zeigt er bei Aufgaben, die auf Ergebnisse abzielen, die er vorzeigen, anfassen, praktisch handhaben kann.

3. Überprüfung der Strukturelemente von Unterricht

Die Auswertung des Gesamtverhaltens des Schülers führt zur Frage nach unterrichtsverändernden Maßnahmen. Hierbei gilt es zu überprüfen, inwieweit einzelne Strukturelemente von Unterricht so verändert werden können, dass einerseits positive Botschaften oder Stärken des Schülers stärker zur Geltung und andererseits die herausfordernden Verhaltensweisen abgebaut oder in ein sozial erwünschtes und zugleich subjektiv bedeutsames, identitätskonstituierendes Verhalten überführt werden können. Möglichkeiten der Veränderung ergeben sich auf:

- der intentionalen Ebene
  (Lernzielkorrektur; Akzentuierung emotionaler und sozialer Lernziele; Förderung von Autonomie (v. a. Wahl- und Entscheidungsmöglichkeiten) und „Selbstvertretungsfähigkeiten" [dazu Wehmeyer, Agran & Hughes 1999; Jelly, Fuller & Byers 2000; Lancaster, Schumaker & Deshler 2002; Theunissen & Plaute 2002, 134ff.]; Zurücknahme kognitiver Lernziele, um Überforderung zu vermeiden u. a. m.)
- der thematisch-inhaltlichen Ebene
  (z. B. Auswahl von Unterrichtsstoffen, die an den positiven Signalen des Schülers anknüpfen)
- der allgemeinen sozio-kommunikativen Ebene
  (z. B. statt befehlen: anregen, statt behandeln: gemeinsames Handeln und Erleben; Verbalisierung positiver Konnotationen des auffälligen Verhaltens; zuhören; aussprechen lassen; Geduld und empathische Gelassenheit ausstrahlen; nonverbale Signale einsetzen; loben; ermutigen; motivieren u. a. m.)
- der speziellen (symptomorientierten) Interventionsebene
  (Überprüfung und Veränderung spezieller Strategien wie: auffälliges Verhalten bewusst ignorieren; direkter Appell; Intervention durch Signale; Kontrolle durch unmittelbare Anwesenheit; Beruhigung durch körperlichen Kontakt; Umlenken; Wiedergutmachung; Grenzen setzen und verbieten u. a. m.)
- der präventiven Interventionsebene
  (z. B. kleine Hilfen zur Überwindung von Augenblickskrisen; Umsetzen der Schüler; Umlenken; präventive Absprachen durch Vereinbarung von Regeln; Einschränkung der räumlichen Bewegungsfreiheit und der Verfügbarkeit von Gegenständen u. a. m.)
- der zeitlichen Ebene
  (z. B. Wechsel von Aktivitäts- und Ruhephasen; kürzere/längere Pausen, um aktuelle Belastbarkeiten zu berücksichtigen)
- der Ebene der Sozialformen
  (Einzelunterricht; Teilgruppenunterricht; Partnerarbeit; Kreissituation)
- der Ebene der Verfahrensweisen
  (z. B. Einsatz spezieller Verfahren, von denen eine pädagogisch-therapeutische Wirkung erwartet wird: Basale Kommunikation als Entspannungsangebot; Basale Stimulation als anregendes Angebot; Musik-Malen zur psychisch-physischen Entspannung; Psychomotorik und Sportspiele zur körperlichen Ent-

krampfung und Aktivierung)
• der didaktisch-methodischen Ebene
  (z. B. Elementarisierung oder Reduktion des Unterrichtsstoffes; „meditatives"
  oder „aktives" Lernangebot; Lernen „Schritt für Schritt"; handelndes Lernen;
  Projektarbeit)
• der medialen Ebene
  (z. B. Einsatz spezifischer Medien und Materialien, die der Problem- und Interessenlage entsprechen; z. B. kooperative Spiele zur Einübung von Sozialverhalten)
• der situativ-räumlichen Ebene
  (z. B. Durchstrukturierung des Klassenraumes mit Freiarbeits-, Entspannungs-
  oder „Sinne"-Zone; Veränderung der Sitzordnung).
Diese Strukturelemente von Unterricht sind eng miteinander verknüpft, so dass
eine Veränderung auf einer Ebene Konsequenzen für die anderen hat. Wir gehen
davon aus, dass bei leichteren Formen auffälligen Verhaltens Modifikationen in
diesen Bereichen schon häufig genügen, um „gestörte" Interaktionssituationen
im Unterricht aufzulösen.

4. Auswertung
In mehrmonatigen Abständen sollen die unterrichtsverändernden Maßnahmen
im Hinblick auf das Schülerverhalten überprüft werden. Hierzu können über
(selbsterstellte) Beobachtungsbögen tägliche Verhaltensmessungen vorgenommen werden, ebenso denkbar sind Verlaufsdokumentationen oder stichproben-
hafte Beobachtungen des Verhaltens. Treten keine wesentlichen Veränderungen
des Verhaltens des Schülers im Vergleich zur Anfangsphase (baseline) auf, müssen
weitere Maßnahmen ins Auge gefasst werden, die in eine spezielle Einzelhilfe
münden.

6.3 Spezielle Einzelhilfe

Zwischen den unterrichtsverändernden Maßnahmen auf der Basis eines Situati-
ons-Assessment und der speziellen Einzelhilfe besteht – ähnlich wie bei dem
Verhältnis von allgemeiner Alltagsarbeit und spezieller Pädagogik – kein prinzi-
pieller, sondern höchstens ein gradueller Unterschied. Das heißt, dass zum Beispiel auch im Rahmen der speziellen Einzelhilfe eine Veränderung von Struktur-
elementen des Unterrichts stets mit in Betracht gezogen werden muss – so wie es
unter anderem die Forschungsergebnisse von Carr und Mitarbeitern (1999) nahe
legen. Darüber hinaus nehmen schülerorientierte Maßnahmen einen breiteren
Raum ein, die sich beispielsweise auf zusätzliche Lern- oder Trainingsprogramme

zur Erweiterung des positiven Verhaltensrepertoires oder auf spezielle Verfahren aus dem Bereich der pädagogischen Kunsttherapie, Motopädagogik, Erlebnispädagogik, Wahrnehmungsförderung oder basalen Pädagogik beziehen können, von denen sich die Entscheidungsträger therapeutische Wirkungen erhoffen. Der US-amerikanischen Fachliteratur ist zu entnehmen, dass solche speziellen Hilfen in den Bereich der Schulsozialarbeit verortet werden, was gleichfalls für die hiesigen Verhältnisse durch Einschaltung von sog. Einzelfallhelfern, Schulsozialarbeitern oder Schulpsychologen gelten kann (Altshuler & Kopels 2003, 327). Was die Arbeitsschritte der speziellen Einzelhilfe betrifft, so entsprechen diese denen der außerschulischen Praxis (Kapitel 5.3.3), weshalb wir uns im Folgenden nur knapp fassen:

1. Anlass für die spezielle Hilfe
Verhaltensprobleme eines geistig behinderten Schülers lassen sich im Rahmen allgemeiner unterrichtsbezogener Maßnahmen nicht bewältigen; die Lehrkräfte wünschen sich eine „Fallbesprechung" (besser gesagt: „Problembesprechung").

2. Erstgespräch
Von Seiten der Lehrkräfte wird ein Erstgespräch im Sinne eines Circle of Support einberufen, an dem die Eltern bzw. Erziehungsträger (Mitarbeiter einer Wohngruppe), andere relevante Bezugspersonen (Schulleiter; Fachlehrer; Therapeuten) sowie der betroffene Schüler teilnehmen sollen (dazu auch Jelly, Fuller & Byers 2000, 34ff.; O'Neill et al. 1998, 17f.). Ein Erstgespräch ohne Beteiligung des betroffenen Schülers sollte die Ausnahme sein. In diesem Erstgespräch wird das pädagogische Anliegen erörtert, und es sollte einvernehmlich das weitere Vorgehen festgelegt werden. Dabei geht es in der Regel um diagnostische Fragen.

3. Diagnostischer Prozess
Im Rahmen eines im Erstgespräch festgelegten Zeitraumes sollen möglichst viele Bausteine im Rahmen einer „verstehenden Diagnostik" (multidimensionales Assessment) aufbereitet werden (hierzu Kapitel 2.3). Während in der US-Schulgesetzgebung diesbezüglich nur auf die „funktionale Verhaltensanalyse" zur Erarbeitung eines „verhaltensorientierten Interventionsplans" Wert gelegt wird (Altshuler & Kopels 2003, 326), halten wir mit Blick auf die moderne Therapieforschung (Grawe u. a.) die Berücksichtigung (ja Fokussierung) eines Stärken-Assessment bzw. eine Ressourcenorientierung für unabdingbar. Dies erfordert ein gewisses Maß an Zuarbeit aller am Erstgespräch beteiligten Bezugspersonen.

4. Auswertung der Ergebnisse
In einem nachfolgenden Gespräch sollen Lehrer, Eltern und Therapeuten (ggf. auch unter Einbeziehung des betroffenen Schülers) gemeinsam die Ergebnisse auswerten (Schwerpunkt: funktionale Analyse und Stärken-Perspektive) und *Arbeitshypothesen* als Ausgangspunkt für eine individualisierte Konzeptentwicklung formulieren.

5. Entwicklung eines Einzelhilfe-Konzepts
Der Ausgangslage folgt (wiederum je nach Situation [Alter, kognitive Voraussetzungen] unter Einbeziehung des Betroffenen) die Entwicklung eines Einzelhilfe-Konzepts, das schriftlich zu fixieren ist. Dabei muss es sich nicht einzig und allein um unterrichtsspezifische Maßnahmen handeln, ebenso denkbar sind auch *kontextorientierte Entscheidungen* (Elternarbeit; Arbeit mit der Lehrerschaft). Bei massiven Verhaltensproblemen haben wir es häufig mit einer langfristigen Planung zu tun, die sowohl unterrichtstherapeutische als auch flankierende therapeutische Maßnahmen beinhalten kann. Unter *unterrichtstherapeutischen Maßnahmen* verstehen wir spezielle Stützprogramme, die zu bestimmten Zeiten anstelle des „regulären" Unterrichts treten. Eine breite Palette solcher Arbeitsformen bietet die *pädagogische Kunsttherapie* oder *(therapeutisch)ästhetische Erziehung*, unter der wir so unterschiedliche Angebote wie basalpädagogische oder beziehungsstiftende Aktivitäten, bildnerische, spielpädagogische, aktionistische Verfahren, kreative Gruppenaktivitäten, Rollen-, Sing-, Kreis- oder Schattenspiele, Basteln und Werken, projektartige Unternehmungen (Theater- oder Videoprojekte; Schwarzlichttheater) fassen (hierzu Theunissen 1997b; 2004b, auch Kapitel 5.3.1). Grundsätzlich sei in diesem Zusammenhang betont, dass es wenig Sinn macht, derlei Verfahren losgelöst vom Gesamtunterricht einzusetzen (kritisch dazu auch Sailor 2001, 197). Die unterrichtstherapeutischen Arbeitsformen erfahren nur dann Sinn, wenn sie in einem Gesamtkonzept integriert sind, das für den betroffenen Schüler „passend", d. h. subjektiv bedeutsam und sinnstiftend sein muss. Deshalb muss eine Verknüpfung und Abstimmung zwischen der speziellen Einzelhilfe und dem „regulären" Unterricht hergestellt werden. Mit anderen Worten: Der Unterricht darf dem speziellen Konzept nicht widersprechen. Denn unterrichtstherapeutische Maßnahmen, die angewandt werden, gehen ins Leere, wenn unter- oder überfordernde Strukturelemente des Unterrichts unverändert bleiben. Dies gilt ebenso für unterrichtsflankierende, additive Schülerhilfen (stundenweise Einzelhilfe, um z. B. neue Verhaltensweisen oder Fertigkeiten zu erlernen, die ein Problemverhalten überflüssig machen; [Psycho-]Therapie außerhalb der Klasse oder Schule). Über den Wert psychotherapeutischer oder auch psychiatrischer Hilfen haben wir an anderer Stelle berichtet (Lingg & Theunissen 2000). Hier genügt nur der Hinweis, dass diese Unterstützungsformen nicht überschätzt werden dürfen (Prout & Nowak-Drabik 2003) und keinesfalls unterrichtsverändernde Maßnahmen ersetzen können. Überdies sind sie nur im Kontext der Lebenswelt und im Zusammenwirken einer pädagogischen Konzeption sinnvoll und legitim.
6. Durchführung und Dokumentation der Einzelhilfe
In gemeinsamer Absprache wird eine Vertrauensperson (Lehrkraft; Therapeut) beauftragt, das vereinbarte Programm zu festgelegten Zeiten durchzuführen. Der

Erfolg der Arbeit hängt dabei in entscheidendem Maße davon ab, ob alle Gesprächspartner hinter den Absprachen und der Einzelarbeit stehen. In der Regel müssen auch andere Bezugspersonen (Eltern, Fachlehrer, Therapeuten) bereit sein, mitzuarbeiten und die Problemlösung zu unterstützen (z. B. durch vereinbarte Interventionsformen und „aufbauende" Instruktionen). Daher bietet es sich grundsätzlich an, pädagogische Mitarbeiter, Lehrer und auch betroffenen Eltern mit Grundzügen der funktionalen Analyse, der Stärken-Perspektive sowie mit positiven behavioralen Unterstützungsformen (z. B. im Rahmen einer Fortbildungsveranstaltung) vertraut zu machen (Koegel et al. 2001). Wichtig ist von vornherein eine genaue Dokumentation der Einzelarbeit und der Entwicklung des betroffenen Schülers.

7. Programmüberprüfung und Reflexion
In mehrmonatigen Abständen soll das vereinbarte Konzept mit möglichst allen relevanten Bezugspersonen evaluiert werden. Wenngleich bei ausbleibendem Erfolg gewisse Modifikationen vorgenommen werden können, sollte grundsätzlich eine vorschnelle Programmänderung vermieden werden. Denn gerade bei massiven Verhaltensproblemen kann kaum eine stabile Verhaltensänderung in kürzester Zeit erwartet werden.

6.4 Gruppenbezogene Maßnahmen

Im Rahmen eines Einzelhilfe-Konzepts wie aber auch als Ergänzung oder Alternative können spezielle gruppenbezogene Maßnahmen sinnvoll sein. Sie kommen vor allem dann in Betracht, wenn ein sozialer Konflikt besteht, zum Beispiel mehrere Schüler einer Klasse in Streitereien verstrickt sind oder wenn mehrere als verhaltensauffällig gelten. Das scheint nicht selten der Fall zu sein. So erbrachte eine repräsentative Lehrerbefragung aus unserem Arbeitsbereich, dass 30,4% aller befragten Lehrer aus Schulen für Geistigbehinderte vier bis sechs Schüler pro Klasse (bei einer Gesamtzahl von sieben bis acht Schülern) als verhaltensauffällig einschätzen (Theunissen & Schirbort 2003, 43).
Bemerkenswerte Anregungen in Bezug auf gruppen- oder klassenbezogene Maßnahmen finden wir bei Garner und Sandow (1995), deren Vorstellungen mit den unsrigen Erfahrungen und Überlegungen weithin korrespondieren. Dabei handelt es sich zum einen um ein *Soziales Lernen* (dazu Kapitel 5.3.1) durch Vereinbarung und Nutzung von Gruppenregeln. In Anlehnung an Garner & Sandow (1995, 52ff.) möchten wir das folgende Unterstützungsprogramm (supported program) anskizzieren: Ausgangspunkt sind Verhaltensauffälligkeiten mehrerer Schüler (mit Stühlen wippen, aufspringen, Konzentrationsprobleme, schreien, herumlaufen, Passivität, gegenseitiges Stören), so dass erhebliche Beeinträchti-

gungen des Unterrichts bestehen. Durch Videoaufzeichnungen (dazu auch Jelly, Fuller & Byers 2000, 99, 106) soll allen Schülern die Situation in der Klasse vor Augen geführt werden, wobei die Lehrkräfte darauf achten sollten, nicht nur beklagte Verhaltensweisen, sondern auch positive Seiten und Stärken der einzelnen Schüler aufzuzeigen. Insgesamt soll ein Zustand in der Klasse beschrieben werden, der für Lehrer und Schüler letztlich unerträglich ist, der einige (lernwillige) Schüler am Lernen hindert und der *gemeinsam* verändert werden muss. Um die Zusammenarbeit bzw. das Klima in der Klasse zu verbessern, sollen gemeinsam drei oder vier Gruppenregeln erstellt werden, die in Zukunft für alle verbindlich sein sollen (z. B. „jeder hat das Recht zu sprechen und zuzuhören"; „jeder hat das Recht zu arbeiten"; „alle vier Stuhlbeine sollen immer auf dem Boden bleiben"; „erst fragen, bevor etwas ausgeliehen wird" [ebd., 51]). Solche Regeln können von den Schülern illustriert werden und sollten in der Klasse auf einem Wandplakat für alle sichtbar gemacht werden. Zur Einhaltung der Regeln können als Anreiz Sternchen vergeben werden (z. B. nach jeder Unterrichtsstunde durch Selbst- und Fremdbeurteilung); diese sollen gesammelt und am Ende eines bestimmten Zeitraumes (z. B. gegen Ende einer Unterrichtssequenz, eines Unterrichtstages oder Woche) in Lieblingsbeschäftigungen, Freispiel o. ä. eingetauscht werden. Als Gegengewicht zu dieser externen Motivationssteuerung ist es wichtig, auch signifikantes Lernen (Rogers) durch intrinsische Motivation zu fördern. Hierzu sollen in einem nächsten Schritt die Schüler persönliche Plakate herstellen, die sich jeweils auf drei positive Botschaften beziehen (auf etwas, das ich gerne tue; auf etwas, indem ich gut bin; auf etwas, was andere an mir gut finden). Die Erarbeitung dieser Plakate trägt zum besseren, gegenseitigen Kennenlernen bei, indem zum Beispiel Mitschüler in einem neuen (positiven) Licht erscheinen oder auch Betroffene selbst zu einer positiven Selbsterkenntnis gelangen. Den Schülern sollen nun im Rahmen des Unterrichts viele Gelegenheiten und Aktivitäten offeriert werden, in denen sie sich mit ihren Stärken einbringen können, so dass sie sich und ihre Mitschüler anders als bisher wahrnehmen und erleben können (ebd., 54). Ergänzend hierzu sollen Kreisgespräche (Reflexionsrunden) genutzt werden. Des Weiteren empfehlen Garner und Sandow, dass jeder Schüler ein „Lebensbuch" mit lebensgeschichtlich und subjektiv bedeutsamen Themen erstellen soll (Geburtsort, Familie, Wohnort, Freunde, Plätze, an denen sich der einzelne gerne aufhält, Lieblingsspeisen, Lieblingsaktivität, Urlaubsorte, Spielzeug, Hobby ...). Die Vorstellung und Diskussion dieser Werke kann wiederum in einem Kreisgespräch erfolgen und soll den Prozess gegenseitiger Wertschätzung befruchten und unterstützen. Zur weiteren Förderung sozialer Kompetenzen sowie zur Optimierung der Unterrichtsarbeit schlagen die Autoren vor, die bisherigen Gruppenregeln allmählich auszubauen (z. B. „leise durch den Flur laufen"; „sitzen bleiben, wenn Gruppen mit ihrer

Arbeit fertig sind"; „sich gegenseitig unterstützen"; „anderen zuhören") oder auch neue „Leistungsmedaillen" einzuführen, die wiederum gesammelt und später eingetauscht werden können. Durch diese neuen Gruppenregeln sollen insbesondere Partner- und Gruppenaktivitäten befördert werden, um zu einem gemeinsamen Projekt (Theaterarbeit o. ä.) zu gelangen, in dem dann alles Erlernte (Sozialverhalten) unter Beweis gestellt werden kann.

Nach Garner und Sandow gilt ein solches Programm aus der Sicht von Lehrern, Schülern und Eltern als erfolgreich (60ff.). Damit kein falscher Eindruck entsteht, sei erwähnt, dass die Autoren ausdrücklich betonen, dass es ihnen nicht um eine „Unterordnung" (65, 94f.), sondern um den Aufbau und die Unterstützung eines „angemessenen Sozialverhaltens" zu tun ist. Darunter werden Fähigkeiten gefasst, die eine souveräne Selbstdarstellung und Selbstvertretung (self advocacy) ermöglichen. Den Autoren kommt es bei ihrem Programm insbesondere darauf an, dass die Schüler lernen, „Zutrauen zu gewinnen, neue Situationen zu bewältigen, Ideen zu akzeptieren, soziale Probleme zu lösen, Vorstellungen auszutauschen und zu verhandeln sowie auszuwählen und Entscheidungen zu treffen" (72). Solche Qualifikationen, die für Empowermentprozesse bedeutsam sind, lassen sich unzweifelhaft auch im Rahmen von Rollenspielen oder einer (therapeutisch orientierten) Theaterarbeit erwerben (67ff.). Daher zählen Rollenspiele und Theaterarbeit mit zu einem zentralen gruppenbezogenen Angebot zum Abbau von Verhaltensauffälligkeiten und Aufbau positiven Sozialverhaltens (vgl. hierzu auch die Ausführungen von Fiedler im vorliegenden Band). Nach unseren Erfahrungen (Theunissen 1984) sollte dabei folgender Gang beachtet werden: Zu Beginn einer Theaterarbeit sollten subjektzentrierte, spontan initiierte Spiel- und Verkleidungsaktionen sowie Improvisations- oder Stegreifspiele überwiegen, die der Schaffung einer Atmosphäre des Vertrauens, eines positiven Gruppenklimas sowie dem Aufbau positiven Sozialverhaltens und Erlebens dienen. Im weiteren Verlauf des Unterrichts lassen sich dann die Aktivitäten allmählich durch gezielte Rollenspiele, eng umschriebene Spielszenen, eine Erfindung einer kleinen Geschichte bzw. eines Stückes und entsprechende Proben im Niveau steigern und systematisieren, so dass gegen Ende eines Projekts eine Verknüpfung von subjekt- und sachzentrierter Unterweisung steht, die zur Stabilisierung positiven Sozialverhaltens wie auch zur Förderung eines sachbezogenen (schulischen) Lernens beitragen kann. Soll dieses Modell zum Erfolg gereichen, ist es wichtig darauf zu achten, dass auf Interessen und Stärken der Schüler zurückgegriffen wird. Denn ein Unterricht, der Schülern nur Fehlverhaltensweisen oder Defizite vor Augen führt, entmutigt den Betroffenen und ist für eine Pädagogik bei Verhaltensauffälligkeiten kontraproduktiv.

Das ist ebenso die Botschaft von Kane, Koch und Wann (2003), die weitere Möglichkeiten eines leistungsheterogenen „Gruppenunterrichts" mit geistig behinderten Schülern, denen Verhaltensauffälligkeiten nachgesagt werden, aufzeigen. Ihr Ansatz knüpft an der in Kapitel 5.3.2 beschriebenen *lebenswelt-orientierten Projektarbeit* an, die sie im Hinblick auf eine mögliche Nutzung für den Unterricht aufbereitet und erprobt haben. Dies wurde durch eine „innere Differenzierung" spezieller Sinnesgartenprojekte realisiert. „So bot z. B. der Bau eines Weidentunnels verschiedene Aufgabenstellungen, die nach den individuellen Lernvoraussetzungen variiert werden konnten" (ebd., 316). Dabei wurden spezifische Angebote für verhaltensauffällige Schüler berücksichtigt: „Ein Schüler lag im Unterricht häufig am Boden und warf Gegenstände in die Luft. Dieses Verhalten wurde aufgegriffen. Der Schüler bekam die Aufgabe, einen Komposthaufen ‚umzuschichten', indem er auf dem Komposthaufen saß und Kompostklumpen in die Luft warf. Im Rahmen der Bepflanzung eines Steingartens bekam der Schüler die Aufgabe, einen Eimer mit Kompost dort zu entladen, wo Pflanzen eingesetzt werden sollten. Sein leistungsstärkerer Mitschüler übernahm die Aufgabe, seinen ausgestreuten Kompost der Erde beizumischen und die Pflanzen zu setzen... (317)." Durch derlei Aktivitäten konnten – so das Resümee des Autorenteams – Interessen für neue Inhalte geweckt und „herausfordernde Verhaltensweisen" wie Stereotypien in konstruktive Handlungen überführt werden. Wichtige Voraussetzungen und befördernd für den Erfolg eine solchen Konzepts sind das Studium der „herausfordernden Verhaltensweisen" im Hinblick auf implizite Stärken (positive Konnotation), eine (kreative) Suche nach „unkonventionellen" Unterrichtsthemen und -aufgaben, eine genaue Analyse der Aufgaben und Anforderungen (Handhabung von Arbeitsgeräten etc.) sowie „flexible Unterrichtseinheiten mit Alternativen" (317) bzw. subjektiv bedeutsamen, „passgenauen" Angeboten (z. B. körperliche Aktivierungs- und Entspannungsangebote).

Anmerkungen

1

Zentrale Fachwissenschaft ist die „Geistigbehindertenpädagogik". Darunter verstehen wir eine *Leitdisziplin*, die in der Erziehungswissenschaft unter Bezeichnungen wie Heil- oder Sonderpädagogik verortet ist. Beide Begriffe, Pädagogik und Erziehungswissenschaft, werden in der Regel synonym verwendet. Das bedeutet, dass eine Pädagogik bei geistiger Behinderung und Verhaltensauffälligkeiten sich nicht etwa auf eine instrumentelle oder intentionale Erziehung beschränkt, sondern Erkenntnisse, Forschungsergebnisse, Lernmethoden, Theorien, Denkansätze u. ä., die im Lager der Erziehungswissenschaften hervorgebracht wurden und/oder diskutiert werden, zum Verständnis unterschiedlicher Praxisfelder aufbereitet, um theoriegeleitete Impulse für die Entwicklung und Realisierung tragfähiger Handlungskonzepte und Formen eines menschlichen Zusammenlebens und -arbeitens zu offerieren. Das Spektrum, mit dem sich die Erziehungswissenschaften befassen, ist breit, es umfasst zum Beispiel neben intentionalen Akten einer Erziehung und Bildung immer auch „unbeabsichtigte", funktionale oder gesellschaftliche Einflüsse auf Erziehungs-, Bildungs- und Sozialisationsprozesse von Kindern, Jugendlichen und Erwachsenen, zudem impliziert es einen weiten Praxisbegriff, der u. a. soziokulturelle, ökonomische oder politische Einflüsse auf alltägliche Interaktionen (Erziehungsereignisse u. dgl.) reflektiert und auch Lebensräume oder Sozialisationsfelder thematisiert, in denen die *Soziale Arbeit* (repräsentiert durch Sozialpädagogik und Sozialarbeit) einen wichtigen Stellenwert hat. Vor diesem Hintergrund definieren wir als „Gegenstand" unserer speziellen Pädagogik nicht etwa nur Menschen mit geistiger Behinderung, die in irgendeiner Weise als verhaltensauffällig gelten, sondern Betroffene mit ihren Interessen und Rechten in ihrer Lebenswelt. Folgerichtig zählen unter Einbeziehung der Lebensbedingungen (familialer, institutioneller, gesellschaftlicher Art) gleichfalls Umkreispersonen, Angehörige, Mitarbeiter u. a. zum Adressatenkreis der Geistigbehindertenpädagogik. Das hat Konsequenzen für ihre Konzepte, die nicht nur individuumbezogen, sondern immer auch kontextbezogen gedacht werden müssen. Insofern befasst sich Pädagogik mit Fragen der Sozialen Arbeit (im weiteren Sinne), die ebenso bedeutsam sind wie die

Auseinandersetzung mit Fragen zur Erziehung, Bildung, Beratung, Förderung oder Intervention (im engeren Sinne). Der traditionellen deutschen Heilpädagogik (i. S. e. angewandten Kinder- und Jugendpsychiatrie oder sog. Heilserziehung) war dieser lebensweltbezogene Fokus weithin fremd. Alles in allem haben wir uns somit dem modernen Verständnis von (Heil-)Pädagogik als Erziehungswissenschaft verschrieben (dazu auch Speck 2003), welches nicht nur die Theorie und Praxis der Erziehung und Bildung von Kindern und Jugendlichen im Blick hat, sondern das sich gleichfalls auf theoretische und praktische Fragen erstreckt, welche zwar nicht im Hinblick auf Erziehung (diese endet mit Erreichung des Erwachsenenalters), wohl aber in Bezug auf (Weiter)Bildung und Soziale Arbeit an Menschen im Erwachsenenalter und Alter adressiert sind.

2

Vor dem Hintergrund dieser Einteilung gehen Luckasson et al. (2002, 31f.) davon aus, dass mit Blick auf die Gesamtpopulation aller Menschen mit geistiger Behinderung (< IQ 70) der Anteil der Personen mit leichter geistiger Behinderung 75% bis 89% beträgt; jedoch kann bei dieser Personengruppe ein "spezifischer identifizierbarer Grund für eine geistige Behinderung (mental retardation) nur bei 25% - 40% gefunden werden" (ebd., 32). Der Anteil der Menschen mit mäßiger bis schwerster geistiger Behinderung wird bei dem weiten Verständnis von geistiger Behinderung mit 11% bis 25% angegeben.

3

Im Unterschied zu der AAMR-Definition aus dem Jahre 1992 beinhaltet die Neufassung aus dem Jahre 2002 Aspekte, die, wie wir noch sehen werden, in Bezug auf die aktuelle Klassifikation von Behinderung der Weltgesundheitsorganisation als anschlussfähig betrachtet werden kann (Luckasson et al. 2002, 113). Das gilt z. B. für die Umbenennung und Erweiterung der Dimensionen durch Partizipation und Kontextfaktoren. Wurden 1992 vier Dimensionen unterschieden, werden jetzt fünf herausgestellt. Kritisiert werden können die Ausführungen von Luckasson u. a. dahingehend, dass am alten Oberbegriff der „mental retardation" festgehalten wird und alternative Begriffe wie „people with intellectual disabilities" oder „people with learning disabilities" keine weitreichende Diskussion erfahren. Dies hängt wohl mit der Provenienz und Zusammensetzung des Autorenteams zusammen, in dem wir Fachwissenschaftler bzw. eine ausreichende Repräsentanz aus dem fortschrittlichen Lager der US-amerikanischen Behindertenarbeit (z. B. im Umfeld von „The Arc" oder „TASH") weithin vermissen.

4

Die folgende Tabelle stammt von Luckasson et al. (2002, 127) und bietet einen
Überblick über Risikofaktoren in Bezug auf geistige Behinderung

Risk Factors for Mental Retardation

Timing	Biomedical	Social	Behavioral	Educational
Prenatal	1. Chromosomal disorders 2. Single-gene disorders 3. Syndromes 4. Metabolic disorders 5. Cerebral dysgenesis 6. Maternal illnesses 7. Parental age	1. Poverty 2. Maternal malnutrition 3. Domestic violence 4. Lack of access to prenatal care	1. Parental drug use 2. Parental alcohol use 3. Parental smoking 4. Parental immaturity	1. Parental cognitive disability without supports 2. Lack of preparation for parenthood
Perinatal	1. Prematurity 2. Birth injury 3. Neonatal disorders	1. Lack of access to birth care	1. Parental rejection of caretaking 2. Parental abandonment of child	1. Lack of medical referral for intervention services at discharge
Postnatal	1. Traumatic brain injury 2. Malnutrition 3. Meningoencephalitis 4. Seizure disorders 5. Degenerative disorders	1. Impaired child-caregiver 2. Lack of adequate stimulation 3. Family poverty 4. Chronic illness in the family 5. Institutionalization	1. Child abuse and neglect 2. Domestic violence 3. Inadequate safety measures 4. Social deprivation 5. Difficult child behaviors	1. Impaired parenting 2. Delayed diagnosis 3. Inadequate early intervention services 4. Inadequate special-educational services 5. Inadequate family support

5

In vielen Studien über geistige Behinderung wird der Begriff der psychischen Störung mit dem der Verhaltensauffälligkeit weithin synonym benutzt (Wieseler & Hanson 1999a). Damit gehen von Seiten der Psychiatrie mitunter Vereinnahmungstendenzen einher, die vor allem dort zum Ausdruck kommen, wo die Priorisierung psychiatrisch-klinischer Interventionen aufgrund der hohen Prävalenz psychischer Störungen begründet wird, zu denen gleichfalls Verhaltensauffälligkeiten gezählt werden (Day 1993; Tonge 1999). Der gegenwärtige Forschungsstand lässt den Schluss zu, dass bei Menschen mit geistiger Behinderung die Prävalenz psychischer Störungen bei 10-20% liegt (Deb et al. 2001; Lingg & Theunissen 2000; Petry 1999, 18). Diese sind unzweifelhaft behandlungsbedürftig – ein Aspekt, der wiederum von Seiten der Pädagogik oder Sozialarbeit nicht ignoriert werden darf. Diese helfenden Instanzen neigen gleichfalls mitunter zu unzulässigen Verallgemeinerungen, indem sie zwischen Verhaltensauffälligkeiten und psychischen Störungen nicht differenzieren. Freilich stellt sich eine eindeutige Unterscheidung der Begriffe ausgesprochen schwierig dar (Wüllenweber 2003; Irblich 2003, 316ff.). In unserer Schrift „Psychische Störungen und geistige Behinderung" (Lingg & Theunissen 2000) schlagen wir vor, bei leichten Formen abweichenden Verhaltens und (massiven) auffälligen Verhaltensweisen, denen keine Psychopathologie zugrunde liegt (z. B. bei Aggressionen als Mitteilungsreaktion auf körperliche Beschwerden wie Zahnschmerzen o. ä.), von Verhaltensauffälligkeiten zu sprechen. Dabei sind wir uns über fließende Übergänge bewusst: Beide Begriffe „liegen auf einem Kontinuum, bei dem an einem Ende klare *psychiatrisch definierte Merkmale* liegen (etwa in Form einer Psychose), am anderen Ende ,Verhaltensstörungen', die unmittelbar auf den *erzieherischen Kontext* zurückzuführen sind" (Petry 1999, 15). Neben dieser Abgrenzungsproblematik bestehen im Übrigen auch ähnlich gelagerte Schwierigkeiten, zwischen bestimmten Formen von Verhaltensauffälligkeiten (Sachbeschädigung, Fremdaggressionen mit Verletzungsfolgen, Diebstahl) und *delinquentem Verhalten* im Sinne einer gesetzwidrigen Handlung bzw. eines Verstoßes gegen das Strafgesetz einen klaren Trennstrich zu ziehen. Die Auseinandersetzung mit diesem Thema können wir hier aus Platzgründen nicht weiterverfolgen – wohl wissend, dass sich die Geistigbehindertenpädagogik damit bislang kaum befasst hat. Interessenten empfehlen wir die Arbeiten von Freese (1998) und Knapheide (2000; 2001) sowie die Dokumentation von Seidel & Hennicke (2001).

6

Unter „Paradigmen" fassen wir in dem Zusammenhang disziplinorientierte, übergreifende, komplexe und grundlegende Sichtweisen zur Erklärung von Verhaltensauffälligkeiten, die handlungsbestimmende Funktion haben (hierzu auch Theunissen 1992). Dabei orientieren wir uns an *Leitdisziplinen*, die die Arbeit mit geistig behinderten Menschen über einen bestimmten Zeitraum maßgeblich bestimmt haben oder derzeit bestimmen. Zunächst dominierte die Psychiatrie, die Kritik am „medizinischen Modell" führte dann zu einer „sozialen Bewegung", die durch die Sozialwissenschaften repräsentiert wurde; und heute sind es die Systemwissenschaften und/oder ökologische Theorien, die aus der Kritik an (mono-kausalen) sozialen Erklärungen hervorgegangen sind.

Freilich besteht die Möglichkeit, auch einen anderen Bezugsrahmen zur Erklärung von Verhaltensauffälligkeiten zu wählen. So lassen sich zum Beispiel unterschiedliche Erklärungsansätze nennen, die aus eng umschriebenen therapeutischen Konzepten, psychologischen, soziologischen oder auch biologischen Theorien hervorgegangen sind: *Lernpsychologische, psychoanalytische, individualpsychologische, entwicklungsdynamische, rollentheoretische, neuropsychologische Sichtweisen...* Um den Rahmen der vorliegenden Arbeit nicht zu sprengen, haben wir auf die Darstellung dieser Ansätze verzichtet. Dem interessierten Leser empfehlen wir hierzu die einschlägige Literatur oder Übersichtsarbeiten (z. B. Hennicke & Rotthaus 1993; Lotz, Koch & Stahl 1994; Weber 1997; Lingg & Theunissen 2000; Senkel 2003), denen Grundzüge dieser Ansätze skizzenhaft zu entnehmen sind.

7

Die folgende Abbildung stammt von Hewett (2001, 89) und fasst mögliche personale und soziale Entstehungs- oder Risikofaktoren im Hinblick auf Verhaltensauffälligkeiten von Menschen mit geistiger Behinderung zusammen.

Possible factors in the production of challenging behaviours

Personal Factors	Environmental Factors
Genetics e. g.	Quality of Physical Environment e. g.
• genetic conditions which are thought to influence behaviour directly	• lighting
Constitutional or Physiological e. g.	• acoustics
• hormonal state	• noise levels
• hunger/food/water	• space available
• allergies	• humidity
• brain damage	• heating
• drug regimes	• colours
• illnesses	
• epilepsy	Quality of the social environment e. g.
• mental health problems	• general social complexity
• mobility/physical abilities	• environment not complex enough
	• unstimulating
Relationships	• environment has challenging behaviour normally occurring
• difficulty experiencing understandable relationships	
	Placed in Position of Powerlessness e. g.
Personality & Character e. g.	• being goal-blocked
• limited emotional development – emotions still 'raw'	• unreasonable punishment
• extremes of extroversion or introversion	• extensive use of punishment
• neuroticism	• lack of access to decision making
• impulsiveness	• lack of access to choice over own actions
• limited knowledge about enjoying life, having fun, finding each passing moment pleasurable	• staff stress on compliance and conformity
• changeable moods	• staff reliance on confrontation and win/lose scenarios
• arousal pattern	• behaviour constantly scrutinised with frequent interventions from staff
• coping styles (ability to cope with own emotions)	• staff focus on behaviour more than feelings
• unstable early upbringing experiences	
	Unpredictable Occurrences e. g.
Sense of Self e. g.	• being statled/cornered
• self-esteem – unable to see self as valuable – as 'good to be with'	• lack of understanding about what is happening in the environment
• self-view e. g. 'this is how I am' – seeing self as a difficult or violent person	• other people's outbursts
• degree of self-knowledge/insight	Other people's high expectations e. g.
• feelings of powerlessness	• 'good' behaviour always
	• behave your chronological age always
Damage	• staff set unachievable objectives
• e. g. sexual or physical, or emotional/physchological abuse	
• first-hand experience of e. g. violence	All Communication Difficulties e. g.
	• lack of access to communications at own level of ability
Difficulty with Communication e. g.	
• not able to use or understand language	

• difficulty with verbal expression
• difficulty with understanding others, e. g.
  perceptual problems
 	
Basic Needs & Abilities e. g.
• still not socialised into the way of behaving
  shared by other people due to
  communication/relationship difficulties
• unfulfilled sexual needs
• still at early developmental stage
• still has basic security and social needs	

8 (mit Albert Lingg)

Auf diese Weise lassen sich Zusammenhänge zwischen Hirnschädigungen, damit verknüpften Intelligenzbeeinträchtigungen, Kognitionsproblemen, Wahrnehmungsstörungen und Verhaltensauffälligkeiten erfassen und diskutieren (hierzu Ayres 1984; Affolter 1991; Breitenbach 1996; auch Kap. 5.3.1). Diesbezüglich hat kürzlich zum Beispiel Bielski (1999) auf das Problem der *„sozialen Informationsverarbeitung"* aufmerksam gemacht. Bielski geht davon aus, dass Probleme in der sozialen Informationsverarbeitung den Aufbau eines adäquaten Verhaltensrepertoires bei geistig behinderten Menschen beeinträchtigen. Demnach können seiner Ansicht nach Verhaltensauffälligkeiten „einerseits mit Defiziten im Verhaltensrepertoire begründet werden, andererseits kann auffälliges Sozialverhalten von geistig behinderten Menschen direkt auf die Probleme in der sozialen Informationsverarbeitung zurückgeführt werden" (35). Betroffene hätten aufgrund ihrer „Limitierung der Intelligenzausprägung" (41) sowie aufgrund „schlechterer physischer Wahrnehmungsfähigkeiten" (40) angesichts spezifischer Zusatzbehinderungen und aufgrund eingeschränkter Möglichkeiten in ihrer Lebenswelt, „eine ausreichende Erfahrungsbasis aufzubauen" (40), Schwierigkeiten, soziale Situationen adäquat wahrzunehmen, so zum Beispiel „Wichtiges von Unwichtigem zu unterscheiden" (39), eine „selektive", gesteuerte oder gerichtete Aufmerksamkeit zu zeigen; und daher käme es zur Fehlinterpretation sozialer Situationen, die „nicht angemessene Verhaltensreaktionen" (35) im Sinne von Verhaltensauffälligkeiten nach sich ziehe. Dass es derlei Probleme geben kann, wollen wir nicht in Abrede stellen (dazu Sarimski 2003a, 162ff., 169ff., 176f.); und dort, wo sie beobachtet oder vermutet werden, bietet es sich an, auf pädagogisch-therapeutische Konzepte zurückzugreifen, denen es explizit um die Förderung von Wahrnehmung, senso- oder psychomotorischen Integrationsprozessen zu tun ist. Die wichtigsten Konzepte werden in Kapitel 5.3 beschrieben. Nichtsdestotrotz müssen die Ausführungen Bielskis kritisch gelesen werden, da sie zu Irritationen und Fehlschlüssen verleiten. Zum Beispiel hat sich der Autor einem statischen Begabungs- und Persönlichkeitskonzept sowie einem impliziten biologistischen Determinismus verschrieben; hinzu kommen unzulässige Verallgemeinerungen, Absolutaussagen und Schlussfolgerungen (40f.), die Menschen mit geistiger Behinderung als bloße Defizitwesen ausweisen. Das betrifft unter anderem auch jene Textpassage, wo Bielski über sein statisches Denken hinaus geistig schwer behinderten Menschen kognitive Voraussetzungen abspricht, die zu einer „erfolgreichen Teilnahme an Förderprogrammen zur Verbesserung der sozialen Kompetenz nötig erscheinen" (42). Des Weiteren hinterlässt Bielskis Beitrag den Eindruck, als ob es eine ‚einheitliche Problemstruktur' bei geistiger Behinderung, also ‚den' geistig behinderten Menschen gebe. Tatsächlich aber ist die Bandbreite der Menschen, die als geistig behindert etikettiert werden, sehr breit. Dies gilt ebenso für kognitive Prozesse und Funktionsstörungen bei Menschen mit geistiger Behinderung (Sarimski 2003a). Was Bielski in seiner Theorieskizze weithin ignoriert, ist die Fülle an Faktoren, die auf die Wahrnehmung von Informationen, Informationsverarbeitung und Reaktion (Handlungsplanung und -ausführung) Einfluss nehmen (z. B. körperliche Vorgänge und Befindlichkeiten, Emotionen, Bedeutungszuschreibungen, subjektive Einstellungen, Vorstellungen, Erwartungen, individuelle Erfahrungen). Ferner ist die jeweilige Situation, in der die Informationsverarbeitung statthat, ein zu beachtender Faktor: Nicht jeder Mensch mit geistiger Behinderung reagiert gleichermaßen motiviert auf dieselbe Situation. Alles in allem ist es somit unzulässig, eine lineare Ursache-Wirkung-Beziehung der Theorie der Informationsverarbeitung zugrunde zu legen, stattdessen sollten Zusammenhänge hergestellt und in ihrem wechselseitigen Geschehen systemisch betrachtet werden.

Neben dem Ansatz der ‚sozialen Informationsverarbeitung' kann auch eine andere, die von K. Goldstein schon vor über 50 Jahren erarbeitete Theorie der „*Katastrophenreaktionen*", für das Verständnis und Management psychosozialer Auffälligkeiten geistig behinderter Menschen fruchtbar sein: Goldstein verstand in seinen „Beobachtungen an hirngeschädigten Menschen" (1934) deren Symptome als Antworten des Organismus auf ganz bestimmte, ihm gestellte Fragen und betrachtete sie damit nicht unbedingt als unmittelbaren Ausdruck der Schädigung selbst. Für ihn waren die auffallendsten Symptome vielmehr Antworten auf Fragen, die sich dem Betroffenen in seinem Alltag stellen bzw. das Fehlen solcher Antworten (Rückzug, Starre, Ausweichen). Die weiteren Symptome ergeben sich ihm als Antworten auf spezielle, vom Untersucher gestellte Fragen, die allerdings nicht zufällig sind, sondern aus den theoretischen Grundvorstellungen folgen, die sich der Untersucher von dem zu untersuchenden Phänomen macht. Der Wunsch nach Ordnung und Systematisierung (man betrachte nur die Testpsychologie) lässt die Theoriebildung oft zu früh einsetzen und deshalb erfasst man häufig recht zufällig nur die ins Auge stechenden Symptome. Goldstein plädierte dagegen für die möglichst ‚untheoretische' Registrierung aller Phänomene im Alltag des Betroffenen und in der Untersuchungssituation. Als ein in diesem Zusammenhang wichtiges Ergebnis seiner Betrachtungen hob Goldstein hervor, dass der hirnorganisch geschädigte Mensch je nach den Fragen, die eine Situation ihm stellt, nur ein ungeordnetes Verhalten an den Tag legen kann. Er ist bemüht, diese „Katastrophenreaktion" tunlichst zu vermeiden, denn er erlebt sich dann als unfrei, zerrissen und schwankend, widerfährt ihm doch die Erschütterung seiner Welt wie seiner selbst. Er befindet sich in einem Zustand, den wir gewöhnlich als Angst bezeichnen. Während er gewöhnlich nach einer geordneten Reaktion zu einer anderen einfach fortschreiten kann, ist seine Reaktionsfähigkeit nach einer Katastrophenreaktion für mehr oder weniger lange Zeit überhaupt behindert. Er ist dann mehr oder weniger unzugänglich und versagt auch bei Aufgaben, denen er unter anderen Umständen mühelos gerecht werden kann. Diese „Katastrophenreaktionen" haben zudem eine langstörende Nachwirkung.

Wie der Betroffene selbst instinktiv derart irritierenden Situationen zu entgehen sucht, so können selbstverständlich auch seine Umgebung, Familie oder Bezugspersonen (Assistenten) in Kenntnis seiner Labilität versuchen, ihm derartige Dekompensationen zu ersparen.

Mit zunehmendem Versagen wird der Betroffene also mehr und mehr auf das Verständnis, die Toleranz und die Unterstützung seiner Umgebung angewiesen sein – eine Selbstverständlichkeit, der in der Realität jedoch sehr häufig nicht Genüge Rechnung getragen wird. Wesentlich ist, dass auch diejenigen Bewältigungs- oder Ausweichversuche des Betroffenen, die seiner Umgebung als störend und ‚abnorm' erscheinen, als solche erkannt und unterstützt werden: So können etwa sein Bedürfnis nach einer starren Ordnung, seine Stereotypien, sein Ausweichen vor Überstimulation, aber auch seine Angst vor Leere als Bemühen einer Person begriffen werden, sich in einer bestimmten Situation zu behaupten. Wenn diese Kompensations- oder Bewältigungsbemühungen dagegen einfach als Ausdruck einer Hirnschädigung (Geistige Behinderung) oder Ausfluss eines Hirnabbaus (Demenz) missverstanden werden, den es womöglich ‚wegzutherapieren' gilt, dann können wir dem Betroffenen bei seinem Bemühen, ein inneres Gleichgewicht zu halten oder wieder herzustellen, nur in den Rücken fallen. In der Praxis wird diesem Sachverhalt gerade im Umgang mit geistig behinderten oder dementen Personen häufig zu wenig Rechnung getragen, indem die Störanfälligkeit der Betroffenen wenig berücksichtigt und der Entwicklung angemessener (differenzierter) Bewältigungsmuster keine Aufmerksamkeit geschenkt wird.

9 (mit Albert Lingg)

Das Konzept der Vulnerabilität stammt aus der Schizophrenieforschung. Es unterstellt ein komplexes Bedingungsgefüge für Verhaltensauffälligkeiten und psychische Störungen. Dies soll am Beispiel moderner Theorien über die Entstehung schizophrener Erkrankungen kurz illustriert werden: L. Ciompi (1986) hat etwa in seinem „3-Phasen-Modell der Schizophrenie" ein Schema zum Verständnis der Entstehungsbedingungen und des Verlaufs dieser in den letzten Ursachen noch immer unergründeten und darum als ‚endogen' bezeichneten Psychose vorgestellt: Beim heutigen Wissensstand muss eine multifaktorielle Genese angenommen werden, d. h. ein Zusammenwirken seelischer (charakterlicher, familiärer, sozialer) und körperlicher Momente auf der Grundlage einer ererbten oder früh erworbenen Disposition.

Als einmal eher angeborene, dann wieder eher früh erworbene Disposition betrachtet Ciompi eine *prämorbide Vulnerabilität* (Phase I), d. h. gestörte affektiv-kognitive Bezugs- bzw. Informationsverarbeitungssysteme. Durch verschiedene Belastungen, wie stressvolle zwischenmenschliche Situationen und Ereignisse, aber auch drogeninduziert oder infolge körperlicher Krankheit oder Erschöpfung, kommt es zur *akuten Psychose* (Phase II), die wiederum je nach Grad der zugrunde liegenden Vulnerabilität und je nach Zuträglichkeit der Umwelt abklingt, rezidiviert oder den Beginn eines *chronischen Verlaufes* (Phase III) markiert.

Die Einflussnahme auf den Verlauf schizophrener Erkrankungen ist damit von verschiedenen Zugängen her möglich: Je nach dem Stadium der Krankheit sind entweder eine medikamentöse Einflussnahme auf die nachgewiesene Gleichgewichtsstörung der verschiedenen Transmittersysteme bzw. Hirnteile, eine Abschirmung oder Vereinfachung des ‚therapeutischen Milieus', eine ‚optimale Stimulation', Psychotherapie und Angehörigenarbeit oder ein kognitives Training u. a. m. (ebd., 56f.) indiziert.

Das noch eher lineare Modell Ciompis, in dem die Vulnerabilität als überdauernde Eigenschaft des Individuums bestimmend bleibt und das annimmt, dass mit dem Wegfall des Stressors die psychotische Episode abklingen wird, ist kürzlich von Dauwalder (1992) durch ein *zirkulär-dynamisches Modell* weiterentwickelt worden. Der entscheidende Unterschied ergibt sich für präventive Interventionen: Im linear-kausalen Konzept wird Prävention nur so lange für richtig gehalten, als sie im Vorfeld eines zu verhindernden 'irreversiblen Zustands' eingreift; im zirkulär-dynamischen Ansatz wird sie dagegen als permanente Aufgabe verstanden – sei es zum Aufbau eines stabilen und störungsresistenten Gleichgewichts vor einer Krise, sei es zur Verhinderung einer irreversiblen 'Programmierung' pathologischer Bewältigungsmechanismen während und nach der akuten Krise.

Aus den kognitiven und anderen, speziell emotionalen Besonderheiten eines geistig behinderten Menschen kann nun selbstverständlich eine Disposition oder Verletzlichkeit resultieren, die beim Versagen der Abwehrkräfte in eine vorübergehende akute psychische Krise oder auch in eine psychotische Erkrankung führen kann. Bei vergleichsweise weniger differenzierten Bewältigungsstrategien (insbesondere unzureichend ausgebildeten sozialen Problemlösungstechniken) werden geistig behinderte Menschen, vor allem in einer inadäquaten Umgebung oder bei Überforderung, häufiger in ‚primitive‘, ‚unreife‘ oder ‚psychopathologische‘ Copings ausweichen (hierzu auch Gardner & Willmering 1999, 24f.; Wüllenweber 2001b).

10

Aus unserer Sicht zählt die Aufbereitung der drei genannten Schwerpunkte zum Aufgabenbereich pädagogischer Mitarbeiter (Heil- oder Sozialpädagogen, Sozialarbeiter) im Bereich der Behindertenhilfe. Darüber hinaus beinhaltet ein multidimensionales Assessment aber auch diagnostische Aufgaben, die zum Metier anderer Berufsgruppen (z. B. Allgemeinmediziner, Internisten, Psychiater, Neuropsychologen, Psychotherapeuten) zählen (hierzu Lingg & Theunissen 2000). Insofern ist eine *medizinische (nicht nur psychiatrische) Grunduntersuchung* keineswegs belanglos (dazu auch Carr et al. 2000, 106f.); und es besteht häufig, insbesondere bei schweren Formen auffälligen Verhaltens oder psychischen Störungen, die Notwendigkeit einer *interdisziplinären Kooperation*. Aus äußerlichen Gründen (Platzmangel) können wir darauf nicht weiter eingehen (hierzu Theunissen 2001c). Wohl aber sei gesagt, dass grundsätzlich ein fachlicher Austausch von Informationen in Form eines Diskurses notwendig ist, bei dem es darauf ankommen sollte, die gewonnene Daten in einen Gesamtzusammenhang zu sichten und zu reflektieren, so dass die Entwicklung als Ganzes sichtbar werden kann. Mit anderen Worten: Klinische Daten oder Erkenntnisse (z. B. Gendefekte, Syndrome) sollten nicht „absolut" gesetzt werden, sondern sie gewinnen ihre Bedeutung erst im Verein mit der sozialen Problemsicht und individuellen Entwicklungsgeschichte (dazu auch Jantzen 1998).

11

Bambara, Cole und Koger (1998, 29) nennen diesbezüglich vier Barrieren für Selbstbestimmung, die zugleich auch als Risikofaktoren für Verhaltensauffälligkeiten betrachtet werden können:
1. Begrenzte Wahl-, Entscheidungs- und Kontrollmöglichkeiten für (institutionalisierte) Menschen mit geistiger Behinderung

2. Overprotection und mangelndes Zutrauen in die Fähigkeiten Betroffener
3. Mangelnde Individualisierung und Flexibilisierung der Alltagsarbeit und speziellen Unterstützung (Einzelhilfe)
4. Fehlende stabile (verlässliche, haltgebende) Beziehungsangebote

Des Weiteren haben wir an anderer Stelle (Theunissen 1998b, 77; auch 2001b) kritische Faktoren aufgelistet, die sich auf:

1. Überholte und fragwürdige (Alltags-)Theorien und Lehrmeinungen
2. Organisatorisch-institutionelle Hemmnisse
3. Pädopathologische Einstellungen und Handlungsaspekte sowie
4. Motivationale Aspekte und die Subjektseite der professionellen Helfer beziehen.

All diese Gesichtspunkte entsprechen weithin dem, was aus sozialwissenschaftlicher (soziologisch-systemkritischer) Sicht (Kapitel 2. 2) im Hinblick auf Risikofaktoren oder auslösende Bedingungen für Verhaltensauffälligkeiten in Betracht gezogen bzw. beachtet werden sollte.

12

Zur Erfassung der aktuellen Situation, des interpersonellen Bereichs sowie des umgebungsbezogenen Bereichs können Fragen, die Mühl, Neukäter und Schulz (1996, 79ff.) mit Blick auf institutionalisierte Menschen mit geistiger Behinderung zusammengestellt haben, hilfreich sein:

„Interpersoneller Bereich:
Hier sollen die Qualität und Quantität sozialer Beziehungen und der Umgang der Bezugspersonen mit dem Betroffenen hinterfragt werden. Mögliche Fragen sind:

• Verfügt dieser Mensch über verlässliche soziale Beziehungen oder wechseln diese häufig (Bezugspersonenwechsel)?
• Werden Körperkontakt und direkte Interaktionen vom Betroffenen zugelassen oder häufig abgelehnt?
• Welche Gründe für eine Ablehnung werden angenommen (z. B. häufig enttäuschende Beziehungen oder negative Kontakterfahrungen mit Betreuern)?
• Welche Art von Zuwendung oder Interaktion wird von diesem Menschen scheinbar als angenehm, sicher und/oder erträglich empfunden, so dass kein oder wenig SVV (selbstverletzendes Verhalten oder auch ein anderes Problemverhalten, G. T.) auftritt?
• Ist die Befriedigung emotionaler Bedürfnisse als ausreichend zu bezeichnen?
• Ist die Zuwendung vonseiten der Bezugspersonen durch Echtheit, Geduld und emotionale Wärme gekennzeichnet oder erfährt der/die Betroffene oft negative Zuwendung (schimpfen, anschreien, wegschicken, gezerrt und gezogen werden usw.)?

- Sehen und behandeln Sie den Betroffenen/die Betroffene als gleichberechtigten Partner mit Wünschen und Bedürfnissen oder eher als eine Person, die viel Mühe und Schwierigkeiten macht?
- Wie sehen die Betreuer/Betreuerinnen den Betroffenen/die Betroffene, vermeiden sie u. U. den Kontakt zu ihm/ihr wegen der Verhaltensproblematik?
...
- Fühlen sich die Betreuer/Betreuerinnen überfordert und hilflos im Umgang mit dem Verhaltensproblem und mit diesem Menschen?

...

Umgebungsbezogener Bereich:
Hierunter werden die Bedingungen und Gegebenheiten der räumlichen, physikalischen und sozialen Umgebung der Betroffenen zusammengefasst. Mögliche Bereiche und Fragen sind:
Räumlich-physikalisch:
- Verfügt der/die Betroffene über ein eigenes Zimmer bzw. bestehen Rückzugsmöglichkeiten (Gewährung von Intimsphäre)?
- Wie ist das Verhältnis der Gruppengröße (Anzahl der Personen) zu den räumlichen Gegebenheiten der Gruppe/Station/Klasse usw.?
- Sind die Räumlichkeiten eher durch eine warme und wohnliche Atmosphäre oder durch einen „Anstaltscharakter" geprägt?
- Bietet die räumliche Umgebung neben der Möglichkeit des Rückzugs auch Materialien zur sensorischen Anregung und zur Kreativität (Spielzeug, Musikinstrumente, Bastelsachen usw.)?
Tagesgestaltung:
- Ist der Tagesablauf deutlich strukturiert (feste Essenszeiten, Beschäftigungsangebote usw.), um eine zeitliche Orientierung zu fördern?
- Werden dem Betroffenen ausreichend adäquate Beschäftigungs- und Lernangebote gemacht oder ist er die meiste Zeit beschäftigungslos 'auf sich gestellt'?
- Wie steht es mit der Entscheidungsfreiheit und Autonomie des/der Betroffenen; wird seine Selbstbestimmung im Alltag so weit wie möglich gefördert oder eher gehemmt?
- Inwieweit kann man Tages- und Lebensgestaltung des/der Betroffenen und die ihm gebotenen Aktivitäten als 'normal' bezeichnen?
Personalstruktur:
- Ist die Gruppe/Station personell ausreichend besetzt?
- Sind die Bezugspersonen kompetent im Umgang mit Personen schwerer geistiger Behinderung und Verhaltensstörungen?
- Erhalten Sie genügend Hilfestellung in Krisensituationen?
- Wird Supervision angeboten?"

Je nach Situation (Problemverhalten; beklagte Zustände ...) bietet es sich an, diesen Fragenkatalog in Bezug auf spezifische Gesichtspunkte (Beziehungen, Alltag, Rahmenbedingungen) zu erweitern oder zu vertiefen :

• Beziehungskonstellationen und sozio-emotionale Einstellungen

Zu wem hat der Symptomträger enge, positive oder negative Beziehungen? Welche Beziehungs- und Machtkonstellationen, hierarchischen Strukturen oder Subsysteme gibt es in der Gruppe? Wie steht es um das Verhältnis Betroffener-Mitbewohner, Betroffener-Mitarbeiter, Betroffener-Mutter/Vater etc.? Frage nach dem Gruppenstatus; Wer steht sich am besten mit dem Betreffenden? Wer kommt mit ihm überhaupt nicht aus? Sympathien/Antipathien? Frage nach dem Grad der Beliebtheit (bei Bewohnern und Mitarbeitern; welcher Mitarbeiter mag den Betreffenden, wer könnte ihn noch mögen?); Wie steht es um das Mitarbeiterteam, das von dem Problem betroffen ist?

• Einstellungen der Bezugspersonen zum Problemverhalten

Wer macht sich am meisten Sorgen, wenn das Problemverhalten auftritt? Wer hat sich als erster eine Problemlösung gewünscht? Wer thematisiert am meisten das Problemverhalten? Wer ist am stärksten an einer Problemlösung interessiert? (Warum?, Wem soll dadurch geholfen werden?) Wie wird das Problem erlebt? Warum wird es als so schwerwiegend erachtet? Wie groß ist der Grad der Übereinstimmung bezüglich der Einschätzung des Problems unter den Bezugspersonen und anderen Beteiligten (z. B. Mitarbeitern anderer Einrichtungen)? Welche grundsätzlichen Vorstellungen oder Ansichten über Auffälligkeiten oder psychische Störungen und deren Beeinflussung existieren im Team? Gibt es Überzeugungen (eventuell auch verbreitet durch die Philosophie des Einrichtungsträgers), die statisches oder naiv-kausales Denken sowie sich selbsterfüllende Prophezeiungen befördern? Besteht ein pädagogischer Optimismus oder dominiert eine resignative Grundhaltung, die womöglich durch restriktive Trägerinteressen oder politische Vorgaben und Sparmaßnahmen begünstigt wird?

• Konkrete Konfliktsituationen

Dies unter Beachtung der räumlichen und sächlichen Bedingungen (Ort, Ausstattung, Angebote, auch Lärmpegel); der ‚personellen Dichte', Gruppenkonstellation, Betreuungsintensität, Reaktionen der Umkreispersonen fokussieren; Wer spürt als erster eine Krise? Wer reagiert als erster auf das Problem und greift ein? Wer dann? Wie verhalten sich dabei die Anderen? Wie erleben die Umkreispersonen den Konflikt? Wie gehen sie mit ihrem Verhalten, ihrer Ohnmacht, Wut, Angst oder auch mit Ekel um?

• Pädagogisches Alltagshandeln und Klima

Zum Beispiel Grundhaltung gegenüber dem Betroffenen; dominierende Verkehrsformen, Erziehungsstil, allgemeine Atmosphäre; Wie steht es um die Handlungskompetenzen und -sicherheit der Bezugspersonen?

• Tagesablauf

Einige der bereits genannten Aspekte können hier eingehen; wesentlich sind darüber hinaus Fragen über die immer wiederkehrenden Muster der Alltagsgestaltung, die Frage nach den alltäglichen (üblichen) Zuwendungsmustern, die
Frage nach dem Platz in der Gruppe (Grad der sozialen Integration und Erleben
des Betroffenen), der allgemeinen Häufigkeit der Kontakte zu anderen Bewohnern und Art dieser Zuwendung, die Frage nach den alltäglichen Angeboten unter Beachtung der Bedürfnisbefriedigung, den allgemeinen und individuellen
Anforderungen, Gruppenregeln, Grenzen und Freiräumen, Ritualen und zeitlichen Vorgaben;

• Konfliktfreie Zeiten

Wie verhält sich der Betroffene in krisen- oder konfliktfreien Zeiten? Was macht
er während dieser Zeit? Wie sind die Rahmenbedingungen? (personell, sachlich)?
Wie reagieren die Umkreispersonen?; beobachten, wann und unter welchen Bedingungen Probleme auftreten; beobachten, was der Betreffende aus der Sicht der
Mitarbeiter richtig macht, gut kann und dieses Verhalten positiv verstärken (authentisch loben);

• Alltagsleben und Lebensgestaltung

Hierbei denken wir an Aspekte des individuellen Alltagslebens und der Lebensgestaltung, die durch die Beschreibung eines allgemeinen Tagesablaufs nicht erfasst
werden. Dies gilt zum Beispiel für die Pflege und den zeitlichen Aufwand von
Hobbys, Freundschaften, Freizeit- oder Außenaktivitäten, für den Besuch der Eltern oder bei Angehörigen;

• Bisherige pädagogische und therapeutische Maßnahmen und Methoden

Beschreibung und Analyse bisheriger Interventionen und Konzeptionen, die
zum Abbau des Problemverhaltens führen sollten;

• Primäre Lebenswelt und weitere Lebensbereiche

In Ergänzung zum Bisherigen: Frage nach räumlicher Gestaltung der primären
Lebenswelt durch den/die Betroffenen; allgemeines (Gruppen-)Konzept; auch
Beschreibung und Reflexion des „heimlichen Betreuungskonzepts" (Theunissen), d. h. all jener Prozesse, die im Alltag „nebenbei" und „heimlich", also nicht
ausdrücklich intendiert ablaufen, aber wesentlichen Einfluss auf das pädagogische Klima und die Lebensführung sowie auf das Verhalten und Erleben des Betroffenen haben; Beschreibung anderer relevanter sozialer Systeme oder Lebenswelten (Werkstatt, Schule, angrenzendes Umfeld, Stadtteil, Elternhaus, Träger-
kultur);

13

Untersuchungen lassen den Schluss zu, dass es derzeit professionellen Helfern (z. B. Mitarbeitern in Einrichtungen) wie auch Lehrpersonen noch schwer fällt, Stärken, Fähigkeiten oder „positive Botschaften" bei Menschen mit geistiger Behinderung wahrzunehmen, aufzugreifen und zu unterstützen. So haben Houghton, Bronicki und Guess (1987, 25f.) beobachtet, dass Lehrkräfte, die geistig behinderte Schüler unterrichten, selbstinitiierten Handlungen, intrinsischem Lernverhalten und positiven Kommunikationen und Interaktionen wenig Beobachtung schenken und nur selten autonomiefördernd verstärken. In eigenen Studien sind wir zu ähnlichen Erkenntnissen gekommen. Eine repräsentative Lehrerbefragung ergab (Theunissen & Schirbort 2003), dass selbst sonderpädagogisch ausgebildete Lehrkräfte in Schulen für Geistigbehinderte Schwierigkeiten haben, Schülerstärken und -kompetenzen zu erkennen und anzugeben: Je schwerer die (mehrfache) Behinderung und massiver die Verhaltensauffälligkeiten sind, desto größer scheint eine Unsicherheit in Bezug auf Einschätzung von Stärken zu bestehen, die sich in auffallend niedrigen Kompetenzwerten für betroffene Schüler niederschlägt. Ferner konnten wir im außerschulischen Bereich feststellen (Theunissen, Plaute & Neubauer 2003), dass gleichfalls erfahrene Mitarbeiter, die im Gruppendienst tätig sind, erhebliche Probleme haben, Stärken und Kompetenzen von Bewohnern zu benennen und in ihren Teams z. T. zu sehr unterschiedlichen Einschätzungen gekommen sind. Anders sind dagegen die Ergebnisse in Bezug auf die Beurteilung von Verhaltensauffälligkeiten ausgefallen: Hier gab es eine wesentlich größere Übereinstimmung zwischen den einzelnen Mitarbeitern und dem gesamten Team. Dennoch gab es auch in dem Falle signifikante Unterschiede zwischen Einzel- und Teammeinung. Die Differenzen betrugen im Rahmen einer ‚Vorher' und ‚Nachher'-Untersuchung 17% (1996/97) bzw. 13% (1998/99) bei der Beurteilung von Verhaltensauffälligkeiten und 46,5% (1996/97) bzw. 35% (1998/99) bei der Beurteilung von Stärken. Hinzu kommt, dass das Einzelurteil in der Regel deutlich niedriger war als das Teamergebnis. Daher sollten Einschätzungen (Assessment) von Auffälligkeiten und Stärken möglichst in einem Diskurs (hierzu ebd.) vorgenommen werden und darüber hinaus empfiehlt es sich, den „eigenen" Blick für Stärken des Anderen zu schulen und zu schärfen. Das gilt im Prinzip auch für Therapeuten, die gleichfalls noch zu selten Gelegenheiten wahrnehmen, ihre Klienten ressourcenorientiert zu stärken und sich in ihren positiven Seiten erleben zu lassen (Grawe 1995, 136).

14

Im Sinne des Stärken-Assessment und einer systemisch ausgerichteten Diagnostik können und sollten folgende Aspekte und Fragen aufgegriffen werden:

- Auffälliges Verhalten als sinnvolles Verhalten verstehen
Fragen nach der subjektiven Bedeutung des Verhaltens und Erlebens: Was soll mit dem Verhalten erreicht werden? Wozu (und wie) wird das Problemverhalten eingesetzt? Wem nutzt das Verhalten? Gibt es Beziehungsmuster, die durch das auffällige Verhalten aufrechterhalten werden?; Symptome positiv (um-)deuten; Verhaltensauffälligkeiten als Versuch einer Problemlösung betrachten; nicht kausal fragen: „warum hast Du mit dem Messer geworfen?", sondern: „was kannst Du verändern, damit das in Zukunft nicht mehr vorkommen muss?"; oder: „was könntest Du in Zukunft anders machen...?" (systemisch-finale Sicht);
- Auffälliges Verhalten ungeschehen machen
Damit ist keine Leugnung des auffälligen Verhaltens gemeint, sondern ein „therapeutischer Kunstgriff", der womöglich kreative Problemlösungen befördern kann, etwa mit der Frage: Was wäre, wenn es das Problem nicht mehr gäbe? Für wen könnte es gefährlich werden, wer könnte in eine Krise geraten, wenn die Auffälligkeiten kein Problem mehr darstellen würden? (z. B. das Team?); Wie würde die Gruppe ohne den Betreffenden auskommen? Was würde sich dann an Beziehungen verändern?
- Eine offen-neutrale Grundhaltung einnehmen und Schuldzuschreibungen vermeiden
Zum Beispiel Kränkungen oder Provokationen „ertragen"; Wertschätzung und Akzeptanz der Person auch bei schwierigem Verhalten; Offenheit und Sensibilität für eigene Gefühle und für die Emotionen oder Wahrnehmungen anderer; Typisierungen oder Etikettierungen z. B. als „Clown", „Hänschen", „Essensverweigerer" oder „Klauer" wahrnehmen und sich davon distanzieren; den Symptomträger oder andere Personen (z. B. Mutter, Kollegen, Mitbewohner, Partner des Bewohners) nicht als Schuldige diffamieren;
- Signale erkennen
Bei Menschen mit geistiger Behinderung sind nonverbale und verbal verschlüsselte Botschaften besonders zu beachten. „Lass mich in Ruhe" kann bedeuten: komm zu mir und helfe mir; ein Brummen kann Ausdruck von Freude oder Unzufriedenheit sein, ebenso auch ein Warnsignal im Vorfeld eines aggressiven Akts; bestimmte Körperhaltungen, Bewegungsmuster, Mimik oder Atemrhythmus können ebenfalls wichtige Hinweise geben;
- Soziale Stärken und Ressourcen erkennen
Zum Beispiel Problemlösungsmuster anderer Personen wahrnehmen, durch die Konflikte schon erfolgreich bewältigt werden konnten; vorhandene oder potenzielle stützende Hilfen wahrnehmen bzw. ausfindig machen; Stärken, positive Kontakte und Reaktionen des Umfelds erkennen (z. B. auch Vertrauenspersonen im Umfeld ausfindig machen); Wer könnte mit dem Betroffenen zurechtkommen? Orte suchen und wahrnehmen, wo das Problem selten oder gar nicht auftritt;

- Individuelle Stärken und Kompetenzen wahrnehmen und beschreiben
  – persönliche Talente, Fähigkeiten, Fertigkeiten, Interessen, Wünsche;
  – positive Botschaften, Eigenschaften oder Verhaltensweisen;
  – spezielle Fähigkeiten, die durch das auffällige Verhaltensmuster womöglich verdeckt werden;
  – Problemlösungsmuster, mit denen in der Vergangenheit psychische Krisen oder soziale Belastungen schon erfolgreich verarbeitet wurden;
  – persönliche Interessen, die zur Bewältigung von Krisen hilfreich sein können;

Zum Verstehen eines Menschen mit geistiger Behinderung und Verhaltensauffälligkeiten ist es sehr oft nötig, in Verbindung mit den zuvor genannten Schwerpunkten noch spezielle individuumbezogene Aspekte zu beachten, die sich auf das aktuelle Kompetenz-, Lern- oder Entwicklungsniveau, auf Bereiche wie Selbstständigkeit, Sinnestätigkeit oder Kommunikationsfähigkeit beziehen. Die Erfassung dieses Kompetenzprofils erfordert u. U. die Mitarbeit eines Psychologen (z. B. bei Intelligenztests, psychologischen Erhebungsinstrumenten); Mühl, Neukäter und Schulz (1996, 78) haben einige Leitfragen zum „individuumbezogenen Bereich" aufgelistet, die bei einer funktionalen Analyse von Verhaltensproblemen und einem stärkenorientierten Assessment in dem von uns anskizzierten Sinne (dazu ausführlich Eggert 1996; auch Goll 1994) hilfreich sein können:

„Selbstständigkeit:
- In welchem Maße ist die Person selbstständig bzw. sozial abhängig (Hahn 1981) von der Zuwendung und Hilfestellung und damit auch von der Zeit der Bezugspersonen?
- Welche Kompetenzen sind vorhanden, eigene Wünsche und Bedürfnisse zu befriedigen und gegebenenfalls Hilfestellung anzufordern?
- Inwieweit kann dieser Mensch autonom und selbstbestimmt handeln?

Sinnestätigkeit:
- Ist die Sinnestätigkeit durch organische Schädigungen, wie z. B. Blindheit, Hörschädigung, Einschränkung der Bewegungsfähigkeit beeinträchtigt?
- Inwieweit scheinen bestimmte äußere Reize das Auftreten von SVV (selbstverletzender Verhaltensweisen oder auch anderer Verhaltensauffälligkeiten, G. T.) zu beeinflussen?
- Tritt SVV häufig auf bei bestimmten Geräuschen (z. B. Fön, Telefonklingeln, lauten oder hohen Stimmen)?
  ... bei bestimmten Personen?
  ... bei reizvoller (eventuell unüberschaubarer) Umgebung und starker äußerer Stimulation (viele Personen, Geräusche, Materialien usw.)?
  ... bei reizarmer Umgebung und geringer äußerer Stimulation (wenig Umge-

bungsreize, z. B. keine weiteren Personen und Beschäftigungsmaterialien im Raum)?
- Welche anderen Möglichkeiten hat dieser Mensch, sich Reize bzw. Stimulation zuzuführen?
- Ist das SVV (sowie andere Verhaltensstereotypien) u. U. seine hauptsächliche Stimulationsmöglichkeit?
- Tritt das SVV meist situativ ungebunden auf, auch wenn alternative Stimulation und Kontaktangebote vorhanden sind und wirkt die Person dabei abwesend oder ganz in seiner Welt?
- Bewirken fremde und unbekannte Reize und Situationen ein Ansteigen des SVV (Verunsicherung und Angst)?

Kommunikationsfähigkeit:
- Welche Ausdrucks- und Kommunikationsmöglichkeiten hat dieser Mensch?
- Tritt das SSV häufig in Interaktionssituationen auf, um dem Gegenüber (scheinbar) Unlust, Überforderung, Ungeduld, Frustration usw. zu zeigen?
- Wie drückt dieser Mensch Bedürfnisse, Freude und besonders Unwillen, Wut und Ärger aus?
- Werden seine alternativen Ausdrucksformen von den Bezugspersonen verstanden und entsprechend beantwortet?
- Ist das SVV u. U. sein ausdrucksstärkstes und durchsetzungsfähigstes Mitteilungsmedium?

... Grundgestimmtheit:
- Wirkt die betroffene Person oft traurig und depressiv?
- Wie oft und in welchen Situationen wirkt sie zufrieden, glücklich und entspannt?
- Was drückt die Körperhaltung und -sprache aus (z. B. zusammengekauerte Schutzhaltung, ablehnendes Sich-Wegdrehen bei Kontaktangeboten, angespanntes und scheinbar ruheloses Umherstreifen und Suchen)?"

15

Mitunter wird in der einschlägigen Literatur zwischen einem System- und Sachzwang nicht genügend differenziert (Rothenberg 2002, 185). Eine solche Oberflächlichkeit sollte jedoch vermieden werden. Ein Sachzwang (z. B. die Hilfe beim Baden oder Waschen eines schwerst mehrfach behinderten Menschen) kann notwendig sein, ein Systemzwang (z. B. eine festgelegte Badezeit am Morgen oder an bestimmten Tagen) ist dagegen als institutionelle Regelung nicht zwingend und somit veränderbar. Aber auch ein Sachzwang muss im Hinblick auf eine Fremdbestimmung überprüft werden.

318 |

16

In den letzten Jahren hat sich weltweit (WHO) auf dem Gebiete der Gesundheitspolitik eine grundlegende Veränderung vollzogen, die sich an einem neuen Gesundheitsbegriff orientiert, der den bisherigen Fokus (akut-medizinische Ausrichtung der Versorgung; Leistungen zur „Wiederherstellung") um Leistungen zur gesellschaftlichen Integration und Zugehörigkeit (Inclusion) erweitert und auf eine möglichst uneingeschränkte Partizipation im Sinne einer Teilhabe und Teilnahme am gesellschaftlichen Leben abzielt (vgl. hierzu auch das „Eckpunktepapier für eine integrationsorientierte Gesundheitsreform" 2002). Diesen Ansatz, der hierzulande im Neunten Sozialgesetzbuch (SGB IX) Eingang gefunden hat, betrachten wir als die zentrale Richtschnur für die Ausrichtung und Organisation der Fachdienste für seelische Gesundheit bei Menschen mit geistiger Behinderung.

17

Als Paradigma der lebensweltbezogenen Behindertenarbeit hat das Konzept der „Enabling Niches" (Taylor 1997; Theunissen 2003b, 87ff.) eine herausragende Bedeutung, welches mit dem aus Großbritannien stammenden Ansatz des Community Care (Means & Smith 1998; Roberts 2002) weithin korrespondiert. Es ist im Prinzip aus der Erkenntnis des Fehlens einer tragfähigen Einbindung gemeindeintegrierter Wohnformen in umfeldbezogene Strukturen hervorgegangen (dazu auch ebd., 157; Dalferth 1999) und bezieht sich auf eine Vielzahl von Nischen (sozialen Ressourcen) und deren Verknüpfung miteinander, die es dem Einzelnen ermöglicht, soziale Kompetenzen zu entwickeln und sozialen Halt zu erfahren. Der Begriff „Enabling Niches" steht somit für *Netzwerke mit schützendem, unterstützendem und zugleich persönlichkeitsförderndem Charakter*, die es im Rahmen von Unterstützerkreisen (Circles of Support; Circles of Friends), an denen möglichst auch (Schlüssel-)Personen aus dem öffentlichen Leben oder Nachbarn partizipieren sollten, zu erschließen und zu planen gilt. Dieses Angebot, welches für ein „Betreutes Wohnen" oder ein weithin selbstständiges Leben in einer kleinen Wohngruppe von zentraler Bedeutung ist, soll der Garant dafür sein, dass Betroffene in ihrem Alltag, in ihrer Freizeit als auch (besonders) in Krisensituationen auf soziale Ressourcen (private bzw. informelle Netze oder auch professionelle Dienste) zurückgreifen können, um Hilfen zu erfahren, die eine Reinstitutionalisierung verhindern können.
Die Bedeutsamkeit des Konzepts der Enabling Niches wird daran sichtbar, dass Menschen mit geistiger Behinderung, die im sog. betreuten Wohnen oder in kleinen Wohngruppen in der Gemeinde leben, oftmals nur schwache, unzureichende und zu kleine soziale Netze zur Verfügung stehen (Windisch u. a. 1991;

Hamel & Windisch 1993; Robertson et al. 2001, 210; Ramcharan, McGrath & Grant 2002, 53, 62ff.; Bayley 2002), so dass soziale Schutzfaktoren weithin entfallen.

Um Enabling Niches zu fördern (z. B. durch personenbezogene Netzwerkanalysen und gezielte Netzwerkarbeit [dazu Theunissen 2004c]), muss einerseits in der nichtbehinderten Bevölkerung dafür geworben werden, Menschen mit geistiger Behinderung als Nachbarn und Mitbürger zu akzeptieren; andererseits müssen aber auch die Betroffenen in ihren sozialen Kompetenzen gefördert (social skills training) und/oder unterstützt sowie zu einer „likeable person" (Carr et al. 2000, 118ff.) im Hinblick auf Kleidung, Aussehen oder Auftreten angeregt werden, so dass möglichst unverkrampfte Interaktionen und Kontakte zwischen Menschen mit und ohne Behinderungen statthaben können. Solche Kontakte sollten regelmäßig und beständig durch gemeinsame Aktivitäten gepflegt werden. Dadurch können letztlich Vorurteile in der Bevölkerung abgebaut und feste, zuverlässige Kontakte zur Gemeinde aufgebaut werden.

18

Zum Beispiel: dem Einzelnen mit Respekt begegnen; Erwachsene nicht wie (kleine) Kinder betrachten und behandeln; zuverlässig und pünktlich sein; freundlich sein; erfragen, welche Hilfe gebraucht wird, hilfsbereit sein und Hilfe geben, wenn es ein Betroffener wünscht; eine Vertrauensperson sein; eine Informationsquelle sein, Ideen und Ratschläge geben, Wissen weitergeben und Kenntnisse vermitteln, wo es notwendig ist und es ein Betroffener möchte; keine Macht über den Einzelnen ausüben; den Einzelnen nicht fremdbestimmen oder bevormunden, sondern Selbstbestimmung zulassen und unterstützen, zuhören können und Geduld zeigen; ehrlich (authentisch) sein; Eigeninitiative fördern, Motivation und auch Humor rüberbringen; Fehler eingestehen und sich entschuldigen können; Fahrdienst anbieten oder den Einzelnen zu Veranstaltungen begleiten; an Termine erinnern... (zusammengetragen aus Dybwad & Bersani 1996; Windisch & Kniel 2000; Engelmeyer u. a.. 2000; Verein für Behindertenhilfe e. V. 2000; Gray & Jackson 2000).

19

Unter der Bezeichnung „pädagogisch-therapeutische" Konzepte werden Ansätze, Methoden oder Arbeitsformen gefasst, die im Bereich der Heilpädagogik und Sozialen Arbeit zur Anwendung kommen und zum „Rüstzeug" eines Heilpädagogen zählen. Dementsprechend werden Pädagogen mit dem Studienschwerpunkt Heilpädagogik in ihrer Ausbildung mit vielen dieser Verfahren vertraut gemacht. Während im westlichen Ausland die Tendenz besteht, die meisten dieser Arbeitsformen (v. a. soziale Lernprogramme) unter psychotherapeutische Interventionen zu fassen (z. B. Nezu & Nezu 1994), werden hierzulande strengere Maßstäbe und Ausbildungsrichtlinien angelegt, die eine solche Gleichsetzung nicht erlauben (auch Stahl 2003). Nach der gegenwärtigen Gesetzeslage (Psychotherapeutengesetz) sollten pädagogisch-therapeutische Konzepte im Vorfeld rechtlich anerkannter Psychotherapien verortet werden, wobei es jedoch insbesondere zu verhaltenstherapeutischen Methoden fließende Übergänge gibt. Gleichfalls bestehen Affinitäten zwischen modernen pädagogisch-therapeutischen Ansätzen (Stärken-Perspektive) und supportiven Therapien sowie systemisch orientierten Beratungskonzepten (hierzu Lingg & Theunissen 2000; Grawe 1995; Grawe & Grawe-Gerber 1999; Wöllner, Kruse & Alberti 1996; Herriger 2002). Dazu hat die Empowerment-Philosophie wesentlich beigetragen.

20
Als „primäre Gebärdensprachen" gelten von Gehörlosen entwickelte Gebärdensysteme, als „künstliche Gebärdensprachen" Handzeichensysteme, die für Menschen mit geistiger Behinderung entwickelt wurden (Adam 1996, 114).

21
Diese setzt sich aus mehr als 60 Bildkarten (Piktogrammen) im DIN-A-6 Format zusammen, die sich auf für die alltägliche Kommunikation relevante Dinge und Begriffe beziehen.

22
Diese Bildersammlung ist noch wesentlich umfangreicher als das Löb-System; sie enthält einfach strukturierte Symbole und Zeichnungen von alltäglichen Dingen und Tätigkeiten.

23
Diese besteht aus ca. 1000 Schwarz-Weiß-Zeichnungen mit unterschiedlichen Bedeutungen: Zum Beispiel bedeutet eine Zeichnung eines Gesichts mit Tränen, herabhängenden Mundwinkeln so viel wie: „Ich bin traurig".

24
Hierbei handelt es sich um ein ideographisches (verbildlichendes) System mit 2400 Symbolen.

25

„Der Touch Talker ist eine von der Firma Prentke Romich entwickelte tragbare elektronische Kommunikationshilfe mit einer synthetischen Sprachausgabe. Es können 40000 Zeichen, das heißt 1450 Sätze bzw. Wörter mit einer durchschnittlichen Länge von 25 Zeichen gespeichert werden. Der Speicherinhalt kann ständig ergänzt, verändert oder gelöscht werden. Das Gerät ist mit Akku-Batterien ausgestattet und kann somit netzunabhängig und mobil eingesetzt werden. Mit Hilfe einer speziellen Befestigungsvorrichtung kann es am Rollstuhl befestigt werden. Die Bedienung erfolgt über ein Deckblatt auf der Oberseite, das in 128 Felder von ca. 1 cm x 1 cm unterteilt ist" (Kristen 1995, 172). Der Einsatz dieses Geräts kann für einen Betroffenen Vorteile haben:
„ – er kann sich gezielter bemerkbar machen und direkter äußern
  – er kann ein Gespräch stärker steuern
  – er kann das Thema des Gespräches wechseln
  – er kann auch mit unvertrauten Personen kommunizieren
  – sein Selbstbewusstsein wird durch eindeutigere Kommunikation gestärkt"
(ebd.).

26

Zum besseren Verständnis der folgenden Ausführungen sei erwähnt, dass der am höchsten entwickelte und größte Teil des Gehirns aus einer linken und rechten Gehirnhälfte besteht; diese Hälften werden üblicherweise jeweils in vier Lappen unterteilt (Lurija 1998): *Lobus frontalis* (Frontal- oder Stirnlappen), zuständig für Steuerung der Aktivierungsprozesse (Aufmerksamkeit), von Gedächtnis- und intellektuellen Leistungen, d. h. für Denkprozesse, Entscheidungen und auch Emotionen; koordiniert alle Vorstellungen und Gefühle zu einer einmaligen ,Identität'; beteiligt an der Kontrolle der Körperbewegungen und Handlungssteuerung; es bestehen damit enge Verbindungen (wie auch beim Scheitellappen) zum pyramidalen und extrapyramidalen System (Regulator für motorische Funktionen);
Lobus parietalis (Parietal- oder Scheitellappen), empfängt Informationen über Körperempfindungen, definiert sich als somatosensorischer Bereich, steuert das Körpergefühl; ist zuständig für das Wiedererkennen vertrauter Bilder, für Aktivitäten wie Herstellung räumlicher Beziehungen und für räumliche Orientierung;
Lobus occipitalis (Okzipital- oder Hinterhauptlappen), zuständig für Organisation und Verarbeitung optischer Informationen bzw. der visuellen Wahrnehmung; komponiert aus einzelnen Informationen ein dreidimensionales Bild;
Lobus temporalis (Temporal- oder Schläfenlappen), zuständig für Verarbeitung auditiver Informationen und Kontrolle für Gedächtnis (z. B. für Transfer-

leistungen von Informationen vom Kurzzeit- zum Langzeitgedächtnis) und Sprache; steuert auch Zeitgefühl und Aufmerksamkeit sowie zusammen mit dem limbischen System Emotionen. Zwischen dem Scheitel-, Hinterhaupt- und Schläfenlappen gibt es Überlappungen und vielfältige Verbindungen (hierzu auch Jantzen 1990, 68ff.).

Im Folgenden soll kurz aufgezeigt werden, wie sich Störungen z. B. des praktischen oder kostruktiven Denkens bei Personen mit Läsionen verschiedener Hirnteile auswirken können: Bei Läsionen der *parieto-okzipitalen Zonen* der linken Hemisphäre bestehen Störungen der räumlichen Synthesen. Betroffene Personen versagen dann z. B. beim Lösen von Mosaik- oder Konstruktionsaufgaben, indem sie Klötze oder Legetäfelchen hilflos hin und her wenden, „ohne zu wissen, wie man sie zusammensetzt oder in welche Stellung die Diagonale gebracht werden muss, damit sie den Umrissen der Abbildung entspricht" (Lurija 1998, 337). Personen mit *frontalen Läsionen* haben dagegen keine Probleme, räumliche Beziehungen zu erkennen. Jedoch ist „die Aufgabenlösung stark beeinträchtigt... (Sie, G. T.) analysieren die Abbildungen nicht, unternehmen keinen Versuch, die elementaren Eindrücke in Konstruktionselemente umzusetzen, und hantieren impulsiv mit den Würfeln im Einklang mit unmittelbaren visuellen Eindrücken... (Sie, G. T.) lassen sich nicht vom Versuch-Irrtum-Prinzip leiten, unternehmen keinerlei Anstrengung, um die Aufgabe zu lösen, und *beurteilen* ihre Fehler nicht" (ebd., 338).

27

So hat z. B. (wie bei der vorausgegangenen Anmerkung schon anskizziert) bei einer Mosaikkonstruktionsaufgabe eine Person mit einer parieto-okzipitalen Läsion womöglich große Schwierigkeiten, eine räumliche Beziehungsanalyse zu leisten, sie besitzt aber den Willen, die Aufgabe zu lösen. Eine Person mit einer Frontallappen-Läsion kann dagegen räumliche Beziehungen herstellen, sie versagt jedoch bei der Problemstellung und wirkt eher unmotiviert (Hartje & Sturm 1989a, 314).

28

Über weitere Beispiele berichtet Lurija (1998). Nehmen wir z. B. eine Person mit einer Verletzung der Stirnlappen, bei der nur die höheren, sprachbedingten kortikalen Aktivierungsformen (die bewusste Aufmerksamkeit) beeinträchtigt sind (195). „Formen des Orientierungsreflexes (oder unbewusster Aufmerksamkeit), die unmittelbar durch irrelevante Reize ausgelöst werden, bleiben nicht nur intakt, sondern können sogar verstärkt werden" (195f.). Betroffene „lassen sich viel leichter ablenken... und können das Abgelenktwerden nicht kontrollieren... Die

Beeinträchtigung von Plänen und Absichten kann bei sorgfältiger Beobachtung des allgemeinen Verhaltens... einwandfrei festgestellt werden... (Betroffene, G. T.) können die ihnen gestellten Aufgaben nicht lösen, beantworten keine Fragen und schenken ihren Gesprächspartnern nicht die geringste Aufmerksamkeit. Sobald jedoch... eine Tür quietscht oder eine Krankenschwester das Zimmer betritt, richten sie eine starren Blick in die Richtung des Reizes" (196ff.). Bemerkenswert ist der von Lurija genannte „therapeutische Kunstgriff": Um die Betroffenen zum Sprechen zu bringen, sollte sich der Therapeut „an Dritte wenden und mit diesen ein Gespräch beginnen. Ein zu untersuchender Patient kann einem solchen Gespräch viel leichter folgen als der direkten Befragung" (199).

29

Über Möglichkeiten einer „gezielten", passgenauen Psychopharmakotherapie *in Verbindung* mit behavioralen bzw. pädagogischen und sozialen Interventionen bei Menschen mit geistiger Behinderung und (schweren) psychischen Störungen (i. S. psychiatrisch relevanter Krankheitsbilder), die biochemisch interpretiert werden, berichten Thompson & Symons (1999) und Kalachnik (1999).

30

Diesbezüglich werden heute therapieschulenübergreifend vier Wirkfaktoren herausgestellt (Grawe 1995), die gleichfalls die pädagogisch-therapeutische Arbeit befruchten können:
1. *Ressourcenaktivierung*: Dieser Wirkfaktor korrespondiert mit der von uns favorisierten *Stärken-Perspektive* (hierzu Lingg & Theunissen 2000, 176ff.; Theunissen 2003b).
2. *Problemaktualisierung*: Diesem Wirkfaktor liegt die Erkenntnis zugrunde, „dass Probleme am besten in einem Setting behandelt werden können, in dem eben diese Probleme real erfahren werden" (Grawe 1995, 136). Dies bedeutet, dass z. B. soziale Konflikte mit Mitbewohnern oder Schwierigkeiten mit Mitarbeitern oder Eltern unter Einbeziehung aller Beteiligten, Probleme beim Einkaufen in einem Supermarkt durch Aufsuchen dieser Situation aufbereitet werden sollen.
3. *Aktive Hilfe zur Problembewältigung*: Führt die Problemaktualisierung zur erlebnismäßigen Reaktualisierung von Konflikten oder Problemen, so zielt dieser Wirkfaktor auf darauf abgestimmte (behaviorale) Maßnahmen wie z. B. soziales Kompetenztraining, konfliktzentrierte Rollenspiele, Selbstsicherheitstraining oder Problemlösungstraining, um „mit einem bestimmten Problem besser fertig zu werden" (ebd., 137). Insgesamt kommt es darauf an, dass der Betroffene „die reale Erfahrung macht, besser im Sinne seiner Ziele mit der betreffenden Situation zurechtzukommen" (138).

4. *Klärungsperspektive*: Stehen mit der aktiven Bewältigung Handlungsaspekte in Vordergrund, so werden mit der Klärungsperspektive motivationale Aspekte fokussiert, um Veränderungsprozesse zu befördern. „Unter der Klärungsperspektive geht es darum, dass der Therapeut dem Patienten (Klienten, G. T.) dabei hilft, sich über die Bedeutungen seines Erlebens und Verhaltens im Hinblick auf seine bewussten und unbewussten Ziele und Werte klarer zu werden" (138). Methodisch haben hier unter anderem die non-direktive Gesprächspsychotherapie oder auch Formen systemischer oder klientenzentrierter Beratung ihren Stellenwert. „Auch die Wirkung psychoanalytischer Therapien kann zum Teil auf dieses Wirkprinzip zurückgeführt werden" (139). Die moderne Psychotherapieforschung legt den Schluss nahe, dass die beiden zuletzt genannten Wirkfaktoren „für die meisten Menschen" (ebd.) gleichermaßen wichtig sind. Allerdings ist für manche die Bewältigungsperspektive leichter zugänglich, und dazu zählen Menschen mit geistiger Behinderung (dazu auch Prout, Nowak-Drabik 2003).

31

Eine *Übertragung* beschreibt den Umstand, dass eine zwischenmenschliche Beziehung und vor allem ein pädagogisches oder therapeutisches Verhältnis „durch Gefühle, Gedanken, Erwartungen und Verhaltensweisen beherrscht sein kann, die allein aus der aktuellen interpersonellen Interaktion nicht erklärbar sind" (Wöller & Kruse 2001, 155), sondern sich in der Regel auf frühe reale Beziehungserfahrungen oder auch auf idealisierte Objekte beziehen. Aus der Arbeit mit geistig behinderten Menschen wissen wir, dass Übertragungen in Form einer Reinszenierung oder projektiven Identifizierung auftreten können. Bei einer Reinszenierung sollen Beziehungen mit frühen Bezugspersonen wiederholt werden und bei einer projektiven Identifizierung soll zum Beispiel der professionelle Helfer dazu gebracht werden, dass er genauso wie der Betroffene fühlt (ebd., 159). Eine *Gegenübertragung* bezieht sich auf die Gesamtheit aller emotionalen Reaktionen, die ein Betroffener im Helfer auslöst (173ff.). Das Erkennen bzw. Wissen um spezifische Übertragungen und Gegenübertragungen kann für eine positive Beziehungsgestaltung sehr nützlich sein. Um damit adäquat umzugehen, empfiehlt sich eine praxisbegleitende (tiefenpsychologisch orientierte) Supervision.

32

Der Begriff *„disabilities"* lässt sich nicht eindeutig übersetzen. Während in der US-amerikanischen Fachliteratur eher Formen einer Beeinträchtigung unter „disability" gefasst werden, spielt der Begriff in den sog. „disability studies", die seit kurzem vor allem in Europa (Großbritannien; Holland; skandinavische Länder) immer mehr Verbreitung finden, als soziale „Be-Hinderungskategorie" eine zentrale Rolle: „Disability – the disadvantage or restriction of activity caused by a contempory social organisation which takes no account of people who have physical impairments and thus excludes them from mainstream social activities" (Oliver zit. n. Goodley et al. 2003, 150). Wenngleich dieser Ansatz hohe Wertschätzung erfährt, ist er in Bezug auf seine definitorische Auslegung nicht vorbehaltlos auf Menschen mit lern- und geistiger Behinderung übertragen worden. Dies hängt mit dem Begriff „impairment" zusammen, der sich nur auf organisch bzw. biologisch bedingte Schädigungen bezieht und als „individualisiertes Phänomen" (ebd., 150) zu Tage tritt. Demgegenüber müssen bei Menschen, die als lern- oder geistig behindert gelten, auch soziale Verursachungsmomente (dazu *Anmerkung* 4 u. 7) einer Lernbeeinträchtigung, Entwicklungsstörung oder Verhaltensauffälligkeit als Ausgangspunkt für (weitere) Benachteiligungen (Ausgrenzungen) mit in Betracht gezogen werden.

33

Den Begriff der Assistenz favorisieren wir in der Arbeit mit Erwachsenen. Bei Kindern und Jugendlichen sprechen wir von Erziehung oder heilpädagogischer Hilfe. Wichtig ist daher eine mit dem Assistenzbegriff kompatible (analoge) Aufbereitung des Erziehungsverständnisses, etwa so, wie es bei Martin Buber oder Theodor Litt angelegt ist und bei Wolfgang Klafki unter emanzipatorischen Aspekten weitergedacht und weiterentwickelt wurde.

34

Erwähnenswert ist, dass Menschen mit geistiger Behinderung erhebliche Schwierigkeiten haben, ihre Kompetenzen und ihr Selbstkonzept realistisch und differenziert einzuschätzen (Theiß 2004, 68f., 72, 149f.). Untersuchungen, in denen mit Hilfe eines validen Testinstruments (sog. Bilderfragebogen) das Selbstkonzept gemessen wurde, zeigen auf, dass dem Anschein nach nicht wenige Menschen mit geistiger Behinderung zu einer Selbstüberschätzung ihrer Kompetenzen, zu einem erhöhten, übersteigerten Selbstbild und Selbstwertgefühl neigen (ebd. 73). Interessant ist die Frage, ob es sich hierbei aufgrund fehlender (vorausgehender) Handlungserfahrungen um eine bloße Fehleinschätzung und/oder zweckmäßige Symptombildung (Abwehr, Selbstschutz) handelt, um sich z. B. gegenüber Entwertungen oder einem Versagen zu immunisieren oder auch um so sein zu wollen, so zu erscheinen und zu handeln wie andere Personen ohne Behinderung. Eine Person, die sich dauerhaft überschätzt, läuft allerdings Gefahr, häufig Misserfolge zu erfahren, was letztlich Unzufriedenheit, Frustration, Wut, Selbsthass und aggressives Verhalten befördern kann (ebd., 180, 189).

8| Literaturverzeichnis

ADA Mediation Program; ed. by Department of Justice, online: www.usdoj.gov/crt/ada/ mediate.htm (Stand Oktober 2003)

Adam, H.: Mit Gebärden und Bildsymbolen kommunizieren, Würzburg 1996

Adams, R.: Social Work and Empowerment, London 1992

Affolter, F.: Wahrnehmungsprozesse, deren Störung und Auswirkung auf die Schulleistungen, insbesondere Lesen und Schreiben, in: Zeitschrift für Kinder- und Jugendpsychiatrie, 3/1975, 223-234

Affolter, F.: Wahrnehmung, Wirklichkeit und Sprache, Villingen-Schwenningen 1991 (5. Auflage)

Agran, M.; Wehmeyer, M.: Teaching Problem Solving to Students with Mental Retardation, Washington (AAMR) 1999

Allen, D.; Felce, D.: Service responses to challenging behaviour, in: Bouras, N. (ed.) a. a. O., 279-294

Altshuler, S. J.; Kopels, S.: Advocating in Schools for Children with Disabilities: What's New with IDEA? In: Social Work, Vol. 48, 3/2003, 320-329

Anderson, S.; Messick, S.: Social Competency in Young Children. In: Developmental Psychology, Vol. 10, No. 2., 1974, 282-293.

Andreasen, N. C.: Das funktionsgestörte Gehirn. Einführung in die biologische Psychiatrie, Weinheim 1990

Andres, P.; Gülden, M.: Unterstützte Kommunikation macht Spaß – ein Koffer voller Ideen, in: Boenisch, J.; Bünk, C. (Hrsg.) a.a.O., 86-101

Antener, G.: Und jetzt? – Das Partizipationsmodell in der Unterstützten Kommunikation, in: Boenisch, J.; Bünk, C. (Hrsg.) a.a.O., 257-267

Antonovsky, A.: Salutogenese, Tübingen 1997

Aoki, C.; Sievitz, P.: Die Plastizität der Hirnentwicklung, in: Spektrum der Wissenschaft 2/1989, 84-93

APA (American Psychiatric Association): Diagnostisches und Statistisches Manual Psychischer Störungen DSM-IV, Göttingen 1994

Appel, M.; Schaars, W. K. : Anleitung zur Selbstständigkeit, Weinheim 1999

Aucouturier, B.; Lapierre, A.: Bruno. Bericht über eine psychomotorische Therapie bei einem zerebralgeschädigten Kind, München 1982

Augustin, A.: Beschäftigungstherapie bei Wahrnehmungsstörungen, Idstein 1989

Ayres, A. J.: Lernstörungen, Heidelberg 1979

Ayres, A. J.: Bausteine menschlicher Entwicklung, Berlin 1984

Bambara, L. M.; Cole, C. L.; Koger, F.: Translating Self-Determination Concepts into Support for Adults With Severe Disabilities, in: Journal of the Association for Persons with Severe Handicaps, Vol. 23 1998, 27-37

Bambara, L. M.; Knoster, T.: Designing Positive Behavior Support Plans, Washington (AAMR) 1998

Bandura, A.: Sozial-kognitive Lerntheorie, Stuttgart 1979

Baroff, G.S.: General Learning Disorder: A New Designation for Mental Retardation, in: Mental Retardation 1/1999, 68-72

Bartle, E. et. al.: Empowerment as a Dynamically Developing Concept for Practise: Lessons Learned from Organizational Ethnography, in. Social Work , Vol. 47 2002, 32-43

Bartling, G. u. a.: Problemanalyse im therapeutischen Prozeß, Stuttgart 1980

Bates, P.: The Effectiveness of Interpersonal Skills Training on the Social Skill Acquisition of Moderately and Mildly Retarded Adults, in: Journal of Applied Behavior Analysis, 1980 Vol. 13, 237-248

Baumeister, A.; Rollings, J. P.: Self-injurious behavior, in: Ellis, N. R. (Ed.): International Review of Research in Mental Retardation, New York 1976 (Academic Press), 1-34

Bayley, M.: Empowering and Relationships, in: Ramcharan, P. et al. (eds.) a.a.O., 15-34

Beail, N.: Psychoanalytic psychotherapy with men with intellectual disabilities: A preliminary outcome study, in: British Journal of Medical Psychology 1998, 71. Vol., 1-11

Beail, N.: What Works for People With Mental Retadation? Critical Commentary on Cognitive-Behavioral and Psychodynamic Psychotherapy Research, in: Mental Retardation, Vol. 41, 6/2003, 468-472

Beck, I.; Lübbe, A.: Individuelle Hilfeplanung, in: Geistige Behinderung 3/2003, 222-234

Beirne-Smith, M., Ittenbach, R. F., Patton, J. R.: Mental Retardation, New Jersey (Merrill) 1998 (5. Ed.)

Bender, W. N., Rosenkrans, C. B., Crane, M.-K.: Stress, Depression and Suicide among Students with Learning Disabilities: Assessing the Risk, in: Learning Disability Quarterly Vol. 22 1999, 143-156

Benson, B. A.; Haverkamp, S. M.: Behavioural approaches to treatment: principles and practises, in: Bouras, N. (ed.) a. a. O., 262-278

Bensch, C.; Klicpera, C.: Dialogische Entwicklungsplanung, in: Behinderte 2/2003, 42-51

Bernhard-Opitz, V.; Blesch, G.; Holz, K.: Sprachlos muß keiner bleiben, Freiburg 1988; 1992 (2. Aufl.)

Besemer, C.: Mediation – Vermittlung in Konflikten, Stuttgart (Gewaltfrei Leben Lernen e. V.) 1995

Besemer, C.: Mediation in der Praxis. Erfahrungen aus den USA, Baden (Gewaltfrei Leben Lernen e. V.) 1996

Bielski, S.: 'Soziale Informationsverarbeitung' und Verhaltensauffälligkeiten bei geistig behinderten Kindern, in: Heilpädagogische Forschung 1/1999, 35-48

Bienstein, Ch.; Fröhlich, A. (Hrsg.): Basale Stimulation in der Pflege, Düsseldorf 1994

Biermann, A.: Gestützte Kommunikation im Widerstreit, Berlin 1999

Biermann, A.: Autismus und Unterstützte Kommunikation, in: Heilpädagogische Forschung 3/2000, 154-159

Biermann, A.: Förderdiagnostik im basalen Bereich der Alternativen Kommunikation. Ein Vergleich handlungsleitender Ansätze, In. Heilpädagogische Forschung 4/2003, 154-164

Biewer, G.: Mediation als Methode zur Konfliktbewältigung bei Schülern mit speziellem Erziehungs- und Bildungsbedarf, in: Wachtel, P. (Hrsg.): Sonderpädagogischer Kongress 2001, Bd. II, Würzburg (VDS), 39-43 (hier zit. nach hekt. Manuskript)

Bigger, A.: Förderdiagnostik Schwer- und Schwerstbehinderter, Diagnostik und Förderung unter dem Aspekt der Kognition, Luzern (Zentralstelle für Heilpädagogik) 1993 (2. Veränderte Auflage)

Birkebaek, M.: Kreative Musiktherapie mit autistischen Kindern – Darstellung aus der praktischen Arbeit mit Tonbandaufzeichnungen, in: Therapeutische Ansätze ... a. a. O.

Birkebaek, M.; Winter, U.: Musiktherapie mit autistischen Kindern, in: Beschäftigungstherapie und Rehabilitation 2/1985, 113-118

Boban, I.; Hinz, A.: Persönliche Zukunftskonferenzen, in: Behinderte 4/5/1999, 21-31

Bober, A.: Angebote Unterstützter Kommunikation in Wohnheimen für Menschen mit geistiger Behinderung, in: Wilken, E. (Hrsg.) a. a. O., 201-232

Bobzien, M.; Stark, W.: Empowerment als Konzept psychosozialer Arbeit und als Förderung von Selbstorganisation, in: Balke, K.; Thiel, W. (Hrsg.): Jenseits des Helfens, Freiburg 1991

Boenisch, J.; Bünk, C. (Hrsg.): Forschung und Praxis der Unterstützten Kommunikation, Karlsruhe 2001(a)

Boenisch, J.; Bünk, C. (Hrsg.): Vorwort, in: Boenisch, J.; Bünk, C. (Hrsg.) a.a.O. (2000b), 7-12

Bonfranchi, R.: Psychotherapie und geistige Behinderung, in: Geistige Behinderung 1/1995, 62-67

Borland, J.; Ramcharan, P.: Part I Conclusion. Empowerment in Informal Settings: The Themes, in: Ramcharan et al. (eds.), 88-100

Bouras, N. (ed.): Psychiatric and Behavioural Disorders in Developmental Disabilities and Mental Retardation, Cambridge (University Press) 2001 (2. edition)

Bradl, Ch.: Vom Heim zur Assistenz, in: Bradl, Ch.; Steinhart, I. (Hrsg.) a. a. O.

Bradley, A.: Community Based Rehabilitation in Developing Countries, in: Lacey, P.; Ouvry, C. (eds.) a. a. O., 215-225

Brattig, V.: Gruppentraining zum Erwerb kompetenten Sozialverhaltens im Rahmen beruflicher Rehabilitation, in: Verhaltenstherapie und psychosoziale Praxis, 29 Jg. 1997, 407-418.

Braun; U.: Minspeak – eine Kodierungshilfe, in: ISAAC's Zeitung 2/1991, 9-15

Braun, U. (Hrsg.): Unterstützte Kommunikation, Düsseldorf 1994

Braun, U.; Kristen, U.: Basale Stimulation, Basale Kommunikation, Unterstützte Kommunikation – Was ist das eigentlich? In: Unterstützte Kommunikation 4/1997, 6-12

Bredenkamp, K.; Bredenkamp, J.: Was ist Lernen? (Funkkolleg Pädagogische Psychologie), Weinheim 1973

Breidenbach, S.: Mediation, Köln 1995

Breitenbach, E.: Auf neuen Pfaden zu alten (sonder)pädagogischen Prinzipien. Neuropsychologische Aspekte von Lernen und Lernstörungen, in: Zeitschrift für Heilpädagogik 10/1996, 408-419

Brezovsky, P.: Diagnostik und Therapie selbstverletzenden Verhaltens, Stuttgart 1985

Bröcher J.: Kunsttherapie als Chance, Heidelberg 1999

Bronfenbrenner, U.: Ökologie der menschlichen Entwicklung, Stuttgart 1981

Brown, N.; McLinden, M.; Porter, J.: Sensory Needs, in: Lacey, P.; Ouvry, C. (eds.) a. a. O., 29-38

Bruckmüller, M.: Altern – Eine neue Dimension, in: Theunissen, G.; Lingg, A. (Hrsg.) a. a. O., 203-212

Buber, M.: Philosophische Schriften, Bd. I, Stuttgart 1962

Buchner, H.: Geist, in: Krings, H.; Baumgartner, H.; Wild, C. (Hrsg.): Handbuch philosophischer Grundbegriffe, München 1973

Bütz, M. R. et al.: Psychotherapy With the Mentally Retarded : A Review of the Literature and the Implications, in: Professional Psychology: Research and Practise, 31 Vol. 2000, 42-47

Buijssen, H.: Senile Demenz, Weinheim 1997

Burke, B.; Dalyrymple, J.: Intervention and Empowerment, in: Adams, R. et. al. (eds.): Critical Practise in Social Work, Houndsmills (Palgrave) 2002, 55-62

Busch, E.: Ambulante Krisenintervention bei Menschen mit geistiger Behinderung – Ein Berliner Modellprojekt, in: Wüllenweber, E.; Theunissen, G. (Hrsg.) a. a. O., 314-337

Byers, R.: Managing the Learning Environment, in: Lacey, P.; Ouvry, C. (eds.) a. a. O., 146-155

Campbell, M. et al.: Treatment of autistic disorder. In: Academy of Child and Adolescent Psychiatry 35 Vol. 1996, 134-143

Carr, E.G. et al.: Communication-based Intervention for Problem Behavior, Baltimore (Brookes) 2000 (4.ed.)

Carr, E. G.; Horner, R. H.; Turnbull, A. P. et al.: Positive Behavior Support for People with Developmental Disabilities, Washington (AAMR) 1999

Carr, E. G.; Reeve, C.; E.; Magito-McLaughlin, D.: Contextual Influences on Problem Behavior in People with Developmental Disabilities, in: Koegel, L. K.; Koegel, R. L.; Dunlap, G. (Eds.): a. a. O., 403-424

Castles, E. E.; Glass, C. R.: Training in Social and Interpersonal Problem-Solving Skills for Mildly and Moderately Mentally Retarded Adults, in: American Journal of Mental Deficiency, Vol. 91 1986, 35-42

Ciompi, L.: Wie können wir die Schizophrenen besser behandeln? Ein neues Krankheits- und Therapiekonzept, in: Der Nervenarzt 52 (1981), 506-515

Ciompi, L.: Schizophrenie als Störung der Informationsverarbeitung, in: Stierlin, H.; Wynne, L. C.: Sozialtherapie der Schizophrenie, Berlin 1985

Ciompi, L.: Auf dem Weg zu einem kohärenten multidimensionalen Krankheits- und Therapie-verständnis, in: Böker, W.; Brenner, H. D.: Bewältigung der Schizophrenie, Bern 1986

Clarke, D.: Functional psychoses in people with mental retardation, in: Bouras, N. (ed.) a. a. O., 188-199

Cohn, R.: Von der Psychoanalyse zur themenzentrierten Interaktion, Stuttgart 1975

Conroy, J. W.: The small ICF/MR program: Dimensions of Quality and Cost, in: Mental Retarda-tion 34 Vol. 1996, 13-26

Conroy, J. et al.: The Hissom Closure Outcomes Study : A Report on Six Years of Movement to Supported Living, in: Mental Retardation, Vol. 41 2003, 263-275

Croissier, S.; Heß, G.; Köstlin-Gloger, G.: Elementarspiele zum Sozialen Lernen, Weinheim, Basel 1979

Dalferth, M.: Enthospitalisierung in westlichen Industrienationen am Beispiel der USA/ Kalifornien, Norwegen und Schweden, in: Theunissen, G.; Lingg, A. (Hrsg.) a. a. O., 88-113

Dalferth, M.: Snoezelen. Mehr Lebensqualität im Altenpflegeheim, Regensburg 2003 (Abschluss-bericht der wissenschaftlichen Begleitung des Snoezelenprojekts im BRK Senioren Wohn- und Pflegeheim des BRK Kreisverbandes Regensburg)

Dauwalder, J. P.: Eine dynamische Sichtweise der Vulnerabilität, in: Neuropsychiatrie Band VI, Heft 1-2/1992, 257-264

Davidson, P. W.; Morris, D.; Cain, N. N.: Community services for people with developmental disabilities and psychiatric or severe behaviour disorders, in: Bouras, N. (ed.) a. a. O., 359-372

Day, K. A.: Psychische Störungen und geistige Behinderung – Sind spezielle psychiatrische Dienste notwendig? In: Gaedt, Ch. u. a., a. a. O. (1993)

DeJong, P.; Berg, I. K.: Lösungen (er)finden, Dortmund 1998

Deutscher Bildungsrat: Zur pädagogischen Förderung behinderter und von Behinderung bedrohter Kinder und Jugendlicher, Beiheft 11, Zeitschrift für Heilpädagogik, 1974

Dever, R. B.: Defining Mental Retardation from an Instructional Perspective, in: Mental Retarda-tion Vol. 28 3/1990, 147-153

Diewald, M.: Soziale Beziehungen: Verlust oder Liberalisierung?. Soziale Unterstützung in infor-mellen Netzwerken, Berlin 1991

Dilling, H.; Mombour, W.; Schmidt, M. H.: ICD 10. Internationale Klassifikation Psychischer Stö-rungen, Bern 1993

Disability Mediation Center, ed. by Western Law Center For Disability Rights, online: http://wlcdr.everybody.org/whatwedo.disability.htm#top (Stand Oktober 2003)

Doering, W.; Doering, W. (Hrsg.): Sensorische Integration, Dortmund 1990

Domma, W. (Hrsg.): Praxisfelder der Kunsttherapie, Köln 1993

Dörner, K.: Enthospitalisierung aus sozialpsychiatrischer Sicht. Am Beispiel des Landeskrankenhauses Gütersloh, in: Theunissen, G. (Hrsg.) a. a. O. , 31-42

Dörner, K.; Plog, U.: Irren ist menschlich, Lehrbuch der Psychiatrie/Psychotherapie, Bonn 1994

Doose, S.: Persönliche Zukunftsplanung im Übergang von der Schule ins Erwachsenenleben, in: Wilken, E. (Hrsg.): Neue Perspektiven für Menschen mit Down-Syndrom, Hannover 1997, 216-237

Doose, S.: Selbstbestimmung im Arbeitsleben von Menschen mit Lernschwierigkeiten, in: Windisch, M.; Kniel, A. (Hrsg.) a. a. O., 81-101

Dose, M.: Psychopharmaka-Behandlung bei chronisch psychisch Kranken und geistig behinderten Menschen, in: Theunissen, G.; Lingg, A. (Hrsg.) a. a. O., 168-186

Dosen, A.: Entwicklungsdynamische Beziehungstherapie, in: Hennicke, K.; Rotthaus, W. (Hrsg.) a. a. O. 1993

Dowsen, S.: Empowerment within Services: A Comfortable Delusion, in: Ramcharan, P. et al. (eds.) a. a. O., 101-120

Duden Bd. 7 Das Herkunftswörterbuch, Mannheim 1997

Durand, V. M.: Self-injurious behavior as intentional communication, in: Advances in Learning and Behavioral Disabilities 5/1986, 141-155

Durand, V. M.; Carr, E. G.: Self-injurious Behavior, Motivating Conditions and Guidelines for Treatment, in: School Psychology Review 14/1985, 171-176

Durand, V. M.; Crimmins, D.: Identifying the Variables Maintaining Self-Injurious Behavior, in: Journal of Autism and Developmental Disorders 18/1988, 99-117

Dybwad, G.; Bersani, H. (eds.): New Voices. Self-Advocacy by People with Disabilities. Cambridge (Brookline) 1996

Dykens, E. M.: Measuring Behavioral Phenotypes: Provocations from the „New Genetics", in: Am. Journal on Mental Retardation 99 Vol. 1995, 522-532

Dykens, E. M.; Hodapp, R. M.: Behavioural phenotypes: towards new understandings of people with developmental disabilities, in: Bouras, N. (ed.) a. a. O., 96-108

D'Zurilla, T. J.; Goldfried, M. R.: Problem solving and behavior modification, in: Journal of Abnomal Psychology, Vol. 78 1971, 107-126

Eckpunkte für eine integrationsorientierte Gesundheitsreform aus Sicht chronisch kranker und behinderter Menschen, hrsg. v. Beauftragten der Bundesregierung für die Belange behinderter Menschen, Berlin 2002

Eggert, D.: Veränderungen im Bild von der geistigen Behinderung in der Psychologie, in: Hennicke, K.; Rotthaus, W. (Hrsg.) a. a. O.

Eggert, D.: Theorie und Praxis der psychomotorischen Förderung, Dortmund 1994

Eggert, D.: Von den Stärken ausgehen... , Dortmund 1996

Eggert, D.: Psychologische Theorien der geistigen Behinderung, in: Neuhäuser, G.; Steinhausen, H.-C. (Hrsg.): Geistige Behinderung, Stuttgart 1999, 42-71

Emerson, E.; Moss, S.; Kiernan, C.: The relationship between challenging behaviour and psychiatric disorders in people with severe developmental disabilities, in: Bouras, N. (ed.) a. a. O., 38-48

Engelmeyer, E. u. a.: Selbstorganisation und Selbstvertretung von Menschen mit kognitiven Beeinträchtigungen (sogenannten geistigen Behinderungen) in Deutschland. Zwischenbericht der wissenschaftlichen Begleitung zu dem bundesweiten Modellprojekt „Wir vertreten uns selbst", Kassel 2000 (Selbstdruck)

Escalera, C.: „Verhaltensauffälligkeiten": Eine Gratwanderung zwischen intellektueller Herausforderung und emotionaler Überforderung, in: Theunissen, G. (Hrsg.), a. a. O. (2001), 223-254

Esser, M.: Psychomotorische Therapie nach B. Aucouturier, in: Fikar, S. u. a., a. a. O.

Ewald, W.; Hofer, A.: Das Affolter-Modell. Forschungsergebnisse – Entwicklungsmodell – Anwendung, in: Fröhlich, A.; Heinen, N.; Lamers, W. (Hrsg.): Schwere Behinderung in Praxis und Theorie – ein Blick zurück nach vorn, Düsseldorf 2001, 83-100

Faller, K.; Kerntke, W.; Wackmann, M.: Konflikte selber lösen. Mediation für Schule und Jugendarbeit, Mülheim 1996

Fartacek, R.; Geretsegger, Ch.: Aggression aus biologischer Sicht, in: Schöny, W.; Rittmannsberger, H.; Guth, Ch. (Hrsg.): Aggression im Umfeld psychischer Erkrankungen, Linz 1994

Favell, J. E.; McGimsey, J. F.: Considerations in the Design of Effective Treatment, in: Wieseler, N. A.; Hanson, R. H. (eds.) a. a. O., 261-274

Feduik, F.: Bewegung, Spiel und Sport geistig Behinderter (Teil 1), Kassel 1990 (Gesamthochschule)

Feil, N.: Validation, Wien 1992 (4. Aufl.)

Ferron, F. R. et al.: Psychiatric Diagnosis in Mental Retardation, in: Wieseler, N. A.; Hanson, R. H. (eds.) a. a. O., 3-12

Fessel, U.; Grosser, M.; Hentzelt, A.: Kommunikationsspiele mit schwerstbehinderten Kindern unter Einsatz elektronischer Hilfsmittel, in: Boenisch, J.; Bünk, C. (Hrsg.) a. a. O., 141-146

Fetterman, D. M.: Foundation of Empowerment Evaluation, Thousand Oaks (Sage) 2001

Fetterman, D. M.; Kaftarian, S. J.; Wandersman, A. (eds.): Empowerment Evaluation. Knowledge and Tools for Self-Assessment & Accountability, Thousands Oaks (Sage) 1996

Feuser, G.: Zum Verständnis selbstverletzender Verhaltensweisen autistischer Kinder und Jugendlicher, in: Therapeutische Ansätze ... a. a. O.

Feuser, G.: Zum Verständnis von Stereotypien und selbstverletzenden Verhaltensweisen bei Kindern mit Autismus-Syndrom unter Aspekten der pädagogisch-therapeutischen Arbeit, in: Beschäftigungstherapie und Rehabilitation 2/1985,75-90

Feuser, G.: „Geistigbehinderte gibt es nicht!" Projektionen und Artefakte in der Geistigbehindertenpädagogik, in: Geistige Behinderung 1/1996, 18-25

FEW (Frostigs Entwicklungstest der visuellen Wahrnehmung), Manual, Weinheim 1982 (4. Aufl.)

Fiedler, D.: Soziale Kompetenz – ein unvollständiger Begriff, in: Verhaltenstherapie und Psychosoziale Praxis, 35. Jg., 1/2003, 87-95

Fiedler, D.: Soziale Kompetenz bei Menschen mit geistiger Behinderung, hekt. Manuskript, Neuzelle 2004 (als Dissertation am FB Erziehungswissenschaften der Martin-Luther-Universität Halle-Wittenberg in Vorbereitung)

Fiedler, P.: Persönlichkeitsstörungen, Weinheim 2001 (5. vollständig überarbeitete Aufl.)

Fikar, S.; Fikar, H.; Thumm, K. (Hrsg.): Körperarbeit mit Behinderten, Stuttgart 1992

Finger, G.: Verhaltensstörungen als gestörtes Miteinander, in: Finger, G. (Hrsg.): Mein Kind ist nicht wie andere, Leben mit verhaltensauffälligen, behinderten und autistischen Kindern, Freiburg 1995

Finzen, A.: Schizophrenie – die Krankheit verstehen, Bonn 2000

Finzen, A.: Medikamentenbehandlung bei psychischen Störungen, Bonn 2001 (13. aktualisierte Aufl.)

Fischer, A. G.; Murray, E. A.; Bundy, A. C.: Sensorische Integrationstherapie. Theorie und Praxis, Heidelberg 1998

Fischer, E.: Wahrnehmungsförderung und Sinnerschließung bei schwer geistig Behinderten, in: Geistige Behinderung 4/1983 (a), 282-291

Fischer, E.: Wahrnehmungsförderung, Bad Honnef 1983 (b)

Fletcher, R., Beasley, J.; Jacobson, J. W.: Support service systems for people with dual diagnosis in the USA, in: Bouras, N. (ed.) a. a. O., 373-390

Fletcher, R.; Menolascino, F. (eds.): Mental Retardation and Mental Illness. Lexington 1989 (Lexington Books)

Fliegel, S. u. a.: Verhaltenstherapeutische Standardmethoden. Ein Übungsbuch, Weinheim 1998 (4. Aufl.)

Frank, W.: Kurzlehrbuch Psychiatrie, Neckarsulm, Stuttgart 1993 (11. Aufl.)

Freese, R.: Psychotherapie bei Minderbegabten im therapeutischen Maßvollzug, in: Wagner, E.; Werdenich, W. (Hrsg.): Forensische Psychotherapie, Wien Fakultas 1998

Friedensbildungswerk Köln (Hrsg.): Mediation mit geistig behinderten Menschen. Ergebnisprotokoll eines Workshops am 20.04.2002 im Friedensbildungswerk Köln (hekt. Manuskript), online: http://www.friedensbildungswerk.de/Mediation

Frisch, M.: Homo Faber, Hamburg 1969

Fröhlich, A.: Ganzheitliche Schwerstbehindertenförderung, in: Bewegen, Erleben, Lernen. Beiheft der Zeitschrift für Heilpädagogik, Bd. 12, Nienburg 1985

Fröhlich, A.: Basale Stimulation für Menschen mit schwerster Mehrfachbehinderung, in: Fikar, S.; Fikar, H.; Thumm, E. (Hrsg.) a. a. O., 1992 (a)

Fröhlich, A.: Basale Stimulation. Düsseldorf 1992 (b)

Fröhlich, A.: Laß' mich wie ich bin – komm' und hilf mir! Überlegungen zur frühen Förderung geistig behinderter Kinder, in: Hofmann, T.; Klingmüller, W. (Hrsg.): Abhängigkeit und Autonomie, neue Wege in der Geistigbehindertenpädagogik, Berlin 1994

Frostig, M.: Bewegungserziehung, München, Basel 1975

Frostig, M.; Müller, H. (Hrsg.): Teilleistungsstörungen, München 1981

Fuchs, U.: Gentechnik – Der Griff nach dem Erbgut. Eine kritische Bestandsaufnahme, Bergisch Gladbach 1996

Fujiura, G. T.: Continuum of Intellectual Disability: Demographic Evidence for the „Forgotten Generation", in: Mental Retardation, Vol. 41, 6/2003, 420-429

Gaedt, Ch. (Hrsg.): Psychotherapie bei geistig Behinderten, Neuerkeröder Beiträge 3, 1987 (Selbstverlag der Anstalt)

Gaedt, Ch.(Hrsg.): Psychisch krank und geistig behindert. Dortmund 1993

Gaedt, Ch.: Aspekte eines psychoanalytisch orientierten Konzeptes zur Diagnostik und Therapie von psychischen Störungen bei Menschen mit geistiger Behinderung, in: Lotz, W.; Koch, U.; Stahl, B. (Hrsg.): Psychotherapeutische Behandlung geistig behinderter Menschen, Bern 1994

Galperin, P. J.: Die geistige Handlung als Grundlage für die Bildung von Gedanken und Vorstellungen, in: Galperin, P. J.; Leontjew, A. N. u. a. (Hrsg.): Probleme der Lerntheorie, Berlin 1972

Garmezy, N.: Resiliency and Vulnerability to Adverse Developmental Outcomes Associated with Poverty, in: American Behavioral Scientist 4/1991, 416-430

Gardner, H.: Vielerlei Intelligenzen, in: Spektrum der Wissenschaft Spezial, 1/2000, 18-23

Gardner, W. I.; Willmering, P.: Mood Disorders in People With Severe Mental Retardation, in: Wieseler, N. A.; Hanson, R. H. (eds.) a. a. O., 13-38

Garner, P.; Sandow, S.: Advocacy, Self-Advocacy and Special Needs, London (Fulton) 1995

Garries, R. P.; Hazinski, L.; Hollenweger, J.: Der Effekt von sozialen Trainingsprogrammen auf den Erwerb interaktioneller Kompetenzen bei geistig behinderten Erwachsenen, in: Heilpädagogische Forschung, 1992 18 Jg., 143-151

Gemert, G. v.: Respekt, Raum, Rationalität und Realismus, in: Petry, D.; Bradl, C. (Hrsg.) a. a. O., 160-177

Gesundheit und Behinderung „Expertise zu bedarfsgerechten gesundheitsbezogenen Leistungen für Menschen mit geistiger und mehrfacher Behinderung als notwendiger Beitrag zur Verbesserung ihrer Lebensqualität und zur Förderung ihrer Partizipationschancen", hrsg. vom Bundesverband Evangelische Behindertenhilfe, Stuttgart, Reutlingen 2001

Ginsburg, H.; Opper, S.: Piagets Theorie der geistigen Entwicklung, Stuttgart 1975

Glasl, F.: Konfliktmanagement: ein Handbuch zur Diagnose und Behandlung von Konflikten für Organisation und ihre Berater, Bern 1997

Gleixner, C.; Müller, M.; Wirth, S. (Hrsg.): Neurologie und Psychiatrie. Für Studium und Praxis, Breisach 1999

Goetze, H.: Das Inventar zum sozial-emotionalen Lernen (Insel) – Begründungszusammenhänge, Aufbau und Erprobung, in: Heilpädagogische Forschung, 23. Jg., 1/1997, 33-43

Goffman, E.: Stigma, über Techniken der Bewältigung beschädigter Identität, Frankfurt 1967

Goffman, E.: Asyle. Frankfurt 1972

Goldstein, K.: Der Aufbau des Organismus, The Hague 1934

Goll, H.: Heilpädagogische Musiktherapie, Frankfurt u. a. 1993

Goll, H.: Vom Defizitkatalog zum Kompetenzinventar, in: Hofmann, T.; Klingmüller, B. (Hrsg.): Abhängigkeit und Autonomie, Berlin 1994

Göbel, S.; Pusche, M.: Was ist Unterstützung für Menschen mit Lernschwierigkeiten in Abgrenzung zur Assistenz? DHG-Mitglieder-Rundbrief Dezember 2003, 28 (Hrsg.: Deutsche Heilpädagogische Gesellschaft)

Göthling, S.: Wir stellen uns auf unsere eigenen Füße. Menschen mit Lernschwierigkeiten gründen ihren eigenen Verein, in: Fachdienst der Lebenshilfe 2/2001, 9-11

Goode, D. (ed.): Quality of life for persons with disabilities: International perspectives and issues, Cambridge/USA 1994

Goodley, D. et al.: Self-Advocacy, „Learning Difficulties", and the Social Model of Disability, in: Mental Retardation, Vol. 41, 3/2003, 149-160

Gouldner, A.W.: Die westliche Soziologie in der Krise, Reinbek 1974

Graf-Frank, E.; Denecke, K.: UK – Lernen im Alltag, in: Boenisch, J.; Bünk, C. (Hrsg.) a.a.O., 162-169

Grandic, A.: Sensorische Integration in der Förderung geistig behinderter Menschen, in: Fikar, S. u. a., a. a. O.

Grant, G.: Consulting to Involve or Consulting to Empower? In: Ramcharan, P. et al. (eds.) a. a. O., 121-143

Grawe, K.: Die Prognose des Therapieerfolgs in Assertiveness-Training-Gruppen, in: Grawe, K. u. a. (Hrsg.) a. a. O., 180-205

Grawe, K.: Grundriss einer Allgemeinen Psychotherapie, in: Psychotherapeut, 40 Vol. 1995, 130-145

Grawe, K.; Donati, R. Bernauer, F.: Psychotherapie im Wandel, Göttingen 1994

Grawe, K.; Grawe-Gerber, M.: Ressourcenaktivierung. Ein primäres Wirkprinzip der Psychotherapie, in: Psychotherapeut , 44 Vol. 1999, 63-73

Grawe, K. u. a. (Hrsg.): Soziale Kompetenz, Bd. 2. Experimentelle Ergebnisse zum Assertiveness-Training-Programm (ATP), München 1980

Gray, B.; Jackson, R. (ed.): Advocacy & Learning Disability, London (Kingsley) 2000

Greving, H.; Gröschke, D. (Hrsg.): Geistige Behinderung – Reflexionen zu einem Phantom, Bad Heilbrunn 2000

Griffin, J. C.; et. al.: Self-Injurious Behavior: A State Prevalence Survey of the Extend and Circumstances, in: Applied Research in Mental Retardation 7/1986, 105-116

Habermas, J.: Die Zukunft der menschlichen Natur: Auf dem Weg zu einer liberalen Eugenik? Frankfurt 2001

Hackenberg, W.: Psychische Störungen bei Menschen mit geistiger Behinderung, in: Zeitschrift für Heilpädagogik 1/1996, 10-17

Haeberlin, U.: Heilpädagogik als wertgeleitete Wissenschaft, Bern 1996

Häußler, A.: Strukturierung als Hilfe zum Verstehen und Handeln: Der TEACCH-Ansatz in der Arbeit mit autistischen Menschen, in: Bundesvereinigung Hilfe für das autistische Kind e. V. (Hrsg.): Mit Autismus leben – Kommunikation und Kooperation, Hamburg 1998, 206-208

Häußler, A.: TEACCH – ein kommunikationsorientierter Ansatz zur ganzheitlichen Förderung von Menschen mit Autismus, in: Wilken, E. (Hrsg.) a. a. O., 131-152

Häußler, A. u. a.: SOKO Autismus. Gruppenangebote zur Förderung Sozialer Kompetenzen bei Menschen mit Autismus, Dortmund 2003

Hahn, K.: Erziehung zur Verantwortung, Stuttgart 1954

Hallahan, D.; Cruickshank, W.: Lernstörung bzw. Lernbehinderung, München 1979

Hamel, T.; Windisch, W.: Soziale Integration. Vergleichende Analyse von sozialen Netzwerken nichtbehinderter und behinderter Erwachsener, in: Neue Praxis 5/1993, 425-439

Hanselmann, H.: Einführung in die Heilpädagogik, Zürich 1976 (1. Aufl. 1930)

Hansen, G.: Behinderung, in: Hansen, G.; Stein, R. (Hrsg.): Sonderpädagogik konkret, Bad Heilbrunn 1994

Harder, G.: „Ich kann was". Erlebnispädagogik für geistig Behinderte, in: Jugendschutz heute 2/1990, 14-16

Haring, C.: Psychiatrie, Stuttgart 1989, 1996 (2. veränderte Auflage)

Hartje, W.: Funktionelle Spezialisierung der Großhemisphäre, in: Poeck, K. (Hrsg.) a. a. O., 37-70

Hartje, W., Sturm, W.: Störungen der Intelligenzfunktion, in: Poeck. K. (Hrsg.) a. a. O., 311-313 (1989a)

Hartje, W., Sturm, W.: Räumliche Orientierung und konstruktive Apraxie, in: Poeck, K. (Hrsg.) a. a. O., 225-265 (1989b)

Hartje, W., Sturm, W.: Amnesie, in Poeck, K. (Hrsg.) a. a. O., 226-254 (1989c)

Hartmann, N.; Passon, B.: Pädagogik der Schwerstbehinderten, in: Hartmann, N. (Hrsg.): Beiträge zur Pädagogik der Schwerstbehinderten, Heidelberg 1983

Heck, K.: Alles über OBAS, in: http://www.obas.de (1998)

Heijkoop, J.: Herausforderndes Verhalten von Menschen mit geistiger Behinderung, Weinheim 1998

Heinrich, J.: Krisenintervention bei Fremd- und Sachaggressionen, in: Wüllenweber, E.; Theunissen, G. (Hrsg.) a. a. O., 213-233

Hennicke, K.: Der andere Blick. Traditionelle und systemische Sichtweisen, in: Petry, D.; Bradl, C.: (Hrsg.) a. a. O., 83-101

Hennicke, K.: Aggressive Verhaltensweisen von Menschen mit geistiger Behinderung: Wozu könnten sie nützlich sein und wie werden sie aufrechterhalten? Was müsste getan werden, damit sie weiter bestehen bleiben? In: Theunissen, G. (Hrsg.) a. a. O. (2001), 287-304

Hennicke, K.; Rotthaus, W. (Hrsg.): Psychotherapie und geistige Behinderung. Dortmund 1993

Hentig, v. H.: Spielraum und Ernstfall, Stuttgart 1969

Hentig, v. H.: Systemzwang und Selbstbestimmung, Stuttgart 1970

Herriger, N.: Empowerment in der Sozialen Arbeit, Stuttgart 2002 (2. erw. u. ver. Aufl.)

Hewett, D.; Challenging Behavior is Normal, in: Lacey, P.; Ouvry, C. (eds.) a. a. O., 88-101

Hillery, J.: Self-injurious behaviour and people with developmental disabilities, in: Bouras, N. (ed.) a. a. O., 109-120

Hinz, A.: Störendes Verhalten in der Schule – was können wir tun? In: Theunissen, G. (Hrsg.) a. a. O. (2001), 115-134

Hinz, A.: Von der Integration zur Inklusion – terminologisches Spiel oder konzeptionelle Weiterentwicklung? In: Zeitschrift für Heilpädagogik 9/2002, 354-361

Hippler, B.; Scholz, W.: Token-Verstärkersysteme in der Schule, in: Kraiker, C. (Hrsg.): Handbuch der Verhaltenstherapie, München 1974

Hömberg, N.: Framing the Future oder Zukunftskonferenzen, in: Boenisch, J.; Bünk, C. (Hrsg.) a. a. O., 170-173

Holtz, K.-L.: Geistige Behinderung und soziale Kompetenz, Heidelberg 1994

Horner, R. H. et al.: The Relationship Between Setting Events and Problem Behavior: Expanding Our Understanding of Behavioral Support, in: Koegel, L. K.; Koegel, R. L.; Dunlap, G. (Eds.): a. a. O., 381- 402

Houghton, I.; Bronicki, B.; Guess, D.: Opportunities to Express Preferences and Make Choices among Students with Severe Disabilities in Classroom Settings, in: JASH (Journal of the Association for Persons with Severe Handicaps) 1987, Vol. 12, 18-27

Huber, G.: Psychiatrie, Stuttgart 1999

Huber, W.; Poeck, K.; Weniger, D.: Aphasie, in: Poeck, K. (Hrsg.) a. a. O., 89-136

Hulsegge, J.; Verheul, A.: Snoezelen – eine andere Welt, Marburg 1993

Hurley, A. D.: Individual Psychotherapy with Mentally Retarded Individuals: A Review and Call for Research, in: Research in Developmental Disabilities, Vol. 10, 1989, 261-275

Ingersoll-Dayton, B. et al.: Enhancing Relationships in Nursing Homes through Empowerment, in: Social Work, Vol. 48 2003, 420-423

Inhelder, B.: Die kognitive Entwicklung und ihr Beitrag zur Diagnose einiger Erscheinungsformen geistiger Behinderung, in: Inhelder, B. (Hrsg.): Von der Kinderwelt zur Erkenntnis der Welt, Wiesbaden 1978

Irblich, D.: Problematische Erlebens- und Verhaltensweisen geistig behinderter Menschen, in: Irblich, D.; Stahl, B. (Hrsg.): Menschen mit geistiger Behinderung. Psychologische Grundlagen, Konzepte und Tätigkeitsfelder, Göttingen 2003, 312-388

Jakobs, H.; Theunissen, G.: Eine Werkstatt für alle?, in: Jakobs, H.; König, A.; Theunissen, G. (Hrsg.): Lebensräume – Lebensperspektiven. Ausgewählte Beiträge zur Situation Erwachsener mit geistiger Behinderung, Butzbach-Griedel 2000, 262-289

Janke, W.: Erfassung von aggressivem und impulsivem Verhalten. Ansätze der Psychologie, in: Möller, H. J.; Praag, v. H. M. (Hrsg.) a. a. O.

Jantzen, W.: Allgemeine Behindertenpädagogik, Band II. Neurowissenschaftliche Grundlagen, Diagnostik, Pädagogik und Therapie, Weinheim 1990

Jantzen, W. : Diagnostik, Dialog und Rehistorisierung. In: Jantzen, W. & Lanwer-Koppelin, W. (Hrsg.) a. a. O., 9-31

Jantzen, W.: Enthospitalisierung und verstehende Diagnostik, in: Theunissen, G. (Hrsg.) a. a. O. (1998), 43-61

Jantzen, W.: Diagnostik und Rehistorisierung: Probleme und Strategien einer verstehenden Diagnostik, hekt. Manuskript , Bremen 2000

Jantzen, W.: Krisenintervention bei Depressionen, in: Wüllenweber, E.; Theunissen, G. (Hrsg.) a. a. O., 190-212

Jantzen, W.; Lauwer-Koppelin, W. (Hrsg.): Diagnostik als Rehistorisierung, Berlin 1996

Jantzen, W.; Salzen, v. W.: Autoaggressivität und selbstverletzendes Verhalten, Berlin 1986

Jefferys-Duden, K.: Das Streitschlichterprogramm. Mediatorenausbildung für Schülerinnen und Schüler der Klassen 3 bis 6, Weinheim 1999

Jelly, M.; Fuller, A.; Byers, R.: Involving Pupils in Practise, London (Fulton) 2000

Jervis, G.: Kritisches Handbuch der Psychiatrie. Frankfurt 1978

Kahng, S.; Iwata, B. A.; Lewin, A. B.: Behavioral Treatment of Self-Injury, 1964 to 2000, in: American Journal on Mental Retardation Vol. 107, 2002, 212-221

Kaiser, A. P.; Hester, P. P.: How Everyday Environments Support Children's Communication in: Koegel, L. K.; Koegel, R. L.; Dunlap, G. (eds.) a. a. O., 145-162

Kalachnik, J. E.: Monitoring Psychotropic Medication, in: Wieseler, N. A.; Hanson, R. H. (eds.) a. a. O.,151-204

Kan, v. P.; Doose, S.: Zukunftsweisend. Peer Counceling und persönliche Zukunftsplanung, Kassel 2000 (2. Aufl.)

Kane, G.: Diagnose der Verständigungsfähigkeit bei nicht sprechenden Kindern, in: Wilken, E. (Hrsg.) a. a. O., 11-28

Kane, J. F.: Schwere geistige Behinderung und selbstverletzendes Verhalten: Neuere Überlegungen in der internationalen Diskussion, in: Fischer, U. u. a. (Hrsg.): WISTA Experten-Hearing 1993 Wohnen im Stadtteil für Erwachsene mit schwerer geistiger Behinderung, Stuttgart 1994

Kane, J. F.; Hettinger, J.: Die Förderung von Menschen mit selbstverletzenden Verhaltensweisen, in: Geistige Behinderung 1/1987, 13-21

Kane, J. F.; Koch, M.; Wann, J.: Ausbildung von Lehrern für die Arbeit mit Menschen mit herausfordernden Verhaltensweisen, in: Lamers, W.; Klaus T. (Hrsg.): ...alle Kinder alles lehren! – Aber wie? Theoriegeleitete Praxis bei schwer- und mehrfachbehinderten Menschen, Düsseldorf 2003, 311-328

Kanfer, F. H.; Phillips, J. S.: Lerntheoretische Grundlagen der Verhaltenstherapie, München 1975

Kanfer, F. H.; Reinecker, H.; Schmelzer, D.: Selbstmanagement-Therapie, Berlin 1991

Kanfer, F. H.; Saslow, G.: Behavioral analysis: An alternative to diagnostic classification, in: Archives of General Psychiatry 12 1965, 529-538

Kanter, G.: Lernbehinderungen, Lernbehinderte, deren Erziehung und Rehabilitation, in: Sonderpädagogik Bd. 3, Gutachten der Bildungskommission, Stuttgart 1974

Karkoschka, U.: Validität eignungsdiagnostischer Verfahren zur Messung sozialer Kompetenz, Frankfurt 1998

Kerkhoff, E.; Kerkhoff, W.: Fördermaßnahmen mit der Übungs- und Beobachtungsfolge „Visuelle Wahrnehmungsförderung" von Frostig/Reinartz, in: Reinartz, A. u. a. (Hrsg.) a. a. O.

Kern, C. A.: Psychopharmacotherapy for People With Profound and Severe Mental Retardation and Mental Disorders, in: Wieseler, N. A.; Hanson, R. H. (eds.) a. a. O., 103-112

Keupp, H.: Psychische Störungen als abweichendes Verhalten, München 1972

Keupp, H.: Gemeindepsychologie, in: Speck, O.; Martin, K.-R. (Hrsg.): Sonderpädagogik und Sozialarbeit, Handbuch der Sonderpädagogik Band 10, Berlin 1990

Kincaid, D.: Person-Centered Planning, in: Koegel, L. K.; Koegel, R. L.; Dunlap, G. (Eds.): a. a. O., 439-466

Kinderheilstätte Nordkirchen (Hrsg.): Menschen mit geistiger Behinderung und Verhaltensbesonderheiten. Dokumentation Nordkirchener Werkstatt-Treffen Wissenschaft und Praxis v. 11 u. 12 April 2003

King, B. H.: Self-Injury by People With Mental Retardation: A Compulsive Behavior Hypothesis, in: American Journal on Mental Retardation Vol. 98 1/1993, 93-112

Kinze, W., Barchmann, H.: Kinderpsychiatrische Erfahrungen mit der Behandlung von Störungen der Konzentrationsfähigkeit und des Sozialverhaltens, in: Heilpädagogische Forschung, 1993 19 Jg., 164-169

Kiphard, E.: Motopädagogik. Dortmund 1984

Kiphard, E.: Die heilpädagogische Bewegungserziehung Marianne Frostigs als humanistisch-psychomotorischer Ansatz, in: Festschrift Memorial – Symposium zum 1. Todestag von Prof. Dr. Marianne Frostig, (Universität) Frankfurt 1986 (Selbstverlag)

Kittman, N.: Die Aufgaben der Psychiatrie bei geistig behinderten Menschen in psychosozialen Krisen. Erfahrungen einer psychiatrischen Klinik – ein Modell für die Zukunft? Oder: Psychisch krank und geistig behindert – was nun? In: Theunissen, G.; Lingg, A. (Hrsg.) a. a. O., 154-167

Klauß, T.: Selbstverletzung und Selbstbestimmung, Sonderpädagogik, 25 Jg., 1995, 124-137

Klafki, W.: Neue Studien zur Bildungstheorie und Didaktik, Weinheim 1985 (überarbeitete Aufl. 1994)

Klein, F.: Scheiblauer-Rhythmik unter heilpädagogischem Aspekt – insbesondere für das Kind mit schwerer geistiger Behinderung, in: Vierteljahresschrift für Heilpädagogik 2/1991, 137-148

Klein, F.: Geistige Behinderung, in: Hansen, G.; Stein, R. (Hrsg.): Sonderpädagogik konkret, Bad Heilbrunn 1994

Klein-Jäger, W.: Umgang mit Fröbel-Material, Ravensburg 1978

Kloe, M.; Schönbach, K.; Weid-Goldschmidt, B.: Wenn ich dich doch fragen könnte, ob du Cola trinken möchtest! – Kommunikationstherapie für Menschen, die noch kein vollständiges JA-NEIN-Konzept entwickelt haben, in: Boenisch, J.; Bünk, C. (Hrsg.) a. a. O., 223-237

Knapheide, J.: Die Behandlung intelligenzgeminderter Rechtsbrecher im Westfälischen Zentrum für Forensische Psychiatrie Lippstadt-Eikelborn, in: Kammeier, H. (Hrsg.): Forensik in Münster, Münster 2002

Knapheide, J.: Moralische Entwicklung bei intelligenzgeminderten forensischen Patienten, unv. Dissertation Universität Bielefeld 2000

Kniel, A.; Windisch, M. (Hrsg.): „Wir verstehen uns selbst", Kassel 2001

Knust-Potter, E.: „We can change the future" – Self Advocacy Gruppen in Großbritannien, in: Hofmann, T.; Klingmüller, B. (Hrsg.): Abhängigkeit und Autonomie, neue Wege in der Geistigbehindertenpädagogik, Berlin 1994

Köckenberger, H.: „Spaß ist die beste Motivation" – Psychomotorische Entwicklungsförderung, in: Fikar, S. u. a., a. a. O.

Koegel, L. K. et al.: Parent Education for Prevention and Reduction of Severe Problem Behavior, in: Koegel, L. K.; Koegel, R. L.; Dunlap, G. (eds.) a. a. O., 3-30

Koegel, L. K.; Koegel, R. L.: Motivating Communication in Children with Autism, in: Schopler, E.; Mesibov, G.(eds): Learning and Cognition in Autism, New York (Plenum Press) 1995, 73-87

Koegel, L. K.; Koegel, R. L.; Dunlap, G. (eds.): Positive Behavioral Support. Including People with Difficult Behavior in the Community, Baltimore (Brookes) 2001 (3rd ed.)

Kohn, A.: Caring Kids. The Role of the Schools, in: Phi Delta Kappan 72 Vol. 1991, 497-506

Kraemer, G. W.; Clarke, S.: The Behavioral Neurobiology of Self-injurious Behavior in Rhese Monkeys, in: Prog. Neuro-Psychopharmacol. and Biol. Psychiatry 14 (1990), 141-168

Krappmann, L.: Soziologische Dimensionen der Identität, Stuttgart 1972

Krimm-Fischer, v. Ch.: Rhythmik und Sprachanbahnung, Heidelberg 1986

Kristen, U.: Praxis Unterstützte Kommunikation, eine Einführung, Düsseldorf 1994

Kristen, U.: Ich – Geld – Beruf. Eine Kommunikationshilfe wird zur Kontakthilfe, in: Bonfranchi, R. (Hrsg.): Wir können mehr als nur Schrauben verpacken... Der Einsatz des Computers bei Menschen mit geistiger Behinderung, Thun 1995, 171-179

Kuhse, H.: Warum Fragen der aktiven und passiven Euthanasie auch in Deutschland unvermeidlich sind, in: Deutsches Ärzteblatt Heft 19, 1990, 913-920

Kuhse, H.; Singer, B.: Should the Baby live? Oxford 1985

Kusch, M.; Petermann, F.: Entwicklung autistischer Störungen, Göttingen 2001 (3. vollständig überarbeitete Auflage)

Laake van, M.: Erfahrungen mit einem Casemanagement-Projekt, in: Petry, D.; Bradl, Ch. (Hrsg.) a. a. O., 205-222

Lacey, P.: Introduction, in: Lacey, P.; Ouvry, C. (eds.) a. a. O., IX-XVII

Lacey, P.; Ouvry, C. (eds.): People with Profound and Multiple Learning Disabilities, London (Fulton) 2001 (3rd. ed.)

Lage, D.: Unterstützte Kommunikation im Spiel – Der Einsatz elektronischer Kommunikationshilfen mit digitalisierter Sprachausgabe in interaktionsfördernden Gruppensituationen, in: Bonfranchi, R. (Hrsg.): Wir können mehr als nur Schrauben verpacken… Der Einsatz des Computers bei Menschen mit geistiger Behinderung, Thun 1995, 152-162

Lage, K. v.: Förderung von Selbststeuerung bei einem Schüler mit geistiger Behinderung und autistischem Verhalten, in: Lernen Konkret 1/2002, 7-12

Lancaster, P. E.; Schumaker, J. B.; Deshler, D. D.: The Development and Validation of an Interactive Hypermedia Program for Teaching a Self-Advocacy Strategy to Students with Disabilities, in: Learning Disability Quarterly , Vol. 25 2002, 277-302

Lazarus, R. S.: Streß und Streßbewältigung – ein Paradigma, in: Filipp, S.-H. (Hrsg.): Kritische Lebensereignisse, München 1990

Leboyer, F.: Sanfte Hände, München 1984

Lenz, A.: Empowerment und Ressourcenaktivierung – Perspektiven für die psychosoziale Praxis, in: Lenz, A.; Stark, W. (Hrsg.): Empowerment. Neue Perspektiven für psychosoziale Praxis und Organisation, Tübingen 2002, 13-54

Leppin, A.: Förderung von sozialer Kompetenz bei Jugendlichen: Wem helfen Präventionsprogramme? In: Röhrle, B.; Sommer, G. (Hrsg.): Prävention und Gesundheitsförderung, Tübingen 1999, 203-219

Lichtenberg, A.: Einblicke in die kunsttherapeutische Arbeit mit schwerst- und mehrfachbehinderten Menschen, in: Theunissen, G. (Hrsg.): Kunst, ästhetische Praxis und geistige Behinderung, Bad Heilbrunn 1997, 106-119

Liebeck, H.: Problemlösetraining, in: Linden, M.; Hautzinger, M. (Hrsg.): Verhaltenstherapie, Berlin u. a. 1993 (2. Aufl.), 237-243

Lindmeier, B.; Lindmeier, Ch.: Selbstbestimmung in der Arbeit mit Menschen mit geistiger Behinderung, in: Geistige Behinderung 2/2003, 119-138

Lindmeier, Ch.: Rehabilitation und Bildung – Möglichkeiten und Grenzen der neuen WHO-Klassifikation der Funktionsfähigkeit, Behinderung und Gesundheit, in: Die neue Sonderschule, 6/2002, 411-425

Lindsay, W. R.; Morrison, F. M.: The effects of behavioural relaxation on cognitive performance in adults with severe intellectual disabilities, in: Journal of Intellectual Disability Research, Vol. 40 1996, 285-290

Lingg, A.: Autoaggressivität bei geistig behinderten Menschen und Möglichkeiten einer Therapie, hekt. Manuskript, Vortrag am 21/22.10.1994 im Rahmen der „Würzburger Therapeutischen Gespräche" zum Thema „Aggressivität und Gewalt – Prävention und Therapie"

Lingg, A.: Adäquates Diagnostizieren und Behandeln psychischer Störungen, in: Strubel, W.; Weichselgartner, H. (Hrsg.): Behindert und verhaltensauffällig, zur Wirkung von Systemen und Strukturen, Freiburg 1995

Lingg, A.; Peter-Feurstein, A.: Krisenintervention und Krisenprophylaxe – Erfahrungen von Lebenshilfe und Psychiatrie in Vorarlberg, in: Wüllenweber, E.; Theunissen, G. (Hrsg.) a. a. O., 338-344

Lingg, A.; Theunissen, G.: Psychische Störungen und geistige Behinderung. Freiburg 2000

Liungman, C. G.: Der Intelligenzkult, Hamburg 1973

Löb, R.: Der Aufbau der Sprache und Kommunikation bei schwerst geistig behinderten Kindern, in: Feuser, G.; Oskamp, U.; Rumpler, F. (Hrsg.): Förderung und schulische Erziehung schwerstbehinderter Kinder und Jugendlicher, Stuttgart 1983 (VDS-Selbstverlag), 133-137

Löb, R.: Mit Löb-System lernen, Amberg 1985

Loon, v. J. H. M.: Die Beziehungstherapie und Gentle Teaching in der Behandlung von psychischen Störungen und Verhaltensstörungen, in: Hennicke, K. Rotthaus, W. (Hrsg.) a. a. O.

340

Lotz, W.: Psychische Störungen bei Menschen mit geistiger Behinderung. Unveröffentl. Diplomarbeit, Universität Freiburg 1991 (Psychologisches Seminar)

Lotz, W.; Koch, U.: Zum Vorkommen psychischer Störungen bei Personen mit geistiger Behinderung, in: Lotz, W.; Koch, U.; Stahl, B. (Hrsg.): Psychotherapeutische Behandlung geistig behinderter Menschen, Bern 1994

Luckasson, R. et. al.: Mental Retardation: Definition, Classification, and System of Supports, Washington (AAMR) 1992 (9th ed.); 2002 (10th ed.)

Lüders, D.; Jaritz, E.; Student, U.: Lesch-Nyhan Syndrom ohne Selbstverstümmelung, in: Pädiatrische Praxis 22 Jg. 1979, 211-215

Lurija, A. R.: Das Gehirn in Aktion. Einführung in die Neuropsychologie, Reinbek 1998

Lutz, J.: Kinderpsychiatrie, Zürich, Stuttgart 1961

Luxen, U.: Emotionale und motivationale Bedingungen bei Menschen mit geistiger Behinderung, in: Irblich, D.; Stahl, B. (Hrsg.): Menschen mit geistiger Behinderung. Psychologische Grundlagen, Konzepte und Tätigkeitsfelder, Göttingen 2003, 230-267

Mall, W.: Basale Kommunikation – ein Weg zum anderen, in: Geistige Behinderung 23 (1/1984) (Praxisteil)

Mall, W.: Basale Kommunikation, Heidelberg 1990

Markowetz, R.: Körperliche Aktivierung. Ein Förderansatz für Menschen mit schwerer geistiger Behinderung und gravierenden Verhaltensproblemen, in: Behinderte 2/1996, 33-56

Markowitsch, H. J.: Neuropsychologie des menschlichen Gedächtnisses, in: Spektrum der Wissenschaft, Specials, August 2002 (2. Aufl.), 52-61

Marquard, A.; Runde, P.; Westphal, G.: Psychische Belastung in helfenden Berufen, Opladen 1993

Matson, J. L.; Senatore, V.: A Comparison of Traditional Psychotherapy and Social Skills Training for Improving Interpersonal Functioning of Mentally Retarded Adults, in: Behavior Therapy, 1981 Vol. 12, 369-382

Maturana, H. R.; Varela, F. J.: Der Baum der Erkenntnis, Bern 1987

McConkey, R.: Community Integration and Ordinary Lifestyles, in: Lacey, P.; Ouvry, C. (eds.) a. a. O., 184-193

McGee, J. J. et. al. (ed): Gentle Teaching. A non-aversive approach to helping persons with mental retardation. New York 1987 (Human Sciences Press)

McGee, J. J.; Menolascino, F.: Beyond Gentle Teaching, New York 1991 (Plenum Press)

Mead, G. H.: Geist, Identität und Gesellschaft, Frankfurt 1972

Means, R.; Smith, R.: Community Care, Houndsmills (MacMillian) 1998 (2. Aufl.)

Medicus, G.: Humanethnologische Aspekte der Aggression, in: Schöny, W.; Rittmannsberger, H.; Guth, Ch. (Hrsg.): Aggression im Umfeld psychischer Störungen, Linz 1994

Meins, W.: Psychotherapie und Psychopharmakotherapie, in: Hennicke, K.; Rotthaus, W. (Hrsg.): Psychotherapie und Geistige Behinderung, Dortmund 1993

Menzen, K.-H.: Heilpädagogische Kunsttherapie, Freiburg 1994a

Menzen, K.-H.: Von künstlerischer Arbeit in der Heilpädagogik, in: Zeitschrift für Heilpädagogik 6/1994(b), 389-398

Menzen, K.-H.: Kunsttherapie mit wahrnehmungsgestörten und geistig behinderten Menschen (zit. n. Hekt. Manuskript 1990), in: Petzold, H.; Ort, I. (Hrsg.): Die neuen Kreativitätstherapien, Bd I, Paderborn, 499-514

Menzen, K.-H.: Grundlagen der Kunsttherapie, München 2001

Menzen, K.-H.: Kunsttherapie mit altersverwirrten Menschen, München 2004

Mercer, J. R.: Labeling the Mentally Retarded, Berkely 1973

Merkens, L.: Modifikation des „Frostig-Entwicklungstests der visuellen Wahrnehmung (FEW)" zur Anwendung bei Schwerbehinderten, in: Praxis der Kinderpsychologie 33 Jg. 4/1984, 114-122

Mesibov, G. B.: A Cognitive Program for Teaching Social Behaviors to Verbal Autistic Adolescents and Adults. In: Schopler, E.; Mesibov, G. B. (eds.) a. a. O. (1986), 265-284

Meyer, B.: Geistige Behinderung. Pflegerische und heilpädagogische Aspekte, Berlin, Wiesbaden 1997

Meyer, H.: Zur Psychologie der geistig Behinderten, Berlin 1977

Meyer, H.: Geistige Behinderung – Terminologie und Begriffsverständnis, in: Irblich, D.; Stahl, B. (Hrsg.): Menschen mit geistiger Behinderung. Psychologische Grundlagen, Konzepte und Tätigkeitsfelder, Göttingen 2003, 4-30

Michalek, S.: Gewalt- und Konflikterfahrungen von Menschen mit geistiger Behinderung im Lebenskontext Heim, Dortmund 2000

Miller, J.: Personal Needs and Independence, in: Lacey, P.; Ouvry, C. (eds.) a. a. O., 39-49

Miltenberger, R. G.: Understanding Problem Behaviors Through Functional Assessment, in: Wieseler, N. A.; Hanson, R. H. (eds.) a. a. O., 215-236

Möller, H.-J.: Autoaggressives Verhalten – medikamentöse Behandlungsmöglichkeiten, in: Möller, H.-J.; Praag, v. H. M. (Hrsg.) a. a. O.

Möller, H.-J.: Psychiatrie, Stuttgart 1994 (2. Aufl.)

Möller, H.-J.; Praag, v. H. M. (Hrsg.): Aggression und Autoaggression, Berlin 1992

Montada, L.; Kals, E.: Mediation. Lehrbuch für Psychologen und Juristen, Weinheim 2001

Moss, S.: Assessment: conceptual issues, in: Bouras, N. (ed.) a. a. O., 18-37

Mühl, H.: Einführung in die Geistigbehindertenpädagogik, Stuttgart 2000 (4. üb. Aufl.)

Mühl, H.: Zum pädagogischen Umgang mit selbstverletzendem Verhalten bei Menschen mit geistiger Behinderung, in: Wüllenweber, E.; Theunissen, G. (Hrsg.) a. a. O., 163-189

Mühl, H.; Neukäter, H.; Schulz, K.: Selbstverletzendes Verhalten bei Menschen mit geistiger Behinderung, Bern 1996

Mudford, O. C.: Review of the Gentle Teaching Data, in: American Journal on Mental Retardation 1995, Vol. 99, 345-355

Mutzeck, W.: Verhaltensgestörtenpädagogik und Erziehungshilfe, Bad Heilbrunn 2000

Myschker, N.: Verhaltensstörungen bei Kindern und Jugendlichen, Stuttgart 1999 (3. überarb. Aufl.)

Nagy, Ch.: „eigentlich erinnert mich das schreiben an richtiges sprechen" Gestützte Kommunikation mit unserem Sohn Christoph, in: Wilken, E. (Hrsg.) a. a. O., 153-176

Naske, R.: Schwachsinn (Oligophrenie), in: Friedmann, A.; Thau, K. (Hrsg.): Leitfaden der Psychiatrie, Wien 1987

Nedopil, N.: Das Dilemma der Aggressions- und Impulskontrollstörungen in Diagnose und Therapie aus forensisch-psychiatrischer Sicht, in: Möller, H.-J.; Praag, H.M. (Hrsg.) a. a. O.

Neikes, J.; Danuser-Zogg, E.: Scheiblauer Rhythmik, Augustin 1993

Nemeroff, C. B.: Neurobiologie der Depression, in: Spektrum der Wissenschaft, Specials, August 2002 (2. Aufl.), 82-90

Neubauer, W.: Selbstkonzept und Identität im Kindes- und Jugendalter, München 1976

Neuhäuser, G.: Klinische Syndrome, in: Neuhäuser, G., Steinhausen, H.-C. (Hrsg.): Geistige Behinderung, Grundlagen, klinische Syndrome, Behandlung und Rehabilitation, Stuttgart 1999 (2. Aufl.), 110-218

Neuhäuser, G.: Geistige Behinderung, in: Faust, V. (Hrsg.): Psychiatrie, Stuttgart 1995

Neuhäuser, G.: Plastizität des Zentralnervensystems, in: Opp, G.; Peterander, F. (Hrsg.): Focus Heilpädagogik, München 1996, 217-223

Neukäter, H.: Geistigbehinderte mit Verhaltensauffälligkeiten lernen Selbststeuerung im Unterricht, in: Zeitschrift für Heilpädagogik, 32. Jg. 1981, 137-142

Neukäter, H.; Wittrock, M.: Verhaltensstörungen, in: Bundesanstalt für Arbeit (Hrsg.): Teilhabe durch berufliche Rehabilitation, Nürnberg 2002, 254-265

Nezu, C. M.; Nezu, A. M.; Arean, P.: Assertiveness and Problem-Solving Training for Mildly Mentally Retarded Persons With Dual Diagnosis, in: Research in Developmental Disabilities, Vol. 12 1991, 371-386

Nezu, C. M.; Nezu, A. M.: Outpatient Psychotherapy for Adults With Mental Retardation and Concomitant Psychopathology: Research and Clinical Imperatives, in: Journal of Consulting and Clinical Psychology, Vol. 62 1994, 34-42

Nickels, C.: A Gift from Alex – The Art of Belonging: Strategies for Academic and Social Inclusion, in: Koegel, L. K.; Koegel, R. L.; Dunlap, G. (eds.). a. a. O., 123-143

Nickolai, W.: Erlebnispädagogik mit Jugendlichen im Strafvollzug, in: Caritas 2/1993, 91-97

Niehoff, U.: Von Pflege- und Behandlungsplänen zu individuellen Zukunftsplanungen, in: Hähner, U. u. a.: Vom Betreuer zum Begleiter. Eine Neuorientierung unter dem Paradigma der Selbstbestimmung, Marburg 1997

Nößner, C.; Klauß, T.: Das FARM-Projekt. Eine Beschäftigungsalternative mit Möglichkeiten zur Selbstbestimmung, in: Lebenshilfe e. V. (Hrsg.): Selbstbestimmung, Marburg 1996, 185-199

O'Brien, G. V.: People with Cognitive Disabilities: The Argument from Marginal Cases and Social Work Ethics, in: Social Work, Vol. 48, 3/2003, 331-337

Oliver, M.: Understandig Disability, Houndsmills (macmillian) 1996

O'Neill, R. E. et al.: Functional Assessment and Program Development for Problem Behavior. A Pratical Handbook, Pacific Grove (Brooks/Cole) 1997 (2. ed.)

Opp, G.: Heilpädagogische Institutionen in Transformationsprozessen – moderne Arbeitsprofile von Förderschulen und Förderzentren, in: Zeitschrift für Heilpädagogik 9/2002, 362-367

Orgass, B.: Allgemeine klinische Neuropsychologie, in: Poeck, K. (Hrsg.) a. a. O., 1-7 (1989a)

Orgass, B.: Agnosie, in: Poeck, K. (Hrsg.) a. a. O., 207-225 (1989b)

Orlick, T.: Kooperative Spiele, Weinheim 1982

Osborn, A. F.: Developments in Creative Education, in: Parnes, S. J.; Harding, H. E. (ed.): A Source Book for Creative Thinking, New York 1962

Oy, v. C.; Sagi, A.: Lehrbuch der heilpädagogischen Übungsbehandlung, Heidelberg 2001 (12. Aufl.)

Panerai, S.; Ferrante, L.; Zingale, M.: Benefits of the Treatment and Education of Autistic and Communication Handicapped Children (TEACCH) Programme as Compared with a Non-Specific Approach, in: Journal of Intellectual Disability Research, Vol. 46, 2002, 318-327

Petermann, F.; Bandemer, I.; Mayer, D.: Aufbau von Sozialverhalten bei geistig behinderten Jugendlichen, in: Petermann, F. (Hrsg.): Verhaltensgestörtenpädagogik. Neue Ansätze und ihre Erfolge, Berlin 1987, 140-149

Petry, D.: Menschen mit geistiger Behinderung zwischen Psychiatrie und Behindertenhilfe, in: Petry, D.; Bradl, C. (Hrsg.) a. a. O., 14-26

Petry, D.; Bradl, C. (Hrsg.): Multiprofessionelle Zusammenarbeit in der Geistigbehindertenhilfe, Bonn 1999

Petzold, H.: Zur Integration motopädagogischer, psychotherapeutischer und familientherapeuti–scher Interventionen in der Arbeit mit geistig Behinderten, in: Lotz, W.; Koch, U.; Stahl, B. (Hrsg.): Psychotherapeutische Behandlung geistig behinderter Menschen, Bern 1994

Pfingsten, U.; Hinsch, R.: Gruppentraining sozialer Kompetenz, Weinheim 1991

Pflüger, L.: Neurogene Entwicklungsstörungen, München 1991

Piaget, J.: Theorie der modernen Erziehung, Frankfurt 1974

Piaget, J.: Das Erwachen der Intelligenz beim Kinde, Stuttgart 1975

Piaget, J.; Inhelder, B.: Die Psychologie des Kindes, Frankfurt 1978

Pickenhain, L.: Basale Stimulation. Neurowissenschaftliche Grundlagen, Düsseldorf 1998

Poeck, K. (Hrsg.): Klinische Neuropsychologie, Stuttgart 1989a

Poeck, K.: Apraxie, in: Poeck, K. (Hrsg.) a. a. O., 188-204 (1989b)

Poeck, K.: Neuropsychologische Symptome ohne eigenständige Bedeutung, in: Poeck, K. (Hrsg.) a. a. O., 275-284 (1989c)

Poeck, K.: Störungen von Antrieb und Affektivität, in: Poeck, K. (Hrsg.) a. a. O., 323-329 (1989d)

Polloway, E. A. et. al.: Historic Changes in Mental Retardation and Developmental Disabilities, in: Education and Training in Mental Retardation and Developmental Disabilities, 31 Vol. 1996, 3-12

Portmann, A.: Entläßt die Natur den Menschen? München 1970

Portmann, A.: Biologie und Geist, Frankfurt 1973

Prekop, I.: Der kleine Tyrann, München 1989

Prekop, I.: Festhalten und Festhaltetherapie, in: Fikar, S. u. a., a. a. O.

Probst, P.: Entwicklung eines Elterntrainingsprogramms: Darstellung eines durch TEACCH-Prinzipien inspirierten Ansatzes, in: Bundesvereinigung Hilfe für das autistische Kind e. V. (Hrsg.): Mit Autismus leben – Kommunikation und Kooperation, Hamburg 1998, 159-172

Prout, H. T.; Nowak-Drabik, K. M.: Psychotherapy with Persons Who Have Mental Retardation: An Evaluation of Effectiveness, in: American Journal on Mental Retardation, Vol. 108, 2003, 82-93

Prout, H. T.; Strohmer, D. C.: Issues in Mental Health Counseling with Persons with Mental Retardation, in: Journal of Mental Health Counseling, 20 Vol. 1998, 112-120

Quambusch, E.: Das Recht der geistig Behinderten, Freiburg 2001 (4. völlig neu bearbeitete Auflage)

Ramcharan, P. et. al. (eds.): Empowerment in Everyday Life. Learning Disability, London (Kingsley) 2002(a) (3rd. Impression)

Ramcharan, P. et al.: Citizenship, Empowerment and Everyday Life: Ideal and Illusion in the New Millennium, in: Ramcharan, P. et. al. (eds.) a. a. O. (2002b), 241-258

Ramcharan, P., McGrath, M;, Grant, G.: Voices and Choices: Mapping Entitlements to Friendships and Community Contacts, in: Ramcharan, P. et al. (eds.) a. a. O. 2002, 48-69

Rauh, H.; Arens, D.; Calvat-Kruppa, C.: Vulnerabilität und Resilienz bei Kleinkindern mit geistiger Behinderung, in: Opp, G.; Fingerle, M.; Freytag, A. (Hrsg.): Was Kinder stärkt, Erziehung zwischen Risiko und Resilienz, München 1999

Redl, F.; Wineman, D.: Steuerung des aggressiven Verhaltens beim Kind, München 1976

Redlich, F.: Der Gesundheitsbegriff in der Psychiatrie, in: Mitscherlich, A. u. a. (Hrsg.): Der Kranke in der modernen Gesellschaft, Köln, Berlin 1967

Redlich, F.; Freedman, G. X.: Theorie und Praxis der Psychiatrie, Bd. I u. II, Frankfurt 1976

Reichle, J. et al.: Effective Behavioral Support for Socially Maintained Problem Behavior, in: Wieseler, N. A.; Hanson, R. H. (eds.) a. a. O., 237-260

Reichle, J. et al.: Coordinating Preservice and In-Service-Training of Early Interventionists to Serve Preschoolers Who Engage in Challenging Behavior, in: Koegel, L. K.; Koegel, R. L.; Dunlap, G. (Eds.): a. a. O., 227-264

Reinartz, A.; Reinartz, E.; Reiser, H. (Hrsg.): Wahrnehmungsförderung behinderter und schulschwacher Kinder, Berlin 1990

Reinartz, E.: Visuelles Wahrnehmungstraining und psychomotorische Förderung als prophylaktische Maßnahmen gegenüber Lernschwächen in der Schule, in: Reinartz, A. u. a. (Hrsg.) a. a. O.

Reinert, J.; Leven, K.: Abenteuer wagen... Ein Handbuch für die Praxis, Butzbach-Griedel 1999

Richter, H.-G. (Hrsg.): Therapeutischer Kunstunterricht, Düsseldorf 1977

Richter, H.-G.: Pädagogische Kunsttherapie, Düsseldorf 1984

Richter, H.-G.: Die Regel und die Ausnahme: Zur Bildnerei von geistig Behinderten heute, in: Ein träumendes Bewußtsein. Elke Zwecker. Malerei 1982-2002, Kunstkatalog der Staatlichen Kunsthalle Karlsruhe 2002, 169-186

Rifkin, J.: Das biotechnische Zeitalter, München 1998

Risley, T.: Get a Life! Positive Behavioral Interventions for Challenging Behavior Through Life Arrangement and Life Coaching, in: Koegel, L. K.; Koegel, R. L.; Dunlap, G. (Eds.): a. a. O., 425-438

Roberts, G.: Empowerment and Community Care, in: Ramcharan, P. et al. (eds.) a. a. O. 2002, 156-171

Robertson, J. et al.: Social Networks of People With Mental Retardation in Residential Settings. In: Mental Retardation, 2001 Vol. 39, 201-214

Rössert, B.; Steiger, P.: Es geht doch ohne Psychopharmaka. Mehr Lebensqualität für Menschen mit herausforderndem Verhalten, in: Geistige Behinderung 4/2003, 317-328

Rogers, C.: Entwicklung der Persönlichkeit, Stuttgart 1974

Rohmann, U. H.; Elbing, U.: Festhaltetherapie und Körpertherapie, Dortmund 1990

Rohmann, U. H.; Facion, J.: Behandlung von Autoaggressionen unter besonderer Berücksichtigung verschiedener Methoden der Basisinteraktion, in: Therapeutische Ansätze ... a. a. O.

Rohmann, U. H.; Hartmann, H.: Autoaggressionen, Dortmund 1988

Romanczyk, R. G.; Goren, E.: Severe self-injurious behavior, The problem of clinical control, in: Journal of Consulting and Clinical Psychology 43 (1986), 29-56

Rose-Krasnor, L.: The Nature of Social Competence: A Theoretical Review, in: Social Development, Vol. 6, 1/1997, 111-135

Rothenberg, B.: Power off the People – Power in the People – Power to the People. Selbstbestimmt Leben und Konsequenzen für die Fachlichkeit, in: Lenz, A.; Stark, W. (Hrsg.) a. a. O., 173-192

Rotthaus, W.: Menschenbild und psychische Krankheit des Geistigbehinderten aus systemischer Sicht, in: Hennicke, K.; Rotthaus, W., a. a. O. (1993)

Rourke, B. P.: Syndrome of nonverbal learning disabilities: The final common pathway of white matter disease/dysfunktion?, in: Clinical Neuropsychologiest 1 Vol. 1987, 209-234

Rourke, B. P. et al.: A childhood learning disability that predisposed those afflicted to adolescent and adult depression and suicide risk, in: Journal of Learning Disabilities 22 Vol. 1989, 169-175

Rüller-Peters, B.: Die sensorische Integration nach Jean Ayres, in: Fröhlich, A.; Heinen, N.; Lamers, W. (Hrsg.): Schwere Behinderung in Praxis und Theorie – ein Blick zurück nach vorn, Düsseldorf 2001, 285-295

Saal, F.: Warum sollte ich jemand anders sein wollen, Gütersloh 1992

Sacks, O.: Der Mann, der seine Frau mit einem Hut verwechselte, Hamburg 1995

Sacks, O.: Eine Anthropologin auf dem Mars, Hamburg 1997

Sailor, W.: New Structures and Systems Change for Comprehensive Positive Behavioral Support, in: Koegel, L. K.; Koegel, R. L.; Dunlap, G. (eds.) a. a. O., 163-206

Saleebey, D. (ed.): The Strengths Perspective in Social Work Practise, New York 1997 (2. Aufl.)

Salovitta, T.: The Structure and Correlates of Self-Injurious Behavior in an Institutional Setting, in: Research in Developmental Disabilities, Vol. 21, 2000, 501-511

Sand, A.: Diagnostisch-therapeutische Dienste für geistig behinderte Menschen mit einer psychischen Störung in der Evangelischen Stiftung Neuerkerode, in: Gaedt, Ch. (Hrsg.), a. a. O. (1993)

Sanderson, H.: Person Centered Planning in: Lacey, P.; Ouvry, C. (eds.) a. a. O., 130-145

Sarimski, K.: Entwicklungspsychologie genetischer Syndrome, Göttingen 1997

Sarimski, K.: Kinder und Jugendliche mit geistiger Behinderung, Göttingen 2001

Sarimski, K.: Kognitive Prozesse bei Menschen mit geistiger Behinderung, in: Irblich, D.; Stahl, B. (Hrsg.): Menschen mit geistiger Behinderung. Psychologische Grundlagen, Konzepte und Tätigkeitsfelder, Göttingen 2003(a), 148-204

Sarimski, K.: Syndromtypische Entwicklungsverläufe und Verhaltensweisen, in: Irblich, D.; Stahl, B. (Hrsg.): Menschen mit geistiger Behinderung. Psychologische Grundlagen, Konzepte und Tätigkeitsfelder, Göttingen 2003(b), 389-411

Saß, H.; Wittchen, H.-U.; Zaudig, M.: Diagnostisches und Statistisches Manual Psychischer Störungen, Stuttgart 2001 (2. Aufl.)

Schäper, S.: Die Betreuung von Menschen mit besonderen Verhaltensschwierigkeiten in kleinen Wohnstätten – ein Ernstfall? In: Kinderheilstätte Nordkirchen (Hrsg.) a. a. O., 35-38

Schalock, R.L. et. al.: The Changing Conception of Mental Retardation: Implications for the Field, in: Mental Retardation Vol. 32, 3/1994, 181-193

Schalock, R. L. et al.: Conceptualization, Measurement, and Application of Qulity of Life for Persons With Intellectual Disabilities: Report of an Intentional Panel of Experts, in: Mental Retardation Vol. 40, 6/2002, 457-470

Scharb, B.: Validation – ein humaner Zugang zu alten verwirrten Menschen, in: Zapotoczky, H.; Fischof, P. (Hrsg.): Handbuch der Gerontopsychiatrie, Stuttgart 1996

Schatz, Y.; Schellbach, S.: Schulvorbereitung autistischer Kinder unter besonderer Berücksichtigung einer autismusspezifischen heilpädagogischen Frühförderung und des TEACCH-Ansatzes, in: Lernen Konkret 2/2003, 9-11

Scheiblauer, M.: Grundsätzliches zur Rhythmik bei behinderten Kindern, in: Vierteljahresschrift für Heilpädagogik und Nachbargebiete 3/1991, 233-236

Schlosser, R. W.; Goetze, H.: Selbstverletzendes Verhalten bei Kindern und Jugendlichen mit geistiger Behinderung, eine Meta-Analyse von Einzelfalluntersuchungen zur Effektivität von Interventionen, in: Sonderpädagogik 21 (1991), 138-154

Schmid, I.: Zum Einfluss spielorientierter Bewegungsangebote auf die Motorik erwachsener Menschen mit einer geistigen Behinderung und ihr Beitrag zur Förderung von Alltagskompetenzen, Dissertation, Philosophische Fakultät der Martin-Luther-Universität Halle-Wittenberg 2003, http://sundoc.bibliothek.uni-halle.de/diss-online

Schmitz, G.: Wahrnehmungstraining mit dem PERTRA-Spielsatz, Dortmund 1992

Schneider, W.; Morgeenstern, E.; Schindera, I.: Lesch-Nyhan Syndrom ohne Selbstverstümmelungstendenz, in: Deutsche Medizinische Wochenschrift 101 1976, 167-172

Schnell, W.: Musiktherapeutische Arbeit im Pränatalraum, in: Fikar, S. u. a., a. a. O.

Schöler, J.: Schwere Behinderungen beim Lernen von Schwerbehinderten, in: Vierteljahresschrift für Heilpädagogik und ihre Nachbargebiete, 61. Jg. 1992, 41-52

Schopler, E. (eds.): Behavioral Issues in Autism, New York (Plenum) 1994

Schopler, E.(eds.): Learning and Cognition in Autism, New York (Plenum Press) 1995

Schopler, E.; Hearsey, K.: Structured Teaching in TEACCH Systems. In: Schopler, E.; Mesibov, G. (eds.) a. a. O. (1995), 243-268

Schopler, E.; Mesibov, G. B. (eds.): Social Behavior in Autism, New York (Plenum) 1986

Schopler, E., Reichler, R. J.; Lansing, M. (1983): Strategien der Entwicklungsförderung für Eltern, Pädagogen und Therapeuten. Dortmund

Schroeder, S. R. et al.: The Causes of Self-Injurious Behavior and Their Clinical Implications, in: Wieseler, N. A.; Hanson, R. H. (eds.) a. a. O., 65-88

Schrumpf, F.; Crawford, D.; Usadel, H.: Peer Mediation, Conflict Resolution in Schools, Champaign (Research Press) 1991

Schuster, K.: Abenteuer Verhaltenstherapie, München 2000

Seidel, M. (Hrsg.): Das Konzept der Verhaltensphänotypen, Materialien der DGSGB, Bd. 3, Berlin 2002(a) (Selbstdruck)

Seidel, M.: Das Konzept der Verhaltensphänotypen – eine Einführung aus psychiatrischer Sicht, In: Seidel, M. (Hrsg.) a. a. O., 3-8 (2002b)

Seidel, M.; Hennicke, K. (Hrsg.): Delinquentes Verhalten von Menschen mit geistiger Behinderung. Dokumentation der Arbeitstagung der DGSGB am 10.11.2000 in Kassel, Materialien der DGSGB, Bd. 4, Berlin 2001 (Selbstdruck)

Seligman, M.: Erlernte Hilflosigkeit, Weinheim 1986 (3. Aufl.)

Senkel, B.: Entwicklungspsychologische Aspekte bei Menschen mit geistiger Behinderung, in: Irblich, D.; Stahl, B. (Hrsg.): Menschen mit geistiger Behinderung. Psychologische Grundlagen, Konzepte und Tätigkeitsfelder, Göttingen 2003, 71-147

Shaftel, F.; Shaftel, G.: Rollenspiel als soziales Entscheidungstraining, München 1973

Siegel, L. S.: Issues in the Definition and Diagnosis of Learning Disabilities, in: Journal of Learning Disabilities Vol. 32 1999, 304-319

Simsa, C.: Mediation in Schulen, Freiburg 2001

Simon, B.: The Empowerment Tradition in Amercian Social Work, New York 1994

Singer, P.: Praktische Ethik, Stuttgart 1984

Singer, P.: Vortrag, der in Marburg (Lebenshilfe) nicht gehalten werden durfte, in: Weber, D. (Hrsg.): Publik-Forum Materialmappe: Wer nicht paßt, muß sterben, Oberursel 1990 (1. Auflage mit dem nicht gehaltenen Vortrag von P. Singer)

Sommer, A.: Rhythmisch-musikalische Erziehung bei Menschen mit geistiger Behinderung, in: Geistige Behinderung 1/1987 (Praxisteil)

Sovner, R.; Hurley, A. D.: Facts and Fictions Concerning Mental Illness in People with Mental Retardation and Developmental Disabilities, in: Wieseler, N. A.; Hanson, R. H. (eds.) a. a. O., 89-100

Speck, O.: Die Rehabilitation der Geistigbehinderten, München 1977

Speck, O.: Unbedingte Zugehörigkeit für Schwerstbehinderte, in: Jugendwohl 8-9/1995, 350-364

Speck, O.: Ist der Behinderungsbegriff ein heilpädagogischer Leitbegriff oder ein Hindernis für eine integrative Heilpädagogik? In: Die Neue Sonderschule 4/1997(a), 253-265

Speck, O.: Chaos und Autonomie in der Erziehung, München 1997(b)

Speck, O.: Menschen mit geistiger Behinderung und ihre Erziehung, München 1999(a)

Speck, O.: Die Ökonomisierung sozialer Qualität, München 1999(b)

Speck, O.: Autonomie und Kommunität – zur Fehldeutung von „Selbstbestimmung" in der Arbeit mit geistig behinderten Menschen, in: Theunissen, G. (Hrsg.) a. a. O. (2001), 15-38

Speck, O.: System Heilpädagogik, München 2003 (5. überarbeitete Auflage)

Spitz, R.: Vom Säugling zum Kleinkind, Stuttgart 1973

Spitz, R.: Vom Dialog, Stuttgart 1976

Spreen, O.: Geistige Behinderung, Berlin u. a. 1978

Stahl, B.: Psychotherapie und psychologische Beratung geistig behinderter Menschen, in: Irblich, D.; Stahl, B. (Hrsg.): Menschen mit geistiger Behinderung. Psychologische Grundlagen, Konzepte und Tätigkeitsfelder, Göttingen 2003, 591-645

St. Claire, L.: A Multidimensional Model of Mental Retardation, in: American Journal on Mental Retardation, 94 Vol. 1989, 88-96

Steiner, G.: Selbstbestimmt Leben und Assistenz, in: Lenz, A.; Stark, W. (Hrsg.) a. a. O., 155-172

Sternberg, E.. M.; Gold, P. W.: Psyche, Stress und Krankheitsabwehr, in: Spektrum der Wissenschaft, Specials, August 2002 (2. Aufl.), 74-81

Sternberg, R. J.: Wie intelligent sind Intelligenztests? In: Spektrum der Wissenschaft Spezial, 1/2000, 12-17

Stichling, M.; Theunissen, G.; Plaute, W.: Schüler im „Grenzbereich" zwischen Lernbehinderung und geistiger Behinderung – Ergebnisse einer Lehrerbefragung in Sachsen-Anhalt, in: Die Neue Sonderschule 6/1999, 406-420

Störmer, N.: Trivialisierungen und Irrationalismen in der pädagogisch-therapeutischen Praxis, in: Behindertenpädagogik 2/1989, 157-169

Strahlberg, D.; Gothe, L.; Frey, D.: Selbstkonzept, in: Asanger, R.; Wenninger, G. (Hrsg.): Handwörterbuch der Psychologie, München 1988

Strittmacher, R.: Das offene Förderkonzept „Soziales Lernen", in: Blind, sehbehindert, 3/1997, 38-52

Sturm, W.: Theoretische Konzepte der Funktionswiederherstellung, in: Poeck, K. (Hrsg.) a. a. O., 359-363 (1989a)

Sturm, W.: Neuropsychologische Therapieansätze bei Störungen intellektueller Funktionen, Wahrnehmungsstörungen, Gedächtnisbeeinträchtigungen und Aufmerksamkeitsstörungen, in: Poeck, K. (Hrsg.) a. a. O., 317-400 (1989b)

Sturmey, P.: Classification: concepts, progress and future, in: Bouras, N. (ed.) a. a. O., 3-17

Taylor, J. B.: Niches and Practise: Extending the Ecological Perspective, in: Saleebey, D. (ed.) a. a. O., 217-230

Thalhammer, M.: Geistige Behinderung, in: Speck, O.: Die Rehabilitation der geistig Behinderten, München 1977

Theiß, D.: Selbstwahrgenommene Kompetenz und soziale Akzeptanz bei Personen mit geistiger Behinderung, unv. Dissertation, Philosophische Fakultät der Martin-Luther-Universität Halle-Wittenberg 2004

Therapeutische Ansätze in Theorie und Praxis, Tagungsbericht der 6. Bundestagung des Bundesverbandes „Hilfe für das autistische Kind e.V." 1984 in Düsseldorf (hrsg. vom Bundesverband" Hilfe für das autistische Kind e.V.")

Theunissen, G. (Hrsg.): Schüler machen Theater, Unterricht mit schwierigen Schülern, Frankfurt 1984

Theunissen, G.: Wege aus der Schule – Zur Rehabilitation Geistigbehinderter im Erwachsenenalter, Frankfurt 1987

Theunissen, G.: Heilpädagogik und Soziale Arbeit mit verhaltensauffälligen Kindern und Jugendlichen. Freiburg 1992

Theunissen, G.: Basale Anthropologie und ästhetische Erziehung. Eine ethische Orientierungshilfe für ein gemeinsames Leben und Lernen mit behinderten Menschen, Freiburg 1997 (a)

Theunissen, G. (Hrsg.): Kunst, ästhetische Praxis und geistige Behinderung. Ein Nachschlagewerk über Bildnereien, Kunstunterricht, Kunsttherapie und integrative Kulturarbeit, Bad Heilbrunn 1997 (b)

Theunissen, G.: Erlebnispädagogik mit geistig behinderten Menschen, in: Adam, G.; Kollmann, R.; Pithan, A. (Hrsg.): „Blickwechsel". Alltag von Menschen mit Behinderungen als Ausgangspunkt für Theologie und Pädagogik, Münster 1997 (c)

Theunissen, G.: Lebensweltorientierte Intervention bei hospitalisierten älteren Menschen mit geistiger Behinderung, in: Weber, G. (Hrsg.): Psychische Störungen bei älteren Menschen mit geistiger Behinderung, Bern 1997 (d), 132-155

Theunissen, G. (Hrsg.): Enthospitalisierung – ein Etikettenschwindel? Neue Studien, Erkenntnisse und Perspektiven der Behindertenhilfe, Bad Heilbrunn 1998(a)

Theunissen, G.: Empowerment und Enthospitalisierung, in: Theunissen, G. (Hrsg.). a. a O. (1998b)

Theunissen, G.: Wege aus der Hospitalisierung. Empowerment in der Arbeit mit schwerstbehinderten Menschen, Bonn 2000 (2. Aufl. der Neuausgabe)

Theunissen, G.: (Hrsg.): Verhaltensauffälligkeiten – Ausdruck von Selbstbestimmung? Wegweisende Impulse für die heilpädagogische, therapeutische und alltägliche Arbeit mit geistig behinderten Menschen, Bad Heilbrunn 2001(a)

Theunissen, G.: Wohneinrichtungen und Gewalt – Zusammenhänge zwischen institutionellen Bedingungen und Verhaltensauffälligkeiten als ‚verzweifelter' Ausdruck von Selbstbestimmung, in: Theunissen, G. (Hrsg.) a. a. O. (2001b), 135-172

Theunissen, G.: Krisenintervention – Herausforderungen für einen interdisziplinären Ansatz, in: Wüllenweber, E.; Theunissen, G. (Hrsg.) a. a. O. (2001c), 49-75

Theunissen, G.: Altenbildung und Behinderung, Bad Heilbrunn 2002

Theunissen, G.: Erwachsenenbildung und Behinderung, Bad Heilbrunn 2003(a)

Theunissen, G.: Krisen und Verhaltensauffälligkeiten bei Menschen mit geistiger Behinderung und Autismus, Stuttgart 2003(b)

Theunissen, G.: Zum Umgang mit Krisen bei Schülerinnen und Schülern mit sogenannter geistiger Behinderung, in: Wüllenweber, E.; Theunissen, G. (Hrsg.) a. a. O. (2004a)

Theunissen, G.: Kunst und geistige Behinderung. Bildnerische Entwicklung – Kunstunterricht – Ästhetische Erziehung – Kulturarbeit, Bad Heilbrunn 2004(b)

Theunissen, G.: Zeitgemäßes Wohnen von Menschen mit geistiger Behinderung, hekt. Manuskript, Halle 2004 ©

Theunissen, G.; Lingg, A. (Hrsg.): Wohnen und Leben nach der Enthospitalisierung, Perspektiven für ehemals hospitalisierte und alte Menschen mit geistiger und seelischer Behinderung, Bad Heilbrunn 1999

Theunissen, G.; Paul, M.; Stichling, M.: Verhaltensauffälligkeiten bei Menschen mit Autismus und geistiger Behinderung, in: Theunissen, G. a. a. O., 2003b, 123-145

Theunissen, G.; Plaute, W.: Handbuch Empowerment und Heilpädagogik, Freiburg 2002

Theunissen, G.; Plaute, W.: Endstation oder Chance? Zum Problem von Schülern im „Grenzbereich" zwischen Lernbehinderung und geistiger Behinderung, in: Die Neue Sonderschule 4/ 1999, 25-268

Theunissen, G.; Plaute, W.; Neubauer, G.: Von der Einzelbefragung zum Diskurs, in: Theunissen, G. a. a. O., 2003b, 17-36

Theunissen, G.; Schirbort, K.: Verhaltensauffälligkeiten bei Schülerinnen und Schülern mit geistiger Behinderung, in: Theunissen, G. a. a. O., 2003b, 37-65

Theunissen, G.; Schirbort, K. (Hrsg.): Inklusion und Unterstützung zwischen Anspruch und Wirklichkeit. Zeitgemäßes Wohnen – bürgerschaftliches Engagement – soziale Netze, Buch in Vorbereitung, Halle 2005

Theunissen, G.; Schmid, I. : Zur Effektivität spielorientierter Sport- und Bewegungsangebote für Erwachsene mit geistiger Behinderung – Ergebnisse aus einem Forschungsprojekt, in: Heilpädagogische Forschung, Band XXIX, Heft 3 2003, 125-132

Theunissen, G.; Stichling, M.: Basale Kommunikation und Aktivierung durch ästhetische Erziehung, in: Sautter, H.; Stinkes, U.; Trost, R. (Hrsg.): Das Recht des Kindes auf Achtung, Festschrift für Ferdinand Klein, 2004

Theunissen, G.; Ziemen, K.: Unterstützte Kommunikation – (k)ein Thema für den Unterricht mit geistig behinderten Schülern, Bad Heilbrunn, in: Zeitschrift für Heilpädagogik 9 2000, 361-367

Thimm, W.: Epidemiologie und soziokulturelle Faktoren, in: Neuhäuser, G.; Steinhausen, H.-C. (Hrsg.): Geistige Behinderung, Stuttgart 1999 (2. Aufl.), 9-25

Thompson, T.; Symons, F. J.: Neurobehavioral Mechanism of Drug Action, in: Wieseler, N. A.; Hanson, R. H. (eds.) a. a. O., 125-150

Tilstone, C.; Barry, C.: Advocacy and Empowerment: What does it Mean for Pupils and People with Profound and Multiple Learning Disabilities?, in: Lacey, P.; Ouvry, C. (eds.) a. a. O., 176-183

Tölle, R.: Psychiatrie, Berlin 1985/1990

Tomatis, A. A.: Der Klang des Lebens – Vorgeburtliche Kommunikation, die Anfänge der seelischen Entwicklung, Reinbek 1989

Tomm, K.: Weg von der Etikettierung, in: Beschäftigungstherapie und Rehabilitation, 31 (5/1992), 420-424

Tonge, B. J.: Psychopathology of children with developmental disabilities, in: Bouras, N. (ed.) a. a. O., 157-174

Tooley, M.: Abortion and Infanticid, in: Philosophy and Public Affairs 2/1972, 37-65

Tooley, M.: Abtreibung und Kindestötung, in: Leist, A. (Hrsg.): Leben und Tod, Frankfurt 1989

Trost, R.: Förderplanung mit Menschen mit geistiger Behinderung, in: Irblich, D.; Stahl, B. (Hrsg.): Menschen mit geistiger Behinderung. Psychologische Grundlagen, Konzepte und Tätigkeitsfelder, Göttingen 2003, 502-558

T/TAC: Ten Ways to Support a Person with Challenging Behavior; draft version ed. by Training and Technical Assistance Center At The College of William and Mary with permission from the Beach Center on Families and Disability at the University of Kansas 2002

Tuinier, S.; Verhoeven, W. M. A.: Psychiatry and mental retardation: towards a behavioural pharmacological concept, in: Journal of Intellectual Disability Research, 37 (1/1993), 16-25

Turnbull, A. P.; Turnbull III, H. R.: Families, Professsionals, and Exceptionality: A special partnership, Upper Saddle River (Merrill) 1997 (3. Aufl.)

Turnbull, A. P.; Turnbull III, H. R.: Group Action Planning as a Strategy for Providing Comprehensive Family Support, in: Koegel, L. K.; Koegel, R. L.; Dunlap, G. (Eds.) a. a. O., 99-114

Uchtenhagen, A.: Wie könnte die psychiatrische Versorgung bei geistig Behinderten aussehen? In: Bonderer, E.; Egli, J. (Hrsg.): Von der Verwahrung zur sozialen Integration geistig behinderter Menschen in psychiatrischen Kliniken, Luzern 1992

Ullrich de Muynck, R.; Ullrich, R.: Das Assertiveness-Training-Programm ATP. Einübung von Selbstvertrauen und sozialer Kompetenz. Teil I, München 1976(a), Teil II, München 1976 (b), Teil III, München 1976 (c)

Ullrich de Muynck, R.; Ullrich R.: Erster Effizienznachweis des Assertiveness-Training-Programm (ATP), in: Grawe, K. u. a. (Hrsg.) a. a. O. (1980), 9-20

Verein für Behindertenhilfe e. V. (Hrsg.): Tagungsbericht: Von der Betreuung zur Assistenz?, Hamburg 2000 (Selbstdruck)

Verhoeven, W. M. A.; Tuinier, S.: The psychopharmacology of challenging behaviours in developmental disabilities, in: Bouras, N. (ed.) a. a. O., 295-316

Vester, F.: Denken, Lernen, Vergessen, Stuttgart 1978

Vetter, B.: Psychiatrie, Stuttgart 1995 (3. Aufl.)

Vetter, T.: Das geistig behinderte Kind, seine Bildung und Erziehung, Villingen 1972

Villalba, R.; Harrington, C. J.: Repetitive Self-Injurious Behavoir: A Neuropsychiatric Perspective and Review of Pharmacologic Treatments, in: Seminars in Clinical Neuropsychiatry Vol. 5 4/2000, 215-226

Vogel, B.: Ein Schlüssel zur Seele – der Pränatalraum. Ein Therapieansatz für schwer- und mehrfach Behinderte, in: Geistige Behinderung 2/1988 (Praxisteil)

Vogel, B.: Lebensraum Musik. Stuttgart 1991

Voß, R.; Werning, R.: Systemische Konsultation von Familien mit sozial auffälligen Kindern und Jugendlichen, in: Hohmeier, J.; Mair, H. (Hrsg.): Eltern- und Familienarbeit, Familien zwischen Selbsthilfe und professioneller Hilfe, Freiburg 1989

Wais, M.: Neuropsychologie für Ergotherapeuten, Dortmund 1990

Wais, M.; Köster-Wais, H.: Zur Therapie der Raumanalysestörung bei rechtshemisphärisch Hirngeschädigten, Dortmund 1986

Wacker, D. et al.: Developing Long-Term Reciprocal Interactions Between Parents and Their Young Children with Problematic Behavior, in: Koegel, L. K.; Koegel, R. L.; Dunlap, G. (Eds.): a. a. O., 51-80

Waldschmidt, A.: Selbstbestimmung als behindertenpolitisches Paradigma – Perspektiven der Disability Studies, in: Aus Politik und Zeitgeschichte; Beilage zur Wochenzeitschrift Das Parlament, B 8/2003, 13-20

Walmsley, J.; Downer, J.: Shouting the Loudest: Self-Advocacy, Power and Diversity, in: Ramcharan, P. et al. (eds.) a. a. O., 35-47

Walsh, K. H.; Kastner, T.; A; Green, R. G.: Cost Comparisons of Community and Institutional Residential Settings: Historical Review of Selected Research, in: Mental Retardation, Vol. 41, 2003, 103-122

Wandtke, B.; Wüllenweber, E.: Mediation und Konfliktberatung als Beitrag zur Krisenprävention und Krisenintervention, in: Wüllenweber, E.; Theunissen, G. (Hrsg.): Handbuch Krisenintervention Bd. II, Stuttgart 2004

Warnke, A.: Entwicklungspsychopathologie – der Krankheitsbegriff in der Kinder- und Jugendpsychiatrie im Verhältnis zur psychosomatischen Sichtweise, in: Zeitschrift Kinder- und Jugendpsychiatrie 21. Jg. 1993, 163-179

Watzlawick, P.; Beavin, J.; Jackson, D.: Menschliche Kommunikation, Bern u. a. 1990 (8. Aufl.)

Weber, G.: Intellektuelle Behinderung, Wien 1997

Wehmeyer, M. L.: Self-Determination and the Education of Students with Mental Retardation, in: Education and Training in Mental Retardation, 27 Vol. 1992, 302-314

Wehmeyer, M. L.; Agran, M.; Hughes, C.: Teaching Self-Determination to Students with Disabilities, Baltimore (Brookes) 1999 (2. ed)

Weick, A. et al.: A Strengths Perspective for Social Work Practise, in: Social Work 7/1989, 350-354

Weiss, G.: Wenn die roten Katzen tanzen… Jeux dramatiques für sozial- und heilpädagogische Berufe, Freiburg 1999

Weitbrecht, H. J.; Glatzel, J.: Psychiatrie im Grundriß, Berlin 1979

Wendeler, J.: Psychologische Analysen geistiger Behinderung, Weinheim 1976

Wendeler, J.: Psychologie des Down-Syndroms, Bern 1988

Wendeler, J.: Geistige Behinderung, Weinheim 1993

Wendeler, J.; Godde, H.: Geistige Behinderung: Ein Begriff und seine Bedeutung für die Betroffenen, in: Geistige Behinderung 4/1989, 306-317

Westling, D.; Floyd, I.: Generalization of community skills: How much training is necessary? Journal of Special Education, 23 Vol. 1990, 386-406

Westling, D.; Fox, L.: Teaching Students with Severe Disabilities, New Jersey 1995

White, R. W.: Motivation reconsidered: The concept of competence, in: Psycholog. Rev. 66 Vol. 1959, 179-221

Wieseler, N. A.; Hanson, R. H. (eds.): Challenging Behavior of Persons with Mental Health Disorders and Severe Developmental Disabilities, Washington (AAMR) 1999(a)

Wieseler, N. A.; Hanson, R. H.: Treatment for Challenging Behavior or Mental Health Disorders: A False Dichotomy, in: Wieseler, N. A.; Hanson, R. H. (eds.) a. a. O., 207-214 (1999b)

Wilken, E. (Hrsg.): Unterstützte Kommunikation, Stuttgart 2002a

Wilken, E.: Präverbale sprachliche Förderung und Gebärden-unterstützte Kommunikation in der Frühförderung, in: Wilken, E. (Hrsg.) a. a. O., 29-46 (2000b)

Windisch, M.; Kniel, A. (Hrsg.): Selbstvertretung von Menschen mit Behinderung, Kassel 2000

Windisch, M. u. a..: Wohnformen und soziale Netzwerke von Erwachsenen mit geistiger und psychischer Behinderung, in: Neue Praxis 2/1991, 138-146

Wittneben, K.: Patientenorientierte Theorieentwicklung als Basis einer Pflegedidaktik, in: Pflege 3/1993, 203-209

Wolfensberger, W.: Common assets of mentally retarded people that are commonly not acknowledged, in: Mental Retardation, 26 Vol. 1988, 63-70

Wollersheim, H.-W.: Kompetenzerziehung: Befähigung zur Bewältigung, Frankfurt 1993

Wöller, W., Kruse, J.: Tiefenpsychologisch fundierte Psychotherapie, Stuttgart 2001

Wöller, W., Kruse, J.; Alberti, L.: Was ist supportive Psychotherapie? In: Nervenarzt, 67 Jahrgang 1996, 249-252

Wüllenweber, E.: Behindertenpädagogische Intervention bei Krisen von Menschen mit geistiger Behinderung, in: Theunissen, G.; Lingg, A. (Hrsg.) a. a. O., 125-153

Wüllenweber, E.: Krise, Intervention, Krisenintervention: Schlüsselbegriffe der psychosozialen Versorgung, in: Wüllenweber, E.; Theunissen, G. (Hrsg.) a. a. O. (2001a), 11-27

Wüllenweber, E.: Verhaltensprobleme als Selbstbehauptungsstrategie, in: Theunissen, G. (Hrsg.) a. a O. (2001b), 89-104

Wüllenweber, E.: Krisen und Verhaltensauffälligkeiten, in: Theunissen, G.: Krisen und Verhaltensauffälligkeiten bei geistiger Behinderung und Autismus, Stuttgart 2003, 1-16

Wüllenweber, E.; Theunissen, G. (Hrsg.): Handbuch Krisenintervention. Hilfen für Menschen mit geistiger Behinderung, Stuttgart 2001

Wüllenweber, E.; Theunissen, G. (Hrsg.): Handbuch Krisenintervention Band II. Praxiskonzepte für die Arbeit mit geistig behinderten Menschen, Stuttgart 2004

Wunderlich, C.: Das mongoloide Kind, Stuttgart 1970

Wygotzki, L. S.: Zur Orientierung auf die Zone der nächsten Entwicklung, in: Psychologische Studientexte, Vorschulerziehung, Ost-Berlin 1974

Yam, P.: Was ist Intelligenz? In: Spektrum der Wissenschaft Spezial, 1/2000, 6-12

Ziervogel, C. F.: Selektive serotonin re-uptake inhibitors for children and adolescents, in: European Child & Adolescnt Psychiatry 9 Vol. 1/2000, 20-26

Zigler, E.: Developmental versus Difference Theories of Mental Retardation and the Problem of Motivation, in: American Journal of Mental Deficiency 73 Vol. 1969, 539-556

Zigler, E.; Hodapp, R. M.: Understanding Mental Retardation, New York 1986

Zimmer, D.: Empirische Studien zur Effektivität des Selbstsicherheitstrainings und zur Bedeutung einzelner therapeutischer Elemente, in: Grawe, K. u. a. (Hrsg.): a. a. O., 127-160

Zubin, J.; Spring, B.: Vulnerability – A New View on Schizophrenia, in: Journal of Abnormal Psychology 86 Vol. 1976, 103-126

Dr. Georg Theunissen, Dipl.-Päd., Jg. 1951, Universitätsprofessor, Studium der Erziehungswissenschaften, Heil- und Sonderpädagogik in Köln, 1980-1989 leitend tätig in großen Behinderteneinrichtungen, 5 Jahre Professor für Heilpädagogik an der KFH Freiburg, seit April 1994 Ordinarius für Geistigbehindertenpädagogik am Institut für Rehabilitationspädagogik des Fachbereichs Erziehungswissenschaften der Martin-Luther-Universität Halle-Wittenberg, Lehr- und Forschungsgebiete: Enthospitalisierung und Deinstitutionalisierung; Erwachsenen- und Altenbildung bei Menschen mit geistiger Behinderung; Ästhetische Bildung und pädagogische Kunsttherapie; Verhaltensauffälligkeiten/psychische Störungen bei Menschen mit geistiger Behinderung; Empowerment und Heilpädagogik; ca. 300 Fachbeiträge und zahlreiche Buchveröffentlichungen über ästhetische Erziehung in der Heilpädagogik, Empowerment, Geistigbehinderten- und Verhaltensauffälligenpädagogik.